이 책에 쏟아진 찬사들

"속도를 늦추라, 에세이 한 편의 울림을 충분히 느낀 후 다음 편을 읽어라…… 눈부시다."
— 『인디펜던트』

"탁월하고, 정확하며, 거장의 향기가 풍긴다…… 그녀의 글에는 윤리적 관용만큼이나 언어 자체의 선명한 아름다움에서 나오는 찬란함이 있다…… 올해 나온 책 중에 이보다 강력하고 더 사려 깊은 목소리는 상상하기 힘들다."
— 올리비아 랭, 『뉴욕 타임스』

"현대인이 처한 곤경에 대한 환상적일 만큼 대담하고 계시적인 치료법."
— 『가디언』

"압도적이다."
— 『아이리시 타임스』, 「올해의 책」

"제이미슨은 이 에세이에서 철학자의 지적 엄격함, 소설가의 상상력, 세부를 보는 기자의 예리한 시선을 결합해, 르포르타주, 문화비평, 이론과 회고록을 매끄럽게 조합한다."
— 『로스앤젤레스 타임스』

"눈부시다. 때로 냉정하고 때로 열정적으로 그녀는 길을 잃어버린 사회, 관음증에 대한 관음증 환자가 되어버린 사회 속에서 자신의 길을 찾아간다. 이제 포스트 손택, 포스트모던 아메리칸 에세이가 온다."
— 에드 불리아미, 『아멕시카: 국경선의 전쟁Amexica: War Along the Borderline』 저자

"엄청난 즐거움과 엄청난 고통을 주는 책. 레슬리 제이미슨은 매우 지적이며, 매우 다정하고, 매우 치열하고, 굉장히 용감하다. 이 에세이는 그 창의성과 철학에서 정점에 올랐다."
— 엘리너 캐턴, 『천체들The Luminaries』 저자

"각각의 에세이가 계시적이고, 스타일리시하며, 즐겁게 읽힌다."
—『가디언』,「올해의 책」

"[제이미슨의] 매력과 솔직함이 그녀가 만난 사람들에 대한 공감, 그녀의 생각에 투영된 우리 자신에 대한 공감과 수렴된다."
—『배니티 페어』,「2014년 최고의 책들」

"탁월하다…… 이 책이 에세이의 뉴에이지라면, 제이미슨은 뉴에이지의 가장 강렬한 목소리 중 하나다."
—『뉴 스테이츠맨』

"고통을 둘러보는 아름다운 오디세이…… 제이미슨은 지적이고 감성적인 호기심의 깊은 지대를 헤아려 외과 수술 같은 정확성으로 글을 쓴다…… 탐색과 질문의 풍요로운 향연."
—『인디펜던트 온 선데이』

"흥미진진하다…… 제이미슨은 수전 손택 이후 에세이 장르에 활력을 불어넣는다."
—『선데이 타임스』

"제이미슨은 존 디디온과 수전 손택의 손녀라고 해도 좋을 것이다……『공감 연습』은 그들의 후손이지만, 제이미슨의 위트와 지적 따스함이 곁들여져 굉장히 독특하다…… 주목할 만하다."
—『애틀랜틱』

공감 연습

공감 연습

부서진 심장과 고통과 상처와
당신에 관한 에세이

레슬리 제이미슨 지음
오숙은 옮김

문학과지성사

공감 연습

부서진 심장과 고통과 상처와 당신에 관한 에세이

제1판 제1쇄 2019년 1월 21일
제1판 제4쇄 2023년 4월 28일

지은이 레슬리 제이미슨
옮긴이 오숙은
펴낸이 이광호
주간 이근혜
편집 최대연 김현주
펴낸곳 ㈜**문학과지성사**
등록번호 제1993-000098호
주소 04034 서울 마포구 잔다리로7길 18(서교동 377-20)
전화 02) 338-7224
팩스 02) 323-4180(편집) 02) 338-7221(영업)
전자우편 moonji@moonji.com
홈페이지 www.moonji.com

ISBN 978-89-320-3509-3 03300

이 도서의 국립중앙도서관 출판예정도서목록(CIP)은 서지정보유통지원시스템 홈페이지
(http://seoji.nl.go.kr)와 국가자료공동목록시스템(http://www.nl.go.kr/kolisnet)에서
이용하실 수 있습니다. (CIP제어번호: CIP2019000131)

나의 어머니
조앤 레슬리에게

Homo sum: humani nil a me alienum puto
나는 인간이다: 인간적인 것 치고 나에게 낯선 것은 없다.

—테렌티우스, 『스스로를 고문하는 자』

차례

일러두기

- 이 책의 각주는 독자의 이해를 돕기 위해 옮긴이가 단 것이다.
- 인명, 지명, 고유명사 등의 외래어는 국립국어원의 외래어표기법에 따라 표기하는 것을 원칙으로 했다.
- 단행본, 신문, 정기간행물은 『 』로, 영화와 다큐멘터리, 노래, 단편, 시 등은 「 」로 표시했다.

공감 연습

내 직업은 의료 배우, 환자 연기를 하는 사람이다. 급여는 시간당
으로 받는다. 의과대학생들은 내 연기를 보고 질환을 추측한다.
나는 표준화 환자standardized patient라고 불리는데, 말하자면 어
떤 질병의 표준 증상들을 연기한다는 뜻이다. 간단하게는 흔히
SP라고 한다. 자간전증, 천식, 충수염 등의 증상쯤은 능숙하게
연기한다. 입술이 파란 아기의 엄마 역할도 한다.

　　의료 연기는 다음과 같이 진행된다. 우리에게 대본 하
나와 종이 가운 한 벌이 주어진다. 시간당 급여는 13.5달러. 대본
분량은 10쪽에서 12쪽 정도 된다. 대본에는 우리가 어떤 병을 앓
고 있는지 간단히 설명되어 있다. 어디가 아픈지는 물론이고 그
것을 어떻게 표현할 것인지도. 언제, 얼마만큼 증상을 보여줄지
는 대본에 정해져 있다. 우리는 정해진 규정에 따라 답을 펼쳐 보
여야 한다. 대본은 우리의 허구적 삶 깊은 곳까지 파고들어 간다.
우리 아이들의 나이, 부모님의 질병, 남편의 부동산과 그래픽 디
자인 회사 이름, 지난해에 줄어든 체중, 우리가 매주 마시는 술의
양까지.

내가 맡은 사례는 스테파니 필립스, 전환장애conversion disorder◊라는 병에 걸린 스물세 살의 여성이다. 그녀는 죽은 오빠 때문에 슬퍼하는데, 그 슬픔이 발작으로 승화되곤 한다. 나로선 처음 듣는 질병이다. 슬픔 때문에 경련이 일어날 수 있는지 몰랐다. 그녀 역시 그 사실을 모르는 것으로 되어 있다. 그녀는 그 발작이 자신이 잃어버린 것과 관계가 있다고 생각해서는 안 된다.

● 스테파니 필립스
정신과
SP 훈련 자료

사례 개요

당신은 23세의 여성 환자로, 신경학적 원인 미상의 발작을 경험하고 있습니다. 당신은 자신이 발작을 일으킨 사실은 기억하지 못하지만 입에 거품을 물고 고래고래 욕을 했다는 이야기는 들었습니다. 대체로 당신은 발작이 일어나기 전 그것이 온다는 걸 느낍니다. 발작은 2년 전 당신 오빠가 베닝턴 애비뉴 브리지 바로 남쪽 강에 빠져 죽은 지 얼마 안 되어 시작되었습니다. 그는 미식축구 뒤풀이 야외 파티에서

◊　심리적인 원인으로 인해 운동기관이나 신경계의 감각 기능에 이상 증세가 나타나는 질환. 보통은 시력 또는 청력 상실, 마비, 함구증으로 나타난다.

술을 마시고 수영을 하던 중이었습니다. 당신과 오빠는 미니 골프장에서 같이 근무했습니다. 요즘 당신은 아무 일도 하지 않습니다. 별다른 활동도 하지 않습니다. 당신은 사람들 앞에서 발작을 일으킬까 봐 두렵습니다. 지금까지 어떤 의사도 도움이 되지 않았습니다. 당신 오빠의 이름은 윌입니다.

복약력

당신은 어떤 약도 복용하고 있지 않습니다. 항우울제를 먹은 적은 한 번도 없습니다. 당신에게 그 약이 필요하다고 생각해본 적도 없습니다.

병력

당신은 건강이 문제가 된 적이 없습니다. 최악의 건강 문제는 팔 골절이었습니다. 팔이 부러지던 현장에 윌이 있었습니다. 의료진을 부르고 그들이 도착할 때까지 당신을 진정시킨 사람이 바로 윌입니다.

우리의 모의시험은 세 개의 맞춤형 병실에서 치러진다. 방마다 진찰대와 관찰 카메라가 있다. 우리는 의대 2, 3학년생을 상대로 소아과, 외과, 정신과를 학과별로 돌아가며 테스트한다. 정해진 시험 날이면 각각의 학생은 서로 다른 사례를 연기하는 서너 명의 배우와 "대면"—그들이 쓰는 기술적 용어—을 해야 한다.

어느 학생은 통증 단계 10인 한 여성의 복통을 촉진하고, 그런 다음에는 망상증이 있는 젊은 변호사와 마주 앉아 소장에서 벌레들이 꿈틀거리는 느낌이 들 때가 언제인지 물어야 하겠지만, 어쩌면 그 느낌은 다른 곳에서 오는 것일 수도 있다. 그런 다음 그 의대생은 내 방에 들어와 여전히 무표정한 얼굴로, 내 배에 묶은 베개가 조산이 될 거라고 말하거나, 또는 내가 병든 플라스틱 아기 인형을 보며 "너무 조용해요" 하고 걱정스레 말하는 동안 진지하게 고개를 끄덕일 것이다.

일단 15분의 대면이 끝나면 의대생은 방을 나가고, 나는 그 학생의 수행평가를 위한 칸을 채워나간다. 첫번째 부분은 체크리스트다. 학생이 끌어낸 중요한 정보는 무엇입니까? 학생이 밝혀내지 못한 정보는 무엇입니까? 평가의 두번째 부분은 감정에 관한 것이다. 대체로 체크리스트 항목 31번인 "나의 상황/문제에 대해 말로 표현된 공감"이 가장 중요한 범주로 인정되고 있다. 우리는 말로 표현된이라는 단어의 중요성을 교육받는다. 동정적인 태도나 다정한 말투만으로는 충분하지 않다. 학생들은 연민이라고 인정받을 만한 적절한 단어를 말해야 한다.

우리 SP들에게는 역할을 준비하고 역할에서 헤어 나오기 위한 우리만의 공간이 주어진다. 꾸깃해진 파란 실내복을 입은 노인들, 우리가 입는 종이 가운에 어울리지 않게 근사한 부츠를 신은 미대 석사들, 병원용 판초와 트레이닝복 바지를 입은 지역 10대들이 모두 한 공간에 모인다. 우리는 서로의 허리에 베개를 묶어준다. 아기 인형들을 건넨다. 어린 폐렴 환자 베이비 더그는 싸구려 면 담요에 꽁꽁 싸인 채 계주 바통처럼 이 여자에게서 저 여자에게로 건네진다. 우리 중에는 지역 극단 배우들과 무대

16

출연 기회를 찾는 연극 전공 학부생들, 유흥비를 벌려는 고등학생들, 시간이 남아도는 은퇴자들이 많다. 나는 작가다, 말하자면 파산을 면하기 위해 애쓰는 중이다.

우리는 인구학적 만물상을 연기한다. 전방십자인대가 파열된 젊은 운동광들, 습관적으로 코카인을 복용하는 기업 간부들. 40년을 같이 산 남편을 막 배신해 성병에 걸린 할머니, 그녀에게는 그 배신을 말해주는 임질 증세가 있다. 그녀는 수치심의 베일 뒤에 숨어 있기 때문에 그녀를 맡은 의대생은 그 베일을 젖혀야 한다. 만약 의대생이 제대로 질문하면, 그녀는 대면의 중간쯤에 이르러 울면서 쓰러지는 연기를 하게 된다.

일시적 기억상실을 연기하는 친구는 분장을 한다. 턱의 자상, 멍든 눈, 광대뼈를 따라 녹색 아이섀도로 그린 멍 자국. 그는 자동차 접촉사고를 당했지만 그 일을 기억하지 못한다. 그 친구는 대면을 하기 전에 향수를 뿌리듯 몸에 술을 뿌린다. 그는 최선을 다해 지켜온 비밀의 일부, 매우 "뜻밖의" 사항들을 통해 알코올 중독의 낌새를 흘려야 한다.

우리 대본에는 반짝이는 순간들이 가득 박혀 있다. 임산부 라일라의 남편은 요트 선장이라 멀리 크로아티아로 항해를 떠났다든가 하는. 충수염 환자 앤절라의 삼촌은 순회공연 버스를 타고 가다 토네이도를 만나 죽은 기타리스트였다. 우리의 친척 중에는 중서부 특유의 폭력적인 죽음을 당한 사람들이 많다. 트랙터나 곡물용 승강기 사고로 찢겨 죽거나, 하이비 식료품점에서 집으로 오는 길에 음주운전 차량에 치여 죽거나, 악천후에 쓰러지거나, 미식축구 뒤풀이 야외 파티(총기 사고)에서 죽었다. 또는 내 오빠 윌처럼, 그보다는 조용한 방탕의 여파로 죽었다.

　　대면 사이사이에 우리에게는 물과 과일, 그래놀라바가 주어지고, 박하사탕은 무제한 공급된다. 우리의 입 냄새와 꼬르륵거리는 배, 실제로 일어나는 우리 신체의 부수작용 때문에 학생들을 힘들게 해서는 안 된다.

　　일부 의대생은 대면 도중에 긴장한다. 의대생들 절반이 백금 결혼반지를 끼고 있다는 점만 빼면, 대면은 어색한 데이트와 비슷하다. 나는 그저 용돈을 벌기 위해 발작 연기를 하는 미혼 여성은 아니라고 그들에게 말하고 싶다. *나도 일을 해요!* 그들에게 말하고 싶다. *언젠가 이 일을 책으로 쓸지도 모른다고요!* 우리는 내 고향으로 설정된 아이오와 시골의 농촌 소도시에 관해 몇 마디를 주고받는다. 우리는 상대가 이 짧은 대화를 지어내고 있다는 걸 서로 알고 있고, 상대가 지어낸 이야기가 그 사람 성격의 진짜 면면을 보여주는 것처럼 반응하기로 동의한다. 우리는 우리 사이의 허구를 줄넘기 줄처럼 잡고 있다.

　　한번은 한 학생이 우리가 연기를 하고 있다는 걸 잊어버린 채 나의 가짜 고향에 관해 이것저것 자세하게 묻기 시작하는 바람에—우연히도 거기가 그의 *진짜* 고향이다—그의 질문이 내 대본의 범위, 내가 대답할 수 있는 범위를 넘어버린다. 사실 나는 내가 연기하는 인물이나 내 고향으로 설정된 장소에 관해 아는 것이 별로 없다. 그는 우리의 계약 사항을 잊어버린다. 나는 더 열심히, 더 진심으로 헛소리를 한다. "머스커틴에 있는 그 공원!" 나는 노인네처럼 무릎을 친다. "어릴 때 거기서 썰매를 타곤 했어요."

18

나머지 학생들은 모두 사무적이다. 그들은 마치 식료품점에서 살 물건들의 목록을 읽듯 우울증과 관련된 임상 체크리스트를 딱딱하게 읊어나간다. *수면 장애, 식욕 변화, 집중력 감퇴.* 내가 대본에 충실해서, 눈을 맞추지 않으면 더러 짜증을 내는 학생도 있다. 나는 꽁꽁 싸맨 채 멍하니 있도록 되어 있다. 짜증 난 학생들은 시선을 피하는 나의 행위를 도전으로 받아들인다. 그들은 멈출 줄 모르고 내 시선을 갈구한다. 나와 씨름하며 눈을 맞추게 만드는 것은 그들이 힘을 유지하는 방식이다. 그들이 마땅한 관심을 기울이고 있음을 인정하지 않을 수 없게끔 만드는 것이다.

나는 정형화된 그들의 주장에서 공격성을 느낀다고 평하는 데 점점 익숙해져간다. *정말 힘드시겠어요* [아기가 죽어간다니], *정말 힘드시겠어요* [식료품점 한가운데서 또 발작을 일으킬까 봐 두려워하는 건], *정말 힘드시겠어요* [당신이 바람을 피웠다는 박테리아 증거가 자궁에 있다는 건]. 차라리 그렇게 말하지, 난 상상도 못 할 일이라고?

다른 학생들은 공감이란 항상 선물과 침해 사이에 위태롭게 자리 잡고 있다는 걸 이해하는 듯하다. 심지어 그들은 양해를 구하지 않고서는 내 피부에 청진기를 댈 생각도 하지 않을 것이다. 그들은 허락을 필요로 한다. 지레짐작하는 걸 싫어한다. 그들이 말을 더듬는 건 알게 모르게 나의 프라이버시를 존중하는 행위다. *저기…… 실례가 안 된다면…… 제가—심장 소리를 들어봐도 될까요?* 그럼요, 내가 말한다. 괜찮아요. 개의치 않는 것이 내 일이다. 그들의 겸손은 나름대로 일종의 연민이다. 겸손이란 곧 그들이 질문한다는 뜻이고, 질문은 곧 그들이 답을 구한다는 뜻이며, 답은 곧 그들이 체크리스트상의 점수를 따게 된다는 뜻이다. 내 어머니가 항우울제 웰부트린을 복용한다는 사실을 알아내면 1점, 내가 지난 2년 동안 손목을 긋곤 했다는 사실을 인정하게 만들면 1점, 내가 두 살 때 아버지가 곡물용 승강기 사고로 죽었음을 알아내면 1점. 내 삶의 모든 영역 아래 그물처럼 방사형으로 뻗어나간 상실의 근본 체계를 깨달은 데 대한 점수다.

이런 의미에서 공감은 단지 체크리스트 항목 31번—*나의 상황/문제에 대해 말로 표현된 공감*—으로 측정될 뿐 아니라, 내 경험을 얼마나 철저하게 상상했는지 가늠하는 모든 항목으로도 측정된다. 공감은 그저 정말 힘드시겠어요 하는 말을 꼬박꼬박 해주는 것이 아니다. 그것은 고난을 빛 속으로 끌어와 눈에 보이게 만드는 방법을 알아내는 것이다. 공감은 그저 귀를 기울이는 것이 아니라, 귀 기울여 들어야 할 답을 하게끔 질문하는 것이다. 공감에는 상상력이 많이 필요하지만 그만큼 질문도 많이 필요하다. 공감하려면 당신이 아무것도 모른다는 것을 알아야 한다. 공감은 자기 시야 너머로 끝없이 뻗어간 맥락의 지평선을 인정한다는 뜻이다. 늙은 여인의 임질이 그녀의 죄의식과 연결되고, 그 죄의식은 그녀의 결혼과 연결되고, 그 결혼은 그녀의 자녀들과 연결되고, 그 자녀들은 그녀의 유년기와 연결되어 있다. 이 모든 것은 가정생활에 숨 막혀 했던 그녀의 어머니와 연결되고, 다시 그녀 부모의 깨지지 않은 결혼과 연결된다. 어쩌면 모든 것의 뿌리는 그녀의 첫번째 월경, 그것이 수치심과 전율을 안겨주었던 방식에까지 거슬러 올라갈지도 모른다.

공감은 어떤 트라우마도 경계가 따로 없음을 깨닫는 것

을 의미한다. 트라우마는 피를 흘린다. 상처에서 피를 흘리고, 경계를 넘어서 피를 흘린다. 슬픔은 발작이 된다. 공감은 그에 대한 반응으로 또 다른 유형의 투과성을 요구한다. 나의 스테파니 대본은 12쪽 분량이다. 그러나 나는 대본에 쓰여 있지 않은 것을 주로 생각한다.

　　공감empathy이라는 말은 그리스어 *empatheia*──*em*(~안으로)과 *pathos*(감정)──에서 나왔다. 공감은 투과이자 일종의 여행이다. 그것은 당신에게 다른 사람의 고통 속으로 들어가라고 제안한다. 입국심사와 세관을 거쳐 다른 나라로 가고, 질의응답을 통해 국경을 넘는 것과 같다. *당신이 사는 곳에는 무엇이 자랍니까? 법은 어떤가요? 거기서는 어떤 동물을 키우나요?*

　　나는 소유와 프라이버시의 관점에서 스테파니 필립스의 발작을 생각하곤 했다. 그녀가 슬픔을 직접적인 표현에서 다른 것으로 바꾸는 행위는 그 슬픔을 자신의 것으로 간직하기 위한 방법이다. 눈 맞추기를 거부하고, 좀처럼 내면의 삶을 설명하지 않으며, 나름대로 슬픔을 표현하는 동안에는 의식을 잃고 나중에 기억하지 못하는 것. 이 모든 것은 그녀가 자신의 상실을 보호하고, 타인의 연민에 침해받지 않고 순수하게 지키기 위한 방식일지도 모른다.

　　"발작 도중에 뭐라고 외치나요?" 한 학생이 묻는다.

　　"저는 몰라요." 나는 대답하지만 이렇게 덧붙이고 싶다. *하지만 전부 다 진심이에요.*

　　그렇게 말한다면 규칙 위반이다. 나는 슬픔을 너무나 깊이 간직한 나머지 스스로도 그 슬픔을 보지 못하는 여자를 연기하고 있다. 그것을 그렇게 쉽게 내어줄 수는 없다.

● 레슬리 제이미슨
산부인과
SP 훈련 자료

사례 개요
당신은 임신중절을 원하는 25세 여성입니다. 과거 임신 경력은 없습니다. 임신 5주 반에 접어들었지만 몸이 붓거나 쥐가 난 경험은 없습니다. 수시로 기분이 변하지만 임신 때문인지, 아니면 임신 사실을 알았기 때문인지 판단이 서지 않습니다. 당신은 임신으로 인해 눈에 띄게 당황하지는 않습니다. 눈에 띄지 않게 당황했는지는 스스로도 잘 모릅니다.

복약력
당신은 어떤 약도 복용하고 있지 않습니다. 임신하게 된 것도 바로 그 때문입니다.

병력
당신은 과거에 수술을 받은 적이 몇 번 있지만, 관련이 있다고 보지 않기 때문에 담당의에게 그 사실을 언급하지 않습니다. 당신은 심장이 빠르고 불규칙하게 뛰는 빈맥을 고치기 위해 또 다른 수술을 앞두고 있습니다. 비록 당신은 그럴 필요가 없다고 생각하지만, 임신중절에 대해 상담할 때 조만간 심장 수술을 받을 예정임을 알리기로 당신 어머니와 약속했습니다. 당신 어머니는 임신중절 방법이나 시술 중 진정제 투여 방식에 영향을 미칠 수 있으니 당신의 심장 상태에 대해 의사가 알아야 한다고 생각합니다.

나는 지난 2월에 낙태 시술을 받았다고 또는 3월에 심장 수술을 받았다고, 마치 그 두 가지가 별개의 사례, 관련성이 없는 대본인 것처럼 말할 수도 있겠지만, 둘 중 어느 하나도 나머지 하나가 없이는 완전하지 않을 것이다. 한 달이라는 기간이 그 두 사건을 단단히 엮고 있었다. 한 달 동안 나는 매일 아침마다 빈속으로 잠에서 깨어 종이 가운을 걸쳤다. 하나는 작은 진공 기구에 의지했고 다른 하나는 내 심장 조직을 제거할 카테터에 의지하고 있었다. *제거라뇨?* 나는 의사들에게 물었다. 그들은 태운다는 뜻이라고 설명했다.

　　하나는 나를 피 흘리게 만들었고, 다른 하나는 거의 피를 내지 않았다. 하나는 나의 선택이었고 다른 하나는 선택이 아니었다. 둘 다 내 몸의 엄청난 무력감과 능력을 동시에 느끼게 만들었다. 둘 다 을씨년스러운 겨울에 찾아왔다. 둘 다 나를 남자들의 손 아래 꼼짝없이 누워 있게 만들었고, 내가 막 사랑하기 시작한 한 남자의 보살핌에 의존하게 만들었다.

　　데이브와 나는 메릴랜드의 어느 지하실에서 새벽 3시에 첫 키스를 했다. 그때가 2008년, 우리는 오바마 유세에 가기 위해 뉴포트뉴스에 가던 길이었다. 우리는 '유나이트 히어Unite

Here'라는 노동조합에 가입해 있었다. *여기로 뭉쳐라!* 몇 년 후 그 포스터는 우리 침대맡에 걸렸다. 그 첫번째 가을에 우리는 부서진 조개껍데기가 흩어진 코네티컷 해변을 따라 걸었다. 바닷바람을 맞으며 우리는 손을 잡았다. 주말 동안에는 호텔에서 지냈는데 욕조에 입욕제를 너무 많이 넣는 바람에 거품이 넘쳐 욕실 바닥 전체를 뒤덮었다. 우리는 그것을 사진에 담았다. 모든 것을 사진에 담았다. 우리는 비 내리는 윌리엄스버그를 가로질러 어느 콘서트를 보러 갔다. 우리는 사랑에 빠진 작가들이었다. 내 상사는 우리가 밤에 웅크려 누워 서로의 마음을 일일이 확인하는 모습을 상상하곤 했다. "오늘 거리에서 다친 비둘기를 보았을 때 어떤 기분이었어?" 등등. 그리고 그건 사실이었다. 우리는 절뚝거리는 토끼 두 마리가 듬성듬성한 잔디밭에서 짝짓기하려고 애쓰는 장면을 보았던 얘기를 나누기도 했다. 그 광경이 얼마나 슬펐는지, 얼마나 감동적이었는지를.

　　내가 임신한 건 우리가 사랑에 빠지고 두 달쯤 되었을 때였다. 나는 진단 스틱의 십자 표시를 보고 데이브에게 전화했고 우리는 살을 에는 추위 속에서 대학교 교정을 거닐면서 어떻게 할지 이야기했다. 나는 내 재킷 안쪽에 자리 잡은 조그만 태아를 생각했고 내가 그 태아에게 애착을 느끼는지 궁금했다. 솔직히 궁금했다. 자신할 수 없었다. 어떻게 말해야 좋을지 몰랐던 것 같다. 나는 술을 마시고 싶었던 걸로 기억한다. 데이브가 그 선택에 함께해주기를 바라면서도 한편으로는 일어나고 있는 그 일을 독차지하고 싶었던 것 같다. 앞으로 나는 이 선택에 따라 살게 되겠지만, 그는 절대 그럴 일이 없다는 걸 그에게 이해시켜야 했다.

24

이는 아픔을 주는 어떤 것에 대해 내가 느끼는 감정의 이중 날이었다. 나는 누군가 함께 그것을 느끼기를 바라면서도 한편으로는 온전히 나 혼자 그것을 누리고 싶었다.

우리는 어느 금요일에 낙태 수술을 받기로 일정을 잡았고, 그때까지 나에게는 평범한 일주일이 남아 있었다. 일상적인 일들을 계속 해나가야 했다. 어느 오후, 나는 도서관에 틀어박혀 누군가의 임신 회상록을 읽었다. 저자는 내면을 두드리는 두려움과 외로움의 주먹—그녀가 평생 움켜쥐고 다녔으나, 음주와 섹스로 마비시켜왔던 주먹—을 묘사했고, 임신이 어떻게 이 주먹을 태아라는 작은 새싹, 움직이는 생명으로 대체했는지 설명했다.

데이브에게 문자를 보냈다. 두려움의 주먹에 관해, 아기 심장에 관해 말하고 싶었고, 나 자신은 임신으로 인해 바뀌지 않을 것을 알면서 임신으로 인해 바뀐 여자의 글을 읽는 것이 얼마나 슬픈 느낌인지 말하고 싶었다. 아니 적어도 나는 그녀처럼 변하지는 않을 거라고. 몇 시간 동안 아무 답장도 없었다. 그것이 나를 괴롭게 했다. 내가 낙태에 관해 그 이상의 감정이 없다는 데 죄책감을 느꼈다. 데이브가 다른 곳에 있다는 사실에, 나는 남겨진 일을 하려고 하는데 그는 가장 사소한 일도 하려고 하지 않는다는 사실에 열이 받았다.

나는 매 순간 기대의 무게를 느꼈다. 이 임신의 끝이 내가 슬프게 느껴야 할 어떤 것이라는 의식, 슬퍼해야 할 것에 대해서 한 번도 슬프게 여긴 적이 없다는 잠재된 두려움, 여러 번의 장례식을 메마른 눈으로 참석했던 기억, 끊임없는 확인의 욕구뿐 다른 어떤 것에도 활성화되지 않는 건조한 내면적 삶을 가지고 있다는 직감. 내가 데이브에게 바랐던 건 내가 무언가를 필요로 하는 바로 그 순간에 나에게 무엇이 필요한지 추측해주는 것이었다. 그의 존재를 보여주는 작은 신호들이 얼마나 많은 것을 의미할 수 있는지 그가 상상해주기를 바랐다.

그날 밤 우리는 내 집 주방 식탁에서 채소를 볶아 먹었다. 몇 주 전 그 식탁에서 나는 감귤류의 과일을 가득 늘어놓고는 모든 것을 달게 만드는 베리류로 만든 알약을 친구들에게 먹였다. 자몽은 사탕 맛이 났고 맥주는 초콜릿 같았고, 시라즈 와인은 마니슈비츠 와인 맛이 났다. 사실 모든 것이 살짝 마니슈비츠 비슷한 맛이 났다. 다시 말해서 그 주방에는 지금보다 삶이 더 간단하게 느껴졌던 수많은 날의 그림자가 남아 있었다. 우리는 와인을 마셨고, 아마도, 아니 틀림없이 나는 많이 마셨던 것 같다. 태아 생각은 해로울 수 있다는 이유로 태아에게 해로운 짓을 하고 있다고 생각하니 속이 메스꺼웠고, 때문에 태아가 더욱 생생하게 느껴졌고, 싸움에 대비해 싸구려 카베르네에 정신이 흐릿해진 내가 더욱 이기적으로 느껴졌다.

그날 데이브와의 거리를 느끼면서, 나는 데이브도 나만큼 이 임신과 밀접하다는 느낌이 나에게 얼마나 절실하게 필요한지 깨달았다. 그건 서로 닿을 수 없는 점근선漸近線이었다. 하지만 적어도 문자 한 통이라면 그가 우리의 나날들과 육체 사이에 놓인 간극을 건널 수 있을 거라고 생각했다. 그래서 그렇게 말했다. 사실은 아마도 나는 삐져 있었고, 그가 내게 물어주기를 기다리다 지쳐 결국 그렇게 말했을 것이다. *네 감정을 추측하는 건 청진기로 코브라를 부리는 것과 같아,* 언젠가 한 남자 친구가 이렇

26

게 말한 적이 있다. 무슨 의미일까? 몇 가지 의미가 있겠지. 고통이 나를 독기 품게 만들었다거나, 나를 진단하려면 일종의 전문적인 마법이 필요하다거나, 내가 감정을 과시하면서 동시에 그 감정의 근원을 숨긴다거나.

내 다락방 거실에 데이브와 앉아 있다 보니, 나의 코브라 볏이 펴졌다. "오늘 외로웠어." 내가 말했다. "네가 연락해주기를 바랐는데."

그때 그가 했던 말을 정확히 기억한다면 거짓말일 거다. 기억나지 않는다. 이는 말다툼의 슬픈 반감기다—우리는 보통 자신의 입장을 더 잘 기억한다. 그는 하루 종일 내 생각을 하고 있었다고 말했던 것 같은데, 내가 그 말을 믿지 못했던 걸까? 왜 증거가 필요했을까?

나의 상황/문제에 대해 말로 표현된 관심. 나는 왜 증거가 필요했을까? 그냥 필요했다.

그가 말했다. "내 생각엔 네가 이걸 만들어내는 것 같아."

*이걸*이라니, 무슨 뜻이지? 내가 화내는 거? 그에게 내가 화내는 거? 기억이 흐릿하다.

내 감정이 뭔지 모르겠어, 나는 그에게 말했다. 그는 내가 무언가를 느낀다는 것, 그리고 그에게서 무언가를 원한다는 것을 믿지 못했던 걸까? 나는 그의 공감이 필요했다. 단순히 내가 설명하고 있는 감정을 이해해줄 뿐 아니라 실제로 어떤 감정들이 존재하는지 내가 알아내게끔 도와줄 그의 공감이.

우리는 달빛 비치는 천창 아래 앉아 있었다. 유리창 밖은 2월이었다. 밸런타인데이가 다가오고 있었다. 나는 구김 사이에 부스러기들이 박힌 싸구려 이불 속으로 들어가 몸을 웅크렸다. 그 이불은 내가 여전히 대학생인 듯한 느낌을 주는 살림살이였다. 낙태는 어른의 일이다. 이불 속의 나는 어른 같지 않았다.

*이걸 만들어낸다*는 말은 내가 있지도 않은 감정을 지어내고 있다는 비난처럼 여겨졌지만, 지금 생각하니 실제 감정들, 한동안 있어왔던 감정들을 내가 잘못 해석한다는 의미였던 것 같다. 내가 낙태라는 이 특별한 사건의 필요성과 불안감이 주는 오랜 감정에 매달려 있다는 것, 그에게 불편한 감정이 들도록 내가 느끼는 감정을 과장하고 있다는 것을 그는 말하려고 했던 것 같다. 사실 그 비난이 아프게 다가왔던 이유는 그 말이 전적으로 틀렸기 때문이 아니라 부분적으로 맞았기 때문이고, 아주 냉정하고 허심탄회한 말이었기 때문이다. 그는 나에 관해 솔직하게 말하고 있었지만 내 기분을 풀어주기 위해서가 아니라 자신을 방어하기 위해서 그런 거였다.

하지만 그 이면에 진실이 있었다. 그는 내 고통을 실질적이면서도 만들어진 어떤 것으로 이해하고 있었다. 그는 둘 다 불가피하다고, 내 감정은 내가 말하는 방식에 따라 만들어지기도 한다고 생각했다. 내가 그걸 만들어내고 있다는 그의 말은 내가 아무것도 느끼지 않는다는 뜻이 아니었다. 무언가를 느낀다는 건 단순한 굴복의 상태가 아니라, 항상 구성의 과정이기도 하다는 뜻이었다. 지금 돌이켜보니 이 모든 것이 이해가 간다.

그래도 그는 나에게 더 다정하게 굴 수 있었다. 우리는 서로에게 더 상냥할 수 있었다.

살을 에는 듯 추운 어느 날 아침, 우리는 가족계획연맹◊을 찾아갔
다. 내 이름이 불리기를 기다리는 동안 우리는 무료 아동 도서를
쌓아둔 통을 뒤졌다. 이 책들은 왜 거기 있을까? 아마도 엄마가
예약된 일을 보는 동안 기다리는 아이들을 위한 책이었으리라.
하지만 그 금요일 오전, 낙태를 앞둔 주중의 시간대에 그것은 기
묘하게 느껴졌다. 우리는 『알렉산더』라는 책을 발견했다. 자기가
저지른 온갖 잘못을 아빠한테 고백하면서 그 잘못을 상상 속의
빨간색과 초록색의 줄무늬 말 탓으로 돌리는 사내아이의 이야기
였다. 오늘 알렉산더는 아주 못된 말이었어요. 우리가 무언가를
붙들고 있을 수 없을 때, 우리는 그것을 대신 들어줄 고리에 걸어
놓는다. 그 책은 브랜퍼드에 사는 마이클이라는 남자아이의 책이
었다. 나는 마이클이 왜 가족계획연맹에 왔었는지, 그리고 어째
서 책을 두고 갔는지 궁금했다.

　　가족계획연맹 상담실에 앉아 있던 나 자신에게 해주
고 싶은 말이 있다. 이제 중대한 어떤 일을 겪게 될 테지만 그 일
의 크기에 겁먹어서는 안 된다고, "감당하기에는 너무나 큰 일"
을 하고 있다고 두려워해선 안 된다고 말해주고 싶다. 충분한 감
정을 느끼지 않는다는 사실을 두려워해선 안 된다. 어차피 그 감
정은 앞으로도 몇 년 동안 계속해서 다른 형태로 찾아올 테니까.
남들도 하는 일이라는 평범성이 아픔에 대한 예방접종이 되지는
않는다고 말해주고 싶다. 대기실에 있는 모든 여자가 내가 하고

◊　Planned Parenthood Federation of America: 비영리 단체로 여
성의 자기결정권을 주장하며 피임, 임신중절을 지원하기도 한다.

있는 것과 똑같은 일을 한다고 해서 그 일이 더 쉬워지는 건 아니었다.

나는 나에게 이렇게 말하련다. 어쩌면 예전에 네가 받았던 수술들이 여기서 문제가 되지 않을 수도 있지만, 그러나 문제가 될 수도 있어. 턱이 부서지고 코가 부러졌던 일은 임신과는 전혀 관계가 없어, 그 두 번 모두 네가 침해당했다는 사실만 제외하면 말이야. 각각을 고친다는 건 다시 침해당한다는 뜻이야. 심장을 고치는 수술도, 태워 없앨 모든 것을 제외하면 아무것도 가져갈 게 없는 또 한 번의 침입이 되겠지. 어쩌면 너는 종이 가운을 입을 때마다 과거에 종이 가운을 입었던 모든 시간의 유령들을 불러내게 될 거야. 어쩌면 네가 마취의 어둠에 빠져들 때마다 그 어둠은 네가 예전에도 빠져들었던 것과 똑같은 어둠일 거야. 어쩌면 그게 항상 너를 기다리고 있었는지도.

● 스테파니 필립스
정신과
SP 훈련 자료 (계속)

첫 대사
"저는 발작을 일으키는데 아무도 그 이유를 몰라요."

신체적 특징과 말투
당신은 청바지에 스웨트셔츠를 입고 있습니다. 되도록이면

30

더럽거나 구겨진 옷이 좋습니다. 당신은 외모에 신경을 많이 쓰는 사람이 아닙니다. 대면 도중의 어느 시점에서, 당신은 집 밖으로 나가는 일이 거의 없기 때문에 굳이 깔끔하게 입으려고 더는 애쓰지 않는다고 말해도 됩니다. 대면 중에는 눈 맞추기를 피하고 감정이 없는 목소리로 말하는 것이 중요합니다.

스테파니 필립스를 연기할 때 가장 어려운 부분 중 하나는 그녀의 감정을 분석하는 것이다. *만족스러운 무관심*la belle indifférence. 이 태도는 "일부 환자들이 자신의 신체적 증상에 보이는 무관심한 분위기"라고 정의된다. 이는 전환장애의 흔한 징후로, "신체적 증상"을 숨기는 무관심한 겉모습을 통해 "불안을 덜 수 있으며 결과적으로 다른 사람들의 연민과 관심이라는 형태로 부차적인 이익을 얻기도 한다." 감정적 내용을 신체적 표현에 위탁하는 *만족스러운 무관심*은 공감을 요구하지 않으면서도 공감을 끌어내는 한 방법이다. 이렇게 해서 스테파니와의 대면은 일종의 공감 제한 사례가 된다. 임상의는 환자가 알지 못했던 슬픔을 발굴해야 하고, 스테파니 스스로 온전히 경험할 수 없는 고통을 상상해야 하는 것이다.

　나머지 환자들을 연기할 때 우리는 우리의 고통을 보란 듯이 걸치고 있어야 한다. 마치 그것이 절절 끓는 끔찍한 옷가지라도 되는 것처럼. 처음에 내가 충수염 환자 앤절라를 연기할 때 대본에는 "적당한 만큼의 고통을" 드러내라고 되어 있었다. 태아 자세로 신음하고 있다면 제대로 하는 것이리라. 의사들은 어떻게 반응해야 하는지 알고 있다. "배가 뒤틀리는 것처럼 아프다니 안됐네요. 정말 불편하시겠어요." 의사는 그렇게 말한다.

내 마음 한구석에는 늘 그런 고통에 대한 갈망이 있었다. 너무도 확연히 보이기 때문에—정말 반박할 수 없고 물리적으로 피할 수 없는—모두가 주목할 수밖에 없는 고통. 그러나 낙태와 관련된 내 슬픔은 결코 경련이 아니었다. 거기에는 어떤 볼만한 장면도 없었다. 입에 거품을 무는 일 따위는 없었다. 수술이 끝나고 사흘 뒤, 아픔이 찾아왔을 때는 차라리 마음이 놓였다. 밤에는 경련통이 최악에 이르렀다. 그러나 적어도 나는 내가 무엇을 느끼는지는 알고 있었다. 그것을 설명할 방법을 애써 생각하지 않아도 될 터였다. 발작으로써 이미 자신의 슬픔을 사적인 언어로 기우뚱하게, 그러나 소리 없는 선언으로 그 슬픔에 실체와 안무를 부여했기에 슬픔에 관해 말하지 않았던 스테파니처럼.

● **스테파니 필립스**
정신과
SP 훈련 자료 (계속)

대면 역학

당신은 질문을 받기 전에는 개인 신상을 밝히지 않습니다. 당신은 자신이 행복하다고 말하지 않을 것입니다. 불행하다고 하지도 않겠지요. 가끔 밤에 오빠 생각을 하면 슬퍼집니다. 그러나 그런 말을 하지는 않습니다. 당신보다 오래 살

거북이 한 마리를 키우고 있다거나, 전 직장인 미니 골프장
에서 녹색 운동화 한 켤레를 가져왔다는 말은 하지 않습니
다. 당신은 퍼터를 정리하는 일과 관련된 기억이 많다고 말
하지도 않습니다. 만약 질문을 받을 경우, 오빠 한 명이 또
있다고 말하지만, 어쨌거나 그가 윌이 아니라는 것은 확실
하기 때문에 굳이 그가 윌이 아니라고는 말하지 않습니다.
설사 그 사실이 때로 당신을 사무치게 한다고 해도 말입니
다. 당신은 이런 것들이 중요한 문제인지 확신이 서지 않습
니다. 그것들은 그저 사실일 뿐이니까요. 당신이 소파에서
의식을 차린 후, 좀 전에 어머니에게 뒈져버리라고 욕했던
것을 기억하지 못할 때 당신 뺨에 말라붙은 침 자국 같은 사
실일 뿐입니다. 뒈져버려는 발작 도중 산산조각 낼 것처럼
거센 경련이 팔을 덮칠 때 당신의 팔이 하는 말이기도 합니
다. 뒈져버려 뒈져버려 뒈져버려, 당신 턱이 굳어져 아무 소
리도 나오지 않을 때까지.

　당신은 이 깨끗하고 하얀 방에서 당신이 하고 있는 말
들, *괜찮아요, 난 괜찮아요, 슬픈 것 같아요* 같은 말 아래 존
재하는 세계에 살고 있습니다. 당신에게는 이 다른 세계가
보이지 않습니다. 그곳은 캄캄합니다. 당신의 발작은 그곳
으로 가기 위한 통로입니다. 몸부림치고 더듬거리면서 그곳
의 벽은 무엇으로 되어 있는지 느끼면서 들어가지요.

　당신의 신체는 반란을 일으키지 않는 이상 아무 특별
한 점이 없습니다. 어쩌면 당신은 허벅지가 뚱뚱하다고 생
각할 수도 있고 그렇게 생각하지 않을 수도 있겠죠. 어쩌면

33

당신과 함께 밤을 지새우면서 비밀을 속삭일 친한 친구들
이 있을 수도 있겠죠. 어쩌면 남자 친구를 많이 사귀었을 수
도 있고 또는 아직도 첫 남자 친구를 기다리고 있을 수도 있
겠죠. 어쩌면 어릴 때 유니콘을 좋아했을 수도 있고, 아니면
말을 더 좋아했을 수도 있겠죠. 나는 가능한 모든 방향에서
당신을 상상하고, 그러다가 생각의 갈피를 더듬어 다시 처
음부터 당신을 상상합니다. 가끔은 내가 당신에 관해 얼마
나 아는 게 없는지 생각하면 견딜 수가 없답니다.

낙태 후에 곧바로 심장 수술을 받을 계획은 아니었다. 심장 수술
은 전혀 계획에 없었다. 그것은 무언가 잘못되었다는 놀라움으로
찾아왔다. 진료실에서 내 맥박은 빠르게 고동치고 있었다. 홀터
모니터 —가슴에 부착시킨 센서들이 연결된 작은 플라스틱 상자
로, 24시간 동안 목에 걸고 지낸다—는 내 심장이 제대로 뛰지
않는다는 것을 보여주었다. 의사들은 SVT(상심실성 빈맥)라는
진단을 내렸고, 있어서는 안 될 추가적인 신호—쿵, 쿵, 쿵—를
보내는 추가적 전기 노드가 있다고 했다.
　의사들은 그것을 고칠 방법을 설명했다. 내 골반 위쪽
피부의 두 군데를 째어 카테터 와이어를 심장까지 올린다는 것이
었다. 이 작은 말썽쟁이 비트 박스를 없애기 위해서는 약간의 조
직을 제거해야 한다고 했다.
　1차 진료를 했던 심장 전문의는 자기 세계의 사무실과
복도를 급하게 누비고 다니는 키 작은 여자였다. 그녀를 닥터 M이
라고 부르기로 하자. 그녀는 퉁명스러운 목소리로 말했다, 언제

나. 문제는 그녀의 퉁명스러움에 절대 무슨 의미가 있어서가 아니라—나는 그것을 개인적으로 받아들이지 않았다—오히려 아무 의미가 없었다는 것, 전혀 사적이지 않았다는 것이었다.

어머니는 나보고 닥터 M에게 전화해서 낙태 시술이 예정되어 있다고 말하라고 고집했다. 수술에 들어가기 전에 의사들이 꼭 알아야 할 내용이 있다면 어쩔 거야? 그런 논리였다. 나는 더 이상 미룰 수 없을 때까지 전화를 미루다가 마침내 수화기를 들었다. 생면부지나 다름없는 사람에게 저 낙태할 거예요, 라고 말한다니—그것도 전화로, 묻지도 않았는데—굴욕적인 기분이었다. 그건 그녀가 보자고 하지도 않았는데 붕대를 풀고 있는 것과 같았다.

마침내 그녀에게 전화했을 때, 난처하고 짜증스러운 목소리가 들려왔다. 나는 재빨리 할 말을 했다. 그녀의 목소리는 차가웠다. "그래서 뭘 알고 싶으신 거죠?"

나는 멍해졌다. 정말 안됐군요, 라는 말을 내심 원하고 있었다는 걸, 그녀가 그 말을 해주지 않았을 때에야 비로소 알았다. 아니 알고 있었다. 나는 그녀가 무슨 말을 해주기를 바라고 있었다. 울음이 나왔다. 내가 어린아이처럼 느껴졌다. 바보처럼 느껴졌다. 내가 지금 왜 우는 거지, 이제까지 울지 않았는데. 임신 사실을 알았을 때도, 데이브한테 말했을 때도, 상담 약속을 잡았을 때도, 상담하러 갔을 때도 울지 않았는데?

"여보세요?" 그녀가 말했다.

마침내 나는 해야 할 질문을 기억해냈다. 낙태 의사가 제 빈맥에 대해서 알아야 하나요?

35

"아뇨." 그녀가 대답했다. 잠시 침묵, 그리고 다시 목소리가 들렸다. "그게 다인가요?" 그녀의 목소리는 정말 믿기 힘들 만큼 무뚝뚝했다. 그녀의 목소리에서 들을 수 있는 건 하나뿐이었다. *왜 그렇게 유난 떠세요?* 그게 다였다. 나는 내가 충분히 느끼지 못한다는 느낌과 아무것도 아닌 일로 수선을 떠는 것 같은 느낌을 동시에 받았다. 아마도 내가 아무것도 아닌 일로 수선을 떨고 있던 건 내가 충분히 느끼지 못했기 *때문*일 것이며, 닥터 M과 통화하면서 흘린 눈물은 내가 울지 않고 있던 낙태의 나머지 부분에서 흘러나온 눈물이었을 것이다. 나에게는 그것 자체를 어떻게 표현해야 할지 모른다는 불안감이 있었다. 눈물과 연관될 수도 있고 눈물의 부재와 연관될 수도 있는 불안감. *오늘 알렉산더는 아주 못된 말이었어요.* 물론 그때 그 말은 문제가 아니었다. 내 이야기에는 악당이 없었으므로 닥터 M이 악당이 된 거였다. 그것은 가해자도 없이 찾아오는 고통 같은 거였다. 모든 일은 내 몸 때문에, 아니 내가 한 선택 때문에 일어나고 있었다. 나는 스스로 어떻게 요구해야 할지 모르는 무언가를 세상에서 구하고 있었다. 사람들을 필요로 하고 있었다. 데이브든, 의사든, 누구든 내 감정을 알아볼 수 있는 형태로 나에게 전해줄 사람들을. 그것이 구할 수 있거나 제공할 수 있는 최상의 공감이다. 보이는 것을 더욱 분명하게 다시 설명해주는 공감.

한 달 후 닥터 M이 수술대 위로 몸을 숙여 사과했다. "전화할 때 제 말투가 그래서 미안했어요." 그녀가 말했다. "낙태에 관해 말씀하셨을 때요. 환자분이 무슨 질문을 하시는지 이해하지 못했어요." 그것은 내가 도저히 따라잡을 수 없는 논리를 가진 자의 사과였다. *(무슨 질문을 하는지 몰랐다고요?)* 그것은 떠밀려서 하는 사과였다. 어느 시점엔가 어머니가 닥터 M에게 전화를 걸어 곧 있을 수술에 관해 상의했고 그러면서 내가 예의 전화 때문에 속상해했다고 말했던 것이다.

　나는 환자복을 입고 누워 있었다. 마취 초기 상태라 머리가 몽롱했다. 나는 또다시 울고 싶어졌다. 그 전화 통화에서 내가 얼마나 무력했는지—무력했던 이유는 낯선 사람인 그녀에게서 내가 너무도 많은 것을 필요로 했기 때문이다—가 떠올랐기 때문이고, 그리고 내 심장 조직을 태워 없앨 의사들을 기다리며 지금 이렇게 너무도 무력하게 누워 있다는 기분 때문이었다. 닥터 M에게, 당신의 사과를 받아들이지 않겠다고 말하고 싶었다. 당신은 사과할 권리가 없다고 말하고 싶었다. 여기서는 안 된다고, 내가 종이 가운 하나만 걸치고 누워 있는 동안에는, 다시 살을 베이고 속을 드러내려고 하는 이 순간에는 안 된다고 말하고 싶었다. 미안하다고 사과했다는 이유로 기분이 나아질 그녀의 권리를 부정하고 싶었다.

　대체로 나는 마취가 진행되어 내가 느끼는 모든 것으로부터, 내 몸이 느끼게 될 모든 것으로부터 나를 데려가주기를 바랐다. 곧 그렇게 되었다.

의대생들과 대면할 때면 늘 약을 달라고 요구하고 싶은 충동과 싸우게 된다. 약을 달라고 하는 게 자연스럽게 느껴진다. 베이비더그의 엄마는 아티반(진정제)을 원하지 않을까? 충수염 환자인 앤절라는 약간의 비코딘(진통제)이나, 또는 통증 단계 10인 환자에게 주는 아무 약이든 요구하지 않을까? 스테파니 필립스는 새로 바리움(신경안정제)을 복용하게 된다면 좀더 감정을 나타내지 않을까? 내 통증을 전달할 가장 효과적인 방법은 그것을 해소해줄 만한 것에 대한 욕구를 표현하는 것이라는 생각을 지울 수 없다. 만약 내가 스테파니 필립스라면, 나는 아티반에 흥분할 것이다. 하지만 난 그녀가 아니다. 그리고 SP가 하는 일은 투영이 아니다. 그것은 거주의 문제다. 나는 대본에서 벗어날 수 없다. 이 대면은 통증 해소에 관한 것이 아니다. 그것은 더욱 분명하게 보는 것과 관련되어 있다. 치유의 부분은 언제나, 우리가 결코 닿을 수 없는 가상의 지평선이다.

겨우내 병원 신세를 지면서 나는 계속 의사들의 수중에 있었다. 이는 이미 다른 스무 명의 여성에게 낙태 시술을 해준 오전에 나에게도 낙태 시술을 해준 이름 모를 첫번째 남자와 함께 시작되었다. *해주다니*. 이런 경우에 쓰기는 우스꽝스러운 단어다. 마치 무슨 선물이라도 된다는 것처럼. 일단 시술이 끝나자 나는 컴컴한 방으로 실려 갔고, 그 방에서 하얀 수염을 길게 기른 남자가 오렌지주스 한 잔을 내밀었다. 그는 어린아이가 그린 신을 닮아 있었다. 크래커 한 줌을 다 먹을 때까지는 진통제 한 알도 주지 않으려는 그가 야속했지만, 그래도 그는 친절했다. 그의 고집은 일종의 배려였다. 그것이 느껴졌다. 그는 나를 돌보고 있었다.

닥터 G는 내 심장 수술을 집도한 의사였다. 그는 원격 컴퓨터로 카테터를 조종했다. 그곳은 우주선 조종실 같았다. 그는 말씨가 빠르고 두 팔은 깡마르고, 백발이 무성한 남자였다. 나는 그가 좋았다. 직설적으로 간결하게 말하는 사람이었다. 수술을 마친 다음 날 그가 병실에 들어와서는 수술이 효과가 없었던 이유를 설명했다. 그들은 조직을 태우고 또 태웠지만 정확한 부분을 태우지 못했다는 것이다. 심지어 내 동맥벽까지 베어내 계속 지켜보았다. 그런 다음 수술을 중단했다. 더 많은 조직을 제거했다가는 내 회로망이 완전히 무너질 위험이 있었다.

닥터 G는 내가 그 수술을 다시 받아야 할 수도 있다고 했다. 나는 그들이 더욱 공격적으로 조직을 제거하도록 허락해줄 수도 있었다. 위험한 건 내가 심박조율기를 단 채 수술실에서 나오게 된다는 거였다. 그는 그 말을 매우 차분하게 전했다. 그리고 내 가슴을 가리키며 말했다. "마른 사람의 경우는 그 윤곽이 꽤 또렷하게 보이기도 합니다."

나는 전신마취에서 깨어나 내 갈비뼈 위의 금속 상자를 찾아보는 장면을 상상했다. 내가 아직 몸속에서 발견하지도 못한 그 심박조율기에 관한 질문을 그 의사가 어떻게 예상했을까 하고 놀랐던 기억이 난다. 그것이 거기 있다는 사실을 어떻게 쉽게 잊어버릴 수 있을까? 나는 그의 차분한 말투가 고마웠고 그에 상처받지 않았던 것 같다. 그 말은 냉담하게 다가오지 않았다. 왜일까?

아마도 그냥 그가 남자였기 때문인지 모른다. 내게 필요했던 건—비록 단 하루라 할지라도—그가 내 어머니가 되어주는 게 아니었다, 그저 그 자신이 무엇을 하고 있는지 알고 있다면 그것으로 족했다. 하지만 그것이야말로 더 중요한 게 아닐까.

그는 나의 공포에 공감하는 대신에—심박조율기를 달고 살게 될 수 있다는 공포를 함께하는 대신에—이것, 고장 난 심장에 따개비를 붙이고 다니는 것도 괜찮을 거라고 생각하도록 날 돕고 있었다. 그의 차분함은 내가 버림받았다는 느낌을 주지 않았고, 든든한 느낌을 주었다. 그것은 공감이라기보다는 다짐이었다. 아니, 나에게 가장 절실한 것이 공감이 아니라 다짐이라는 걸 그가 이해했다면, 그 다짐은 공감의 증거였다.

공감은 배려의 일종이지만 배려의 유일한 종류는 아니며, 공감이라고 늘 충분한 것도 아니다. 나는 바로 그게 닥터 G가 생각하고 있던 거라고 믿고 싶다. 나는 그를 쳐다보면서 내 두려움의 반향이 아닌, 그 두려움과 반대되는 것을 볼 필요가 있었다.

닥터 M을 만날 때마다 그녀는 늘 내 생활에 관한 형식적인 질문 몇 가지로 대면을 시작한다. *요즘은 무슨 일을 하시나요?* 그리고 내가 옷을 갈아입도록 그녀가 병실을 나가 있을 때면, 복도에서 녹음기에 대고 말하는 그녀의 목소리가 들린다. *환자는 예일대 영문과 대학원생이다. 환자는 중독에 관한 논문을 쓰고 있다. 환자는 2년간 아이오와에서 살았다. 환자는 에세이집을 쓰고 있다.* 그런 뒤에 다음번에 만날 때 그녀는 어김없이, 그 테이프를 듣고 기억을 되살리고는 구체적인 질문을 한다. *아이오와에서 지낸 2년은 어땠나요? 에세이집은 어떻게 되어가고 있나요?*

그녀가 사용하는 방법의 역학을 그렇게 속속들이 느끼다 보니 이상한 친밀감, 거의 당혹스러울 정도의 친밀감이 생겼다. *환자와 관계를 맺고, 그 세부 내용을 기록하고, 반복하는 것.*

40

나라는 존재가 요약 노트 안에 묘사되고 있었다. 나는 그 꼭두각시 인형 줄을 보는 게 싫었다. 그 줄들이 꼴사납게 느껴졌다. 그리고 그녀의 목소리에 친절함이 담기지 않은 이상 그 역학은 전혀 무의미했다. 그 꼭두각시 줄은 우리가 서로 모르는 사이라는 사실을 인정한다기보다는 서로 아는 사이처럼 속이고 있었다. 그것은 의사와 환자의 관계에 내재하는 긴장이다. 그것은 전혀 친밀하지 않은 어떤 것보다 더 침해적이다.

지금 나는 다른 부류의 테이프를 상상해본다. 더욱 적나라하고, 더듬거리는 테이프. 계속해서 스스로를 수정해나가는 테이프. 춤추는 그 스텝을 엉망으로 만드는 테이프.

환자는 ~~낙태 시술을 받기 위해, 심장에서 잘못된 부분을 태우는 수술을 받기 위해~~ 심장 수술이 실패해서 심장을 안정시킬 약물치료를 받기 위해 여기 와 있다. 환자는 우리가 적절히 약물치료를 할 때까지 병원에서 ~~1박 3박~~ 5박 6일을 지내고 있다. 환자는 ~~병원에 있는 자신에게 사람들이 술을 가져와도 되는지 궁금해 한다~~ 간호사실에 있는 그레이엄 크래커를 먹는 걸 좋아한다. 환자는 러닝머신 위를 달려도 심장박동이 깨끗하게 기록될 때까지는 퇴원할 수 없다. 환자는 최근에 낙태 시술을 받았는데 우리에게 왜 그 사실을 알리고 싶어 했는지 잘 모르겠다. 환자는 처음에는 상처를 받지 ~~않았다고 생각했~~지만 이후 상처를 받았다. 환자는 ~~피임에 실패했~~고 자신이 피임하지 않은 이유를 적절히 설명하지 못했다. ~~환자는 감정이 복잡하다. 환자의 파트너는 그녀가 복잡한 감정을 만들어내고 있다고 느끼고 있었다.~~ 환자의 파트너는 환자를 지원하고 있다. 환자의 파트너가 환자의 침대에 있는 장면이 반복해서 목격된다. 환자의 파트너가 환자에게 키스하는 장면이 목격된다. 환자의 파트너는 매력적이다.

환자는 수술이 실패해서 ~~화가 났다 실망했다~~ 화가 났다. 환자는 약물치료를 원하지 않는다. 환자는 약물치료 도중에 술을 마셔도 되는지 알고 싶어 한다. 환자는 얼마나 많은 양이 허락되는지 궁금해한다. ~~하룻밤에 와인 두 병은 너무 많은지~~ 두어 잔은 마셔도 괜찮은지 알고 싶어 한다. 환자는 심박조율기를 달아야 할 위험이 있다면 또 한 번의 수술은 원하지 않는다. 환자는 이 수술이 중대한 ~~알아라는 것을~~ 일이 아니라는 것을 모든 사람이 이해해주기를 원한다. 병동의 나머지 환자들이 더 많이 아픈 상황에서 그녀가 운다는 건 어리석은 일임을 모든 사람이 이해해주기를 원한다. 그녀가 낙태한 이유는 그녀가 전 남자 친구들과 헤어진 이후 그들이 갖게 된 아이들과는 결코 관련이 없다는 ~~것 또한~~ 것을 모든 사람이 이해해주기를 원한다. 환자는 그 일이 ~~선택이 아니었다는 걸~~ 선택이 아니었다면 훨씬 쉬웠으리라는 걸 모든 사람이 이해해주기를 원한다. 환자는 임신 중에 술을 마신 것은 그녀의 선택이었음을 이해하고 있다. 그녀는 목에 작은 플라스틱 상자를 걸고서 바에 가고, 심박 그래프가 엉망이 될 만큼 취한 것이 자신의 선택이었음을 이해하고 있다. 환자는 환자들, 즉 복수의 환자들이다. 다시 말해 다면성을 띠고 있다. 대체로 감사해하지만 때로는 심술궂고, 때로는 자기연민에 빠진다. 환자는 모든 사람이 얼마나 그녀를 배려하고 있는지 듣고 싶다면 귀를 기울여야 한다는 걸 ~~어마 이해하고 있다~~ 이해하기 위해 애쓰고 있다.

내가 수술을 받는 동안 병원에서는 세 남자가 나를 기다리고 있었다. 오빠와 아버지, 그리고 데이브. 그들은 라운지에 앉아 어색한 대화를 나누었고, 그다음에는 카페테리아에 앉아 어색한 대화를 나누었고, 그러고 나서는—사실 그들이 어디 앉아 있었는지, 또는 그 순서가 어떻게 되는지는 잘 모르겠다, 나는 거기 없었으니까. 하지만 그들이 카페테리아에 앉아 있을 때, 한 의사가 그들을 찾아와 수술 팀이 내 동맥벽의 일부를 찢어서—데이브의 말로는 의사들이 이 단어를 사용했다고 한다, 찢어서—반대쪽의 조직 일부를 태울 예정이라고 말했다는 건 나도 알고 있다. 그러자 데이브는 병원 예배당을 찾아가 내가 죽지 않게 해달라고 기도했다고 나중에 본인 입으로 말했다. 그는 사람들 눈에 띄지 않기 위해 버팀대로 받쳐놓은 열린 문 뒤의 으슥한 공간에서 기도했다.

내가 죽을 가능성은 거의 없었다. 그때 데이브는 그 사실을 몰랐다. 어쨌거나 기도는 가능성에 관한 것이 아니다. 기도는 욕망에 관한 것이다. 무릎을 꿇고 그녀를 살려달라고 애원할 만큼 누군가를 사랑한다는 것. 그가 예배당에서 울었을 때, 그것은 공감이 아니었다. 그것은 다른 어떤 것이었다. 그가 무릎을 꿇은 건 내 고통을 느끼기 위한 방법이 아니라 그 고통을 끝내달라고 부탁하기 위한 것이었다.

나는 데이브가 나에게 얼마나 잘 공감하는지 평가하기 시작했다. 보이지 않는 체크리스트 항목 31번이 끊임없이 나에게 제시되었다. 나는 내가 아플 때마다 그를 아프게 하고 싶었고, 내가 느끼는 만큼 그도 느끼기를 바랐다. 그러나 누군가 당신에게 얼마나 공감하는지 예의 주시하기란 피곤한 일이다. 자칫하면 그들에게도 감정이 있다는 사실을 잊어버릴 수도 있다.

과거에 나는 내가 아프면 다른 사람의 아픔을 더욱 생생하게 느끼게 될 거라고 생각했다. 다른 누군가의 기분이 안 좋으면 내 기분도 안 좋다고 믿었다. 지금은 잘 모르겠다. 병원에서 지내다 보니 이기적이 되어갔다. 수술을 받고 나자 나의 주요 관심사는 재수술 여부가 되어버렸다. 다른 사람들에게 나쁜 일이 생기면 그런 일이 나에게 생기는 상상을 했다. 이것이 공감인지 아니면 도둑질인지 알 수 없었다.

예를 들면 이런 거다. 9월 어느 날, 내 오빠는 스웨덴의 어느 호텔 방에서 잠을 깼는데 얼굴 반쪽이 움직이지 않는다는 걸 알게 되었다. 오빠는 안면신경마비 진단을 받았다. 그것이 왜 일어나는지 어떻게 하면 호전되는지 제대로 아는 사람이 없었다. 의사들은 오빠에게 프레드니손이라는 스테로이드를 처방했는데 그 약은 구역질을 일으켰다. 오빠는 거의 날마다 해 질 녘이면 속을 게워냈다. 오빠가 우리에게 사진을 보냈다. 쓸쓸하고 흐릿해 보였다. 오빠의 얼굴은 푹 꺼져 있었다. 눈동자는 플래시에 반짝였고, 눈이 마르지 말라고 넣은 젤 때문에 밝게 보였다. 오빠는 눈을 깜박일 수도 없었다.

나는 어느새 오빠의 상태에 집착하고 있었다. 익숙하지 않은 얼굴로 세상을 돌아다니는 기분이 어떨지 상상하려고 애썼다. 애써 잊어왔던 일들, 애써 잊어왔던 삶 전체, 그 휘청거리는 공간에서 아침에 눈을 뜨는 기분은 어떨지, 그러다가 문득, 그래, 일이 이렇게 된 거였지 하고 깨닫는 기분은 어떨지 생각해보았다. 거울을 본다, 아직 그대로다. 꿈에서 깨어 정확히 자기 얼굴이 아닌 얼굴로 또 하루를 맞이할 때마다 조금씩 으스러져가는 기분은 어떨지 상상하려고 애썼다.

나는 하루의 많은 부분——무의미하고 무익한 시간들——을 만약 나도 얼굴이 마비된다면 어떤 기분일까 상상하며 지냈다. 나는 오빠의 트라우마를 훔쳐서 환등기의 빛 패턴처럼 나 자신에게 투영했다. 나는 집착했고, 이 집착이 공감이라고 스스로에게 말했다. 그러나 그건 절대 아니었다. 그건 오히려 감정이입에 가까웠다. 나는 제3자의 삶의 문제를 나의 문제로 받아들일 만큼 나를 버리고 다른 삶 속으로 뛰어들고 있지는 않았다.

데이브는 다른 사람이 기분이 안 좋을 때 덩달아 기분이 나빠진다는 걸 믿지 않는다. 그런 건 그가 생각하는 지원이 아니다. 그는 귀 기울여 들어주고, 질문을 해주고, 억측하지 않는 것이 도움이 된다고 믿는다. 그는 누군가의 고통을 지나치게 확신하면서 상상한다는 건 그 고통을 상상하지 못하는 것만큼이나 해로울 수 있다고 생각한다. 그는 겸손함을 믿는다. 같이 있어주는 것이 좋다고 굳게 믿기 때문에 어디 가지 않는다. 그는 병원의 버석거리는 하얀 침대에서 5일 밤을 나와 함께 있었고, 내 두 손에 들린 상자에 내 심장의 전기 신호를 전달하는 색색의 모니터 선들과 함께 누웠다. 그와 엉킨 채 누워서 그게 얼마나 의미 있을까 생각했던 기억이 난다, 그가 나와 함께 있기 위해서 그 뒤엉킨 선들 속에 기꺼이 눕는다는 것이.

의대생들이 우리에게 더 잘 공감하도록 하려면 우리가 그들에게 공감해야 한다. 나는 그들이 요구 수준에 못 미치는 이유가 무엇인지—어떤 소심함이나 결벽증 때문인지 아니면 냉담함 때문인지—짐작해보고 어떻게 하면 그들에게 상처 주지 않으면서 그들의 약점에 말을 걸 수 있는지 생각해본다. 너무 뻣뻣해서 마치 방금 사업 계약을 맺은 사람처럼 내 손을 잡는 학생, 아주 적극적으로 나와 친해져서 아예 손을 씻지 않았던 쾌활한 여학생.

어느 날은 우리 담당자의 생일이라며 케이크 하나가 우리에게 배달된다. 딸기 맛 젤리로 잔물결을 그린 푸석한 하얀색 케이크다. 우리는 회의실 탁자에 둘러앉아 플라스틱 포크로 케이크를 먹고 있지만 정작 그녀는 아무것도 먹지 않는다. 그녀는 학생들의 공감 수준을 향상시키기 위해 학생들에게 말할 때 어떤 종류의 구문을 사용해야 하는지 이야기한다. 우리가 사용해야 하는 건 "당신이 ……했을 때 나는 이런 느낌이었다"라는 형식이다. *당신이 손을 씻는 걸 깜빡했을 때 나는 내 몸을 보호해야 할 것 같았어요. 당신이 11은 통증 규모에 없는 숫자라고 말했을 때 나는 묵살당한 느낌이었어요.* 좋은 경우도 마찬가지다. *당신이 오빠 월에 관해 물었을 때 나는 당신이 진정으로 내 상실감을 보살펴주는 듯한 느낌이었어요.*

1983년 「공감의 구조The Structure of Empathy」라는 한 연구는 공감과 네 가지 주요 성격군 사이의 상관관계를 밝혀냈다. 네 가지 성격군이란 감수성, 불순응, 차분함, 사회적 자신감을 말한다. 나는 구조라는 단어가 마음에 든다. 그것은 공감이 건축과 디자인, 작업대와 전기를 갖춘 집이나 사무실처럼 우리가 짓는 건물임을 암시한다. 한자에서 듣다를 뜻하는 글자는 이

46

와 비슷하게 지어져 있다. 들을 청聽 자는 귀와 눈을 뜻하는 글자,
온전한 주의력을 뜻하는 수평선, 갑작스런 급습과 마음의 눈물방
울 등 많은 부분으로 이루어진 하나의 구조물이다.

그 연구에서 높은 점수를 받은 "감수성" 집단은 직관적
으로 느낀다. 다시 말하면 "나는 시를 쓰려고 했던 적이 한두 번
쯤 있다"라든가 "나는 울고 싶을 정도로 매우 슬픈 어떤 것을 본
적이 있다" 같은 진술에 동의하고, "사람들이 나를 좋아하건 싫
어하건 별로 개의치 않는다" 같은 진술에는 동의하지 *않는다는*
뜻이다. 후자의 진술은 공감이란 근본적으로 물물교환, 즉 타인
의 애정을 얻기 위한 노력임을 암시하는 듯하다. *나는 너의 고통
을 돌본다는 말은 네가 나를 좋아해준다면 나는 너를 보살핀다고*
말하는 또 다른 방식이다. 우리는 돌봄을 받기 위해 돌본다. 우리
는 허점이 많기 때문에 돌본다. 타인의 감정은 중요하다. 그것은
물질과 같다. 그것은 무게가 있으며, 끌어당기는 중력을 가진다.

나 역시 이해되지 않는 것이 마지막 성격군인 사회적
자신감이다. 나는 공감이란 눈에 띄지 않는 사람들, 수줍은 관찰
자들 특유의 특권이라고 늘 소중하게 생각해왔다. *왜냐하면 그들*
은 너무 많이 느끼기 때문이다. 방 안에서 스쳐가는 모든 미묘한
차이 하나하나에 민감할 때는 단어 하나를 말하는 것조차 견디기
힘들기 때문이다. 그 연구는 "사회적 자신감과 공감 사이의 관
계가 가장 이해하기 어렵다"고 인정하고 있다. 그러나 그 설명은
일리가 있다. 사회적 자신감은 공감에 대한 하나의 전제조건이지
보장이 아니며, "한 사람이 대인 관계의 세계로 들어가서 공감
기술을 발휘할 용기를" 줄 수 있다. 우리는 용기가 있기에 공감

할 수도 있다. 그 점이 핵심이다. 이는 내가 느끼는 공감 중에 두려움에서 비롯된 것이 얼마나 많은지 생각하게 만든다. 나는 타인들이 겪는 문제가 나한테 일어날까 봐 두려워한다. 그게 아니라면, 타인의 문제를 나의 문제로 여기지 않을 경우 그들이 나를 사랑하지 않을까 봐 두려워한다.

시카고 대학교의 심리학자 장 데서티Jean Decety는 사람의 두뇌가 타인의 고통에 반응할 때 무슨 일이 벌어지는지 fMRI 스캔을 통해 알아본다. 그는 고통스러운 상황(가위에 끼인 손, 문에 찧은 발)의 이미지들을 보여주고, 그 이미지를 보는 두뇌 스캔과 실제로 신체가 고통을 당하고 있을 때의 두뇌 스캔을 비교한다. 데서티는 타인의 고통을 상상하는 것만으로도 고통 자체를 경험할 때와 똑같은 세 부위(전전두엽 피질, 전측 섬엽, 전측 대상회)가 활성화된다는 것을 발견했다. 나는 그 관련성에 마음이 든든해진다. 하지만 한편으로 나는 그게 무슨 소용이 있나 하는 생각도 든다.

오빠가 안면신경마비를 겪던 몇 달 동안 아침에 일어나 거울 속의 내 얼굴을 보면서 뺨 한쪽이 푹 꺼지지는 않았는지 눈 한쪽이 처지지는 않았는지, 미소가 일그러지지는 않았는지 확인할 때마다 나는 그 누구도 보살피고 있지 않았다. 나는 내 자아의 한 모습—존재하지는 않지만 이론적으로 오빠의 불행을 공유한 자아—에 대해 신경 쓰는 만큼 오빠에게 신경을 쓰고 있지 않았다.

나의 공감이라는 게 항상, 매 경우마다 이런 것은 아니었을까. 다른 누군가에게 가상의 자기연민을 한바탕 투영한 것에

48

지나지 않았던 건 아닐까. 그건 결국 유아론일 뿐이지 않은가? 애덤 스미스Adam Smith는 『도덕감정론Theory of Moral Sentiments』에서 이렇게 고백했다. "다른 사람의 팔이나 다리를 때리려는 장면을 목격할 때 우리는 자연히 움츠리게 되고 우리의 팔이나 다리를 뒤로 빼게 된다."

우리는 우리 자신을 보살핀다. 당연히 그렇다. 어쩌면 그로 인해 좋은 결과가 나올 수도 있을 것이다. 만약 내가 오빠의 고통을 겪는 나 자신을 열심히 상상한다면, 아마도 오빠가 원하거나 필요로 하는 것이 무엇일지 조금은 이해하게 될 것이다. 왜냐하면 *나라면 이것을 원할 거야, 나라면 이것이 필요할 거야* 하고 생각하기 때문이다. 그러나 그것 역시 빈약한 변명으로 보이며, 오빠의 불행을 기회 삼아 내가 꾸며낸 두려움에 빠질 핑계가 될 뿐이다.

나는 의대생들이 "그러면 기분이 어떠세요?" 하고 물을 때 내 두뇌의 어느 부분이 활성화되는지 알고 싶다. 또는 내가 "내 복부 통증은 10이에요"라고 말할 때 그들 두뇌의 어느 부분이 켜지는지 궁금하다. 나의 상태는 실제가 아니다. 나는 그 사실을 알고 있다. 그들도 알고 있다. 나는 그런 척 몸짓을 해 보이고 있을 뿐이다. 그들도 그런 척 몸짓을 해 보이고 있을 뿐이다. 그러나 그런 몸짓이 기계적인 암기보다 더 중요할 수 있다. 몸짓은 그저 감정 표현만 하는 게 아니다. 몸짓이 감정을 만들어낼 수도 있다.

공감은 단지 우리에게 일어나는 어떤 것—두뇌 전체에 쏟아지는 시냅스의 유성우—이 아니라 우리가 하는 선택이기도

하다. 관심을 기울이겠다는, 우리 자신을 확장하겠다는 선택. 그것은 충동보다 볼품없는 그 사촌뻘인 노력으로 이루어진다. 때로 우리는 당연히 그래야 한다는 걸 알기 때문에, 또는 그러기를 요구받기 때문에 다른 사람을 보살피지만, 그렇다고 해서 우리의 보살핌이 공허해지는 것은 아니다. 선택 행위란 단순히 우리 개인적 경향성의 총합보다 훨씬 큰 일단의 행위에 헌신한다는 뜻이다. *나는 그의 슬픔에 귀를 기울일 거야, 설사 나 자신의 슬픔에 깊이 빠져 있을지라도.* 이렇게 몸짓을 해 보이겠다고 말하는 것, 이는 다른 사람의 마음 상태나 정신 상태 속으로 들어가려는 노력—그 노동, 그 몸짓, 그 춤—을 깎아내린다기보다는 인정하는 것이다.

노력에 대한 이런 고백은 공감에 대한 세간의 인식을 거스른다. 공감이란 항상 자발적이어야 하며, *진정성*은 의도하지 않음과 같은 뜻이고, 의도성이란 사랑의 적이라는 인식 말이다. 그러나 나는 의도를 믿으며 노력을 믿는다. 한밤중에 일어나 가방을 꾸려 우리 최악의 자아를 떠나 더 나은 자아를 찾아갈 것을 믿는다.

● 레슬리 제이미슨
산부인과
SP 훈련 자료 (계속)

첫 대사

50

필요 없을 거예요. 모두가 똑같은 이유로 이곳에 오거든요.

신체적 특징과 말투
헐렁한 바지를 입으십시오. 당신은 헐렁한 바지를 입으라는 말을 여러 번 들었습니다. 목소리는 안정되게 또박또박 말하십시오. 당신은 당신의 이름조차 모르는 의사 앞에서 다리를 벌리게 됩니다. 당신은 절차를 어느 정도는 알고 있습니다. 평소처럼 행동하세요.

대면 역학
모든 질문에 답할 때마다 커피를 주문할 때처럼 명확하게 말하십시오. 예의를 지키고 열심히 고개를 끄덕이십시오. 심장이 맞은편을 향하도록 하얀 벽을 등지고 앉으십시오. 간호사가 시술을 받을 생각이 확고하냐고 묻는다면 지체 없이 *그렇다*고 대답하십시오. 한 점 의심도 없이 그렇다고 대답하십시오. 진단 스틱에 나타난 분홍색 십자 표시를 처음 보았을 때의 기분은 언급하지 마십시오. 아이를 가졌을 가능성, 아이를 가질 수 있는 당신의 능력에 갑자기 여러 모로 기뻤다는 식의 언급은 안 됩니다. 그 기쁨의 순간은 언급하지 마십시오. 왜냐하면 그런 언급은 당신이 지금 하려는 일에 대해 완전히 확신하지 않는 것처럼 보일 수 있기 때문입니다. 해로울 수 있으므로 그 기쁨의 한순간에 대해서는 언급하지 마십시오. 그것은—다른 무엇보다도—당신이 포기하려는 것을 측정하는 듯 느껴질 것입니다. 그것은 당신의 자발적 상실의 아픔을 짚어냅니다.

대신에 간호사에게 당신이 피임을 하지 않은 건 어리석은 짓이었고 앞으로 피임을 하겠다고 말하십시오.

간호사가 과거에 어떤 형태의 피임법을 사용했는지 묻는다면 콘돔이라고 하십시오. 지금까지 당신과 같이 잤던 모든 남자가 갑자기 당신이 있는 방에 나타납니다. 그들을 무시하십시오. 첫 경험의 기억—그 모든 어설픔과 그다음의 고통—과 그때 서랍장 위의 대형 카세트 라디오에서 낮게 흘러나오던 로드 스튜어트Rod Stewart의 「부러진 화살 Broken Arrow」에 대한 기억을 무시하십시오. *어느 누가 당신에게 부러진 화살을 가져다줄까요? 어느 누가 당신에게 빗물 한 병을 가져다줄까요?*

콘돔을 사용했다고 말하되 사용하지 않았던 경우들—어느 으슥한 묘지에서, 캄캄한 강가의 작은 자동차 안에서—에 관해서는 생각하지 말고, 위험을 무릅쓴다는 것이 어떻게, 왜 그 남자들과 가깝다는 감정을 들게 했는지에 관해, 두 사람의 몸이 함께 할 수 있는 것의 엄청난 중력에 당신이 어떻게 이끌렸는지에 관해서는 절대 말하지 마십시오.

만약 간호사가 현재의 파트너에 관해 묻는다면 마치 어떤 법적 혐의에 대해 자신을 방어하듯이, 우리는 *매우 헌신적이다*, 라고 말해야 합니다. 만약 간호사가 주의 깊게 듣고 있다면 당신의 확신의 둥지 속에 알처럼 자리 잡은 두려움의 소리를 들을 수도 있으니까요.

간호사가 술을 마시느냐고 묻는다면 역시 *그렇다*고 대답하십시오. 물론 당신은 술을 마십니다. 그것이 별일이 아니라는 듯 말하십시오. 당신의 생활습관에는 과음이 포함됩니다. 심지어 당신은 당신 몸속에 태아가 있다는 것을 알면서도 과음을 합니다. 당신은 몸속에 태아가 있다는 사실을 잊어버리기 위해서 마십니다. 또는 이것은 당신 몸속의 태아에 관한 한 편의 영화에 불과하다고 느끼기 위해서 마십니다.

간호사는 결국 이렇게 물을 것입니다. *시술을 앞두고 기분이 어떠세요?* 슬프기는 해도 옳은 선택이라고 말하십시오. 설사 거짓말일지언정 그렇게 말하는 것이 옳은 대답처럼 보이기 때문입니다. 당신은 대체로 무감각한 기분입니다. 수술대에서 다리를 벌릴 때까지는 무감각합니다. 그러다가 아픕니다. 팔에 꽂은 바늘을 통해 들어오는 마취제는 당신을 진정시키는 역할밖에 하지 않습니다. 며칠 후 밤중에 당신은 몸을 조이는 듯한 경련—깊고, 화끈거리고, 뒤틀리는 통증—을 느끼는데, 당신이 할 수 있는 거라고는 가만히 누워서 그것이 지나가기를 바라고, 잠들게 해달라고 애원하고, 잠들기 위해 술을 마시고, 옆에서 잠자는 데이브를 원망하는 것뿐입니다. 당신이 할 수 있는 거라고는 피 흘리는 당신의 몸이 불가사의하고 고집스러운 사물인 양 바라보는 것뿐입니다. 마치 해롭고 다루기 힘들며 전적으로 당신의 것이 아닌 어떤 것처럼 말입니다. 당신은 한 달 동안 당신의 몸을 떠나 돌아오지 않습니다. 당신은 화가 나서 돌아옵니다.

당신이 또 한 번의 마취에서 깨어나자 사람들이 말합니다. 열심히 조직을 태웠지만 심장에서 망가진 부분은 완전히 태워 없애지 못했다고 말입니다. 이제 돌아온 당신은 혼자가 아니라는 것을 알게 됩니다. 밤새 경련을 일으켰을 때도 혼자가 아니었고 지금도 혼자가 아닙니다. 데이브는 매일 밤 병원에서 지냅니다. 당신은 자신의 몸이 얼마나 더럽게 느껴지는지 그에게 말하고 싶습니다. 씻지 않은 피부와 기름에 전 머리카락. 당신은 그가, 필요하면 몇 시간이라도 당신의 말에 귀를 기울여주고, 당신이 느끼는 것과 정확히 그대로 모든 것을 느끼기를 원합니다. 어떤 모니터에서든 똑같은 리듬으로 뛰는 두 사람의 심장이 표시되기를 원합니다. 두 사람의 심장이 절름발이 토끼 두 마리가 할 수 있는 놀이를 하고 있다는 걸 보여주기를 원합니다. 이 근접성에 대한 환상은 끝이 없습니다. *어느 누가 당신에게 부러진 화살을 가져다줄까요?* 당신은 그가 당신과 함께 부서지기를 원합니다. 당신은 그가 그에게는 있지도 않은 자궁의 통증을 느끼기를 원합니다. 당신은 그가 그런 식으로 아플 수는 없다는 걸 인정하기를 원합니다. 당신은 그가 당신의 모든 신경말단에서 오는 느낌을 알아주기를 원합니다. 세제 냄새 나는 시트 위에 엎드린 느낌, 또 한 명의 심장외과 레지던트 앞에서, 또 한 명의 낯선 이 앞에서 셔츠를 걷어 올리는 느낌, 그 사람이 당신 가슴 아래 달린 고리들의 줄에 클립을 끼우는 느낌, 그 사람이 당신의 심장박동이 진정되었는지 확인하기 위해 또 한 번 당신의 심장박동을 프린트

하는 느낌을.

그 모든 것이 다음을 가리킵니다. 당신은 그가 당신이 입은 손상에 근접해 오기를 원한다는 것입니다. 당신은 겸손함과 뻔뻔스러움을 원하고 그 사이에 있는 게 무엇이든 그것 역시 원합니다. 당신은 그것을 애원하는 데 지쳤습니다. 그가 얼마나 잘하고 있는지 점수를 매기는 데 지쳤습니다. 당신은 스스로를 불쌍하게 여기기를 그만두는 법을 배우고 싶어 합니다. 당신은 그 교훈에 관한 에세이를 쓰고 싶어 합니다. 당신은 체크리스트를 던져 버리고 그가 병상으로 올라오게 합니다. 당신은 그가 심장 와이어를 헤집도록 내버려 둡니다. 당신은 잠듭니다. 그도 잠듭니다. 당신은 깨어나고, 박동은 다른 이의 박동을 느낍니다. 이번에도 거기에 그가 있습니다.

악마의 미끼

머리말

폴에게 그 일은 낚시 여행과 함께 시작되었다. 레니에게 그것은 손가락 마디마다 염증으로 덮인 중독자의 모습이었다. 돈은 물안경이 닿았던 자리 주변에 무리 지어 난 여드름을 발견했다. 켄드라는 피부 안으로 거꾸로 자라난 털들을 보았다. 퍼트리샤는 멕시코 만 해변에서 모래파리의 공격을 받았다. 그 병은 물집이나 병변, 가려움으로 시작될 수도 있고, 또는 그저 정신 위에, 세계 위에 내려앉은 끔찍한 안개로부터 시작될 수도 있다.

나에게 모겔론스morgellons 병은 신기함으로 시작되었다. 사람들은 이상한 병에 걸렸다고 말했지만 아무도—아니 거의 아무도—그 말을 믿지 않았다. 그러나 그런 사람들은 많았다. 거의 1만 2천 명에 이르렀고 지금도 그 수는 계속 늘고 있다. 그들의 병은 아주 다양한 방식으로 나타난다. 염증, 가려움, 피로감, 통증, 그리고 피부에 벌레가 기어 다니는 느낌인 이른바 의주감蟻走感 등등. 그러나 결정적인 증상은 언제나 똑같았다. 피부 밑에서 이상한 섬유가 나온다는 것.

56

한마디로 사람들은 자기 몸에서 나오는 알 수 없는 물체를 발견하고 있었다. 섬유만 나오는 게 아니라 솜털, 부스러기, 결정도 나왔다. 사람들은 그 물체가 무엇인지, 어디서 왔는지, 왜 거기 있는지 알지 못했지만, 그것이 *실제*라는 것은 알고 있었다. 실제라는 것, 이것이 중요했고 중요한 단어였다.

그 병의 진단은 메리 레이타오Mary Leitao라는 한 여성과 함께 시작되었다. 2001년 레이타오는 걸음마를 뗀 어린 아들을 데리고 병원을 찾았다. 아들의 입술에 염증이 생겼는데 도무지 나을 기미가 없었다. 아들은 피부 밑에 벌레가 기어 다닌다고 호소하고 있었다. 첫번째 의사는 레이타오에게 뭐라고 해야 좋을지 몰랐고, 두번째, 세번째 의사도 마찬가지였다. 결국 의사들은 레이타오가 듣고 싶지 않은 말을 하기 시작했다. 아들에게서 아무 이상도 찾을 수 없었던 그들은 그녀가 대리인에 의한 뮌하우젠 증후군◊에 걸렸을 수도 있다고 했다. 레이타오는 자신이 직접 진단을 내놓았다. 그렇게 모겔론스 병이 탄생했다.

레이타오는 17세기에 토머스 브라운Thomas Browne이라는 의사가 쓴 한 논문에서 그 이름을 따왔다.

오래전 나는 랑그도크에서 모겔론스라는 병명의 아동 풍토병을 관찰했다. 아이들의 등에 뻣뻣한 털이 나면서 결정적

◊　Munchausen syndrome by proxy: 뮌하우젠 증후군은 실제로 병이 없는데도 아프다고 거짓말을 일삼거나 자해를 하여 타인의 관심을 끌려는 정신질환이다. '대리인에 의한 뮌하우젠 증후군'은 자신이 돌보는 자녀나 애완동물에게 위해를 가해 관심을 끌려는 정신질환을 말한다.

으로 발병하는데, 그것이 그 병의 불온한 증상들의 시작이 며, 기침과 경련으로부터 아이들을 구제해준다.

브라운이 말한 "뻣뻣한 털"은 오늘날 섬유라고 말하는 것의 초기 조상뻘로, 이 실이 이 병의 핵심을 이룬다. 인터넷에 올라온 확대 사진들을 보면 깃발처럼 붉고 하얗고 푸른 섬유들도 있고, 검거나 투명한 것도 있다. 이 섬유들은 우리가 다른 사물들과 연관 지어 설명하는 부류의 것들이다. 해파리 또는 철사, 동물 털이나 태피 캔디, 또는 할머니 스웨터의 보푸라기 뭉치 등등. 어떤 것은 황금색 동그란 부분이 달려 있다고 해서 "황금 머리"라고 불린다. 어떤 것은 피부 밖으로 나와 똬리를 튼 코브라 같은데, 실처럼 가늘지만 금방이라도 공격할 태세다. 또 어떤 것은 첨단 기술이 만든 무엇처럼 뒤엉킨, 그냥 사악한 생김새다. 이런 사진들을 확대하면 도무지 우리가 무엇을 보고 있는 건지 감이 오지 않는다. 설사 우리가 보는 것이 피부라고 할지라도.

환자들은 이런 실과 부스러기, 보푸라기 들을 밀폐 용기나 성냥갑에 담아 의사에게 가져오기 시작했고, 피부과 의사들은 실제로 이를 가리키는 말을 만들어냈다. "성냥갑 징후." 더 이상 믿어주지 않는 자신의 병을 증명하기 위해 환자들이 단단히 결심했다는 얘기다.

2000년대 중반에 이르자 모겔론스 병은 본격적인 논쟁거리가 되었다. 자가진단을 내린 환자들은 자신들을 "모기스 Morgies"라고 부르면서 그들에게 기생충망상증DOP이라는 진단을 내린 의사들에 맞서 단결하기 시작했다. 2006년에는 질병통제예방센터CDC에서 본격적인 조사에 나섰다. 주요 신문들은 기사를 발표했다. "질병인가 망상인가?"(『뉴욕 타임스*New York Times*』), "질병통제예방센터, 기이한 모겔론스 병 조사 착수"(『보스턴 글로브*Boston Globe*』), "환자도 의사도 당혹스러운 이상하고 논쟁적인 모겔론스 병"(『로스앤젤레스 타임스*Los Angeles Times*』). 한편 찰스 E. 홀먼 재단Charles E. Holman Foundation이라는 모겔론스 병 지지단체는 텍사스 주 오스틴에서 환자, 연구원, 의료종사자 들을 위한—기본적으로 관심이 있는 모두를 위한—연례 총회를 준비하기 시작했다. 이 재단의 이름은 아내가 걸린 병의 원인을 연구하기 위해 생애 말년을 바친 남자를 기리기 위한 것이었다. 남편을 저세상에 보낸 아내는 여전히 그 총회를 주최한다. 그녀는 아직도 아프다. 사람들이 왜 아픈지에 대한 설명을 대체로 받아들이지 않는 세계에서 그 총회는 그녀에게나 나머지 사람들에게 피난처를 제공한다. 한 강연자는 이런 이메일을 나에게 보냈다.

사람들이 그렇게 끔찍하게 고통받고 있다는 것만으로도 충분히 힘든 일입니다. 그러나 세계에서 가장 큰 농담의 주제가 된다는 건 병을 앓는 사람들에게는 견딜 수 없는 고통이지요. 저로서는 이 무서운 병을 앓는 사람들이 자살하지 않는 게 놀라울 뿐입니다…… 상황은 당신이 생각하는 것보다 훨씬 더 기이합니다. 모겔론스 병은 영웅들과 악당들, 그리고 옳다고 여기는 일을 하기 위해 애쓰는 아주 복잡한 사람들까지 모두 갖춘 최악의 질병입니다.

질병통제예방센터는 마침내 2012년 1월 「설명되지 않은 피부병증의 임상적·역학적·분자적 특성」이라는 제목으로 연구 결과를 발표했다. 이 보고서는 단계별로 *머리말, 방법론, 결과, 토의, 감사의 말*로 깔끔하게 구분되어 있지만 손쉬운 결론을 제시하지는 않는다. 저자들, 이른바 '설명되지 않은 피부병증 대책본부'는 피부 샘플, 혈액 검사, 신경 인지검사 등을 사용해 115명의 환자를 조사했다. 이들의 보고서는 일종의 확인을 기대하던 모기스에게 별다른 위안이 되지 못했다. "이 연구에서 우리는 설명되지 않은 이 피부병증이…… 새로운 병을 대표하는지 아니면 망상적 기생충감염증 같은 기존 병을 더욱 광범위하게 인정하는 것인지 결론을 내릴 수 없었다."

요점은? 어쩌면 아무것도 없다는 것이다.

방법론

슬로터레인에 있는 웨스트오크 침례교회는 오스틴 남쪽으로 몇 킬로미터 떨어져 있다. 내가 상상했던 대로 오스틴은 먹음직스러운 도넛을 파는 에어스트림 트레일러, 동물 머리와 레이스가 빈틈없이 들어찬 빈티지 가게, 우수 어린 기타 곡조가 흘러나오는 반어적인 카우보이 바가 넘치는 도시다. 슬로터레인은 빈티지 레이스나 화려한 도넛, 또는 반어적인 어떤 것도 아니다. 그곳은 월그린 약국과 데니스 패밀리 레스토랑, 그리고 6미터나 되는 십자가의 기다란 그림자가 드리운 주차장이 전부다.

교회 자체는 임시 트레일러들에 둘러싸인 나지막한 파란 건물이다. 총회 현수막이 걸려 있다. *이상한 실을 찾아서.* 지금은 질병통제예방센터의 보고서 발표의 여파로 총회가 열리는 중이다. 모겔론스 공동체가 다시 한 번 모인 것이다. 대열을 재편하기 위해, 응답하기 위해, 주장하기 위해.

친절한 여성들이 입구 옆에 서서 새로 도착하는 손님들을 맞이한다. 그들은 DOP라는 글자 위로 붉은 사선이 그어진 맞춤 티셔츠를 입고 있다. 총회 참가자들은 대부분 현실적인 중서부 주부 같은 푸근한 인상이다. 내가 알기로 모겔론스 환자의 70퍼센트가 여성이다. 그리고 그 여성들은 그 병에 따라오는 외관 손상과 자괴감으로 특히나 소외감을 겪는다.

손님맞이를 담당하는 여성들의 안내에 따라, 포장된 과자들이 솜씨 좋게 진열된 뷔페를 지나 회의실로 쓰이는 교회 예배당으로 들어간다. 임시로 개조한 연단(성서대)에는 강연자들이 서 있고, 그 뒤의 스크린에는 파워포인트 슬라이드가 영사되고 있다. 무대에는 악기가 어지러이 놓여 있다. 천 덮개가 씌워진 신도석에는 크리넥스가 한 상자씩 놓여 있다. 뒤쪽에는 특별히 마련한 식사 공간이 있다. 탁자들 위로 커피 잔과 머핀 기름이 묻은 플라스틱 접시, 포도를 먹고 남은 뼈대가 흩어져 있다. 그 방에는 비둘기 주변의 희뿌연 폭포를 진청색 원으로 에워싼 도안의 스테인드글라스 창이 하나 있지만, 그 색유리로는 빛줄기 하나 들어오지 않는다. 창의 크기가 꽤 작아서 비둘기가 덫에 걸린 것처럼 보인다. 비둘기는 날고 있다기보다는 꼼짝도 못 하고 있다.

이 모임은 무슨 알코올 중독자의 금주 모임이나 퀘이커

교도의 예배 같은 분위기다. 강연 사이사이에 사람들이 그냥 연단으로 걸어 올라가 자기 경험을 이야기한다. 아니면 그냥 자리에 앉은 채, 서로의 팔다리를 더 잘 보기 위해 몸을 내민다. 그들은 휴대전화 사진들을 서로 바꿔 본다. 한 남자가 한 여자에게 하는 말이 들린다. "전 직장 근처의 휑한 아파트에 살아요. 그것 말고는 가진 게 별로 없어요." 여자의 대답이 들린다. "그래도 아직 직장이 있으시네요?"

다른 말소리도 들린다. "그러니까 댁의 발을 통해 음파가 흐르는군요…… 그게 덩어리가 되어 나오는 게 보인다고요, 피부에서 떨어져 나오는 게?…… 아버지한테서 받으셨어요?…… 댁의 아드님한테 물려주셨군요?…… 우리 아들들은 아직 어려요…… 아들의 머리카락 속에 섬유가 있기는 한데 피부에는 병변이 없어요…… 저는 소금 한 티스푼에 비타민 C 한 티스푼을 사용해요…… 한동안은 붕사borax를 마셨는데 계속 마실 수는 없더라고요…… HR이 그 얘기는 하지 말라더군요…… 댁의 팔은 지난해보다는 좋아 보이네요…… 전체적으로 지난해보다 훨씬 좋아 보여요…… 본인이 느끼기에도 지난해보다 좋은 것 같으세요?" 어떤 여자는 자기 피부가 "표현하는" 것에 관해 말하고 있다. 누군가는 "외로운 세계예요"라고 말한다. 나는 오랜 세월 길을 잃고 헤매는 유령이 된 느낌이다.

나는 강연 도중에 가만히 있지 못하고 소곤거리는 사람들이야말로 내가 말을 걸고 싶은 사람들이라는 걸 깨닫는다. 한 구석에 따로 마련해둔 커피 테이블은 유용하다. 사람들을 만나기 좋은 장소가 되기 때문이다. 그리고 커피를 마신다는 것은 계속

화장실에 가야 한다는 뜻인데, 화장실은 사람들을 만나기에는 더
더욱 좋은 장소다. 내가 만난 사람들은 얼핏 보면 외관 손상이 없
는 듯 보인다. 그러나 자세히 보면 온갖 흉터와 뾰루지와 딱지가
있다. 그들은 한때 벌어져 진물을 흘리던 것의 기록 ─화석 또는
폐허─으로 덮여 있다.

나는 청보라색 바지 정장을 입은 퍼트리샤를 만난다.
그녀는 어느 여름 모래파리에게 물린 후 모든 것이 바뀌어버린
사연을 들려준다. 셜리는 진드기가 들끓는 로키넥이라는 곳에 캠
핑을 다녀온 후 가족들이 아프게 되었다고 생각한다. 셜리의 딸
은 너무 오랫동안 항생제를 복용하고 있기 때문에 의사에게 항생
제가 필요한 이유를 말할 때 거짓말을 해야 한다.

피츠버그에서 온 돈은 똑 부러지는 말씨의 우아한 간호
사인데, 하얀 반점이 있는 그녀의 다리는 과거에 딱지가 앉았거나
병변이 있던 자리를 보여준다. 항생제는 그녀의 종아리에 얼룩덜
룩한 반점을 남겼고, 그래서 한때는 에이즈 환자로 오해받기도 했
다. 그러나 스스로 모겔론스라고 진단 내린 돈은 좌절감을 보람
된 일로 바꾸고 싶어서 간호사 일을 정상적으로 계속하고 있다.

"그렇게 몇 년이나 계속 오진을 받았다는 게 너무 화가
나요." 돈이 말한다. "다들 심리가 불안해서라는 둥, 여성 특유
의 문제라고들 말했거든요. 그래서 전 그 분노를 긍정적인 무언
가로 돌리려고 노력했어요. 그렇게 석사학위를 받았고 간호 학술
지에 논문도 발표했죠."

나는 여성 특유의 문제라는 표현에 관해 묻는다. 심장
병 같은 거죠, 그녀가 설명한다. 여성의 심근경색은 오랫동안 주

목을 받지 못했는데, 과거에는 그것을 불안의 증상이라고 진단했기 때문이다. 나는 그녀의 질병이 멀리는 19세기의 히스테리까지 거슬러 올라가는 복잡한 역사의 일부임을 깨닫는다. 돈은 자신의 동료들, 의사가 아닌 간호사들이 특히 많이 공감해주었다고 말한다. 그리고 이 간호사들 대부분이 여성이라는 게 그저 우연의 일치는 아니라고 주장한다. 이제 그들은 상처 속에서 이상하거나 뜻밖의 어떤 것, 솜털이나 얇은 부스러기, 실 같은 것을 발견할 때마다 그녀를 찾아온다. 그녀는 설명할 수 없는 병의 전문가가 되었다.

나는 돈에게 그 병의 어떤 점이 가장 힘들었는지 물어본다. 처음에 그녀는 일반적인 말—"불확실한 미래?"—로 경쾌하게 대답하지만, 곧 더욱 구체적인 두려움을 실토한다. "관계에 대한 두려움이요." 그녀가 말한다. "사실 누가 날 받아주겠어요?" 그녀는 뜸을 들이면서 말을 이어간다. "저는 이런 생각이 들어요. 매우—뭐랄까…… 크게 눈에 띄는 건 아니지만 아주…… 흉터와 반점 같은 것들로 뒤덮인 나를 어떤 남자가 좋아할까, 나 같은 여자를?"

나는 그녀가 흉터가 있는 여자처럼 보이지 않는다고 말한다. 아름다워 보인다고 말한다. 그녀는 그렇게 말해줘서 고맙다고 하지만, 내가 생각해도 나의 위로는 약간 공허하다. 낯선 이에게서 듣는 말 한마디가 자기 몸을 혐오하며 지내온 숱한 날을 되찾아줄 수는 없다.

돈의 이야기를 들으면서, 자기 몸이 자기에게 못된 짓을 해왔다는 식으로 그녀가 말할 때마다 나는 손쉽고 상투적인

동일시—*나도 그런 생각을 하곤 해요*—에 빠진다. 그녀의 상황
은 내가 나 자신에 관해 늘 느껴왔던 것이 구체화된 것처럼 느껴
진다. 나로서는 도무지 콕 집어내거나 이름 붙일 수 없는 내 존재
안의 잘못된 어떤 것, 그래서 나는 그것을 가져다 붙일 곳을 찾
곤 했다. 내 몸, 내 허벅지, 내 얼굴 등. 어느 정도는 이 공감의 울
림 때문에 나는 모겔론스 병에 관심을 가질 수밖에 없다. 그 울림
은 내가 종종 느끼는 것에 어떤 형상을 부여한다. 어떤 그릇이랄
까, 불편함의 특정 종에 대한 명명법이랄까. 편하지 않음dis-ease,
질병. 그러면서도 마음 한구석에서는 그 병을 은유로 전환하려는
모든 시도 또한 폭력 행위라고 느낀다. 환자가 주장하는 물리적
현실에 대한 반박이라 느낀다.

    모겔론스 병을 은유—어떤 추상적인 인간적 경향성의
신체적 표명으로서—로 전환하려는 나의 의도는 위험하다. 그것
은 내 앞에 놓인 고통의 특수하고 달갑지 않은 성질을 모호하게
흐려버린다.

    이 모든 측면을 상호 연관의 가능성으로 녹여버리는 건
너무도 쉬운 일일 것이다. 다시 말해 모기스들이, 살가죽을 쓰고
산다는 건 누구에게나 얼마나 힘든지 보여주는 걸어 다니는 상징
으로 만드는 것 말이다. 너무도 편리하게 이들의 삶을 깎고 다듬
어서 이 에세이 자체의 은유적 구조—또는 구속—에 끼워 맞출
수 있다는 걸 새삼 느낀다.

멤피스에서 온 리타라는 여자 역시 간호사인데, 나한테 의사들에
관해 이야기한다. 그녀의 말을 믿지 않았던 사람들, 그녀에게 당

65

신은 운이 없다고, 또는 제정신이 아니라고 말했던 사람들, 그리고 어쩌다 그녀와 같은 성姓을 쓰지만 어쨌거나 그녀의 면전에서 거칠게 문을 닫아버린 사람들. 그녀는 그런 몸짓이 특히나 부당하다고 느꼈다. 같은 성씨라는 친족의 망령은 그렇게 무지막지하게 그녀를 버렸다.

리타는 이 병 때문에 직장을 잃고 남편을 잃었다고 말한다. 그녀는 몇 년 동안 의료보험이 없었다고 말한다. 그녀는 말 그대로 피부가 꿈틀거리는 것이 보인다고 말한다. 그녀의 말을 믿냐고? 나는 고개를 끄덕인다. 그리고 그 원인에 대한 선언에는 자신 있게 동의하지 못해도 고통의 선언에 대해서는 동의할 수 있다고 스스로에게 말한다.

리타는 모겔론스 긴급 전화를 담당하고 있노라고 말한다. 그 병에 걸린 것 같다고 생각하지만 그 병에 관해 잘 모르는 사람들이 전화를 걸어온다. 그들에게 무슨 말을 해주는지 내가 묻는다. 그녀는 그들을 안심시켜준다고 한다. 세상에는 그들의 말을 믿어줄 사람들이 있다고 말해준다고 한다.

그녀가 해주는 가장 중요한 충고는? *표본을 채취하지 마세요.* 그것이 첫번째 규칙이라고 그녀는 말한다. 그랬다가는 곧바로 미친 사람 취급을 당할 테니까.

언젠가 나도 내 몸에서 표본을 채취한 적이 있었다. 그것은 내 발목 속의 벌레 한 마리, 내가 볼리비아에서 데려온 말파리 유충이었다. 인체 말파리는 모기 주둥이에 알을 낳는데, 모기가 물 때 그 주둥이를 통해 사람 피부 속으로 알이 들어온다. 아마존 유역에서는 그런 일이 대수롭지 않다. 뉴헤이븐에서는 그런 일이 생소하다. 나는 한밤중에 그 벌레가 기어 나오는 것을 보았다. 작고 창백한 구더기 한 마리. 내가 택시를 타고 응급실로 갔던 게 그때였다. 이렇게 말한 기억이 난다. "이 안에 벌레가 있어요." 그리고 의사들과 간호사들 모두 나를 쳐다보던 것도 기억난다. 친절하지만 믿지 않는 눈빛으로. 그들의 의심은 공기 중의 습기 같았다. 그들은 최근에 향정신성 약물을 복용한 적이 있는지 물었다. 그 단절감은 그 벌레 자체보다 더 나쁘게 느껴졌다. 나머지 사람들은 이것이 없는 세계에 사는데 나 혼자만 이것이 있는 세계에 사는 기분이라니.

볼리비아에 있던 몇 주 동안은 피부 속에 무언가가 살고 있다는 의심을 내내 떨치지 못했다. 마침내 작고 하얀 스노클링 장비처럼, 내 발목에서 까딱거리는 그것을 보았을 때는 차라리 안심이 되었다. 마침내 그 느낌이 진짜였음을 알았으니까. 그것은 오셀로의 데스데모나 문제였다. 최악의 상황을 걱정하는 것이 최악의 상황을 *아는* 것보다 나쁘다는 것. 그래서 결국에는 차라리 있을 수 있는 최악의 상황이 일어나기를 바라게 된다. 침대에 다른 남자와 함께 누워 있는 아내를 발견한다거나, 마침내 빛속으로 나온 벌레를 본다거나. 그 최악의 일이 일어날 때까지 그것은 항상 일어날 수 있는 일이다. 그러다가 그 일이 실제로 일어난다면? 적어도 이제는 아는 것이다.

한 의사가 마침내 그 벌레를 확인해주었을 때 내가 느낀 그 강렬한 고마움은 지금도 생생하다. 데스데모나는 실제로 다른 남자와 잠자리를 했다. 그건 안도감이었다. 닥터 이마에다는 그 벌레를 꺼내 병에 담고는 나에게 건넸다. 그 애벌레는 깎은 손톱 정도 크기에 더러워진 눈 같은 색이었고 솜털처럼 보이는 작고 까만 톱니로 뒤덮여 있었다. 두 가지 희열이 동시에 찾아왔다. 벌레가 가버렸다는 것과 내가 옳았다는 것. 나는 30분 정도 평온했지만 또 한 마리가 남아 있을지 모른다고 의심하기 시작했다.

다음 몇 주 동안 나는 닥터 이마에다가 구더기를 도려낸 자리, 발목의 벌어진 상처에 집착하면서, 남은 벌레가 숨어 있는 징후는 없는지 살폈다. 기생충의 숙주—실제의 물리적 숙주, 문자 그대로의 숙주—였던 나는 또 다른 부류의 숙주가 되었다. 한 가지 생각에 사로잡힌 여자, 그렇지 않다는 걸 확신할 수 없는 여자. 나는 매일 밤 남자 친구에게 "바셀린 테스트"를 시켰다. 우리는 인터넷에서 그 방법을 찾아냈는데, 뚜껑 하나 가득 바셀린을 채워 상처 위에 놓아 벌레를 질식시키는 것이었다. 그러고 난 후 뚜껑을 치우면 가상의 두번째 벌레는 숨을 쉬기 위해 피부 표면으로 나올 수밖에 없다는 거였다.

벌레는 나오지 않았지만, 나는 포기하지 않고 계속 살폈다. 어쩌면 그 벌레는 교활한 녀석일지도 모르니까. 녀석은 자기 친구가 무슨 일을 당했는지 보았던 것이다. 나는 인정사정없이 알이나 어떤 움직임의 흔적을 찾아 상처를 뒤졌다. 일회용 밴드의 자국이든 멍든 피부나 딱지가 앉았던 매끈한 흔적이든 내가 찾은 것 모두가 증거였다. 벌레에 관한 생각—벌레가 있을 가능성—은 실제로 벌레가 있는 것보다 훨씬 더 나빴다. 왜냐하면 나는 결코 그 생각을 꺼낼 수 없었기 때문에. 벌레가 없다는 증거는 어디에도 없었고, 그저 내가 보지 못한 벌레만 있었을 뿐이다.

총회에서 모겔론스 환자들이 종종 휴대용 현미경을 들고 몇 시간씩 자기 피부를 살핀다는 이야기를 들으면서, 나는 생각했다. 그 마음 알아요. 아마 나도 나의 구더기 상처, 너덜더덜해진 상처의 가장자리와 기생체의 흔적일 수 있는 것을 살피며 몇 시간씩 보냈을 것이다. 나는 단단하게 돋아난 피부와 이상한 실―붕대에서 나온 건지 혹은 다른 무엇인지 누가 알겠는가?―을 발견했고 찻잎 점을 치듯, 내 몸에 꽁꽁 갇혀 있는 듯한 그것을 알아보게 해주는 징표라고 해석했다.

내 기생충 이야기를 결정적인 우화로 제시하는 건 아니다. 모겔론스 환자들이 몸 안에 벌레를 지니고 있던 나와, 또는 벌레를 지니고 있지 않았던 나와 꼭 닮았다는 얘기가 아니다. 솔직히 나는 그들이 느끼는 고통을 일으키는 게 무엇인지 알지 못한다. 무엇이 그들 피부를 바스락거리게 하고, 손상시키고, 피부에서 나오는 끝없는 실을 만들어내는지 알지 못한다. 내가 아는 거라곤 말파리와 그 망령을 통해 배운 게 전부다. 벌레가 있을 때보다 벌레가 없을 때가 더 나빴다는 것 말이다.

토머스 브라운 경이 랑그도크 개구쟁이들의 등을 덮은 "뻣뻣한 털"의 가치를 어떻게 주장했는지는 곧잘 잊히곤 한다. 그는 이 이상한 털이 자라는 건 "그 병의 불온한 증상"의 시작이며, 그 아이들을 질병으로부터 "구제해준다"고 주장한다. 다시 말해서 물리적 증상이 어느 정도 위안을 줄 수 있다는 것이다. 그런 증상들은 알아볼 만한 징표를 제시해 진단하게 한다. 그리고 진단은 진단 자체를 종결시킬 수 있다.

모겔론스 진단은 범주가 없는 불온한 병을 다른 것으로 대체한다. 치료법이 없는 병으로. 모겔론스 병은 하나의 설명, 하나의 그릇, 하나의 공동체를 제공한다. 특정한 어려움이 어떤 만족감을 준다고 인정하기는 굉장히 어려울 수 있다. 여기서 만족감이란 기분이 좋거나 유쾌하다는 의미가 아니라 끝없게만 느껴졌을 불만에 어떤 형태나 실체를 부여한다는 의미의 만족감이다.

그 문제는 어느 쪽으로든, 그것을 담을 그릇이 있든 없든 상관없이, 끝이 없다는 느낌을 끝내버린다. 리타는 모겔론스 병이 자신의 삶 전체를 장악해버렸다고 말한다. 그녀는 자신의 삶을 그 이전과 이후로 나눈다.

켄드라는 자기가 미친 것 같다며 리타의 긴급 전화에 전화를 걸었던 수많은 사람 중 한 명이다. 지금 그녀는 여기 총회에 참석하고 있다. 그녀는 교회 앞 계단에 앉아 담배를 피운다. 아마도 자기는 담배를 피우면 안 될 거라고 말하면서—교회를 가리키며, 그런 다음 흉터 진 얼굴을 가리키며—그러면서도 어쨌든 계속 피운다. 떡칠한 화장기 뒤로 그녀의 턱과 양쪽 뺨에 염증이 보인다. 그러나 젊고 예쁘며, 검은색 긴 머리를 늘어뜨리고서 어딘가 다른 곳에 갈 것처럼—아마도 풀장에서 하루를 보낼 요량으로—네크라인이 옆으로 깊이 파인 자주색 셔츠를 입은 켄트라의 모습은, 침침한 침례교회 안으로 돌아가 자기 피부 속에 사는 것에 관해 말할 사람으로 보이지 않는다.

켄드라는 과학적 발표 같은 건 자기한테는 너무 어렵다고 말하지만 내일 프로그램을 기대하고 있다. 고배율 현미경을

70

사용하는 대화식 프로그램이다. 그녀가 그 먼 길을 온 것도 그 때 문이다. 그녀는 그것들—처음에는 머리카락인 줄 알았지만 지금 은 섬유라고 생각하는—을 보아왔지만 현미경을 통해 더 많은 걸 보게 될 것이다. 증거를 얻게 될 것이다. 다른 어느 곳에서도 그것을 얻을 수는 없다. 그녀에게는 의료보험이 없고 어쨌거나 의사들은 그녀의 말을 믿지 않는다. 다시 검진을 받으려면 한 달 방세의 절반이 든다. 혼자서 그것을 알아내려고 애쓰는 것도 이 젠 지긋지긋하다. "제 턱의 일부는 제가 망가뜨린 거예요." 그녀 가 고백한다. "그건 마치 유리 조각을 빼내려고 애쓰는 것과 같 죠." 그녀의 턱은 베이지색 파우더를 뒤집어쓴 불그스름한 날것 의 어떤 것처럼 보인다.

켄드라는 10대 시절에도 여드름 하나 없었다는 말을 잊지 않는다. 얼굴에 흠집 하나 없었는데 갑자기 그렇게 되었다 는 것이다. 지금 그녀는 자기와 비슷한 사람들 사이에 있다. 그녀 는 여기 와서 기쁘다. 혼자가 아니라는 걸 알게 돼서 좋아요, 하 고 그녀가 말한다. 그렇지 않았다면 그녀는 다시 자기가 미쳤다 고 생각할 수도 있었을 것이다.

폴리 아 되folie à deux, 즉 감응성 정신병은 여럿이 공유 하는 망상을 가리키는 임상학적 명칭이다. 모겔론스 환자라면 누 구나 그 이름을 알고 있다. 그것은 그들에게 씌워진 범죄의 이름 이다. 그러나 "두 명의 광기"를 뜻하는 폴리 아 되가 만약 이 총회 에서 일어나고 있다면, 그것은 다수의 광기, 즉 폴리 앙 마스folie en masse로 나타나는 셈이다. 똑같은 악몽에 시달리는 군중이 가 득한 어느 침례교회 전체로.

나는 켄드라에게 혹시 스스로를 의심하지는 않는지 묻는다. 어쩌면 실제 일어나지 않은 무언가를 두려워하는 건 아닐까?

"그럴 수도 있겠죠." 그녀가 끄덕인다. "하지만 그런 한편으로 저는 제 어깨 위에 붙은 이 머리가 꽤 좋다고 생각하거든요. 이성을 완전히 잃어버린 것 같지는 않아요."

그녀는 여기 오는 것이 약간은 두렵기도 했다고 한다. 2년 후에 턱의 피부가 완전히 벗겨져 어느 응급실에 가게 되지는 않을까? 샤워 중에 벌레들을 토하게 되지는 않을까? 20년 후에도 여전히 이 병 때문에 하루하루를 소진하고 있지 않을까, 조금 덜할 뿐이지 이미 그러고 있는 것처럼?

그녀는 자신의 증상이 진행 중인 것 같다고 말한다. "제가 벗어나려고 애쓰는 이것들 중에 일부는," 그녀가 잠시 뜸을 들이다가 말한다. "제게서 멀어져가는 느낌이에요."

켄드라가 향하고 있는 지옥의 몇몇 원이 표시된 피할 길 없는 지도를 이 모임에서 발견하게 될 거라고 생각하니 싫다. 호전되고 있다고 말했던 사람들을 머릿속에 떠올리려고 애써본다. 그래서 그들에 관해 켄드라에게 말해주고 싶다. 한 명도 떠오르지 않는다. 켄드라는 자기보다 증세가 더 심한 사람들이 가엾게 느껴진다고 말한다.

"사람은 누구나 이중 국적을 가지고 태어난다. 건강의 나라와 병의 나라에 동시에 속한 시민으로서의 이중 국적이다." 수전 손택Susan Sontag은 그렇게 말한다. 대부분의 사람은 건강의 나라에 살다가 어쩔 수 없이 병의 나라에 거주하게 된다. 지금 켄드라는 두 나라 모두에서 살고 있다. 아직은 병에 완전히 포섭

되지 않았다. 그녀는 오늘 밤 시내에서 친구랑 스시를 먹기로 했다고 한다. 그녀는 아직 자신을 이 병의 맥락에서 떼어놓고 생각할 수 있다. 평범한 일들을 하고, 평범한 삶의 사건을 기대하는 사람처럼.

불과 몇 분 전, 리타는 지금이 1년 중에 완전히 혼자가 아니라고 느끼는 단 사흘이라고 말했다. 나는 켄드라가 불과 몇 년 뒤처져 있을 뿐이지, 결국에는 내내 병의 나라에서 살게 될 그 시기로 가는 똑같은 길을 걷고 있는 건 아닌지 생각해본다. 그녀는 집을 나서기가 점점 더 힘들어진다고 한다. 그녀는 자기 얼굴이 너무도 당혹스럽다. 지금 당신 얼굴엔 당혹스러워할 어떤 것도 없는 것 같다고 나는 말한다. "물론 당신 몸이니까 더 힘들겠지요." 나는 어색하게 덧붙인다. "저도 알아요."

사실 나도 안다. 그것에 관해 어느 정도는 안다. 그건 당신 얼굴에 관한 문제지만 한편으로는 나머지 수많은 것에 관한 문제이기도 하다. 결함에 관한 근본적 감정이랄까, 또는 공간을 차지하고 있다는 수치심, 추하게 보인다는, 또는 그냥―너무 많이, 너무 가까이―보인다는 두려움.

여기는 켄드라가 자기 모습을 내보이고 싶어 하는 한 장소다. 그녀는 가까이서 보여주고 싶어 한다. 그녀는 확대를 원한다. 증거를 원한다. 확실성을 원한다.

"우리 모두가 망상증일 리는 없잖아요." 그녀가 말한다.

나는 고개를 끄덕인다. 끄덕임은 유보적인 모호함을 보여준다. 나는 다른 어떤 것도 약속하지 않으면서 그 감정에 동의할 수 있다. 끄덕임은 불가지론과 연민을 동시에 담을 수 있다.

켄드라가 말을 이어간다. "만약 이런 일이 나한테 일어나지 않았고, 보통의 평범한 사람한테서 이런 얘기를 듣고 있다면, 난 저들을 미쳤다고 생각했을 거예요."

왠지 이 말에서 그녀에 대한 안타까움이 무엇보다 크게 느껴진다. 그녀는 그녀의 마음을 상상하지 않을 사람들의 마음속으로 들어가는 자신을 상상할 만큼 품위가 있다.

"그건 당신한테만 일어나는 일이 아니에요." 마침내 내가 입을 뗀다. 그녀는 내가 말한 *일어나는*이라는 단어를 한 가지 의미로 생각하지만 나는 또 다른 의미를 떠올린다. 어쩌면 그것은 꼭 피부 속의 섬유가 아니라, 이 외로운 세상에 아무도 모를 것을 표현하는 신체나 정신의 어떤 현상, 어쩌면 둘 다 결합된 현상이라고 말이다.

오후 일정이 시작되기 전, 음악 공연 시간이 있다. 누군가의 텍사스 친척 조카일 한 젊은이가 청바지에 플란넬 셔츠를 입고서 모겔론스 병에 관한 로커빌리 노래를 낮게 웅얼거린다. "*우리는 분명 당신의 눈물과 박수를 끌어내겠죠. 그냥 우리의 명분을 받아들여줘요⋯⋯*" 그는 몇 번이나 가사를 더듬거리는데, 아무래도 자기 아내의 의붓이모나 뭐 그런 사람을 위해 이 일을 하기 때문인 듯하다. 그래도 어쨌거나 노래마다 처음에는 용감하게 시작한다. "*의사 선생님, 의사 선생님, 제가 무슨 병인지 말해주세요 / 내 몸 안을 마구 돌아다니는 게 있어요, 안 보이나요⋯⋯*" 그 노래들은 더러는 구호, 더러는 제의적인 춤, 더러는 핵심적인 말, 더러는 한탄이다.

74

오후 일정에서 단연 돋보이는 사람은 로리에턴에서 온 의사인데, 이 총회 주변에서는 그냥 "오시"(오스트레일리아인)로 불린다. 그는 강연에서 질병통제예방센터 보고서를 직접적으로 반박한다. 그는 그 보고서를 "잡동사니 더미"이자 "흔들목마 똥무더기"라고 부른다. 그는 허세 가득한 오스트레일리아 악어 씨름꾼처럼 등장해서는 이 질병을 바닥에 메다꽂는다. 좋은 사람들(귀를 기울이는 의사들)과 나쁜 사람들(그러지 않는 의사들)을 대비시키는 혼성 주짓수를 구사하면서. 그 오스트레일리아인의 요점은 분명하다. 나는 귀를 기울인다고. 나는 좋은 사람이라고.

그는 군중을 즐겁게 하고 열광시키기 위해 속사포를 쏘아대고, 성공을 거둔다. 총회에서 그는 파이터 역할을 한다. 거기 모인 주변인들에게 말을 걸고 그 주변인들에게 약자의 송가 가사를 제시한다. *의사 선생님, 의사 선생님, 제가 무슨 병인지 말해주세요……* 그는 새 용어를 만들어낸다. DOD, 의사들의 망상 Delusions of Doctors. 박수갈채가 쏟아지고 뒷줄에서는 몇몇이 휘파람을 분다. 망상? 과대망상. 요지는? 기생충망상증이라는 말은 또 다른 망상의 증상에 지나지 않을 수도 있다는 얘기다. 사람들의 몸을 당사자보다 더 잘 안다고 생각하는 오만함. 오스트레일리아인은 후렴구를 야유처럼 사용한다. 망상이라는 단어가 그 단어를 처음 던진 사람을 붙잡아 후려친다.

그 오스트레일리아인은 병적인 자기중심주의자이거나 구원자, 어쩌면 둘 다일 수도 있으리라. 그러나 나한테 더 중요한 건 그가 자극하는 집단 신경, 그가 받는 박수갈채, 그가 불러내는 유령들이다. 수많은 냉담한 의사를 헛되게 수없이 방문하는 유령들. 누구라도 이 공간에서 100개의 똑같은 상처를 감지하리라. 얽은 자국이 난 다리와 희미한 흉터 자국이 잎맥처럼 남은 피부뿐 아니라 헛웃음과 중얼거리는 말투, 서둘러서 끼적이는 메모, 한때 사람이 있었던 자리를 하나의 범주, 하나의 불합리로 바라보는 날카로운 눈초리들. 나는 그런 비방에 분노하기보다는 한때 그런 비방을 받았던 사람들, 지금 박수를 치고 있는 사람들에게, 그리고 그 박수갈채 밑의 해방감에 더 감동한다. 여기 웨스트 오크 침례교회에서 모기스들은 다시 한 번 사람이 된다.

결과

이 글은 모겔론스 병이 실제인지 아닌지를 논하는 에세이가 아니다. 아마도 지금쯤 그것은 분명해졌을 것이다. 이 글은 연민의 전제조건으로 여겨지는 사실성이 어떤 부류인가에 관한 에세이다. 그 이상한 공감의 림보에 관한 것이다. 우리가 고통의 근원이 아니라 고통에 관한 사실을 믿을 때 그것을 공감이라고 한다면 잘못된 것일까? 누군가의 고통에 대한 특정한 이해를 함께하지 않으면서 어떻게 내가 그 사람의 고통을 함께할 수 있을까? 바로 그런 불안감이 이 에세이의 모든 층위에 배어 있다. 심지어 이 에세이의 언어—모든 동사의 선택, 모든 수식어—에도 그것이 배어 있다. 그 사람들의 몸에 정말 기생충이 있는 걸까, 아니면 기생충이 있다고 주장하는 걸까? 그들은 기생충을 가지고 있다고 *이해하는* 걸까, 아니면 그렇게 *믿는* 걸까? 열린 공간이 가득한 동사 시제를 발명할 능력이 나에게 있었으면 좋겠다. 그것이 말하는 정확한 메커니즘을 이해하는 척하지 않는 시제, 그 자신의 한계를 인정할 수 있는 시제 말이다. 지금으로서는 책임 전가나 함축의 어떤 위기에 빠지지 않고서는 한 칸이라도 더 나아가 문장을 끝낼 수가 없다. 짜내는 모든 구문이 의심 또는 사실성에 대한 주장이다.

　여기 있는 모든 이에게 사실성이란 다른 무언가를 뜻한다. 모겔론스 병을 "실제"라고 부른다는 건 대개는, 그것의 발생을 설명할 수는 없지만 사람 피부를 뚫고 나오는 실제의, 불가해한 것이 있다고 인정한다는 뜻이다. "실제"란 곰팡이나 기생충, 박테리아, 바이러스, 또는 병변과 감각을 일으키고, 거무스름한 알갱이의 "커피 입자," 수정 같은 결정, 실, 섬유, 끈 등등을 생성시키는 것을 뜻한다. 한 여성은 온라인 증언에서 자신의 팔을 조각 공원이라고 불렀다. 문제는 이 공원의 실제―적어도 의학적 진단 용어로―가 그녀 팔의 조각품들을 본 의사에 따라서도 달라진다는 것이다.

　나는 총회에 온 사람들 대부분이 이 질병을 "우리 대 그들"이라는 구도로 이해하고 있음을 발견한다. 여기서 "우리"란 환자들을 뜻하며, 그 병 자체 또는 그 병의 매개물인 기생충, 또는 그 병을 믿지 않는 의사들인 "그들"에 맞서 손잡은 사람들이다.

　모겔론스 병 환자들이 "병을 만들어내고" 있을 수 있다는 인식은 보기보다 복잡하다. 그것은 고의적인 조작에서부터 도무지 진정시킬 수 없는 가려움까지 모든 것을 가리킬 수 있다. 가려움은 막강하다. 누군가에게 긁으라고 하는 충동은 화학약품 중

77

독의 경우와 똑같은 신경 회로를 켠다. 아툴 가완디Atul Gawande 는 『뉴요커New Yorker』지에 발표한 「가려움The Itch」—SF 소설에 나오는 괴생물체 같은 제목이다—이라는 글에서 만성적인 두피 가려움증 때문에 머리를 긁다가 결국 두뇌까지 긁게 된 매사추세 츠의 여자, 목동맥을 심하게 긁은 끝에 한밤중에 죽음을 맞은 남 자의 이야기를 들려준다. 그들의 가려움을 일으킨 이렇다 할 요 인은 전혀 없었다. 그 가려움이 시작된 곳이 피부인지 아니면 정 신인지 판단할 방법도 없었다. 심지어 그 가려움을 이런 용어로 분석할 수 있는지도 확실하지 않다. 정신에서 비롯된 가려움도 그냥 피부의 가려움처럼 느껴진다. 덜 현실적이지도 않고 더 많 이 조작되지도 않는다. 그리고 한 가지 생각처럼 단순한 무언가 로부터 시작되기도 한다. 이를테면 지금 이 단락을 읽다가 시작 될 수도 있다. 가려움은 신체와 정신 사이의 팽팽하고 불편한 공 간에 증상들이 숨어 있을 가능성을 증언하는 피드백 고리다.

　　나는 여기서 나누는 "실제"와 "비실제"의 구분이 각각 신체적인 것과 정신적인 것의 대비를 뜻할 뿐 아니라 다른 두 가 지까지 암시한다는 걸 이해하게 되었다. 즉 자아 외적인 힘에 의 한 고통과 자아 내적인 힘에 의한 고통이 그것이다. 그렇기 때문 에 "자기 찰과상"이라는 단어는 이 총회에서 엄격히 금기시되며, 환자들 스스로가 피부에 섬유를 심어놓았다는 비난을 들으면 몹 시 불쾌하게 여긴다. 이런 식의 설명은 잘못이 환자에게 있으며, 환자들의 피해가 덜 합법적일뿐더러 동정이나 도움을 받을 만한 가치가 별로 없음을 암시한다. 기생충과 박테리아는 타자성의 매 개체다. 그것들은 불길한 주체 또는 객체로서 손쉽게 자유의지를 부여받고, 그 힘을 쥐고서 자아를 피해자의 상태로 복귀시킨다.

손상에는 외부적 매개체가 있다는 주장은 자아를 통일된 하나의 전체, 통합적인 전체를 위한 신체적·정신적·영적 요소의 집합체, 즉 존재 자체로 상상하고 있음을 암시한다. 실제로 자아가—적어도 내가 경험해온 나의 자아처럼—매우 조화롭지 못하거나 자기파괴적일 때는 완전히 통합되지도 않으며 일관되게 자기 이익에 봉사하지도 않는다.

모겔론스 병의 원인이 박테리아일 수 있다는 토론이 한창일 때, 한 여자가 손을 들더니 그것은 앞뒤가 맞지 않는다고 지적한다. "어쩌면 자가면역질환 같은 건 없는지도 몰라요. 그런 건 그냥 말이 안 된다고요." 그녀의 요지는 몸이 왜 자기 자신과 싸우겠는가 하는 것이다. 그녀는 자가면역질환처럼 보이는 것은 어쩌면 우리 몸이 아직 오지 않은 외부 침입자를 예견하는 것일 뿐이라고 말한다. 이것은 자기파괴가 말이 안 된다는 점에서 말이 된다. 그 논리는 자아를 통일된 전체라고 보는 똑같은 시각에 근거하고 있다.

아이러니하게도 통일된 자아에 대한 이런 주장은 본의 아니게 그것의 역, 즉 반발하며 맞서는 자아의 존재를 증언하는 듯하다. 그 주장은 사실상 몸의 배신이라는 잠재된 인식, 질병은 곧 반란이라는 인식을 쫓아버리려는 시도를 코드화한다. 질병은 *타자*로 전환되어야만 적절하게 맞서 싸울 수 있는 것이다.

자아가 그 자신과 싸운다면 어떤 모습일까? 사람이 서로 싸우는 여러 부분으로 쪼개어질 수 있을까? 어쩌면 그건 내가 여기서 보는 치유법들과 비슷한 모습일지도 모른다. 자기 피부를 벗기거나 꽁꽁 얼리고, 산酸으로 녹이거나 레이저나 전기로 지지고, 가려운 곳을 긁거나 문지르고, 우리보다 세 배는 큰 동물에게 사용되는 구충제를 들이붓는 식이 아닐까. 이 모든 전략이 서로 싸우는 부분들로 쪼개진 한 개인의 증상이라는 생각이 뇌리를 스친다.

　　자수성가한 인물에 관한 변치 않는 미국적 신화에는 또다른 믿음—심지어는 주장—이 따라온다. 즉 자수성가한 인물은 그가 어떤 자아를 만들어왔든 그것을 유지할 수 있다는 것이다. 자신의 생존 메커니즘을 가로막거나 방해하는, 분열된 사람은 이 신화를 지켜내지 못하며, 의지력의 절대적 효능에 대한 우리의 믿음을 혼란시키고, 그렇게 실패함으로써 우리의 동정을 받을 권리를 상실한다. 적어도 그 논리에 따르면 그렇다. 하지만 나는 궁금해진다. 어째서 분열된 자아는 공격당한 자아만큼 우리의 동정을 받을 자격이 없을까? 오히려 더 많은 동정을 받아야 하지 않을까?

나는 오후의 두번째 일정을 몰래 빠져나와 쿠키 쟁반 주변에서 한창 열띠게 토론하던 두 남자의 대화에 빠져든다. 텍사스 출신에 금발 머리인 폴은 빳빳한 청바지에 은단추 장식이 박힌 벨트를 차고 있다. 오클라호마에서 온 레니는 그을린 피부에 머리를 깔끔하게 깎았고, 콧수염을 말아 올린 모습이다. 두 남자 모두 플란넬 셔츠를 바지 안에 집어넣어 입었다.

　　폴은 환자지만 레니는 아니다. 레니가 여기 온 건 자신이 치료법을 찾았다고 생각해서다. 손가락 마디가 온통 그 병으

80

로 덮인 한 여자를 그가 레이저로 치료해주었다고 한다.

나는 그에게 되풀이를 요청한다. 피부과 의사세요?

"아, 아닙니다!" 그가 말한다. "전기기사예요."

그가 사용한 레이저가 어떤 것인지 누가 알까? 그 위에 대고 그걸 켰어요, 그가 말한다. 사냥감에 대고 총을 겨누듯이. "제가 그 위에 대고 그걸 켰어요." 그가 말한다. "그러자 그것이 그것을 죽였죠."

그것이 그것을 죽였다. 대상 지시어가 매우 모호하다. 뭐가 해로운지 뭐가 도움이 되는지는 사실 아무도 모른다. 너무도 많은 불확실성이 탐색의 넓은 우산 밑에 숨어 있다.

레니의 말에 따르면, 그 여자는 2년 동안 고통을 받고 있었고, 그가 치료해주기 전에는 어떤 방법도 효과가 없었다고 한다. 대화가 20분쯤 이어질 무렵 그는 그녀가 메스암페타민 중독이었다는 언급을 한다. 그는 자신의 레이저가 어떤 섬유의 "흔적도 전혀 남기지 않을" 때까지 그녀를 깨끗이 해주었다고 장담한다. 레니는 알 이야기를 했다. "그것들이 있었던 아래쪽까지 다 보인다고 하더군요. 그것들은 알을 낳고 다시 나타날 거라고요." 그는 자기가 레이저 치료를 끝냈을 때는 알 같은 건 없었다고 한다.

레니가 치료법을 설명하는 동안 폴은 이상한 표정을 짓는다. 치료라는 단어가 마음에 들지 않는 듯하다. "댁은 그 여자를 치료한 게 아니에요." 마침내 그가 말한다. "그건 바이러스라고요."

레니는 고개를 끄덕이지만 깜짝 놀란 게 분명하다. 반

박을 예상하지 못했던 것이다.

"난 8년 동안 이걸 다뤄왔어요." 폴이 계속 말한다. "만약 그게 내 몸의 다른 부분까지 퍼지는 걸 막을 수만 있다면 손이라도 잘라낼 겁니다."

그가 지금도 그럴 각오가 되어 있다는 게 생생히 느껴진다. 그저 수사적이거나 극적인 의미가 아니라 실제로 그러겠다는 태세다.

만약 레이저가 효과가 있을 거라고 생각했다면, 시도해봤을 거라고 폴이 말한다. "하지만 이건 그보다 더한 거예요."

폴은 지금까지 내가 본 누구보다 더 심각해 보인다. 그는 8년 동안 앓았지만 불과 1년 전에야 스스로 모겔론스라고 진단을 내렸다. 그때까지는 자기가 붙인 이름으로 이 병을 부르고 있었다. 악마의 낚시 미끼. 그는 낚시 여행을 갔다가 이 병에 걸렸다고 한다. 그는 때로는 그것을 바이러스라고 하고, 때로는 기생충 감염이라고 한다. 그러나 어떻게 부르든 사악한 매개체라는 느낌은 똑같다.

폴의 병이 남들과 다른 이유는 그것이 한눈에 보이기 때문이다. 사실 그것은 누구에게서나 조금씩 보인다. 두피에 군도群島처럼 붙어 있는 딱지들, 떡칠하듯 뒤덮은 화장 뒤로 보이는 턱의 염증, 볕에 그을린 종아리의 탈색된 반점들. 그러나 폴은 손상된 방식과 정도가 다르다. 오른쪽 귀가 가장 뚜렷한 부분이다. 귀는 약간 찌그러지고 살짝 말린 채 거의 뭉개졌고, 귀와 턱이 만나는 지점을 따라 매끈하게 반짝이는 흉터 조직이 보인다. 귀가 뭉개진 건 아마도 폴이 무언가를 빼내려고 스스로 무언가를 했기 때문인 것 같다. *악마의 미끼.* 그는 미끼의 유혹에 넘어가 반응했고, 공격했다. 그의 얼굴에는 점점이 붉게 얽은 자국이 있다. 피부에는 희끗희끗한 무늬가 얼룩져 있다. 눈 주변의 물방울 모양 흉터들은 그가 그것 때문에 울부짖었음을 말해주는 것 같다.

폴이 그 첫번째 운명의 낚시 여행을 마치고 돌아왔을 때 두 다리는 온통 털진드기에 물린 자국으로 뒤덮여 있었다고 한다. "바지 밖으로도 열기가 느껴질 정도였어요." 그는 온몸이 불덩이 같았다.

나는 그에게 지금은 증상이 어떤지 묻는다. 그는 그저 고개를 저을 뿐이다. "다음에 뭐가 올지 전혀 알 수 없어요." 어떤 날은 그냥 소파에 누워서 내일이 오지 않기를 바랄 뿐이다.

나는 그의 생활을 지원해주는 사람이 있는지 묻는다. 그는 그렇다고 대답한다. 그때부터 그는 누이 이야기를 들려준다.

처음에 누이는 동정적이지 않았다. 처음 그가 증상을 이야기하자 누이는 그가 마약을 했다고 생각했다. 그러나 결국 온라인에서 모겔론스 병을 발견하고 그에게 말해준 사람이 바로 그녀였다.

"그래서 누이가 지원해주게 됐나요?" 내가 묻는다.

"실은, 누이도 걸렸어요." 그가 말한다.

그들은 서로 다른 치료법을 시험하고 의견을 나눈다. 냉동법, 살충제 살포, 소 구충제 복용, 말 구충제 복용, 개 구충제 복용 등. 그는 액체질소 화합물을 자기 귀에 주입했다. 얼마 전에는 루트비어로 효과를 보았다고 한다. 그는 머리 위에, 얼굴에, 팔다리에 루트비어를 쏟아부었다.

그는 어느 날 밤 귀에서 콸콸 피를 뿜으며 응급실로 갔던 이야기를 들려준다. 그것들이—이번에도 그것들이—안에서 자기 몸을 찢는 것 같았기 때문에 비명을 질렀다고 한다. 의사들이 그에게 미쳤다고 하더란다. 나는 아무 말도 하지 않는다. 그저 그날 그를 보던 의사들과는 다른 방식으로 그를 보는 것, 그날 의사들이 그에게 안겨준 것과는 다른 감정을 느끼게.해주고 싶을 뿐이다. 응급실 의사 중 한 명이 그를 진찰하더니 입이 말랐다고 말했다. 폴은 의사들에게 그건 자기도 안다고 대꾸했다. 그들에게 살려달라며 고래고래 소리쳤기 때문에 입이 깔깔해졌던 것이다.

폴은 하루에 열 시간에서 열두 시간 정도는 그저 그것들, 자기 몸 안에 있는 것이 무엇이든, 그것들이 퍼지지 않도록 하면서 보내는 것 같다고 말한다. 경계심과 두려움이 가득 담긴 목소리다. 그것들은 과학이나 의미 바깥에 있다, 그것들의 끊임없는 움직임은.

폴은 총회에 크게 감명받은 눈치는 아니다. 우선은 그 총회가 치료법을 내놓지 않았기 때문이라고 말하지만, 그럼에도 그 실망 속에서 한 줄기 만족감의 흔적이 엿보인다. 마치 무익함, 불가능성에 관한 어떤 의혹이 확인되었다는 듯이.

레니가 끼어들며 다시 레이저 이야기를 한다. 폴의 표정은 거의 짜증 내기 직전이다. 아마도 손쉬운 해결책이 있다면 그가 살아온 고난의 삶은 일종의 이유 없는 시시포스의 노동으로 전락해버릴 수도 있기 때문이리라. 치료법은 희망을 주기보다는 그가 이미 해왔던 노력의 가치를 떨어뜨린다. 가능한 방법을 전부 시도하면서 그것들 모두가 무익함을 증명해온 노력이 쓸모없어질 테니까.

　레니는 그걸 모르는 것 같다. "정말이에요." 그가 말한
다. "사실 그대로 말하는 거라고요. '이것이 우리가 쓴 방법이고,
이것이 그녀를 치료했다'고요." 그는 자신이 가져온 소식—자신
의 레이저 치료법 소식—이 결코 좋지 않게 받아들여질 수도 있
다고는 생각하기 힘든 모양이다.

그날의 마지막 발표를 듣는 동안 나는 폴의 뒤쪽에 앉아 있다. 그
는 강연자에게 주의를 기울이지 않는다. 자기 컴퓨터 화면으로
사진들을 보고 있다. 모두 그의—얼굴—사진이고 대부분은 귀
에 초점을 맞춘 옆얼굴이다. 그는 옆자리에 앉은 중년 여인에게
그 사진들을 보여준다. 그는 한 쌍의 부젓가락처럼 생긴 금속 기
구 사진을 가리킨다. 전기 충격기다. 잠시 후 그가 소곤거리는 소
리가 들린다. "이것들이 전부 알이었어요."

　마침내 그는 여인에게서 의자를 돌리고 이미 숱한 날
동안 꼼꼼히 살폈을 그 사진들에 다시 집중한다. 컴퓨터 화면 위
에 수많은 작은 프레임이 뿌려져 있다. 그의 몸 사진, 흉터가 생
기고 피가 흐르는 피부를 찍은 작은 사진들. 시간이 흐르면서 변
형의 과정을 보여주는 사진들이다. 여기, 똑같은 병에 걸렸다고
확인된 사람들 틈에서조차 그는 망가져버린 자기 몸의 끔찍한 사
적 영역 속으로 물러난다. 그는 다른 사람들—간단히 말해 낯선
사람들—을 이 소리 없는 전쟁터로 데려오지만, 그것은 언제나,
결국에는 다시, 그를 그 자신의 손상의 회랑으로, 헤아릴 수 없는
외로움 속으로 물러나게 만든다.

교회를 나오자, 창문이 없는 우리들의 회의장 바깥에는 햇빛이 기다리고 있다. 세계는 참을성 있게 기다리고 있었다. 오스틴의 봄은 숲속의 찌르레기들이다. 콩그레스 애비뉴 다리 아래 잘 보이지 않는 박쥐들의 파닥거림이다. 푸른 박명 속 날개들의 하늘거림이며 조분석鳥糞石이 풍기는 냄새다. 오스틴은 스카프를 두르고 선글라스를 낀, 어디에나 있는 아름다운 여인들이다. 짙은 햇살 속으로 바비큐 연기가 피어오른다. 바람에 날린 참나무 잎들이 내가 얼음 위에 놓인 굴을 먹고 있는 테라스를 스쳐 날아간다. 오스틴은 발길 닿는 곳마다 푸드 트럭이 있는 곳이고, 푸드 트럭들은 저마다 먹음직스러운 요리, 소혀 고기 덮밥, 튀긴 아보카도 타코, 베이컨을 올린 도넛을 판다. 땅거미는 보도 위를 걷는 카우보이 부츠의 규칙적인 딱딱 소리를 붙들고 있다. 이야기가 담긴 문신을 한 사람들이 열기 속에서 담배를 피운다. 성모 마리아에게 바치는 작은 장식 동굴에는 빈 맥주병 하나와 치즈잇 과자 봉지가 자갈 속에 묻혀 있다.

나는 젊고 건강한 사람들 사이를 걸어간다. 대체로 나도 그들처럼 젊고 건강하다. 나는 가려움을 느끼지 않으려고 애쓴다. 가려운지 아닌지 생각하지 않으려고 애쓴다. 내 피부를 당연시하지 않으려고 애쓴다. 가끔은 내 심장이 너무 빨리 뛰기도 하고, 벌레 한 마리가 발목 피부 속에 살기도 하고, 과음을 하기도 하고, 너무 마른 편이지만, 이런 것들은 내가 대체로 지낼 수 있는 왕국으로부터 멀리 떨어져 있다. 건강의 나라, 무언가를 욕망하고 욕망의 대상이 될 수 있는 나라, 내가 그 세계에 속하고

있음을 또렷이 인식할 수 있는 나의 왕국. 그러나 슬로터레인에
있는 그 침례교회를 떠날 때 나는 더 이상 어느 곳에도 소속감을
느끼지 못하는 그 사람들의 목소리를 잠재울 수 없다. 나는 그들
의 나라에서 하루를 보내고 내가 내킬 때 떠난다. 바람을 쐬는 것
조차 배신처럼 느껴진다.

모겔론스 병의 실체에 대한 의심이 내가 그 병에 걸릴지도 모른
다는 두려움을 없애주지는 못했다. 나는 그 총회에 가기 전에 완
충장치를 해놓았다. 친구들에게 미리 말해둔 것이다. "만약 오스
틴에 갔다 와서 내가 모겔론스 병에 걸렸다고 생각한다면, 그건
모겔론스 병이 아니라고 얘기해줘야 해." 지금 나는 오스틴에 와
있고, 손을 자주 씻는다. 다른 사람들의 몸을 의식하고 있다.
　　그런데 아니나 다를까, 그 일이 일어나기 시작한다. 샤
워를 마치고 나서 쇄골 위로 작은 벌레처럼 생긴 작고 파란 실오
라기들이 보인다. 손바닥 운명선에는 아주 작은 가시랄까 깃털처
럼 보이는 것들이 박혀 있다. 무언가를 스치듯 언뜻 보는 한순간,
공포의 한순간을 경험한다. 사람들 앞에서 현미경 조사를 받는
건 두렵다. 혹시나 뭐라도 발견될까 봐 불안해서, 그리고 내가 그
걸 그냥 넘기지 못할까 봐 불안해서.
　　실제로 그것은 이상한 짜릿함을 안겨준다. 어쩌면 나는
마음 한구석으로 무언가 발견하기를 *바라고* 있는지도 모른다. 나
자신이 증거가 될 수 있을 테니까. 그게 아니더라도 망상에 관한
1인칭 이야기를 쓸 수 있을 테니까. 진짜든 상상이든, 내 피부 속
나만의 미세섬유와 그 병을 연결할 수 있을 테니까.

물론 가만히 오래 들여다보면 피부란 누구의 것이든 늘 낯설게 마련이다. 이상한 돌기, 성긴 털, 무성한 주근깨, 울긋불긋 이상한 얼룩투성이다. 아마도 그 파란 섬유들은 수건에서, 또는 내 옷소매에서 빠진 실오라기일 것이며, 깃털은 당연히 깃털이 아니라 펜 잉크가 번진 자국일 것이다. 그런데 이상하게도 내가 모겔론스 환자들이 경험하는 방식에 가장 가까이 근접하는 것은 바로 이 두려움의 순간이다. 그것의 물리적이고 사악한 증상, 매우 침해적인 그것의 전술을 느끼는 순간이다. 그들의 관점을 함께한다는 건 그들이 가진 병으로부터 나 자신을 보호하고 싶게 만들 뿐이다. 나는 절뚝거리는 내 연민의 기관이 가진 선택지가 이 두 가지뿐일까 궁금해진다. 불신에 가득 차 있거나, 아니면 화장실에서 손을 씻고 있거나.

그 총회에서 전염에 관해 생각하던 사람이 나뿐만은 아니다. 한 여자가 일어서더니 모겔론스 병이 어떻게 전파되는지 알아야겠다고 말한다. 그녀는 자기 가족과 친구들이 자기 아파트에 오지 않으려 한다고 청중에게 호소한다. 그녀의 집 소파에서 그 병에 걸리지 않는다는 증거가 필요하다. 그렇게 추측하지 않기는 힘들다. 그녀의 가족은 그녀에게서 병이 옮을까 봐 두려워하겠지만, 옮을 것이 전혀 없다면 더더욱 두려워할 것이다. 어쩌면 그들은 그녀의 집착과 거리를 두고 있는 건지도 모른다. 그녀가 하는 말—*이게 전염성이 아니라고 말해주세요, 그래야 다들 돌아올 테니까요*—에서 나는 엄청난 슬픔을 듣는다. 상황을 호전시킬 답이 있기를, 그녀의 외로움을 덜어줄 답이 있기를 바라는 마음이 간절하다.

88

켄드라는 친구들과 저녁을 먹으러 갈 때마다 자기 때문에 친구들이 병에 걸릴까 봐 두렵다고 말한다. 나는 그녀가 시내에서 스시를 먹는 모습을 상상해본다. 자신의 와사비를 엄격하게 따로 떼어놓고 조심스럽게 젓가락질을 함으로써 그녀 안에 있는 *이것*—범주까지는 아니더라도 매개작용을 하는 이것—이 다른 사람에게 옮지 않게 하는 모습을. 그녀의 두려움은 총회 자체의 전제에 깔린 무언의 긴장을 뚜렷이 강조한다. 전염성 질환일지도 모를 무언가를 지닌 사람들이 모두 한정된 똑같은 공간에 모인 것일 수 있다는 인식이 그들 사이에 존재하는 것이다.

전염의 망령은 실제로 흥미로운 이중적 기능을 한다. 한편으로는 켄드라의 경우처럼, 자신이 잠재적 감염 보균자라는 수치스러운 의식이 존재한다. 그러나 다른 한편으로, 이 병이 옮을 수 있다는 건 곧 이 병이 진짜임을 말해준다. 다른 사람에게도 나타난다면 이 병이 증명될 수 있을 거라는 얘기다.

모겔론스 병에 관한 온라인상의 미로—채팅 방과 개인적인 증언들과 고배율 사진들의 복잡한 네트워크—에서 가장 이상한 구석 중 하나는 "모겔론스의 반려동물"이라는 웹사이트다. 나는 곧바로 그것이 농담도 아니며 유쾌한 사진 앨범도 아니라는 걸 깨닫는다. 그것은 "모겔론스[병에 걸린 사람들]의 반려동물"만이 아니라 "모겔론스[병에 같이 걸린] 반려동물"까지 소개하는 사이트다. 대표적인 어느 항목에서는 '이카'라는 이름의 고양이가 자신과 자신의 병을 소개한다.

내 이름은 일본의 마른오징어 스낵 이름에서 따온 거랍니다. [……] 대체로 나는 주체 못할 정도로 에너지가 넘치지만, 요즘 들어서는 매우 무기력하고 '심한' 가려움을 느껴요. 나와 가장 친한 친구이자 엄마는 자기 피부병이 나한테 옮았다고 생각해요. 그래서 엄마는 굉장히 '슬퍼해요.' 아마도 엄마는 자기 얼굴 전체가 그것으로 덮였다는 사실보다 그 병을 나한테 옮겼다는 게 더 슬픈 것 같아요.

목록이 계속되면서 병든 동물들의 기다란 호칭 기도가 된다. '재지'라는 이름의 날렵한 하얀 개는 가려운 발을 내보인다. 블러드하운드 두 마리는 보이지 않는 벼룩을 깨물고 있다. 라사압소 개는 적외선 사우나 안에서 주인과 함께 스트레칭을 하고 있다. 어느 항목은 신바드라는 이름의 아키타견에게 바치는 애가哀歌다.

내가 그 병에 걸린 것은 아름다운 주인님이 그 병에 걸렸을 때와 같아요. 나의 주인 부부는 수많은 동물병원을 전전한 끝에 나를 내려놓아야 했지요. 그것이 나를 위한 일이었다는 건 알지만, 그들이 많이 보고 싶어요. 의사가 나를 잠재울 때 내 바로 앞에 있던 주인의 얼굴이 아직도 눈에 선해요. [……] 그의 숨결 냄새가 느껴지고 눈물을 흘리는 그 눈 속의 고통이 느껴지는 것 같아요. 하지만 괜찮아요. 지금 내 상태는 좋거든요. 미칠 것 같던 가려움은 영영 사라졌어요. 마침내 나는 평화를 찾았어요.

90

마지막 말이 슬픔 위에 결의를 덧칠한다. *마침내 나는 평화를 찾았어요*, 우리는 이 문장을 읽으면서 아직 평화를 찾지 못했을 또 다른 존재를 상상한다. 자기 개를 안락사시키면서 울던 그 주인을. 신바드에게 무슨 일이 생겼던 건지 누가 알까? 어쩌면 그 개에게는 진짜로 안락사가 필요했으리라. 어쩌면 그 개는 나이가 들었거나 다른 병에 걸렸을 수도 있으리라. 어쩌면 전혀 병든 게 아니었을 수도 있으리라. 그러나 그 개는 병 이야기—병변, 결별, 또는 섬유 자체처럼—의 일부가 되었다. 그 개는 고통이 있었음을, 무언가를 상실했음을 알리는 반박할 수 없는 증거다.

총회 둘째 날은 모겔론스 병에 관한 일본의 텔레비전 다큐멘터리로 시작된다. 거기서는 그 병을 불길하게 곱슬거리는 침묵의 미세섬유가 아닌 "면화 분출병"이라고 부름으로써 무대 농담—풋 하는 헛웃음!—을 암시하는 듯하다. 그 다큐멘터리는 엉성하게 번역되어 있다. 화면 속에서 한 여자가 주방 조리대에서 물 한 잔에 이버멕틴Ivermectin이라는 동물용 구충제를 섞고 있다. 걱정스러운 목소리의 일본어 해설이 들리고 영어 자막이 채워진다. 그녀는 이 구충제가 사람을 위한 것이 아님을 알면서도 어쨌거나 이 약을 복용하고 있다. 그녀는 절박하다. 병이 발발했다고 알려진 지역을 표시한 미국 지도도 나온다. 마치 땅 위를 덮은 병변 같은 그 지도는 일그러진 '명백한 사명'◊이다. 병은 지역사회

◊　Manifest Destiny: 미국이 대서양 연안에서부터 태평양 연안까지 넓노늘 확상해나가는 것이 신의 섭리이며 운명이라는 믿음을 말한다. 1840년대 미국의 팽창주의를 대변하며 광범위하게 사용된 말이다.

91

를 점령하고, 엉망이 된 사람들을 친족이라고 주장한다. 벌어진 상처에 들러붙은 섬유들—상처의 축축한 표면이 일종의 접착제 역할을 한다—과 같이, 이 병에 대한 인식이 접착제 역할을 하면서 우리가 이해하지 못하는 것들, 아픈 것들, 들러붙게 될 것들을 끌어모은다. 인터넷을 통한 전파, 일부 회의론자들은 모겔론스 병이 인터넷으로 전파된다고 주장한다. 피리 부는 사나이처럼 채팅 방이 온갖 방문자를 불러 모은다는 것이다. 모겔론스 병이 2001년에야 공식적으로 태어났다는 말은 맞다. 그것은 인터넷과 함께 성장해왔다. 이 병의 온라인 커뮤니티는 그 자체로 하나의 권위가 되었다. 사람들은 여기서 그들이 공유하는 질병의 세부 사항—박테리아, 곰팡이, 기생충—에 반드시 동의하지는 않지만 빠져나갈 수 없다는 감정에 대해서만큼은 동의한다. 어디를 가든 그것이 따라오고, 무엇을 하든 그것이 저항한다.

샌드라라는 한 여자는 휴대전화를 꺼내더니 자신이 기침하다 뱉어낸 것을 찍었다며 나에게 보여준다. 작고 흰 새우를 닮았다. 그녀는 그것이 유충이라고 생각한다. 그녀는 보석 감정용 확대경을 통해 그 사진을 찍었다. 현미경이 있으면 좋겠지만 아직 그녀에게는 현미경이 없다. 그녀는 그 유충의 크기를 짐작할 수 있도록 책 위에 놓고 찍었다. 나는 그 활자를 자세히 보려고 애쓴다. 그녀가 무엇을 읽고 있었는지 궁금하다. 내 머리는 그 소리 없는 시간들을 알아보고 싶어 한다. 이 여인이 감염 상태 너머에 있을 때, 그 너머의 세계가 점점 작아지는 동안 어떻게 자기 삶을 채우는지.

샌드라는 그 섬유에 관한 나름의 이론을 세웠다. 그 섬유는 유기체가 *아니며* 그녀 몸속의 유기체들이 고치를 만들기 위해 섬유를 모은다는 것이다. 그렇다면 어째서 그 많은 섬유가 평범한 종류의 실오라기, 개털, 면섬유라고 밝혀지는지도 설명이 된다. 그것의 위험성은 그 섬유의 종류가 아니라 그 목적에 있다. 생물이 그녀의 몸을 둥지 삼아서, 그녀 삶의 평범한 재료를 이용해 그녀 몸속에 집을 짓고 있는 것이다.

내가 실눈을 뜨고서 그 새우 같은 것을 한참 동안 살펴보고 나자, 샌드라는 욕조 안에서 자기 모습을 찍은 동영상을 불러온다. "섬유를 넘어서면 이렇게 돼요." 그녀가 장담한다. 욕조 가득한 물 밖으로 발만 나와 있다. 화질이 나쁘지만, 욕조는 꼬물거리는 애벌레로 가득 찬 것처럼 보인다. 그것들의 형태는 확실하게 알아보기 힘들지만—모든 것이 흐릿하고 약간 질퍽해 보여서—정말로 애벌레 무리처럼 보인다. 그녀는 2년쯤 전에 피부에서 수백 마리가 나왔다고 말한다. 지금은 조금 나아졌다. 요즘은 목욕할 때 두세 마리 정도밖에 나오지 않는다.

나는 정말로 갈피를 못 잡겠다. 정말 모르겠다. 내가 보고 있는 것이 벌레인지, 그것들이 어디서 왔는지, 만약 그것들이 벌레가 *아니라면* 무엇일지, 내 마음은 그것들이 벌레이기를 바라는지 아니기를 바라는지, 또는 그것들이 벌레가 아니라면 이 여자의 말에서 무엇을 믿어야 할지, 만약 벌레가 *맞다면* 세상이나 인체, 또는 그 병에 관해 무엇을 믿어야 할지까지도. 하지만 지금 나는 내가 보는 것이 꾸물거리는 작은 그림자 무리라는 걸 알고 있고, 지금으로서는 내가 의사나 과학자, 아니 기본적으로 어떤 것에 관해 뭐라도 아는 사람이 아니어서 다행이다. 왜냐하면

이 불확실성으로 인해 나는 굳이 샌드라의 말이 옳다 그르다 확인해줄 필요 없이 그녀의 말을 믿을 수 있기 때문이다. 적어도 잠시 동안은 이 벌레들의 가능성 속에, 그 공포감 속에 그녀와 함께 머물 수 있다. 그녀는 그 속에서 너무 오랫동안 혼자였다.

나는 샌드라의 휴대전화를 들여다보고 있는 켄드라를 발견한다. 켄드라는 이것이 자신의 미래일지 알고 싶어 한다. 나는 모든 사람의 병이 약간씩 다르다고 그녀에게 말해준다. 하지만 내가 뭘 안다고? 어쩌면 그녀의 미래도 이와 같을지 모른다.

켄드라가 어젯밤 먹은 스시 얘기를 한다. 맛이 있었다. 즐거웠다. 그녀는 사실 그 식당에서 그림 한 점을 샀다. 그걸 사지 말았어야 했는데, 그녀가 말한다. 그녀에게는 돈이 없다. 하지만 그녀는 벽에 걸린 그 그림을 보았고, 거부할 수 없었다. 켄드라가 휴대전화 사진을 보여준다. 양피지색 사각형의 네 귀퉁이에서부터 유화 물감이 꼭 땋은 듯이 화려하게 소용돌이치는 그림이다. 땋은 듯한 마디들이 보석 같은 색조로 흠뻑 짙게 칠해져 있고, 푸른 자주색은 라벤더색과 터키옥색으로 휘감겨 있다.

섬유들이네. 나는 머릿속에 떠오른 생각을 말하지 않는다.

"있잖아요." 그녀가 목소리를 낮추고 말한다. "이 그림을 보고 그것들이 떠올랐어요."

가슴이 철렁 내려앉는다. 전염병 영화 속에서 병이 차단벽 너머로 퍼지는 그 순간이다. 켄드라는 이 환자들의 왕국을 떠나 있을 때조차 그 반대편에서 끈질기게 자신을 기다리고 있는 그 병을 발견한다. 그녀는 그것의 초상화를 집으로 가져가기 위해서 자신이 감당할 수도 없는 300달러를 지불한다. 그녀의 스시 외출에서 내가 어떤 위안을 얻었든 간에, 그것은 이제 사라져버렸다. 앞에서도 말했듯이 병은 들러붙을 만한 것은 무엇이든 끌어모은다. 식당 벽에 걸린 미술품조차도 자신에게 있는 그 병으로 보이기 시작한다. 그것이 보이지 않음에도 불구하고. 그것은 보이지 않지만, 모든 곳에서 보인다.

오전 프로그램 도중, 총회 주최자들이 농담을 적은 종이 한 장을 돌렸다. "다음에 해당한다면 모기스일 수 있습니다." 그 밑으로 핵심을 찌르는 문장들의 목록이 있다. "당신이 개보다 많이 긁는다면" "당신을 내친 사장들보다 당신을 내친 의사들의 수가 더 많다면" "산酸에 몸을 담그는 목욕과 전신 면도가 즐거운 금요일 밤 행사처럼 들린다면." 현재의 자아와 병에 걸리기 전의 자아 사이의 분열을 환기시키는 농담도 있다. "과거 삶으로의 회귀가 모겔론스 병 이전의 시기를 돌이키는 것을 뜻한다면." 나머지는 자아와 타자 사이의 분열을 상기시킨다. "저녁 식사 때 가족이 샐러드에 식초와 오일을 뿌릴 때 당신은 그것을 머리와 몸에 뿌린다면." 일부 농담은 아예 이해가 불가능하다. "컴퓨터에서 USB 포트를 필요로 하는 어떤 것도 사용할 수 없다면. 왜냐하면 절대로 QX-3 디지털 블루 연결을 차단할 수는 '없기' 때문에."

QX-3 디지털 블루를 검색해본다. 현미경이다. 웹사이트는 "주변 세계에 대한 근본적인 호기심을 만족"시키기 위해 그 현미경을 사용할 수 있다고 주장하는데, 그 글을 읽자 폴의 컴퓨터가 생각났다. 그는 얼마나 많이 자신의 몸을 찍고 또 찍었던

95

가. 그의 세계는 얼마나 작아졌는가.

　그 총회에서는 QX-3 같은 건 전혀 보이지 않지만, 주최자들은 그다지 비싸지 않은 현미경을 경품으로 나눠주기 위해 추첨을 하고 있다. 작은 흑자두처럼 생긴 휴대용 미니현미경 몇 대인데, 아이들 장난감인 아이클롭스의 사촌뻘이다. 아마존에서 아이클롭스를 검색하니 연금술 같은 말로 광고하면서 이렇게 떠벌리고 있다. "평범에서 비범으로. 아주 작은 소금 알갱이가 얼음 덩어리로 변신합니다. 머리카락과 카펫은 거대한 국수가 됩니다. 작은 곤충이 무시무시한 괴물이 됩니다." 이 광고문은 모겔론스의 연금술을 마술로 전환시킨다. 확대해서 보시라, 우리 몸의 가장 평범한 부분이—심지어 피부 표면이나 긁힌 부위조차—흉포하고 무시무시해진다.

　총회에 참석한 모든 사람의 이름과 함께 내 이름이 자동적으로 추첨 명단에 들어가고, 나는 결국 미니현미경을 받는다. 나는 쑥스러워하며 무대로 나간다. 나에게 미니현미경이 무슨 소용이 있을까? 내가 여기 온 건 그런 현미경을 필요로 하는 다른 사람들의 사연을 글로 쓰기 위해서인데. 나는 루빅 큐브보다 약간 작은 네모난 상자를 받는다. 오늘 밤에 어떤 장면이 펼쳐질지 상상해본다. 아마도 퀴퀴한 호텔 방의 사적인 공간에서 내 피부를 살펴보면서, 그 작은 장치를 손바닥에 올려놓고 회의론과 두려움 사이의 면도날과 대면하고 있겠지.

　"다음에 해당한다면 모기스일 수 있습니다"라는 제목의 농담이 적힌 종이 맨 밑에는 대미를 장식하는 문장이 있다. "당신이 크게 웃고 이 농담을 '이해'했다면." 전에 받았던 이메

96

일—세계에서 가장 큰 농담의 주제—이 떠오르면서 이 농담들이 왜 그리 중요한지 이해가 된다. 단지 그 농담들이 울림이 있어서만이 아니라, 그것이 농담이라는 행위 자체를 되찾아주기 때문이다. 여기서 모기스들은 농담의 표적이 아닌 농담의 생산자다. 모든 농담이 배반의 몸을 재활용해 깔끔하게 포장된 촌철살인으로 만든다.

그래서 우리는 농담이 적힌 종이를 받고, 나는 그중 일부를 이해하지만, 전부를 이해하지는 못한다. 샌드라는 자신의 휴대전화 슬라이드 쇼를 보여줄 청중을 얻고, 나는 원하지도 않았던 미니현미경을 받고, 켄드라는 그림 한 점을 얻는다. 그리고 마침내 그녀는 고대해왔던 현미경 상담도 받게 된다.

나중에 켄드라에게 어떻게 되었는지 묻는다. 그녀는 그것이 확인되었다고 말한다. 리타가 그녀의 눈 주변에서 실을 찾아낸 것이다. 그러나 그 말을 하면서 켄드라는 어깨를 으쓱해 보인다. 마치 실망스러운 결말이라는 것처럼, 그것이 약속했던 해결책이나 결단을 전혀 주지 못했다는 것처럼.

"그것들을 떼어내려고 하면 할수록 스스로를 망가뜨리는 것 같아요." 켄드라가 말한다.

그러겠지. 나는 고개를 끄덕인다.

"그것들을 떼어내려고 하면 할수록," 그녀가 계속 말한다. "더 많이 나타나요…… 마치 내가 그것들을 쉽게 없앨 수 없다는 걸 보여주려는 것처럼."

토의

결국 나는 내 미니현미경을 줘버렸다.

샌드라에게 주었다. 그녀에게 준 이유는 그녀가 보석 감정용 확대경은 이제 지긋지긋하다고 했기 때문이다. 그녀가 미니현미경을 얻지 못해 아쉬워했기 때문이다. 그리고 애초에 섬유를 찾아볼 생각도 하지 않던 내가 미니현미경을 받은 게 민망했기 때문이다.

"정말 마음씨가 좋으세요." 내가 미니현미경을 주자 그녀가 말했다. 물론 나는 그녀가 그렇게 말해주기를 내심 바라고 있었다. 이 병을 앓는 사람들과 똑같은 방식으로 그것을 개념화할 수 없다는 선제적인 죄책감 때문에 모두에게 좋은 일을 하고 싶었다. 그래서 말했다. *여기, 제 미니현미경 받으세요.* 그것이 나머지 모든 것을 보상해주리라 기대하면서.

정말 마음씨가 좋으세요. 그러나 그게 아닐지도 모른다. 어쩌면 그와는 정반대였을지도 모른다. 어쩌면 나는 그녀의 삶에서 시간을 *빼앗고,* 그녀가 치료할 수 없을 그것을 응시하면서 그 미니현미경의 작은 구멍에 바치게 될 수많은 시간으로 대체한 것인지도 모른다.

고백 하나: 나는 그 총회장을 일찍 *빠져나왔다.* 창피하지만, 사실 나는 *형편없는* 호텔 풀장 옆에 앉아 있기 위해 나왔다. 감정적으로 다 소모된 느낌이었으므로 그럴 자격이 있다고 느꼈다. 나는 텍사스의 태양 아래 피부를 드러내 태웠고, 그 총회장에서 나온 한 여인이 옷을 모두 입은 채로 그늘 속 안락의자에 조심스럽게 몸을 누이는 것을 지켜보았다.

감사의 말

나는 병의 나라를 떠났다. 돈과 켄드라, 폴과 리타는 그곳에 남았다. 이제 나는 햇볕을 쬐고 있지만 그들은 그러지 않는다. 그들은 말 구충제를 먹지만 나는 그러지 않는다. 그런데도 여전히 묘한 근접성의 통증이 느껴진다. 그들에게는 내가 느끼지 못하는 두려움이란 없으며, 내가 알지 못하는 자아에 대한 두려움도 없다. 나는 계속 그들에게 이렇게 말했다, *상상이 안 가요.* 그리고 가끔은 더 낮은 소리로 말했다, *상상이 가요.*

공감이 위로하고자 했던 고통을 오히려 강화하게 되는 때는 언제일까? 사람들에게 그들의 질병에 관해 이야기할—조사하고, 바라보고, 공유할—공간을 주는 건 그들이 그 병을 헤쳐나가는 데 도움이 될까, 아니면 그 병의 지배를 심화할 뿐일까? 이런 모임은 위안을 줄까, 아니면 그저 고통의 회랑과 특권을 확인해주는 것에 불과할까? 어쩌면 이런 모임은 그저 고통을 더욱 밀어붙여 더 심해지도록, 전보다도 더 많은 위안이 필요하도록 만드는지도 모른다. 그 총회는 참석자들에게, 그들이 필요로 하는 것은 오직 여기서만 얻게 되리라는 느낌을 확인해주는 것 같다. 그 총회는 그것이 치유하고자 하는 고립을 더욱 날카롭게 벼린다.

나는 여기 있을 때만 나 자신일 수 있어요, 이런 말을 한두 번 들은 게 아니다. 그러나 웨스트오크 침례교회의 컴컴한 공간에서 나올 때마다, 나는 그 나라의 시민들 역시 다른 곳에 머물 수 있기를, 다른 장소에 갈 수 있기를 기원하고 있었다. 우선

은 그들이 오스틴의 쏟아지는 햇살을 듬뿍 받기를, 또는 어느 따뜻한 밤 간이 탁자에 허리를 굽히고 화려한 도넛을 먹기를 바랐다. 나는 그들이 그 병의 경계 너머에서 구성되고 아름다운 윤곽을 갖춘 자기 자신을 이해하기를 바랐다.

아는 사람을 만나지 않으려고 늘 식료품점이 문 닫기 30분 전에 장을 보러 간다는 폴이 떠오른다. 둘째 날 내 뒤에 앉아 있던, 황량한 아파트와 이름 모를 일터를 오가는 것 외에는 하는 일이 거의 없다는 이름 모를 대머리 남자가 떠오른다. 어떤 남자가 흉터투성이의 자신을 사랑해줄까 고민하던 아름다운 여인이 떠오른다.

켄드라는 자신의 생각을 검증해주는 똑같은 말들에 겁에 질려 있다. 그녀의 피부 속에는 섬유의 증거가 있지만 그것을 빼낼 가망은 없고, 이제 이 병에 의해 완전히 소진되면 어떤 모습이 될지에 대한 전망밖에 없다. 그녀에게는 흘러가는 삶의 시간을 증언해주는 컴퓨터 화면 속 피 흘리는 수많은 사진, 휴대전화 속 애벌레 수프밖에 없다.

켄드라가 뭐라고 했더라? *제가 벗어나려고 애쓰는 이것들 중에 일부는 제게서 멀어져가는 느낌이에요.* 이는 우리 모두의 얘기가 아닐까? 때로는 우리 누구나 무언가를 몰아내려고 애쓴다. 그리고 우리가 몰아내려고 애쓰는 그것은 우리의 몰아냄에 저항한다. *악마의 미끼.* 이 병은 지속적인 유혹의 감정, 우리 손이 닿을락 말락 한 거리에서 대롱거리는 해결책의 약속을 제공한다. 이런 악마는 우리 누구에게나 있다. 우리의 영역과 눈에 보이는 형상에 대한 집착, 침입이나 오염에 대한 공포, 영원히 잘못 이해되는 존재로서 우리 자신을 이해하는 것.

그러나 방법을 찾기 위한 이런 탐색이 그 병 자체를 알기 어렵게 만드는 건 아닐까? 그것은 또 다른 부류의 미끼, 색칠해 매단 또 하나의 파리다. 우리가 어떤 것을 충분히 이해한다면 그것을 물리칠 수 있다는 생각 말이다.

그 총회에서 만난 사람들은 모두 친절했다. 그들은 나에게, 서로에게 온정을 베풀었다. 나는 그들이 아는 것을 구경하러 온 방문객이었을 뿐이지만, 이따금 나는 그 나라 시민—그 신체적 불안에 소속된 시민—이었고 아마 앞으로도 다시 그 시민이 될 것이다. 나는 두 개의 오스틴을 오가며 내 시간을 쪼개고 있었다. 컴컴한 방들과 드넓은 하늘 사이를 오가며 내 시간을 쪼개고 있었다.

한 강연자는 19세기 생물학자 토머스 헉슬리Thomas Huxley의 구절을 인용했다.

어린아이처럼 사실 앞에 앉아 모든 선입견을 내려놓을 각오를 하고서, 대자연이 이끄는 어디로든, 어떤 심연으로든 겸손하게 따라가라. 그러지 않으면 아무것도 배우지 못하리라.

나는 나에게 이야기를 들려준 모든 사람 앞에 앉아 있고 싶다. 내 녹음 테이프에 담긴 그들의 목소리에 어린아이처럼, 불가지론자처럼, 다윈론자처럼 귀를 기울이고 싶다. 회의적인 의사가 아니라 동정 어린 간호사가 되고 싶다. 나는 판결이 아니라 심연을 원한다. 모든 사람의 말을 믿고 싶다. 모든 사람의 생각이 옳기를 바란다. 그러나 동정은 믿음과 같은 것이 아니다. 그것은 내가 배우고 싶은 교훈이 아니다.

연민pity과 *경건*piety이라는 단어가 완전히 구분된 것은 겨우 17세기의 일이다. 연민은 일종의 의무, 기본적인 인간적 유대를 위한 의무로 이해되었다. 그리고 내가 이 병에 대해 느끼는 감정은 일종의 경건함이다. 나는 경의를 표할 의무, 아니 적어도 이 환자들을 아프게 하는 그것에 대한 이들의 집단적 이해를 어느 정도 존중할 의무를 느낀다. 아마도 그건 그 나름대로 일종의 공감적 전염일 것이다. 이것은 동조를, 같이 고개를 끄덕여주는 것을, 지원을 필요로 한다. 동의를 필요로 한다.

폴은 말했다. "이 지랄 맞은 증상은 아무한테도 이야기하지 않을 거예요." 그러나 그는 나에게 이야기했다. 그가 만났던 사람들은 항상 불신의 시선을 던졌다. 그는 그것을 "전형적"이라고 했다. 이제 그 단어가 나를 따라다닌다. 폴에게 삶은 하나의 패턴이 되었고, 그 패턴의 교훈이란 *당신은 이렇게 운명 지어져 있다*는 것이다. 타인들의 불신은 불가피하며, 따라서 그것은 외로움이다. 불신과 외로움 둘 다 어떤 섬유, 어떤 반점, 또는 결정이나 기생충만큼이나 이 병에서 빠질 수 없는 부분이다.

내가 오스틴에 갔던 건 이 환자들이 알던 것과는 다른 부류의 사람, 귀 기울여주는 사람이 되고 싶었기 때문이다. 레지던트들에게 눈짓을 보내는 의사들, 입술을 깨무는 친구들, 당황해서 어리둥절한 미소를 짓는 회의론자들과는 다르고 싶었기 때문이다. 그러나 다르고 싶다고 해서 다르게 되는 것은 아니다. 폴은 자신의 지랄 맞은 증세를 나에게 말했지만 나는 그의 말을 믿지 않았다. 아니 적어도 그가 믿어주기를 원하는 방식대로 믿지는 않았다. 나는 그의 피부 속에 수천 마리 알을 낳는 기생충이 있다는 걸 믿은 게 아니라, 그런 기생충이 있는 것처럼 아프다는 것을 믿었다. 그건 전형적이었다. 나는 전형적이었다. 이 글을 쓰는 지금, 나는 그가 배신이라 여기지 않을 만한 일을 하고 있을까? 나는 말하고 싶다, *나는 당신의 이야기를 들었어요. 다시 말해, 나는 어떤 판단도 하지 않았어요.* 그러나 그에게 이런 식으로 말할 수는 없다. 그러니 대신 이렇게 말하련다. 나는 그가 치유할 수 있다고 생각한다. 그러기를 소망한다.

라 프론테라

산이시드로

여기는 세계에서 가장 분주한 국경이다. 내가 탄 차는 옳은 방향으로 가고 있으므로 빠른 속도로 국경을 지난다. 그 말은 곧 내가 가는 방향이 옳지 않다는 얘기다. 나는 아무도 머무르고 싶어 하지 않는 곳으로 가고 있다. 5번 고속도로, 아메리카 합중국을 향한 북쪽 방면 북적이는 정체 구간의 반대편 차선이다.

저쪽 차선에는 슈퍼마켓들이 도열해 있다. 팝콘, 쿠키, 막대사탕, 담배를 살 수 있다. 커피를 마시고 싶다고? 차창에 머리가 닿을락 말락 한 어린 소년에게서 커피를 살 수 있다. 스페인어로 된 신문을 원한다고? 얼마든지. 영어로 된 신문? 가능할 것이다. 애니멀 프린트가 된 수건? 수백 장이 널려 있다.

나는 멕시코 티후아나와 멕시칼리에서 열리는 문학 모임, 이른바 엔쿠엔트로encuentro라고 불리는 모임에 가는 중이다. 내가 이해하기로 그 단어는 "축제"와 "총회" 사이의 어떤 것을 뜻한다. 그러나 엔쿠엔트로를 떠올릴 때마다 encontrar(조우하다)라는 단어와 비슷한 cuento(이야기)처럼 들린다. 그 들썩이는 방탕함과 원탁에서 벌어질 일을 암시하는 어떤 교차로. 이야기들이 화폐처럼 통용될 것이다. 사람들은 책에 사인을 할 것이며, 혼란스러워할 것이고, 책 거래를 할 것이며 멕시칼리에 관해 욕을 하면서 오악사카에 있기를 바랄 것이다. 사람들은 섹스를 할 것이다. 어떤 일도 제시간에 일어나지 않을 것이다. 아침에는 스티로폼 컵에 담긴 커피와 함께 쿠키가 나올 것이다. 밤에는 화장실 칸 안에서 코카인이 오갈 것이다.

지금은 2010년. 티후아나가 지난 2년 사이 많이 좋아졌다는 말이 돌고, 얼마 전부터는 미국 언론들도 그렇게 말하기 시작했다. 그러나 그런 변화와 변동은 여기, 북쪽의 우리가 "저 아래쪽"이 얼마나 나빠졌는지 논하는 대화에서는 불가피하게도 대충 얼버무려지곤 한다. 물론 저 아래쪽이란 한 장소가 아니라 수많은 장소를 말한다. 티후아나의 상황이 나아진 건 사실이지만 타마울리파스에서는 훨씬 더 심각해졌으며, 시우다드후아레스의 경우는 여전히 끔찍해서 나쁜 것과 더 나쁜 것 사이의 차이를 이해하기 힘들 만큼 삶은 매우 폭력적이다.

누군가 나에게 티후아나에서 최악의 몇 달을 견딘 삶에 관해 들려준다. 그것은 끊임없는 폭력의 위협 아래 놓였던 삶의 이야기라기보다는 끊임없는 폭력의 위협 아래 놓였던 삶을 말하는 것에 관한 이야기다. 그 삶의 한가운데 있을 때는 말하기가 불가능했다고, 그녀는 말한다.

몇 년 전 티후아나의 사정은 이랬다. 사람들은 저녁 식사를 하기 위해 사적인 어떤 공간에 모였을 때조차, 그들의 삶이 어떻게 되었는지에 관해서는 입에 올리려고 하지 않았다. 술 마시러 나가기가 겁이 난다고, 출근하기가 겁난다고, 버스를 타거나 담배 한 갑을 사거나, 그 망할 거리를 건너기가 무섭다고 말하려 하지 않았다. 이제 그들은 말할 수 있다. 최악의 것이 가청 거리 너머로 물러나자 말하기는 전보다 쉬워졌다. 조롱당하던 시점을 지나자 안전하다는 착각에 따라 일종의 복수 어린 반격으로 접어든 것이다.

티후아나

레볼루시온 대로에는 싸구려 관광산업의 텅 빈 껍데기들이 줄지어 서 있다. 사람 없는 술집들은 저마다 스스로의 무절제한 쾌락에 베어져 나가쓰러진 문명의 유적처럼 서 있다. 적막한 댄스 플로어는 풀로 엮은 벽과 모조 정글 장식으로 둘러져 있고, 행복한 테킬라 시간을 광고하며 펄럭이는 현수막과 가스등이 빼곡한 발코니에는 아무도 보이지 않는다. 클럽들은 마치 압류된 주택 같다. 관광객들은 겁을 먹고 떠났다. 물론 그래도 찾아오는 관광객이 없지는 않겠지만, 거리에 관광객이라곤 보이지 않는다. 티후아나 문화센터의 매우 아름다운 둥근 돔 천장에는 햇빛을 자홍색, 오렌지색, 짙은 민트색 등 보석 색깔로 바꾸어주는 네모난 유리들이 끼워져 있다. 그러나 그 안에서 보이는 사람이라고는 어딘가 다른 장소로 떠날 버스표를 파는 남자들뿐이다.

　　거리의 모든 사람이 물건을 팔고 있지만 사는 사람은 아무도 없다. 내가 살 마음만 있었다면 온갖 것을 살 수 있었으리라. 얼룩말 무늬 작은 당나귀, 열 쌍의 젖꼭지와 모래에 박힌 빨간색 테카테 맥주 캔이 그려진 엽서, 한 노인이 *바로 내 눈앞에서* 나무를 깎아 개구리를 만들어 그 입술에 진짜 담배 한 개비를 끼 워놓은 작은 목각상도. 판초 비야[°]의 근엄한 얼굴이나 어딜 가나 꼭 있는 체 게바라Che Guevara 얼굴이 인쇄된 티셔츠, 맥주에 관 한 농담이 쓰인 티셔츠, 맥주에 관한 농담이 쓰인 또 다른 티셔 츠, 테킬라에 관한 농담이 쓰인 티셔츠, 맥주를 섞은 테킬라에 관 한 농담이 쓰인 티셔츠, 아니면 이 모든 음주가 뜻하는 것에 관해 정곡을 찌르는 문구가 쓰인 티셔츠(굳이 옮기자면 "나는 첫 데이 트에 같이 잔다")를 살 수도 있었을 것이다. 더구나 정말 편리하 게도, 이 모든 키치 주점 건너편에는 한 시간에 99페소짜리 방을 광고하는 호텔이 있다.

　　그러나 내내 내 머릿속에는 2년 전의 티후아나, 결코 말하지 않던 도시 생각뿐이다. 국경을 따라 자리 잡은 다른 모든 소도시는 여전히 이 침묵의 짙은 안개 속에 살고 있다. 시우다드 후아레스를 세계에서 가장 위험한 도시라고 말하는 사람들은 그 곳에 살지 않는 사람들이다.

　　누군가 두려워하는 거리들, 도시 전체가 두려워하는 거 리들을 만약에 내가 걸어본다면, 어쩌면 그 두려움을 조금은 더 잘 이해하게 되지 않을까. 이것이 관광의 웅대한 허구다. 우리 몸 을 어딘가로 데려가면 그 장소가 우리에게 더 가까워지거나 우리 가 그 장소에 더 가까워진다는 것. 그것은 빠르고 간편한 공감이

° 　Pancho Villa(1878~1923). 멕시코 독재정권에 맞서 싸운 게릴라 지 도자.

다. 우리는 테킬라 한 잔을 마시듯, 낯선 사람의 집 열쇠에 묻힌 코카인을 흡입하듯 그것을 받아들인다. 우리는 다르다는 사실을 해소하기 위해 우리 존재의 취한 상태를 원한다. 첫 데이트에서 그 도시는 우리와 같이 잘 때도 있고 그러지 않을 때도 있다. 그러나 언제나, 항상, 아침에 일어나보면 우리는 그 도시를 전혀 몰랐다는 사실을 알게 된다.

나는 아침에 일어나서 티후아나 티이스라는 식당에서 우에보스 콘 하몬◊을 먹는다. 와플을 먹을 수도 있었지만 그러지 않았다. 판 프란세스◊◊를 휘핑크림과 함께 먹을 수도 있었지만 그러지 않았다. 나는 정통 방식으로 해볼 생각이다. 같이 식사하는 사람은 파올라라는 이름의 홍보 담당자와 아단이라는 이름의 소설가다. 두 사람 모두 와플을 먹는다. 파올라는 DF(멕시코시티)가 요즘 멕시코에서 가장 안전한 도시일 거라는 말을 못 믿겠다고 한다. 그렇다고 전에는 믿었다는 얘기도 아니다. 아단은 우리가 총회를 위해 다른 작가들을 만나기로 한 멕시칼리 역시 비교적 안전하다고 말한다. *비교적*은 이 주변에서는 중요한 단어다.

어쨌거나 멕시칼리는 동쪽으로 두 시간 거리에 떨어져 있다. 그곳이 금주법 시대에 처음 폭발적으로 번성했다는 건 티후아나와 같지만, 그 점을 빼면 별로 닮은 점이 없다. 아단이 쓰는 스페인어는 빨라서 그가 말하는 요지—적어도 올바른 요지—를 내가 제대로 알아듣고 있는지 자신이 없는데, 중국인들이 가

◊   huevos con jamón: 햄과 달걀로 만든 요리.

◊◊   pan francés: 프랑스 빵이라는 뜻, 마라케타라고도 한다.

득한 어느 지하도시 얘기를 하고 있는 것 같기 때문이다. 사실 내 스페인어 실력은 군색하다. 1920년대 멕시칼리에는 8 대 1의 비율로 중국인 노동자들이 멕시코인들보다 많았고, 그물망 같은 지하 터널을 통해 중국인들의 아편 소굴과 매춘굴은 국경 바로 건너편의, 금지된 것을 열망하는 미국인들과 연결되어 있었다.

티후아나가 흐릿해진다. 일단 그곳을 떠나자 그곳에 관해 이야기하고 싶어진다. 잠에서 깨었을 때 꿈의 내용을 말하고 싶어지는 것처럼. 세부 사항들을 얼른 고정시켜두고 부조리 사이의 길을 얼른 스케치해두지 않으면 흩어져버릴까 두려운 마음이다. 그곳을 떠나자마자 나는 생각한다. 그 도시는 무엇이었을까? 그 도시는 유리창이 깨진 사무실 옆의 불 꺼진 복도(내가 묵은 호스텔), 오렌지를 넣어 만든 채 썬 돼지고기 요리 한 접시(내 저녁 식사)였다. 그곳은 젊은이들로 구성된 '라 손리사 베르티칼 La Sonrisa Vertical'(수직 미소)이라는 이름의 밴드이자, 노인들로 구성된 이름 모를 밴드였다. 그 노인 밴드는 찰스 쇼 시라즈 와인을 달라고 자꾸만 요구했고 전자기타로 끔찍한 연주를 했다. 그들의 앰프 위에는 날것인지 삶은 것인지 모를 달걀 두 개가 자리 잡고 있었는데, 전혀 말이 되지는 않았지만 확실히 그곳이 제자리인 듯 보였다.

멕시칼리

티후아나로 들어가는 도로가 총기와 자동차, 제복을 입은 남자들, 미국식 공포증의 호들갑으로 꽉 막혀 있었다면, 그곳에서 빠져나오는 도로는 먼지 날리고 유령이 나올 법한 길이 외곽 거주지부터 국경 사막 지대의 황량한 산들까지 뱀처럼 뻗어 있다. 도시의 경계를 넘자 벽과 울타리의 잔해가 흩어진 질척거리는 비탈 위로 오두막들이 똬리를 틀고 있다. 많은 집의 벽과 지붕은 옥외광고판 포스터들을 두르거나 이고 있다. 그것은 마치 선물처럼 보인다. 그 옆면에는 광고판의 거대한 치약 튜브와 미소 띤 사람의 입이 보인다. 마침내 빈민가를 지나면 루모로사라고 알려진 도로, 볕에 바랜 붉은 산맥의 U자형 급커브와 암반사면을 구불구불 올라가다 곤두박질치는 악명 높은 롤러코스터 고속도로가 나온다.

멕시칼리까지 절반쯤 온 지점의 전망대, 우리 왼쪽으로 도로가 급경사를 이루며 구불구불 내려가는 지점에서, 한 굽이를 돌고 나오자 일부가 검게 그을린 세미트럭의 잔해가 보인다. 운전석이 절벽 끝에서 불과 한 뼘 거리다. 한 남자가 땅바닥에 태아처럼 웅크린 채 이마에서 피를 흘리고 있다. 죽은 것 같지는 않다. 구급차는 보이지 않지만, 한 신부가 그 남자의 몸 옆에 서서 정오의 태양을 가린 채 기도문을 중얼거리며, 지나가는 차들을 향해 수신호를 보낸다. *속도를 줄이세요, 속도를 줄이세요.* 10월 기온이 32도가 넘을 텐데 이 남자는 그 모든 열기를 흡수하는 검정색 사제복을 입고 있다. 그의 십자가가 은빛으로 반짝인다. 그 뒤로 트럭의 그릴이 은빛으로 반짝인다.

그것은 그런 폭력이—고의적이든 일상적이든 우연이든 사고든 간에—여기서 *일어난다는* 것만을 뜻하지는 않는다. 그것은 사방에서 끊임없이 당신을 덮치고 있는 폭력의 전망이자 여파다. 레볼루시온 대로에서 기관총을 들고 있는 남자들, 마약을 찾기 위해 킁킁거리며 SUV 차량 안으로 달려드는 개들, *파나데리아*(빵집) 앞에서 의식을 잃은 어느 술꾼, 너무 피곤해서 또는 욱하는 감정에 세미트럭을 몰고 절벽으로 돌진한 어느 운전자까지 폭력은 사방 가득 도사리고 있다. 우리는 뒤쪽의 산더미 같은 고물 타이어들을 지키는 듯 반자동 소총을 들고서 경비를 서고 있는 한 군인을 지나간다. 그 외에 눈에 보이는 것은 아무것도 없다. 이 나라 군인들은 통제할 수 없는 폭력에 대비해 쓰레기 위에서 보초를 서면서, 언제든 총구를 겨눌 준비가 되어 있다.

2010년 『뉴욕 타임스』의 한 특집 기사에서 엘메르 멘도사Elmer Mendoza는 (보이스카우트와 비슷한) 니뇨스 엑스플로라도레스Niños Exploradores 대원들이 시우다드후아레스를 방문한 관료들을 환영하기 위해 동원되었던 일을 보도했다. 스카우트 단장이 대원들을 데리고 일상적인 질의응답 시간을 가졌다. "후아레스의 어린이들은 어떤 놀이를 하나요?" 그가 물었다. 소년들은 털썩 쓰러지는 시늉을 했다.

마약 검문소에서 우리가 탄 밴 전체가 탈탈 비워진다. 차가 클수록 의심을 더 많이 사는 건 어쩔 수 없다. 군인들이 우리 가방을 비워낸다. 모든 것이 형식적이지만 고요하게 느껴진다. 날씨도 분위기를 맞추는 한 조각처럼 느껴진다. 차가 다시 출발할 때 흘깃 뒤를 돌아보니 이번에는 트럭 위에서 또 다른 군인이 우리가 멀어지는 내내 우리에게 기관총을 겨누고 서 있다.

멕시칼리에는 불빛 번쩍이는 클럽도, 얼룩말 무늬 당나귀도, 특별 음료도 전혀 없다. 목숨을 구해준다는 담배 피우는 개구리도 찾아볼 수 없다. 비닐봉지에 가득 넣어 파는 다진 선인장이나 담배는 싸게 살 수 있다. 스페인식 영어가 쓰인 작은 술잔에 가장 근접할 만한 것은 '슬로 타임'이라는 클럽의 사운드트랙이다. 거기서 한 여자의 목소리가 계속해서 한탄한다. "오, 빌어먹을 당신 때문에 내가 2개 언어를 쓰네요."

이 도시에서는 빛이 더욱 가혹하게 내리쬐고, 모든 것이 더 더럽다. 호텔 광고는 한 시간이 아닌 네 시간당 요금을 매긴다. 이게 무얼 뜻하는지는 모르겠지만, 도시 문화의 중요한 차이를 나타내는 것 같다.

차이나타운은 활기차고 엄연히 지상에 있다. 식당에서는 살사소스를 곁들인 두부와 샥스핀 타코가 나온다. 나는 드라곤 데 오로Dragón de Oro(황금 용)라는 곳에서 점심을 먹는다. 그 식당의 주차장은 약 6미터 높이의 두꺼운 갈색 장벽이 세워진 국경 자체와 나란히 놓여 있다. 장벽을 이룬 널 틈새로 미국 땅인 칼렉시코의 회벽 집들과 야구장이 간신히 보인다.

우리는 무려 50명, 우리란 엔쿠엔트로 참가자들이다. 그중에는 어느 날 아침 칠라킬레스◊를 먹는 하이데거Martin Heidegger를 보았던 환영 이야기를 나에게 들려주는 시인 오스카르, 성애와 관련된 스페인어 용어 사전을 쓰고 있는 동시통역사 켈리가 있다. 새 컨버스화 한 켤레를 사기 위해 칼렉시코까지 걸어서 국경을 건너는 시인 마르코도 있다. 마르코는 1년 전 자신

◊　chilaquiles: 토르티야를 돌돌 말거나 잘라서 튀겨 칠리소스나 몰레 소스를 부어 먹는 음식.

이 사는 도시가 지나치게 폭력적이 되자 겁을 먹고 집을 떠나면서 "서정적 자아"를 포기했다고 한다. 요즘 그는 새로운 시를 추구하고 있다. 그의 관심은 전반적인 용도 변경, 특히 플라프Flarf에 쏠려 있다. 실험적인 시 형식인 플라프는 인터넷의 방대한 내부 구조를 분류하고 증류하는 작업과 관련이 있는데, 검색어를 사용해 조금씩 깎아내고, 이상한 결과들을 병렬시켜 종종 부조리하고 재미있는 텍스트를 만들어낸다. 마르코는 흥을 믿는다. 마르코는 대학생들을 가르친다. 그의 생활은 내 생활과 많이 비슷한 것 같아도 가만히 듣다 보면 절대 그렇지 않다. 멕시칼리로 오기 전날 밤에 그는 1시 반까지 자지 않고 리포트 한 묶음을 채점했고, 그런 다음에는 스누즈 알람 버튼을 눌러 다음 날 아침 스스로에게 보상하기로 했다. 충분히 그럴 만하다. 그렇지만 결국 그는 수류탄 폭발에 잠을 깼고, 2분 후에는 기관총의 일제 사격이 이어졌다. "마치 대화를 하듯 한 소리가 들리더니 이어서 응답이 들렸죠." 그는 별일 아니었다는 듯 말한다.

나는 '샌디 컨스피러시Shandy Conspiracy'라는 것의 설립자를 만난다. 그 사람은 나를 볼 때마다 나에게 '샌디화Shandyized'될 준비가 되었는지 묻는다. 내가 그 절차에 관해 아는 거라곤 그게 어떤 미묘함과 어둠과 관련이 있을 거라는 게 전부다. 그는 잡지(그의 음모의 진원지)를 펴내는데, 잡지 판권 표시란에는 얼룩말을 공격하는 사자가 그려져 있다. 얼룩말의 목에서는 피 대신 무지개 액체가 뿜어져 나온다. 과장된 다윈 이론이다. 나는 이 잡지에 실린 모든 삽화를 사회정치학적 프랙털의 관점에서 바라보는 나 자신을 깨닫는다. 모든 얼룩말 그림에 담긴 마약 전쟁을 어떻게 이해할 수 있을까? 전쟁의 아가리에서 뿜어져 나오는 기이한 것을 보고 있자니 이상한 감정이 든다. 가죽이 벗겨져서 불에 그슬리는 후두음의 절규 같다, 이 부조리한 무지갯빛 피의 분수는. 나는 모든 것을 분쟁의 중력에 따라 굴절시킨다.

더 정확히 말해서 나는 내가 이해할 수 있는 것을 굴절시킨다. 내가 알 수 없는 것들이 너무도 많다. 2개 언어를 구사하는 많은 작가 틈에서 나의 스페인어는 창피한 수준이고, 이 창피함은 서서히 더 깊은 의미의 정치적·국가적 수치심으로 바뀌기 시작한다. 마약 전쟁이라는 현재의 풍경에 관해 말하기가 두려운 이유는 내가 무언가를 잘못 이해하고 있을까 봐 두렵기 때문이다. 미국인들은 다른 나라에서 벌어진 갈등에 관해 잘못 이해하기로 유명하다. 그래서 나는 귀를 기울인다. 서서히 영역에 대한 감각이 생긴다. 시날로아 카르텔은 서부 연안—대마초의 대부분이 재배되지만, 변경의 가치 체계에 따라 여전히 마약상을 범법자로 여기는—의 많은 부분을 지배하고 있고, 걸프 카르텔은 멕시코 만을 거점으로 코카인을 밀매하면서, 자신들이 마약을 밀수하거나 강탈하는 대상인 농부들, 즉 포요스pollos라고 불리는 중앙아메리카 밀입국자들의 월경을 주선한다.

마약 전쟁에 관한 글을 읽는 건 복잡한 이중 부정의 그물망을 풀어나가는 것과 같다. 한 카르텔이 교도소장에게 뇌물을 써서 야간에 죄수들을 출옥시켜 상대 카르텔의 주요 인물들을 죽이기 위한 암살자로 쓰려고 하면, 표적이 된 카르텔은 경관을 붙잡아 고문해서 그 부패를 인정하게 만든다. 그들은 그 자백을 녹화해서 방송한다. 당국이 개입하고, 교도소장은 물러나고, 죄수들은 교도소장을 복귀시키라며 폭동을 일으킨다. 그 폭동을 취재하는 기자들은 고문당한 경관의 자백 비디오테이프를 배포했던 카르텔의 상대 카르텔에 납치된다. 그들은 고문 끝에 또 다른 부패를 자백하는 사람들의 비디오를 찍어 배포하며 역공을 벌인다.

이해가 되는가?

그런 세부 내용을 따라가기란 타인들의 입을 위한 언어로 말해지는 끔찍한 부류의 농담을 듣는 것과 같아서, 당신은 대화에 참여하고는 있지만 말할 능력이 전혀 없다는 걸 알게 된다. 이곳에서 "대화"란 전혀 새로운 무언가를 뜻한다. 내가 이해할 수 없는 단어들의 홍수, 한 번도 들어본 적 없는 반자동 소총의 다다다다거리는 질의응답이다.

나는 또 다른 등장인물, 이번에는 작가가 아닌 살인자들을 알게 된다. 엘 테오El Teo는 티후아나 카르텔의 주도권 장악을 위해 경쟁하면서, 자기 메시지를 더 선명하게 전달하기 위해 파티 현장에서의 살인을 즐긴다. 엘 포솔레로El Pozolero("스튜 메이커")는 일단 자신들의 메시지가 다시 눈에 띄지 않도록 해야 할 때는 엘 테오의 피해자들을 염산으로 녹여버린다. 멕시코에서 가장 유명한 마약왕은 엘 차포El Chapo("땅딸보")로, 그는 시날로아 카르텔의 두목이며 『포브스Forbes』가 선정한 세계에서 가장 영향력 있는 인물 중 현재 60위에 올라 있다. 따라서 그의 순위는 버락 오바마Barack Obama(2위), 오사마 빈라덴Osama bin Laden(57위), 달라이 라마Dalai Lama(39위)에는 뒤처지지만, 오프라 윈프리Oprah Winfrey(64위), 줄리언 어산지Julian Assange(68

위)보다 앞선다. 멕시코 대통령은 아예 이 목록에 오르지도 못했다. 나는 이곳 멕시칼리에서 두 경제의 통계학—작가들은 작품에 대한 선불을 받지 않지만 시우다드후아레스의 살인청부업자들은 건당 2천 페소를 받는다—과 평행한 두 지리학적 등고선을 배워나간다. 하나는 마약 전쟁을 표시한 것이고, 다른 하나는 문학 생산의 풍경을 표시한 것이다. 전자의 지형학은 후자의 위를 덮은 무시무시한 베일처럼 조직화되어 있다. 예를 들어 두랑고는 엘 차포가 어린 10대 아내를 만난 곳이지만, 한편으로는 전투화를 신고 다니며 주로 젖가슴을 소재로 쓴 자기 시를 읽을 때 침을 뱉는 어느 시인의 고향이기도 하다. 시날로아는 같은 이름의 카르텔 본거지이지만, 한편으로는 오스카르와 그의 하이데거 스터디 그룹의 본산이기도 하다. 시날로아의 주도 쿨리아칸에는 마약왕의 2층짜리 호화 무덤들이 가득한 묘지가 있는데, 무덤마다 완벽한 설비가 갖춰져 있고 애도하는 친구들과 가족의 편의를 위해 에어컨 시설까지 되어 있다. 이런 궁전들의 도시 건너편에서 오스카르는 아기 고양이 하이디와 함께 산다. 나는 작은 동물원을 상상한다. 다자인Dasein이라는 이름의 개 한 마리, 티엠포Tiempo와 세르Ser라는 이름의 새 두 마리. 그리고 재가 된 남자 옆에서 조용히 웅웅거리는 에어컨을 상상한다. 나는 이 두 가지 시날로아를 합쳐서 같은 도시로 만들어보려고 애쓴다.

　　지리 수업은 이제 동쪽으로 옮겨 간다. 타마울리파스는 카르텔 델 골포(걸프 카르텔)가 요구한 만큼 대가를 주지 않으려던 72명의 밀입국자를 몰살시킨 8월 대학살로 유명한 지역이다. 주지 않으려던. 그렇다. 줄 능력이 없었다. 그러나 타마울리파스는 플라프에 관심이 있는 시인 마르코의 고향이기도 하다. 플라프를 생각할 때면, 이라크 석유와 저스틴 팀버레이크Justin Timberlake의 성생활에 관한 블로그 포스트들을 해체해 서로 연결한 시들이 생각난다. 마르코가 그 비슷한 작업을 하는 건 사실이지만, 그의 프로젝트는 다른 소재들로 구성되어 있고 아마 덜 아이러니할 것이다. 그는 자기 시에서 분쟁의 언어들을 용도 변경한다. 그는 자택에 격리된 사람들이 포스팅한 글로 가득 찬 인터넷 게시판을 어슬렁거린다. 마약 카르텔이 희생자의 시체 위에 남겨둔 메시지에서 구절을 따오고, 그들이 죽은 자의 살갗에 갈겨쓴 메시지의 한 토막을 가져온다. 그는 인용구를 오려낸다. 그 공포의 퍼즐 조각들을 다시 끼워 맞춰 시를 만든다. 이것은 새로운 반복이다. 마약 전쟁*에서 나온*, 마약 전쟁을 *위한*, 마약 전쟁*의* 플라프. 마약 플라프. 이런 식의 작업이 플라프에서 핵심적이라고 생각되는 부분, 즉 그 유머 감각을 어떻게 보존하는지 궁금하다. 유머 감각이 중요한지 아닌지도 궁금하다. 마르코가 종종 (많이) 웃는 것으로 판단하자면 그것은 많이 중요하다.

엔쿠엔트로 전체는 흥청거림과 진지함이 묘하게 뒤섞여 있다. 사람들은 끊임없이, 고통스럽게 마약 전쟁에 관해 이야기하지만 그들 역시 다량의 코카인을 흡입한다. 내가 상상했던 그대로, 그들은 서로의 집 열쇠에 묻은 그것을 흡입하는데, 어느덧 나는 그 열쇠들과 그것이 놀리는 자물쇠들이 궁금해진다. 사람들은 집에 얼마나 많은 자물쇠를 채우고 있을까? 전보다 더 많이 채우고 있을까? 얼마나 자주 두려움에 떨며 잠자리에 들까?

멕시칼리에 오기 불과 몇 주 전, 마르코는 로스앤젤레

스에 있는 LACE라는 갤러리에서 작품을 발표했다. 그는 그 작품에 스팸SPAM이라는 제목을 붙였다. 그것은 그가 인터넷 게시판의 단편들로 만든 시 한 편을 선보이는 벽걸이 형태였다. 이 경우에는 타마울리파스 외곽의 거주지, 기본적으로 비밀 은신처가 군집하게 된 코말레스 주민들이 올린 글에서 따온 것이었다.

마르코는 그 동네를 소나 세로zona cero라고 불렀다. 그 라운드 제로.

인터넷에서, 그리고 마르코의 시에서 이 소나 세로의 목소리들은 그들의 몸에 허락되지 않았던 유동성을 발견한다. "노 세 트라바하, 노 아이 에스쿠엘라, 티엔다스 세라다스…… 에스타모스 무리엔도 포코 아 포코no se trabaja, no hay escuela, tiendas cerradas… estamos muriendo poco a poco"(직장도 없고, 학교도 없고, 가게들은 문을 닫았고…… 우리는 조금씩 조금씩 죽어가고 있다). 그 언어가 "시적"이 아닌 이유는 애초부터 시로 쓴 글이 아니었기 때문이다. 그것은 절규로 시작되었다. 그리고 지금은 다른 것이 되었다. 물론 마르코는 지난해에 서정적 자아를 포기했다. 이제 그의 시에 단일 화자는 찾아볼 수 없고, 대신에 이런 절망의 단어를 말하는 수많은 평범한 목소리, 그 자신의 격리된 손으로 운율을 빚어낸 목소리들이 있다.

스팸은 타마울리파스에서 만들어져 로스앤젤레스에서 전시되었지만, 그것은 이 두 장소 사이, 기본적으로는 아무 장소도 아닌 곳에 걸린 대위법적이고 무한한 비물질적 네트워크(인터넷)에서 나온 재료들로 구성되어 있다. 그 작품은 어느 정도 인터넷을 신뢰하고, 또한 인터넷이 어떻게 경험을 추상화해서 무의미하거나 불법적인 어떤 것(스팸!)으로 바꾸는지 이해한다. 그 작품은 국경을 조롱하면서도 국경을 향해 명쾌하게 말한다. "라 피에사 인텐타라 크레아르 디알로고 마스 아야 데 라스 프론테라스 La pieza intentará crear diálogo más allá de las fronteras..."(이 작품은 국경을 초월한 대화를 만들고자 노력할 것입니다). 이 작품은 단지 급보急報가 아니라 오히려 대화의 일부라고, 마르코는 쓰고 있다. 그가 살던 거리에서의 수류탄 폭발과 똑같은 대화, 나는 그런 생각이 드는 걸 어쩔 수 없다.

칼렉시코

칼렉시코는 바로 *저기*, 갈색 장벽 바로 건너편이다. 주택의 아스팔트 진입로 위에 엎어진 재활용 쓰레기통이 보인다. 그러나 국경을 건너는 데는 한 시간 넘게 걸린다. 우리가 가는 지금 시각은 새벽 4시 반, 심지어 여기는 티후아나도 아닌데 말이다. 산이시드로에서 시간을 잘못 맞춰 출발하면 다섯 시간이 걸릴 수도 있다.

일부 멕시코인에게 국경은 대수롭지 않다. 운 좋은 소수의 사람들은 고속도로 E-Z패스와 같은 국경 통행증을 얻는다. 마르코는 새 운동화 한 켤레를 사기 위해 국경을 건너가는 걸 아무렇지 않게 여기지만, 그래도 자기 집 주변에서 국경을 건너는 건 피한다. 카르텔 델 골포의 영역에서 국경은 더욱 위험한 곳이기 때문이다.

나머지 사람들에게 프론테라frontera는 세계의 끝이다.

키보드 연주자인 마누엘은 캘리포니아에서 공연하고 싶은 마음이 간절하지만 그런 일은 절대 없으리라는 걸 알고 있노라고 말한다. 그는 비자를 받을 만큼 잔액이 충분한 은행계좌를 내보이기는 고사하고 비자 인터뷰 약속을 잡기 위한 전화비를 마련할 형편조차 안 된다.

나는 마르코와 페루의 한 소설가와 함께 멕시칼리를 출발한다. 우리는 먼지를 뒤집어쓴 빨간 지프차를 타고 가는 중이다. 우리의 다양한 국적 때문에 출입국관리소 직원이 신경을 곤두세운다. 우리가 설명을 해줘도 믿음이 가지 않는 모양이다. 엔쿠엔트로? 흥미롭다. 그가 나를 힘들게 한다. 이것 역시 흥미롭다. 지금까지 수많은 나라에서 미국으로 돌아가곤 했다. 한 번도 힘든 적이 없었다. 내 프로필은 언제나 공개되어 있고, 그것은 언제나 유리하게 작용했다. 지금은 동행이 있다. 내 여권에 붙어 있던 황열병 예방접종 증명서를 깜빡 잊고 떼어내지 않았는데, 그게 문제가 된 게 틀림없다. 출입국관리소 직원이 내 얼굴에 그 서류를 들이민다. "이게 뭐죠?" 그가 묻는다. "개가 있나요?" 그가 무슨 말을 하는지 모르겠지만 나는 개가 없으니 없다고 말한다. "그런데 미국 출신이라고요?" 마치 내가 모순된 주장을 했다는 듯 그가 말한다. 나는 그렇다고 말하지만 내 귀에는 이상한 소리가 들린다. 마치 나도 더는 확신이 안 선다는 듯이 내 목소리에서 희미하게 떨리는 질문의 억양이 나온 것이다. 내가 뭔가를 잘못하기는 한 모양이다. 마르코가 설명해준다. "저들은 당신이 실수하도록 유도하는 거예요."

진실이 꼭 유리하게 작용하는 것도 아니다. 당신이 나

이 많은 멕시코 여인이고, 장성한 자녀들이 미국에 살고 있다고 해보자. 비자 인터뷰를 할 때 자녀 얘기는 하지 않는 게 좋다. 당신은 그것이 입국 허가를 내줄 이유가 된다고 생각하겠지만, 사실 그것은 당신을 거부할 최고의 구실이다. 이 여인은 실존 인물이라고, 마르코가 말한다. 영사관 대기 줄에서 마르코는 그녀의 뒤에 서 있었다. 아마도 국경 전체에 걸쳐 그런 여인은 여섯 명, 열 명, 아니 천 명은 될 것이다. 그들의 말대로 그녀는 *실제로 그랬다.* 그녀는 벌써 세 번이나 퇴짜를 맞았고, 100달러를 내면서 계속 재신청을 했고, 계속 자녀 얘기를 했으며, 내어줄 뺨이 닳아가고 있고, 돈도 떨어지고 있다.

칼렉시코는 카사스 데 캄비오(환전소)가 빼곡히 들어선 흥한 대로가 있는 소도시지만, 외곽의 들판은 풀이 무성해 새벽에는 에메랄드빛을 띤다. 멕시칼리 주변에는 모든 것이 바싹, 바싹, 바싹 말라 있다. "풀은 언제나 더 푸르르네요." 마르코가 말하고 나는 웃는다. 이래도 되는 건가, 지금 내가 웃는 게? 그런 것 같다.

우리는 미국 내 출입국관리소를 통과한다. 뭐라도 품위 있는 출입국 정책을 구상하는 대신에 세워진 2차 방어책이다. 그곳은 스포츠 게임의 득점판처럼 통계 수치를 자랑하고 있다. 이주민 체포 3567건, 범죄자 체포 370건, 마약 압수품 9952파운드. 마르코가 묻는다, 이 숫자들이 *의미하는* 게 뭘까요? 날짜는 표시되어 있지 않다. 그 숫자들은 맥락과 의미가 비워진 장난감에 불과하다. 짐작건대 그 통계는 글을 모르는 포요스들을 조금씩 터득시켜 겁주려는 의도이거나, 아니면 우리가 갈망하지만 좀처럼 가질 수 없는 국가안보의식을 미국인 방문객들의 마음에 쏟아붓기 위한 의도이리라.

숫자들을 써넣은 이 게시판이 또 다른 부류의 시일 수도 있겠다는 생각이 들기 시작한다. 그것은 사람들에게 두려움을 심어주기를, 그러면서도 그들에게 위안을 주기를 원한다. 그것은 사람들에게 그들이 이해할 수 있는 것보다 더 크고 더 막강한 어떤 것의 한가운데에 있다는 느낌을 주고 싶어 한다. 마약과 신체의 통행, 좀처럼 매어둘 수 없는 뒤숭숭한 것, 구멍이 많고 유동적인 *위험* 그 자체. 우리는 상상해본다, 붙잡힌 이주민 3567명 한 사람 한 사람의 뒤에는 붙잡히지 않은 이들이 늘 1만 명은 있다고. 두려움의 지속은 유용할 수 있다. 공식적인 발표는 요란한 간격과 지겨운 행 바꿈, 말해지지 않은 위협과 약속으로 술렁거리는 여백으로 가득하다.

그렇게 대화는 계속 이어진다. 마약왕들은 시체 위에 메시지를 쓰고, 이 메시지는 국경 통제와 370건의 범죄자 체포를 향해 엿 먹으라고 말한다. 시인들은 아이디어를 얻고 비자를 받아 로스앤젤레스행 비행기에 오른다. 그들은 미국인들에게 코말레스라는 작은 거주구역에 사는 멕시코인들의 이야기를 들려준다. 그들은 집으로 돌아가고 카르텔은 그들에게 이렇게 말하는 수류탄을 폭파시키고 있다. 입 닥치고 집에 틀어박혀 있어. 모두가 가장 큰 소리로 말하려고 애쓰고 있다. 모두가 그저 말할 기회에 굶주려 있다.

우리의 차가 여명을 빠져나와 샌디에이고로 향하는 동안 마르코는 8월 대학살 직후에 지었다는 또 다른 시에 관해 들려준다. 그는 그 시가 자기가 사는 지역 전화번호부와 비슷한 꼴이 되게 구상했다. 그 시에는 골포(걸프)라는 이름이 들어간 모든 가게와 서비스 업체의 이름이 나열되어 있다. 시데루르히카 델 골포(걸프 제철소), 엘레스토란 델 골포(걸프 식당), 트란스포르테스 리네아 델 골포(걸프 운송). 그리고 엘 카르텔 델 골포가 들어가야 할 자리에는 이런 글을 집어넣었다. *푸에데 아눈시아르세 아키* Puede Anunciarse Aquí. 그 마약 카르텔에, 그 적수들에게, 그 피해자들에게 전하는 말은 이것이었다. 여기에 광고를 실을 수 있습니다.

타격의 형태론

우리는 첫번째 기능으로 시작한다.

1. 성원 중 한 사람이 집에 없다.

정확히 나는 니카라과에 가려고 집을 떠난 게 아니었다. 이미 여러 해 동안 집을 떠나 있었다. 니카라과는 내가 갔던 가장 먼 곳일 뿐이었다.

그라나다라는 이름의 도시 근처에서, 나는 내가 평생배워도 따라가지 못할 만큼 스페인어를 잘하는 아이들에게 스페인어를 가르쳤다. 콘크리트 교실이 두 개 있는 학교가 나의 일터였는데, 때로는 염소와 길 잃은 개가 교실을 침입했다. 개들은 뼈만 앙상했다. 일부 아이들 역시 앙상했다. 아이들은 항상 한 노파에게서 주전부리를 사곤 했다. 그 노파는 오래 묵은 봉지에 담긴오래 묵은 감자칩과 커다란 밀짚 바구니에 든 밝은 분홍색 쿠키를 팔았다. 노파는 녹슨 그네 옆 그늘에 앉아 있었다.

나는 이 아이들이 좋았다. 그들은 내가 알던 그 누구보

124

다 많이 나를 만졌다. 말 그대로 내 팔, 다리, 내 몸 전체를 만지곤 했다. 나는 생김새로, 때로는 이름으로 아이들의 가족을 알고 있었다. 많은 아이들의 어머니가 버스 정류장 옆 *파르케 센트랄*(중앙공원)에서 껌과 캐슈너트를 팔았다. 아이들의 아버지와 형들은 내가 지나갈 때마다 소리쳐 불렀다. "*과파 치카*Guapa chica(예쁜 아가씨)!" 기분이 나빠야 했다. 그러나 그렇지 않았다.

　나는 *카페 보에미아*라는 주점에서 스물네 살을 맞았다. 나는 현지 과일들을 가지고 상그리아를 만들었고 인터넷 카페에 이런 글을 올렸다. *현지 과일들로 상그리아를 만들었어요! 많은 외국인 틈의 외국인이 되는 편안한 평범성을 즐기고 있다고* 모두에게 썼다. *우리 중 누구도 평소 우리가 있는 곳에 있지 않아요! 우리 함께 길을 잃었네요!* 내 손가락 아래의 키보드는 이상하게 배열되어 있었다. 나는 여전히 그에 익숙해지지 않았다. 그래서 몇몇 구두점은 헷갈렸다. 나의 글은 이랬다. *시장에서 산 과일? 우리 함께 길을 잃었네요?*

　이 이야기를 어떻게 시작해야 할지 도무지 모르겠다. 그냥 모르겠다. 나에게 기능이 필요한 것은 그 때문이다. 우리가 더 멀리 거슬러 가야 하는 것도 어쩌면 그 때문일 것이다. 블라디미르 프로프Vladimir Propp는 러시아 혁명기와 양차 대전 시기를 살았던 리시아 학자다. 그는 『민담 형태론*Morphology of the Folktale*』이라는 책을 썼는데, 요즘에는 그 책에 동의하지 않는 사람이 아니면 아무도 그 책을 언급하지 않는다. 그 책은 기본적으로 스토리텔링의 지도랄까, 출발, 배신, 해결 등의 31개 기능으로 구분된 플롯 요소의 카탈로그라고 할 수 있다.

    문자, 숫자, 표제, 부제를 사용한 프로프의 정교한 분류 체계는 이런 플롯의 지점들을 박제 표본처럼 고정시킨다. *계략, 안내, 구출.* 이것들은 행동이 방향을 바꾸게 되는 순간을 나타낸다. 프로프에 따르면 모든 이야기는 조금씩 뒤섞어 끊임없이 재배치되는 부분들의 축적물로 해체할 수 있다. 기본적으로 그는 분열에 관한 주장을 하고 있다. 모든 것은 우리의 자리를 잃는 것에서부터 시작된다고 그는 말한다.

3. *금지 사항이 위반된다.*

지금 우리는 순서를 벗어났고 거의 시작하지도 않았다. 프로프는 이야기를 불완전하게 연관시킨다. 어쨌거나 나는 계속해서 프로프의 기능으로 되돌아가고 있다. 이것은 세번째 기능이다. 이 금지 사항은 오래된 것이었다. 계집아이는 어두운 데 혼자 나가면 안 된다. 이것은 동화에서 나온 지혜다.

    나중에 사람들이 나에게 말했다, 밤에 걸어 다니지 말았어야 했다고. 그 동네에서는. 텅 빈 거리에 혼자서는. 여기서 "혼자"가 뜻하는 사실상의 의미는 '남자 없이'다.

    이런 말을 하는 사람들은 주로 남자들이었다.

    몇몇 남자는 친절하게 말했다. 나머지는 짜증스럽게 말했다. 요점은 그전에는 아무도 실제로 그렇게 말해주지 않았다는 것이다. 이는 앞으로 우리가 그 기능을 재배열해야 한다는 뜻이다. 우리는 세번째 기능인 금지 사항 위반을 한 후에 두번째 기능으로 돌아간다.

2. 주인공에게 금지 사항이 전달된다.

나는 혼자 걷지 말라는 지시를 받은 적이 없었다. 오히려 두려워
하지 말라는 지시를 받았다. 그라나다는 안전하다. 니카라과에
는 폭력만 있는 게 아니다. 그것은 미국인들에게 속한 관념, 그곳
을 더 잘 알지도 못하는 사람들의 관념이라는 것이었다.

이것은 주인공을 명명하는 기능이다. 그 두 가지 요점—
규칙과 위반—은 애초에 그를 주인공으로 만드는 요소다.

나의 금지 사항은 두려움이었다. 사람들은 나에게 지나
치게 두려워하지 말라고 했다. 아니 적어도 두려움을 혼자 간직
하라고 했다. 내 친구 오마르는 이런 말을 했다. "당신들 모두 여
기서 너무 두려워해요."

당신들 모두. 여자들, 미국인들, 방문객들. 나는 이 모
두에 해당했지만, 두려워하지 않는 법을 배울 생각이었다. 달라
지고, 더 열심히 노력해서, 어둠 속의 낯선 이를 주시하지 않으면
서 거리를 걷는 법을 배울 생각이었다. 그러다 보면 내가 초대받
은 적 없던 어딘가에 도착하게 되리라.

우선은 역사의 문제가 있었다. 그게 정확히 내 잘못은
아니지만, 내가 관여되도록 만들었다. 역사에는 부조리가 산재해
있다. 콘트라 전쟁,◊ 무기 스캔들.◊◊ 레이건Ronald Reagan이 한 모

◊   1979년 산디니스타 민족해방전선FSLN이 소모사 독재정부를 무너

127

든 것. 부시George Bush가 한 모든 것. 오마르는 부시와 우고 차
베스Hugo Chavez──그 나라에서는 차베스가 여전히 영웅 대접을
받는다──의 논쟁에서 최고의 대목◊◊◊을 읊었고, 나는 누구보다
크게 웃었다. 나 역시 부시를 싫어했다. 그들에게 그것을 알릴 필
요가 있었다.

어쩌면 그 장소에서 무엇이든 요구할 권리가 내게는 없
었던 것이리라. 어쩌면 내가 주먹으로 얼굴을 맞은 건 정당한 일
이 아니었으리라. 그러나 어쩌면 내가 전적으로 결백하지는 않았
던 것일 수도 있다.

방금 그렇게 나는 결말을 말해버렸다. 나는 주먹으로 맞
았다.

지금도 나는 이 부분에 대한 적절한 기능을 찾고 있다.
그런데 형태론이란 무엇일까? 나는 그것을 찾아보다가 이런 글

뜨리고 혁명정부를 세우자 소모사 정부 잔당과 좌익 정권에서 이탈한 세력을
중심으로 니카라과 반정부연합인 콘트라 게릴라가 결성되었다. 이후 중남미
에서 사회주의 확산을 두려워한 미국의 지원을 받는 콘트라 세력과 정부군 사
이의 오랜 전쟁, 미국의 경제봉쇄 정책으로 니카라과는 쑥대밭이 되었다. 콘
트라 세력은 1990년 6월 공식 해산했다.

◊◊   이란-콘트라 사건을 말한다. 반테러 정책을 주장하며 이란을 테러국
가로 규정했던 레이건 정부가 인질 구출을 위해 이란 정부에 미사일을 팔았고
그 돈으로 콘트라 게릴라를 지원했다. 이는 당시 콘트라 지원을 금지한 의회
법을 무시하는 행위였으므로 사실이 알려지자 레이건 지지율은 크게 떨어졌
다. 이때 부통령이 부시였다.

◊◊◊   2000년대 중반 미국의 중남미 정책과 패권주의에 대한 중남미의 불
만은 부시 대 차베스의 대결로 대표되었다. 차베스는 2006년 6월 20일 유엔
총회 연설에서, 전날 연설했던 부시를 빗대 "어제 악마가 이 자리에 왔다. 아
직도 유황 냄새가 난다"라고 포문을 열면서 유엔에서 미국의 영향력을 줄이
기 위한 개혁을 촉구했다.

을 발견했다. "사물의 형상이나 모양에 관한 학문."

　　그것은 우리가 어떤 것을 계속 그 자리에 가둬버리는 방식이다. 우리가 그것에 형태를 부여한다는 것은.

　　아마도 6. *악당이 피해자를 속여 피해자를 혹은 피해자가 가진 것을 차지하려고 시도한다.*

어떤 술책도 없었다. 그냥 뒤에서 한 남자가 다가와 나를 돌려세우고는 세게 나를 쳤을 뿐이다. 속임수는 없었다. 살면서 내가 봐온 것 중 가장 정직한 행동이었다.

　　아마도 5. *악당이 피해자에 관한 정보를 얻는다.*

프로프는 여러 가지 예를 든다. 정찰의 여러 종류: 첩자들이 파견된다. 은신처가 발견된다. 비열한 곰은 말하는 정을 사용해 사라진 어린이들을 찾아낸다.

　　니카라과의 그 거리에서 일어난 사건은 더욱 단순했다. 사람 없는 어느 *라반데리아*(세탁소) 옆 모퉁이에 한 남자가 앉아 있었다. 그는 나를 보았고 위아래로 살폈다, 이런 식으로. *그링가*(미국 여자)로군. *치카*(아가씨)야. 관광객이고.

　　과파 치카, 거리에서 만났던 다른 남자들은 그렇게 인사했다. 그러나 그는 아무 말도 하지 않았다.

　　그가 무슨 생각을 했는지 누가 알까? 내가 아는 건 이것뿐이다. 그가 본 것—그가 보았다고 생각한 것—이 무엇이든 간에 그것으로 충분했다는 것.

그렇게 일이 벌어진다.

    기능 8. 악당이 해를 끼치거나 부상을 입힌다.

나는 주먹으로 맞았다. 내 팔, 내 다리, 내 치마, 내 구두 위로 피가 쏟아졌다. 나는 울지 않았다. 말하고 있었다. 무슨 말을 하고 있었냐고?
    나는 말하고 있었다. "전 괜찮아요, 괜찮아요, 괜찮아요."
    나는 말하고 있었다. "피가 많이 나네요."
    프로프는 말한다. "이 기능은 특히나 중요하다." 프로프는 말한다. "악당의 형태는 굉장히 다양하다."
    다음은 그 형태의 일부다. 악당이 작물을 약탈하거나 못쓰게 만든다, 악당이 갑작스러운 실종을 초래한다, 악당이 주문을 건다, 악당이 강제로 결혼하자고 협박한다, 악당이 사람을 잡아먹겠다고 위협한다.
    두 가지가 더 있다. 악당이 대낮에 쳐들어온다. 악당이 밤에 괴롭힌다.

"그 도시는 밤이면 달라져요." 오마르가 말한 적이 있다. "모든 게 가능하죠."

어떤 기능은 신체의 일부를 훔치는 악당을 묘사한다. 무언가를

부러뜨리고 그것의 원래 모습을 훔쳐 간다. 그것은 결코 되돌아
오지 않는다.

"그 사람이 지갑을 가져갔나요?" 누군가 물었다. "카
메라도요?"

나는 고개를 끄덕였다. 그러나 이렇게 말하고 싶었다.
그가 내 얼굴을 가져갔어요.

다음은 내 이야기에 없는 몇 가지 기능이다. *수색자가 반격에 동
의하거나 반격을 결심한다, 주인공이 그 행동에 반응한다, 주인공
과 악당이 만나 직접적으로 싸운다.*

이들은 나에게는 적용되지 않는다.

이것은 적용된다: *17. 주인공에게 낙인이 찍힌다.*

내 코가 부러졌다. 콧등 뼈가 어긋나버렸다. 그 밑의 골절을 감추
려고 애쓰는 듯 살이 부어올랐다. 바로 그렇게 말은 기억 주변으
로 부풀어 오른다. 지성은 고통 주변으로 부풀어 오른다.

14. 주인공이 마법의 도구를 얻는다.

무엇을 의미할까? 니카라과 경찰? 괜찮다고 다시 느끼기 위해,
온몸의 떨림을 멈추기 위해 내가 마셨던 술——몇 잔과 그 후의 또
몇 잔?

그렇게 가격당한 후 나는 칼사다 거리에 있는 바에 갔

다. 거기서 일하는 직원들을 알고 있었다. 그들은 곧바로 나를 보았고 내게 무엇이 필요한지 알았다. 그들도 싸운 경험이 있었다. 이런 부상은 전혀 새로운 일이 아니었다. 그들이 젖은 행주와 얼음, 맥주 한 잔을 주었다. 나는 이 세 가지 모두를 계속 얼굴에 대고 있었다, 아주 살살. 내 코가 제자리에서 밀려날 만큼 덜렁거리는지 알 수 없었다. 사람들을 쳐다볼 수조차 없었다. 창피했다. 누구에게도 그 일을 제대로 설명할 수 없을 것 같았다. 그 일은 보인다는 것과 관련이 있었다. 모든 것이 그들 눈에 보였다. 부어오른 얼굴, 피 묻은 팔, 피 묻은 다리, 피 묻은 옷. 그것들만이 나를 구성하는 것이었고 내가 그것들을 볼 수 있듯 모든 사람이 그것들을 보았고 모두가 그것들을 이해했다. 그것은 벌거벗은 느낌, 말초신경이 바람에 노출된 느낌이었다.

경찰이 뒤쪽 짐칸에 커다란 창살 우리가 실린 픽업트럭을 타고 나타났다. 우리 안에는 한 남자가 있었다. 나는 행주와 맥주를 든 채 보도 연석에 앉아 있었다. 경관은 담배를 피우고 있었다. 그가 우리 안의 남자를 가리켰다. "에스 엘 옴브레Es el hombre?"(이 남자인가요?)

　　이 남자는 그가 아니었다. 이 남자는 그냥 한 남자였다. 아직까지 나는 인상착의도 말하지 않았다.

　　나는 고개를 가로저었다. 경관은 어깨를 으쓱했다. 그는 남자를 풀어주었다. 그 남자는 화가 난 것 같았다. 당연히 그랬다.

　　경관은 친절했지만, 사태가 평소와 조금이라도 다르게

진행되리라고는 예상하지 않았다. 그는 머그숏들을 철해놓은 커다란 가죽 앨범을 보여주었다. 현지의 거리 깡패들을 찍은 세피아 톤의 초상 사진마다 아래쪽에 가느다란 필기체로 별칭이 쓰여 있었다. 엘 토로el toro(황소), 엘 카바예로el caballero(신사), 엘 세르피엔테el serpiente(뱀).

누구도 그가 아니었다. 나는 도리질했다. "아뇨, 아뇨, 아뇨."

다음 날 아침 경찰서로 갔다. 벽은 누렇게 얼룩지고 변기가 고장 난 허름한 건물이었는데, 나머지 모든 방에서 그 냄새를 맡을 수 있었다. 아니 적어도 누군가는 그 냄새를 맡을 수 있었을 것이다. 나는 아무 냄새도 느낄 수 없었으니까. 대부분의 책상에는 낡은 타자기가 놓여 있었고, 고장 난 타자기 몇 개는 구석에 처박혀 있었다. 경찰서는 시내에서 내가 보지 못했던 구역에 있었다. 불평이 있을 때가 아니면 관광객들은 찾아갈 이유가 전혀 없는 구역이었다. 나는 여러 달째 니카라과에서 지내고 있었지만 이때만큼 내가 관광객처럼, 모두가 한 번쯤은 들어보았던 이야기의 일부처럼 느껴진 때가 없었다.

경관들은 새로 들여온 안면 프로파일링 소프트웨어를 굉장히 자랑하고 싶어 했다. 나는 한 경관과 함께 컴퓨터 앞에 앉았다. 아마도 그 경찰서 내에 몇 안 되는 컴퓨터 중 하나인 것 같았다. 그는 남자의 생김새에 관해 물었고 나는 형편없는 대답을 했다. "그 남자 눈썹이 있었어요." 그렇게 말했던 것 같다—정말 그랬나? 나는 적당한 형용사가 떠오르기를 기다리고 있었다. 그러나 아무것도 떠오르지 않았다. 컴퓨터 스크린 속의 스케치는

133

그 남자를 닮은 데가 전혀 없었다.

29. 주인공이 새로운 외모를 부여받는다.

프로프는 더욱 분명하게 설명한다. "조력자의 마법적 행동에 의해 새로운 외모가 곧바로 만들어진다." 나는 로스앤젤레스로 돌아와 외과병원을 찾아갔다. 내 얼굴이 무언가 잘못되어 있었다. 누구나 그것을 알아볼 수 있었다. 나는 그것을 고치고 싶었다. 나자신의 자기보존 본능이 역겨웠다. 내 얼굴을 보더니 의사가 말했다. "무슨 일이 있었군요."

"알아요." 내가 말했다. "고칠 수 있나요?"

그가 말했다. "겉으로 봐선 말씀드릴 수 없네요."

그래서 의사는 수술에 들어갔다. 나는 수술을 받았다.

나는 여전히 이것, 앞쪽의 몇 가지 기능에 막혀 있다. *19. 최초의 불행 또는 결핍이 청산된다.*

프로프는 말한다. "이야기는 이 기능에서 절정에 이르게 된다."

이 기능은 어떤 느낌일까? 나는 아직 그것이 일어나기를 기다리고 있다.

수술은 부러진 부분을 제거했다. 아니 적어도 부러진 증거를 제거했다. 하지만 자세히 보면 비스듬한 부분이, 처음 가격당한 뼈가 사선으로 틀어진 것이 보인다.

인터넷에 "디지털 프로프Digital Propp"라는 프로그램이 있다. 여러분은 그것을 게임이라고 부를 것이다. 그 사이트를 클릭하면 이런 글이 나온다. "당신은 프로프의 동화 생성기에 오셨습니다. 이것은 전자 (재)집필 실험이자 전자 환경 내 모더니즘 이론의 재번역에 대한 탐색입니다."

여러분이 할 일은 이렇다. 원하는 기능들을 체크하면 그 프로그램이 여러분에게 한 편의 이야기를 보여준다. 나는 체크한다. *부재, 금지, 위반, 가해, 낙인, 폭로.* 잠시 중단하고 다시 돌아가서 체크한다. *결핍.*

다음은 체크하지 않는다. *대항, 인지, 결혼.*

나는 "생성"이라고 쓰인 작은 버튼을 클릭한다. 그 사이트가 한 편의 이야기를 뱉어낸다. 먹어서는 안 되는 배, 이어서 새 한 마리와의 싸움, 비행飛行과 관계된 어떤 승리의 이야기다. 내가 요구하지 않았던 온갖 기능의 징후가 보인다. 투쟁, 난제, 승리. 어떤 싸움이 있고 마침내 어떤 승리가 있다. "내 피부에 묻은 흙이 반짝이는 금가루로 변했다. 사람들은 나를 신이라 선언했다."

기억이란 삶의 소재들을 회상하고 왜곡하기 때문에, 내 삶의 소재들은 항상 그 남자와 관련이 있을 것이다. 그 낯선 남자와. 어쩌면 우리의 결합이 내가 무시했던 마지막 기능을 대체할 것이다. 31. 주인공은 결혼하고 왕좌에 오른다. 나는 남자를 원했다, 나를 깊이 사랑해서 내가 맞았던 사건에 관해 화를 낼 수 있는 남자. 원래 나는 그런 걸 원하는 성격은 아니었다. 그러나 어쨌든 그것을 원했다.

　　몇 달 후 윌리엄즈버그에서 전 남자 친구를 만났는데 그가 나에게 누군가의 트렁크 가방 위에 놓인 한 줄의 코카인을 권했다. 나는 얼굴에서 코가 녹아 내리는 상상을 했다.

　　나는 고개를 저었다.

　　그가 물었다. "왜?"

　　나는 안 되는 이유를 말했다. 그의 웃음기가 사라졌다. 매우 화를 냈다. 그가 내게서 뭔가를 원하는 것처럼 느껴졌다. 그는 무엇을 원했을까? 그에게 무엇을 줄 수 있는지 나는 알지 못했다.

니카라과에서 돌아와 나에게 있었던 일을 설명하려고 할 때마다, 마치 가장자리가 보이지 않는 정교한 퍼즐 조각들을 끊임없이 이리저리 맞춰보는 느낌이 들었다. 폭력, 우연성, 정체 모를 남자, 부은 얼굴, 현금, 관광객의 죄책감. 죄책감이란 항상 틀린 말처럼 느껴졌다. 그건 마치 일어난 일에 대해 내가 사과하려고 한다든지, 또는 어찌 됐든 관광객으로서의 내 위치가 그런 일을 당할 만했다고 말하려는 것과 같았다. 그 말이 적절하게 느껴지는 건 내가 무엇이든 변명하려 애쓰면서 사실상 내 안의 분노, 두려움, 내 일부가 제자리를 빠져나가는 징후를 찾아 거울을 보는 강박적 경향 같은 여러 부류의 찌꺼기와 뒤엉킨 어떤 유책성의 감정을 말할 때였다. 나는 대학원 과정을 시작했고 재해석의 관행에 관한 논문을 쓰기 시작했다. 나는 프로프의 책을 읽었다. 나 자신의 삶을 텍스트처럼 돌아보았다.

이 마지막 부분을 위해 지정된 기능은 없다. 이 현재시제, 주인공이 어쩌다가 자기 얼굴을 다쳤는지, 그녀의 나머지 삶에 소리 없는 무언가가 어떻게 일어났는지 이해하기 위해 초기 러시아 형식주의의 케케묵은 논문들을 연구하는 지금 이 시제에는.

이 에세이를 어떻게 시작해야 결핍을 채우거나 불행을 해소할 수 있을지—눈과 심장과 한낮의 햇빛을 대체하는—에 관해 지정된 기능도 없다. 내가 발견하는 모든 것이 어떤 찌꺼기로 얼룩져 있다. 그 모든 핏자국으로. 나에게 내 얼굴은 언제나 낯선 남자를 떠올리게 할 것이다. 그리고 나는 영영 그의 이름을 알지 못할 것이다.

고통 투어 1

라 플라타 페르드다(잃어버린 은)

세계에서 가장 높은 도시, 포토시[◊]에 있는 은광을 찾아가는 방법
은 이렇다. 우선 비행기를 타고 엘알토까지 간다. 고도가 높기 때
문에 일부 사람들은 비행기에서 내리자마자 심장에 무리를 느낀
다. 엘알토의 고도는 4061미터다. 포토시는 더 높은 곳에 있다.
엘알토에서 버스를 타고 오로루까지 가서 다시 버스를 갈아탄
다. 동물과 나란히 좌석에 앉게 되는 경우도 있다. 장-클로드 반
담Jean-Claude Van Damme이 나오는 영화를 볼 수도 있을 것이다.
이런 영화는 갑자기 인기를 끌고 있다. 반담은 테러리스트들과
싸우고, 나쁜 놈들을 죽이고, 다른 언어로 더빙되어 어색한 말투
로 말한다.

　　　　버스에서 내리면, 포토시는 볼리비아의 다른 도시들과
비슷해 보일 것이다. 나이 많은 여인들은 모닥불에 옥수수 이삭

◊　　볼리비아 포토시 주의 주도. 고도 4090미터로 세계에서 가장 높다.
1545년 은이 발견되면서 세워진 도시로, 수천 개의 광산이 벌집처럼 분포한
포토시 구릉 가까이 춥고 황폐한 고원에 있다.

을 굽고 있고, 보도는 앙상한 개들과 망가진 가전제품들로 가득하다. 이윽고 풍경이 달라진다. 중앙 광장 주변으로 파스텔 색조의 벽과 우아한 발코니, 으리으리한 중정中庭들이 나타난다. 당신은 그것이 아름답다고 생각할 것이다. 어쩌면 좀 과하다고, 지나치게 식민지풍이라고, 약간은 촌스럽다고 생각할 것이다. 어쩌면 나중에는 이 건물들을 떠올리며 약간은 마음이 아려올 것이다.

사람들은 유명한 세로리코 은광을 보러 포토시에 온다. 그러니 당신도 그 광산을 보게 되리라. 투어를 해보시라. 데스크에 앉은 남자가 투어 비용의 일부는 광부들에게 돌아간다고 말할 때는 예의 바르게 미소를 지어라. 그에게 애원조의 스페인어로, 그건 아주 좋은 일이라고 말하라. 장비를 착용하라. 부츠와 오버롤 작업복을 착용하고, 반다나를 입 위로 둘러라. 밴을 타고 광부들의 시장으로 가라. 여기서 당신은 체 게바라 스키 모자와 그 옆에 나란히 테이블을 차지한 염소 머리들을 보게 될 것이다. *비바 라 레볼루시온Viva la Revolución*(혁명 만세)! 동물 내장의 안쪽을 길게 벗겨낸 반짝이는 하얀색 가죽들도 펼쳐져 있다.

그런데 당신이 이 시장에 온 이유는 지하의 광부들에게 줄 선물을 사기 위해서다. 과일 대신 색소로 맛을 낸 가벼운 탄산음료, 다이너마이트 막대, 파란색 작은 주머니에 담긴 코카 잎 등. 이런 것은 광부를 위한 선물이지만 사실상은, 물론 주는 사람을 위한 선물이다. 그들 말로는 당신은 *무언가를 돌려받게* 될 것이며, 그것이 당신을 기쁘게 할 거라고 한다. 당신은 지하 트랙을 달리게 될 거라고 한다.

당신의 가이드, 당신 또래의 성난 남자 파비오가 하는

말에 귀를 기울여라. 그는 이제 스물다섯 살인데, 그의 세 형제는 광산에서 일하고 있으며, 만약 탈출구를 마련할 돈을 벌지 못하면 그의 어린 두 아들 역시 그곳에서 일하게 될 것이다. 그러더니 그가 엷은 미소를 띠고 말한다. *"하지만 여러분이 내 사는 이야기를 들으러 여기 온 건 아니죠."* 하지만 사실은 그렇다. 당신은 늘 타인들의 삶에 탐욕스럽다. 그래도 우선은 나머지 이야기에 귀를 기울여야 하는데, 듣는 것 역시 선물이기 때문이다. 또는 당신은 이런 혼잣말을 하리라. 그걸 안다고 상황이 달라질 수 있다는 건 불확실한 생각이죠.

그러니 오예$_{oye}$(들어라)! 귀를 기울이시라. 그들은 세로리코를 사람 먹는 산이라고 부르는데, 지금까지 그 산이 무려 600만 명을 잡아먹었기 때문이다. 포토시의 **콩키스타도르**◊는 이 산에서 캐낸 은으로 부자가 되었고 시내에 온갖 예쁜 중정을 만들었다. 그러나 600만 명이라니, 맙소사. 당신은 아까 산 선물을 슬쩍 곁눈질한다. 광부들에게 줄 행운의 다이너마이트, 포도맛 탄산음료.

그 산에는 수많은 아가리가 있지만 당신은 딱 한 군데를 가게 된다. 오래전 버려져 딱딱해진 낡은 청바지들, 먼지 쓴 맥주병, 화장지, 작은 봉분처럼 사람 배설물이 흩어져 있는 산비탈 속의 시커먼 구멍. 여기가 광부들이 열두 시간 연속 교대근무를 하면서 중간중간 먹고 마시고 배설하는 장소라고 한다. *아, 그렇군요. 네, 물론이죠.*

◊   conquistador: 16세기 중남미를 정복했던 스페인 식민주의자들.

처음에 당신은 시원하고 캄캄한 갱도가 견딜 만하다고 생각하지만, 나중에는 도저히 견딜 수 없어진다. 가느다란 레일을 타고 쏜살같이 내려가는 2톤 무게의 트롤리들, 더러운 먼지로 가득한 가파른 터널, 그 모든 것이 어마어마한 열기를 뿜는 중심을 향해 구불구불 내려간다. 때로 당신은 무릎을 굽혀야 한다. 기어가야 할 때도 있다. 때로는 반쯤 씹은 코카 잎 덩어리로 저마다 뺨들이 불룩한 광부들을 지나간다. 누군가 그들에게 탄산음료를 건네는 사이 가이드가 묻는다. "안녕하세요?"

파비오가 당신에게 에보Evo Morales 대통령의 욕을 한다. 다들 대통령이 상황을 개선했다고 생각했지만 나중에는 그렇지 않다고 생각했다. 에보 대통령은 광부들을 형제라고 부르지만 여전히 광부들의 세금을 올리고 있다. 파업이 일어났다. 언제나 파업이 있었다. 사태는 수도 라파스에서 "논의 중"이다. 당신은 고개를 끄덕인다. 물어볼 가치가 있는 질문들이 있다는 걸 알지만 당신 입에서는 이런 질문이 나온다. "3단계 지점까지 가려면 얼마나 더 가야 해요?" 당신은 숨 쉬기가 힘들다. 입에 두른 반다나에 회색 먼지가 들러붙었다.

송풍관이 끝나는 곳에 있는 3단계 지점, 어두운 구덩이 밑바닥에 서 있는 두 남자가 보인다. "우리가 하루를 어떻게 보내는지 말씀드리죠." 파비오가 말한다. "우리 광부들은, 우리는 항상 농담하며 지내요. 이들도 우리가 오기 직전까지 농담을 하고 있었을 거예요." 이 광부들은 다섯 시간 동안 땅속에 있었고 앞으로도 일곱 시간을 보내야 한다. 그들이 다이너마이트를 원하느냐고, 선물로? 그렇다.

나오는 길에 당신은 악마의 조각상을 지난다. 그 악마의 이름은 *티오*다. 삼촌 악마. 그 악마상은 입에 담배 한 개비를 물고, 맥주 한 병을 손에 들고 있으며, 사타구니의 커다란 나무 성기는 발기해 있다. 광부들은 대체로 가톨릭 신자들이지만 이 아래에서는 악마를 숭배한다. 악마 말고 누가 이곳을 지배할 수 있을까? 광부들은 서른다섯 살이 될 때까지, 어쩌면 마흔 살까지 악마를 숭배하다가, 결국 죽는다. 사고로 혹은 규폐증으로 죽는다. 누군가는 그 병을 "폐 속의 먼지 뭉치"라고 부른다. 그들이 떠나고 나면 남은 아들들은 그 아버지들이 일할 때보다, 그 아버지의 아버지들이 일할 때보다 은광석이 적어진 산으로 일하러 간다.

출구로 나오자 햇빛과 깨끗한 공기가 있다. 고마운 일이다. 그러나 당신은 미니밴의 흐릿한 차창에 비친 당신의 모습을 언뜻 보게 된다. 당신의 검은 뺨, 검은 목, 검은 입술. 아닌 게 아니라 당신도 악마처럼 보인다.

수정된 숭고

언제나 그렇듯 경고는 하나의 약속이기도 하다. *이 프로그램에는 일부 시청자들이 불쾌감을 느낄 수 있는 주관적인 내용과 언어가 포함되어 있습니다.* 구급차가 하나의 약속이나 흉터, 또는 사고 현장 주변의 정체되는 고속도로인 것처럼, 그 문구는 하나의 약속이다.

그 쇼의 제목은 「개입Intervention」이다. 각 에피소드마다 짐보, 캐시, 베니, 제나 등 중독자의 이름을 딴 제목이 붙는다.

대니엘이 작은 탁자 위에 열두 개의 약병을 늘어놓는 사이 여덟
살 난 그녀의 아들이 말한다. "진짜 엄마는 밖으로 나오기만을
기다리고 있다는 걸 난 알아요." 거식증인 쌍둥이 소니아와 줄리
아는 한 명이 다른 한 명보다 더 칼로리를 태우지 않도록 하기 위
해 집 주변에서 서로를 따라다닌다. 누구에게나 상처가 있다. 글
로리아는 유방암 때문에 술을 마신다. 대니엘은 아버지가 술꾼이
라서 어머니의 마약성 진통제 퍼코세트를 먹는다. 마시는 음주벽
으로 인해 자녀 양육권을 잃었기 때문에 술을 마신다.

앤드리아는 스물아홉 살이다. 그녀는 아홉 달째 남편과
아이들과 떨어져 살고 있다. 그녀는 어머니가 신중하게 배급해
주는 럼주를 마시면서 세월을 보낸다. 그녀가 술을 한 잔 마시고
어머니에게 말한다. "이건 다 엄마가 상담을 받게 해주지 않았기
때문이야." 그녀는 한 손에는 캡틴모건 한 병을, 다른 손에는 1리
터들이 펩시콜라 병을 쥐고 있다. 그녀의 온몸은 멍투성이다. 의
자에 걸려 넘어져서, 문턱에서 넘어져서, 바닥에 쓰러져서 멍이
생겼다. 과도한 타박상은 간 기능 손상의 징후일 수 있습니다, 라
고 그 TV 쇼는 말한다. 우리에게 과학자들의 눈이 주어진다. 자
줏빛 멍든 부위가 직접 화면에 나타난다.

카메라 워크는 단조로운 대상을 흥미로운 것으로 바꾸
는 하나의 실험이다. 중독이 안겨주는 피로와 힘을 압축해 보여
줌으로써 계속 자극을 준다. 내용물이 점점 줄어드는 위스키 병
의 시간차 촬영, 방구석에 불길하게 쌓여가는 빈 병들, 죄인에서
순교자로, 다시 시체로 이어지는 십자가의 길을 보여주는 시간순
의 사진들. 방긋 웃던 아기 모습이 얽은 자국이 있는 메스암페타

민의 악귀가 되고, 다시 뚱한 머그숏으로 바뀐다.

취하지 않은 앤드리아는 자신의 책임을 이야기한다. 취한 앤드리아는 자신의 고난을 이야기한다. 그녀는 자기 삶을 구성하는 트라우마의 두 교점, 즉 늘 집을 비웠던 알코올 중독자 아버지와 열네 살 때 당한 강간 사건에 대고 건배한다. 그녀는 술에 취하면 괴로워하는 것 말고는 아무것도 할 수 없다고 믿는다.

이 쇼의 구성은 피해의식에 젖은 그녀의 이야기를 은연중에 승인한다. 어쨌거나 그 쇼는 들려줄 이야기가 필요하고, 앤드리아는 이야기를 빚어냈다. 인과관계라는 깔끔하고 만족스러운 은총으로 패턴화된 이야기, 강간당하고 침묵당하고 버려지고 술에 취하는 이야기. 그 TV 프로그램은 그녀의 기능장애를 설명할 계보학을 필요로 한다. 술에 취하는 것이 더욱 흥미로울 때는 그것이 트라우마의 원인이라기보다 트라우마의 증상으로 해석될 수 있을 때다. 회복 중인 알코올 중독자들은 때로 다른 모든 사람에게 있는 인생 사용설명서가 자신에게는 없는 것 같다고 이야기한다. 그 대신 주어진 명령들은 다음과 같다. 직장을 잃어라, 술에 취하라. 아이를 잃어라, 술꾼이 되라. 모든 것을 잃어라. 앤드리아는 그랬다. 그래서 술을 끊는 중이다. 아마도 끊을 것이다.

아이들의 아버지 제이슨은 매달 그녀가 아이들을 만나러 가도 좀처럼 반겨주지 않는다. 그녀는 아직도 그를 인생의 연인이라 부른다. 그는 "무슨 일이야?" 하고 물을 뿐, 하던 점심 준비를 계속한다. 그는 프로그램 인터뷰를 거절한다. 그 개입에 참여하지 않는다. 그는 포기한 것이다. 그는 화장실에 들어가 문에 기대 울거나 그녀의 손에서 술병을 잡아채는 일 따위는 하지 않는다. 그냥 떠나버렸다.

그러나 우리는, 우리 시청자는 떠나지 않았다. 앤드리 아가 아이들에게 작별 인사를 한 뒤에도 우리는 그녀와 함께한다. 그리고 그녀가 다시 술에 취하는 모습을 본다. 제이슨이 그녀 곁에 머무는 게 왜 그리 힘들었는지 이해한다.

이 쇼가 신경 써서 거듭 강조하는 것은, 참가자들이 중독에 관한 리얼리티 TV 쇼에 출연하기로 동의하기는 했지만 어떤 개입을 마주하게 된다는 사실은 모른다는 점이다. 오늘날 미국에서 중독을 다룬 최대의 리얼리티 TV 쇼가 「개입」이라는 점을 생각하면, 이 말은 좀 믿기 힘들다. 그러나 요점은 시청자들이 그걸 믿고 싶어 한다는 것이다. 사람들은 중독자가 모르는 무언가를 알고 싶어 한다. 사람들은 개입이 깜짝 놀랄, 막강한 클라이맥스 같은 것이기를 원한다. 그 개입에 가담하고 싶어 한다. 사람들은 그 방에 같이 있다면 이렇게 말할 것이다. *당신 삶을 팽개치지 말아요, 앤드리아. 당신은 할 수 있어요.*

18세기 철학자 에드먼드 버크Edmund Burke는 숭고에 관한 이론에서 "부정적 고통"이라는 개념을 제안한다. 두려움의 감정—안정감과 짝을 이루며, 눈길을 돌릴 수 있는 능력—이 기쁨의 감정을 유발할 수 있다는 것이다. 한 여자가 샤르도네 와인 한 잔을 들고 소파에 앉아서, 삶을 마셔 없애는 다른 여자를 지켜볼 수 있다. 텔레비전은 그 공포를 가까이 가져오는 문이자 그 접근을 막는 차폐물이다. 버크의 숭고는 숭고한 관음증으로 수정되고, 이제 자연의 공포에 대한 외경심은 사라지고 인간적 나약함의 깊이에 대한 매혹이 자리 잡는다.

이 쇼에서 개입을 관리하는 전문가들은 '인터벤셔니스트interventionist'라고 불린다. 세계의 종말을 다룬 블록버스터 영화에나 어울릴 법한 명칭이다. 검은 정장을 빼입고 자본주의 중독이나 석유 중독에 관해 세계에 최후통첩을 하는 번쩍번쩍한 히어로 군단이 연상된다. 그러나 이들 '인터벤셔니스트'들은 편안한 옷차림의 온화한 할머니, 할아버지 들이다. 그들은 거의 항상 개입의 유일성을 강조한다. "이런 기회는 두 번 다시 없을 거예요." 그건 그들의 희망 사항을 뜻한다. 이 순간이 중독자의 삶을 깔끔하게 '전'과 '후'로 분리해줄 거라는 희망 사항.

물론 그건 사실이다. 그 중독자는 아마도 평생 이런 기회—말하자면 리얼리티 TV 쇼 출연—를 다시 얻지 못할 것이다. 그러나 바로 이것이 그 중독자와 시청자의 차이다. 평생에 한 번뿐인 개입이 일반 시청자에게는 매주 월요일 밤 9시마다 일어난다. 반복될 수 없는 것이 반복된다. 한 주 한 주가 재발이고, 중독 물질을 끊겠다는 지난주의 맹세 후에 시청자들은 다시 중독 속으로 던져진다. 번뜩이는 깨달음에 이어 또 다른 중독이 따라온다. 다 큰 여인이 또 한 번 그 어머니의 소파에 토한다. 똑같이 약에 취한 혈관에 바늘이 찔러진다. 불안이 약속되고, 기록되고, 해소된다. 그러고 나면 다시 복원된다. 그래야 다시 치유할 수 있을 테니까.

고통의 토착화

드림센터°라고 불리는 실버레이크의 한 건물, 다 큰 어른들이 현장학습을 나온 어린이들처럼 버스 주변에 모여 있는 그곳에서 갱 투어를 시작하라. 65달러를 내고 무료로 제공되는 생수병 하나를 집어라. 미주리의 어느 교회에서 온 팔팔한 금발의 20대 집단을 주목하고 테디 그레이엄스, 프링글스, 치토스 등의 스낵이 가득한 그들의 쇼핑백을 눈여겨보라. 놀랄 만큼 많은 오스트레일리아인을 주목하라. 그들은 가만있지 못하고 서성거린다. 그중 한 명은 타이니Tiny라는 이름이지만, 이름만큼 작지는 않다. 그는 헐렁한 반바지에 멜빵을 멘 10대 아들과 함께 온 듯하다.

앨프리드는 이 투어의 설립자이자 가이드다. 그는 해병대에서 전역한 후 갱단에 들어갔다가 지금은 사업가가 되었다. 그는 '슬럼가 농담'을 하고 있다. 그의 말로는 그렇다. 이런 식이다. "차창을 열 필요는 없어요. 우리가 차에서 총격할 일은 없으니까요." 사실 차창을 열라고 할 수도 없는 게, 이 버스에는 에어컨이 나온다. 앨프리드는 이 투어 진행을 도와줄 남자 세 명을 고용했다. 모두 중범죄 전과가 있어 취직에 애를 먹던 갱단 출신들이다. 그들은 자신의 경험을 살려 관광객들에게 이야기를 들려준다. 그들은 큐레이터인 동시에 전시품이다. 그들이 관광객을 이끌고 다니지 않을 때는 이 투어에서 보여주는 지역사회의 분쟁을 조정한다. 당신이 낸 참가비 65달러는 이 일에 쓰이게 된다.

당신 친구인 시나리오 작가는 차 맛에 실망했으면서도 반쯤 남은 차를 들고 온다. 그는 그립스 갱단을 대표하는 파란색

◇　로스앤젤레스 시내에서 약 3킬로미터 떨어진 오순절교회 선교본부로 갱단 멤버, 미약 중독자 이에도 소외계층이나 기회가 없지 들 상대로 선교하며 사회 활동을 벌인다.

도, 블러즈 갱단을 대표하는 빨간색도 아닌, 적절하게 노란색인 당신 원피스를 칭찬하고, 당신은 초등학교 때 갔던 시내 현장학습을 떠올린다. 웨스트사이드 출신인 당신과 당신 동료는 갱단의 대표색에 관한 신중한 지시를 받은 적이 있다. 당신의 무의식은 여전히 그 지시를 따른다. 미주리 교회 그룹의 인솔자는 스포츠 머리를 한 남자인데, 앨프리드는 그를 '목사'라는 애칭으로 부른다. "목사는 어디 있죠?" '목사'가 흥미를 가질 만한 이야기를 할 때면 앨프리드는 그렇게 말한다.

버스에 올라타서도 농담은 계속된다. "비상시를 위해 여러분의 좌석 밑에 방탄조끼가 비치되어 있습니다." 이윽고 풍경이 바뀐다. 실버레이크의 방갈로들이 사라지고 시내 창고들과 혼성 도시의 표지들이 나타난다. 푸푸세리아◊와 쌀국수 가게들, 스페인식 영어로 Thrift Store y Café(중고품 가게와 카페)라고 쓰인 유인 광고. 1-800-72-DADDY는 아빠들에게 양육권을, 적어도 방문권을 얻어줄 수 있다고 장담하고 있다.

가이드들은 저마다 버스 앞쪽에 서서 자기 이야기를 들려준다. 한 남자, 그를 캐프리콘이라고 부르자, 는 자기 첫번째 여자 친구가 지금도 살고 있다는 공영주택을 가리키며 말한다. "아직도 제 전화를 받지 않아요." 또 다른 남자는 통계 수치를 이야기한다. 그가 저지른 모든 중범죄, 그가 받은 모든 선고, 그가 거친 모든 교도소, 그때마다 적발된 코카인의 양까지. 한 남자는 중학교 입학 첫날에 경험했던 잔인한 영역 전쟁 이야기를 들려준다.

◊　엘살바도르 전통음식 푸푸사를 파는 식당.

148

저마다 다른 갱단에 충성하는, 서로 다른 세 초등학교 출신 아이들이 처음으로 한곳에서 맞닥뜨렸다. 그들은 서로에게 딸깍이clapping를 시작했고 결국 경찰이 출동했다. 당신은 딸깍이가 일종의 수신호인가 생각한다. 그러나 그게 아니라는 걸 알게 된다. 이 소년들이 열한 살이나 열두 살에 첫번째 총을 가지게 된다는 걸 알게 된다.

과거의 삶을 이야기하는 남자들의 목소리에서 향수 비슷한 것이 묻어난다. 무기와 체포, 현금의 흐름에 관한 어마어마한 숫자들. 자만은 몰락으로 이어지고, 몰락이 자만으로 이어지기도 한다. 그러나 향수는 이 영역에서 보낸 시절에 대한 진심 어린 깊은 한탄과 뒤얽혀 있다. 그것은 얼마나 가혹하게 앞길을 막았던가, 다른 길을 가면 얼마나 필연적으로 응징을 당했던가. 그러나 지금은 상황이 다르다. 이 남자들은 교도소에서 출소했고 다른 길을 원했다. "나는 영적인 사람이에요." 앨프리드는 그렇게 말하면서 '목사'가 듣고 있는지 확인하려고 버스 안을 둘러본다. 현재 모든 전선에서 그의 개혁이 실행되고 있다. 그는 자신의 투쟁을 훨씬 더 원대한 어휘로 말할 것이다. "나는 '젠트리피케이션gentrification'을 혼자서 배웠어요." "나는 샤워하면서 '상습성recidivism'이라는 말의 발음을 연습하죠." 그는 캐프리콘의 삶 이야기를 "그 동네가 만든 동화"라고 부른다.

학자 그레이엄 허건Graham Huggan은 "이국 정서exoticism"란 "다름의 매력을 받아들이면서도 그 행위자들이 긴밀히 여루되지 않도록 보호하는" 경험이라고 정의한다. 당신은 그 동네에 와 있지만 거기 있지는 않다. 그 동네는 차창 밖으로 스쳐

지나가는, 그 자체의 완벽한 파노라마다. *우리가 차에서 총격할*
일은 없어요. 당신은 그저 차로 지나칠 뿐이다.

당신은 옛 LA 카운티 교도소를 지나가는데, 건물이 놀
랍도록 아름답다. 근사한 석조 외관과 웅장한 기둥이 있다. 새로
지은 LA 카운티 교도소—일명 트윈 타워스—는 전혀 아름답지
않다. 희끄무레한 회갈색의 회반죽 원형 교도소다. 앨프리드는 이
곳에서 보낸 시절에 관해 이야기하기 위해 마이크를 켠다. 여섯
명 정원인 감방에 열 명이 있었는데, 감찰반이 올 때마다 네 명은
옷장이나 주방에 숨어 있었다. 그리고 쥐 이야기를 들려준다. 그
는 쥐들을 '고속도로 프레디들'이라고 부른다. 그것은 그 안의 한
생태계였고, 여기 밖에도 한 생태계가 있다. 당신은 이 동네 전체
가 보석保釋 출감 보증서를 파는 곳임을 알게 된다. 아바 보석 보
증서, 지미 드라이트 주니어 보석 보증서, 그리고 빅 도그, *일명 나*
는 아직 강하다 보석 보증서, 알라딘, *일명 염병할 세번째 소원이*
필요하다 보석 보증서. 보석 보증서 가게들을 보노라면 복역 중인
모든 이들에게는 어머니가 있고, 복역 중인 자식을 둔 어머니마다
보석 보증서 가게가 늘어선 거리에 갔다가 어느 가게로 가야 할지
몰라 헤맸다는 사연이 하나씩은 있을 거라는 생각이 떠오른다.

당신은 시내를 떠나 사우스센트럴로, 그리고 마침내 와
츠로 향한다. 와츠 타워들은 마치 어느 마녀가 솜씨를 부린 것처
럼, 파란 하늘을 뾰족하게 찌르는 첨탑들이 으스스하고 경이롭다.
캐프리콘이 그 타워들에 올라간 적이 있다고 말한다. 와츠에 사는
아이들 대부분은 거기 올라간다. 등이나 팔뚝에 그 타워의 모습을
문신으로 새기는 남자들도 많다. 그 앙상한 원뿔형 탑들의 뚜렷한

모습을. 미주리 그룹의 한 소녀가 묻는다. "저것들은 뭘로 만들었어요?" 캐프리콘이 대답한다. "뭘로 만들었을 것 같아요?"

당신은 그런 식의 어리석은 질문이 나오는 이런 투어를 좋아하지만, 이것은—당신에게는—어리석은 질문으로 들리지 않는다. 그것들은 정말 무엇으로 만들어져 있을까? 캐프리콘이 마침내 중얼거린다. "껍데기와 쓰레기예요." 나중에 알아보니 그의 말이 맞다. 그것들은 조개껍데기, 강철, 모르타르, 유리, 도기 등으로 만들어졌다. 사이먼 로디아Simon Rodia라는 한 이민자가 갱 문신을 새기는 세대를 위한 견본을 이탈리아 대중미술로 나타냈다.

캐프리콘은 자신의 별자리를 알기도 전에 염소자리라는 뜻의 그 이름을 선택했다고 말한다. 우연히 맞아떨어진 것이다. 퍼핏이라는 이름의 남자가 전화하지만 캐프리콘은 그의 요청을 받아들이지 않는다. "지금 당장은 해드릴 수 없어요." 그는 아직도 자기 전화가 도청당한다고 믿고 있고—하지만 누가 도청하는지는 말하지 않는다—그래서 거의 매주 전화기를 바꾸고, 쓰던 전화는 조카들에게 준다고 한다. 당신의 시나리오 작가 친구가 말한다. "그럼 지금 당신 조카들의 전화가 도청되고 있겠네요?" 캐프리콘은 웃지 않는다. 당신 친구가 그에게 당신이 여기 샌타모니카에서 자랐다고 말하자 당신은 창피해진다. 왜냐하면 여기는 전혀 샌타모니카가 아니기 때문에.

여기 와츠는 꼬부랑 무늬 창살이 있는 파스텔 색조의 집들이다. 여기는 봉제 동물인형과 중고 물총이 가득 든 상자들을 늘어놓은 야드 세일장이다. 여기는 크립스 갱단 영역이다.

"다른 나라에서 일어나는 재난을 구경한다는 것은 전형적인 근대적 체험이다"라고 수전 손택은 쓰고 있다. 이 투어에서 이상하게 느껴지는 것 가운데 일부는 당신이 관광객처럼 행동하고 있다는 것이다. *여기서 얼마나 많은 사람이 죽었을까? 청소년들은 어떻게 어른이 될까?* 그렇지만 여기는 당신이 자란 곳으로부터 불과 29킬로미터밖에 떨어져 있지 않다.

앨프리드는 LA 갱단 분쟁으로 죽은 사람이 아일랜드 문제로 죽은 사람보다 많다고 말한다. 당신은 그런 생각은 한 번도 못 해봤는데, 바로 그것이 그가 말하는 요점이다. 아무도 그런 생각을 하지 않는다는 것. 이 동네는 지극히 평범해 보인다. 사우스센트럴 대로 자체는 늘어선 쇼핑몰들과 자동차 정비소들로 엮은 껄껄한 팔찌 같다. 와츠는 한때 불에 탔던 마른 잔디밭이다. 와츠의 이 지역은 1965년에 불길에 휩싸였다.◊ 보이스카우트에 들어가지 못한 흑인 소년들은 그런 현실에 신물이 났다. 그들은 그들만의 클럽을 만들었다. 3만 5천 명의 사람들이 들고일어났다. 로드니 킹Rodney King이 구타당한 뒤 사람들, 와츠 폭동의 자녀들 수천 명은 다시 현실에 신물이 났고 1992년 *참을 만큼 참았다고* 말했다. 벽돌로 머리를 맞았던 레지널드 데니◊◊도 *참을 만큼 참았다고* 말했다.

◊　1965년 8월 11일 로스앤젤레스 인근 흑인 거주지 와츠에서 일어난 흑인 폭동을 말한다. 경찰이 음주운전 혐의로 흑인 청년을 체포하려고 하다가 사건이 커져 군중의 시위를 촉발하게 되었다. 주 방위군까지 투입해 진압될 때까지 6일 동안 34명이 사망하고 건물 600여 채가 불에 탔다.

◊◊　Reginald Denny: 1992년 트럭 운전사로 일하던 중 우연히 로스앤젤레스 폭동 현장에 들어갔다가 흑인들에게 구타당한 백인.

고통 투어 1

당신은 어렸을 때 로드니 킹에 관해 어떻게 생각했는지 떠올리려고 애써보지만, 기억나지 않는다. 그게 가능하겠는가? 기억 못 하는 게 당연하다. 그때는 아홉 살이었으니까. 다만 어렴풋이 마음 한구석으로는 경찰을 확고하게 믿었던 것 같다. *하지만 경찰은 그 사람이 나쁜 짓을 했으니까 때렸을 거야.* 당신은 늘 당신에게 훌륭히 봉사해온 경찰과 질서 체계를 여전히 믿고 싶어 했다. 당신은 로드니 킹보다는 O.J. 심슨을 더 잘 기억한다. O.J. 심슨의 아내는 당신이 학교를 다녔던 브렌트우드에서 살해되었다.

로드니 킹은 집단 구타를 당했다. 그는 56번이나 곤봉으로 맞았다. 경관 두 명이 발로 그의 얼굴을 뭉개버렸다. 그때 당신은 어디에 있었나? 당신은 어린아이였다. 당신은 해변에 있었다. 나머지 아이들은 더 먼 동쪽 동네 아이들이어야 했다. 플로렌스와 노만디 교차로◊에서 사람들이 분노하던 곳, 플로렌스와 노만디 교차로에서 사람들이 계속 분노하고, 쿤과 파월◊◊에게, 그리고 벤투라 카운티의 창백함◊◊◊에, 그리고 화재가 멈추지 않았던 여러 날 동안 분노하던 그곳의 아이들.

◊   레지널드 데니가 폭행당하는 모습이 TV 카메라에 찍혔던 현장.

◊◊   Stacey Koon, Laurence Powell: 1991년 3월 3일 로드니 킹을 구타하는 데 가담했던 로스앤젤레스 경찰관. 기소된 다섯 명 중 쿤과 파월은 1993년 연방법원에서 30개월 형을 선고받았다.

◊◊◊   로드니 킹 폭행과 공권력 남용으로 기소된 경관들의 재판 관할지가 사건 1년 후 로스앤젤레스에서 벤투라 카운티로 바뀌었는데, 이곳에서 백인 열명, 아시아계 한 명, 히스패닉계 한 명으로 구성된 배심원단은 파월을 제외한 경관 네 명을 방면시켰다. 이 판결은 다시 1992년의 로스앤젤레스 폭동을 촉발시켰다.

냉장고 같은 당신의 버스는 도시의 황무지라는 오명을 응축한 도상과도 같은 로스앤젤레스 강의 콘크리트 등줄기를 지나간다. 회색 강둑은 그래피티 위로 덧칠한 밝은 회색 페인트 자국으로 얼룩덜룩하다. 앨프리드가 3층 높이로 1.2킬로미터나 길게 페인트가 칠해진 강둑 부분을 가리킨다. 세계에서 가장 큰 태그tag가 있었던 자리다. 그것은 MTA라고 읽힌다. 지하철 환승 암살단Metro Transit Assassins. 그 글자는 '구글 스페이스'에서도 볼 수 있었다. 지금 그 회색은 길게 뻗어나간 묘비 같다. 서로 다른 두 권력 구조, 같은 장소를 차지하려는 두 민간단체 사이의 전투가 남긴 또 하나의 상흔.

앨프리드는 그래피티 분류학에 관한 강의를 한다. 태그tag와 플레어flare와 롤러roller의 차이점, 마스터피스masterpiece와 스로업throw-up의 차이점을 설명한다. 마스터피스는 세 가지 이상의 색을 사용한 그래피티다. 스로업은 보통 동글동글한 거품 모양 글자를 뜻하지만 그보다는 마치 입에서 색깔을 토해내는 소년 같은 느낌을 준다. 시내의 어느 벽에는 무지개를 토해내는 얼굴 그림이 있다. 길 건너편에는 석양빛을 받는 북극곰 같은 모습이 보인다. "저 스로업 좀 봐." 당신은 시나리오 작가 친구에게 말한다. "마스터피스지." 그가 다섯 가지 색깔이라고 지적하며 당신 말을 고쳐준다. 당신은 3층 높이의 MTA 글자 역시 마스터피스였을 거라는 걸 깨닫는다. 당신은 캘리포니아 주에서는 모든 그래피티 행위가 중범죄임을 알게 된다. 그리고 예쁘게 색칠된 해골을 '슈거 스컬Sugar Skull'이라고 한다는 것도 알게 된다. 눈 밑에 새긴 세 개의 점은 *라 비다 로카*la vida loca, 즉 광란의 생활을 뜻한다는 것도 알게 된다. 당신은 그 점들이 중력을 거스르고 떠 있는 눈물 같다고 생각한다. 그것이 몰두를 나타내는지 절제를 나타내는지, 아니면 둘 사이의 무언가를 나타내는지는 모른다. 타이니의 10대 아들이 눈을 빛내며 앨프리드에게 묻는다. "아저씨도 태그를 많이 그렸어요?" 캐프리콘에게는 가족이 아직도 와츠에 사는지, 만약 그렇다면 투어 중에 그들을 볼 수 있는지 묻는다.

그 나들이는 어느 외설적인 슈거 스컬 밑에서 끝난다. 하늘색 거품 글자로 'Big Los Angeles'라고 쓰인 거대한 벽화 앞에서 "갱 사진"을 찍기 위해 당신들 모두가 포즈를 취한다. 어쩌면 불편한 느낌이 들어서 포즈를 취하지 않을 수도 있다. 그러나 오스트레일리아인들은 열광하면서 손가락 표시를 흔들어대고 터프 가이처럼 부루퉁한 표정을 지어 보인다. 미주리에서 온 소녀는 친구들로부터 거들먹거리는 자세를 취해보라는 조언을 받는다. "터프하게 해봐!" 그러나 소녀는 웃음을 멈추지 못해 일을 그르친다. 목사는 버스 기사와 함께 포즈를 취하는데, 기사는 웃통을 벗더니 감옥에 있을 때 1년마다 하나씩 가슴에 새긴 장미 문신을 보여준다. 문신이 없는 부분이 별로 없다.

이 사진 촬영은 야릇한 업적처럼 느껴진다. 당신은 갱단의 폭력이란 우리가 이제 겨우 그 빈도를 헤아리기 시작한 지속적인 시민 분쟁의 증상임을 이해하게 된다. 이제 당신은 교회 아이들이 손가락으로 서툴게 이스트사이드Eastside와 킬라즈Killaz 표시를 만들어 보이는 모습을 지켜본다. 어쩌면 목사는 캐프리콘과 손을 꽉 잡은 사진으로 페이스북 프로필 사진을 바꿀 것이다. "사진은 대상화한다"고 손택은 쓴다. "사진은 사건이나 사람을 소유할 수 있는 것으로 전환한다." 이제 목사는 이 동네의 작은 한구석을 소유한다, 아니 더 정확히는 자기 경험의 한순간을 소유한다고 해야 할 것이다. 그는 한껏 고양된 의식을 기념품처럼 챙겨갈 수 있다. 새롭게 뜨인 두 눈은 집에 가져갈 부적이다. 당신은 그 투어가 당신에게 또 다른 당신의 모습을 선사해주기를 원한다. 당신과 모든 사람에게, 더욱 계몽된 인간의 모습을.

당신은 다음 주 일요일 브랜슨 교회에서의 설교를 상상한다. 연단 뒤에는 캐프리콘과 앨프리드가 영광스러운 개혁의 유령처럼 서 있을 것이다. 어쩌면 목사는 이렇게 말할 것이다. *이 청년들은 여러분이 믿지 못할 만큼 180도 바뀌었습니다.* 어쩌면 신도들은 박수를 치며 침묵을 깨뜨릴 것이다.

사실 당신도 그 설교에 박수를 칠 것이다. 이 청년들은 유일하게 그들을 키운 폭력에 *의해*, 폭력적인 삶을 살도록 키워졌지만, 지금은 다른 삶을 살고 있다. 이 투어가 눈을 뗄 수 없을 만큼 강력하고 기억해야 할 중요한 사건이라고 말할 수 있을까? 이런저런 사족은 접어두고 가장 솔직하고 진심 어린 의미에서 말이다.

당신은 마음이 불편하다. 당신의 불편함이 핵심이다. 이 투어는 불균형이 빚어낸 마찰을 평범하게 만들어버린다. 당신이 즐겁게 보낸 오전의 소재는 타인들의 삶, 타인들의 죽음이다. 이 투어의 불편함은 문제의 소지가 있는 참석—에어컨 환기구에 의해 중재되는 사우스센트럴을 본다는—의 불편함이라보다는 지속적인 부재의 불편함이다. 말하자면 당신은 항상 다른 어딘가에 있다는, 태평양 연안 고속도로 주변의 어느 선술집을 향해 콧노래를 부르며 해변을 걸으면서, 소리가 들리지 않고, 시야가 미치지 않고, 사정거리를 벗어난 어딘가 먼 곳에 있다는 부재의 패턴.

   이 투어가 남기는 여파가 없다면 이 투어는 무슨 소용일까? 당신은 다른 누군가의 고통을 둘러보는 관광객일 뿐이지만, 결국 머리에서 그것을 떨쳐낼 수 없게 된다. 고속도로 건너편, 또는 한 나라, 한 대양 건너편으로 그 고통을 집으로 가져가게 된다. 낼 보석금이 없다, 모든 것이 떨쳐지지 않는다. 퍼펫이 떨쳐지지 않는다. 딸깍이를 하던 그 중학교 신입생들이 떨쳐지지 않는다. 당신의 부끄러움도 떨쳐지지 않는다. 어쩌면 도덕적 분노는 떨칠 수 없는 그 잔상의 절정일 뿐일지도 모른다. 그러니 한동안은 그 잔상 속에서 살 각오를 하시라. 그 여정에 흠뻑 젖으시라. 당신이 누리는 특권에 대한 커다란 부끄러움은 내내 뜨거운 화끈거림으로 나타난다. 이 장소의 진실은 무한하고 축소될 수 없으며, 자기성찰의 고뇌만이 당신이 답례로 줄 수 있는 유일한 것처럼 느껴질 것이다. 당신은 죄책감의 기계장치가 덜커덩거리는 소리 외에 다른 소리를 듣기 힘들지 모른다. 어쨌거나 경청하려고 애쓰시라.

불멸의 지평선

동트기 직전 프로즌헤드 주립공원의 서쪽 끝, 적갈색 트렌치코트를 입은 남자가 커다란 고둥나팔을 분다. 달리기 주자들은 저마다 텐트 안에서 뒤척인다. 그들은 물주머니에 물을 채운다. 물집이 생긴 자리에 테이프를 붙인다. 1천 칼로리의 아침 식사를 한다. 팝 타르트와 초코바와 에너지 드링크. 기도하는 사람들도 있다. 나머지는 허리에 두를 작은 주머니를 꾸린다. 트렌치코트를 입은 남자는 그 유명한 노란 문 옆의 인체공학적 접이식 의자에 앉은 채 담배 한 개비를 들고 있다. 그가 2분 남았다고 외친다.

　달리기 주자들이 남자 앞에 모여서 스트레칭을 한다. 이들은 이제 황무지 100마일(161킬로미터)을 달리려 하고 있다. 그 거리를 완주할 만큼 체력이 좋고 운이 따라준다면 말이다. 그러나 그럴 가능성은 별로 없을 것이다. 그들이 초조하게 기다린다. 우리 구경꾼들이 초조하게 기다린다. 엷은 빛이 하늘을 희미하게 물들인다. 내 옆에는 깡마른 소녀 하나가 깡마른 개를 데리고 있다. 소녀는 아버지가 이 회색 여명 속으로 사라지는 모습을 지켜보려고 아이오와에서 먼 길을 왔다.

모두의 눈이 트렌치코트를 입은 남자에게 향해 있다. 정확히 7시 12분에 그가 접이식 의자에서 일어나 담배에 불을 붙인다. 담배 끝이 빨갛게 빛나면, 이른바 '바클리 마라톤'이 시작된다.

첫번째 레이스는 탈옥이었다. 마틴 루서 킹Martin Luther King Jr.을 저격했던 제임스 얼 레이James Earl Ray는 1977년 6월 11일, 브러시 마운틴 주립교도소에서 탈옥해 테네시 주 북부의 가시나무 무성한 산맥 너머로 달아났다. 51시간 반 만에 그가 발견되었다. 그가 간 거리는 약 2킬로미터. 누군가는 그 이야기를 듣고 탈옥 후의 시간을 어떻게 그렇게 허비했는지 궁금해할 것이다. 한 남자는 그 이야기를 듣고 이렇게 생각했다. *그 지형을 직접 봐야겠다!*
20년이 지난 후 그 남자, 트렌치코트를 입은 남자—본명은 게리 캔트렐Gary Cantrell, 자칭 래저러스 레이크Lazarus Lake—는 이 지형을 전설적인 제의의 무대로 바꾸었다. 바클리 마라톤은 매년 (보통은 성 나사로 금요일이나 만우절에) 테네시 주 와트버그 외곽에서 열린다. 레이크(일명 래즈)는 이 경기를 "젊음을 먹는 레이스"라고 부른다. 주자들이 다는 번호표에 쓰인 글귀는 매년 조금씩 다르다. 무의미한 고통이라거나 노력해도 안 될 때가 있다. 완주자는 지금까지 여덟 명뿐이다. 이 행사는 익스트림 스포츠팬들에게까지 극한 경기로 여겨진다.
무엇 때문에 이 레이스가 그렇게 혹독할까? 우선은 길이 없다. 코스의 고도를 모두 합치면 에베레스트 산 높이의 거의 두 배다. 톱날가시라고 불리는 토착 식물은 몇 미터 가는 사이에 사람 다리를 생고기로 만들어버릴 수 있다. 그 험준한 산들은 저마다 이름이 있는데, 스텔리언 마운틴, 버드 마운틴, 코핀 스프링스, 집라인 등은 말할 것도 없고 랫 조(쥐 주둥이), 리틀 헬(작은 지옥), 빅 헬(큰 지옥), 테스티클 스펙터클(고환 안경)—이 마지막 이름은 대부분의 주자들이 그 산을 보면 성호를 긋게 되기 때문에(가랑이에서 안경으로, 한쪽 어깨에서 다른 쪽 어깨로) 생겼다—등으로 불린다. 설상가상으로 올해에는 그냥 "지독한 것 The Bad Thing"이라 불리는 새로운 산까지 추가되었다.

이 레이스는 공식적으로 20마일(32킬로미터)로 등재된 하나의 코스를 다섯 바퀴 도는 거지만, 사실 그 거리는 26마일(42킬로미터)이 넘을 것이다. 바클리 마라톤의 이 왜곡된 진실에 담긴 교훈은 표준 미터법의 무의미함이다. 물리 법칙과 인간적인 관용 대신 래즈의 개인적인 변덕이 이 마라톤을 지배해왔다. 설사 이 마라톤의 거리가 실제로 100마일"밖에" 안 된다고 해도 그것 역시 "바클리 마일"일 것이다. 보통 20시간 안에 100마일을 완주하던 이들도 여기서는 단 한 바퀴도 다 못 돌곤 한다. 만약 세 바퀴를 돌았다면 이른바 '펀 런Fun Run'이라는 것을 완주하는 것이다. 혹여 완주를 하지 *못한다면*—솔직히 말하면 완주하지 못할 가능성이 높다—래즈는 당신의 기권을 기념하기 위해 장송 나팔을 불 것이다. 이동하고 더러워지고 피곤한 캠프 전체가 그 소리에 귀를 기울일 것이다. 벌써 잠들었거나 너무 지쳐서 들을 기력이 없는 사람들을 제외하고는.

그곳까지 찾아가는 것도 쉬운 일이 아니다. 공식적으로 발표되는 출전 신청 자격이나 절차는 따로 없다. 누군가를 알아두면 도움이 된다. 참가 승인은 래즈의 개인 재량으로 결정되고, 신청 양식도 아주 표준적이지는 않아서 "당신이 가장 좋아하는 기생충은 무엇입니까?"라는 식의 질문이 있는가 하면, "내가 바클리 마라톤을 뛰어야 하는 이유"를 주제로 에세이를 내야 할 때도 있다. 참가가 허락되는 건 35명뿐이다. 올해 그중 한 명이 내 오빠 줄리언이다.

줄리언은 "처녀" 출전자다. 죽을힘을 다해 한 바퀴를 돌게 될 신참내기 열다섯 명 가운데 한 사람이다. 그는 용케도 "인간 제물"로 지명되는 걸 모면했다. 공식적으로 매년 처녀 출전자들 가운데 래즈가 볼 때 가장 극적인 방식으로 실패할 것 같은 사람(보통은 울트라마라톤 경력이 가장 적은 사람)이 "인간 제물"로 지명된다. 너무 오랫동안 길을 잃어 가장 느린 기록을 세웠던 댄 배글리온의 코스 기록을 깰 것 같은 사람이다. 2006년 댄 배글리온은 75세의 나이로 32시간 동안 2마일(3.2킬로미터)을 달렸다. 모자의 헤드 랜턴이 고장 나고 뜻밖의 개울을 만나야 가능한 일이다.

바클리 마라톤에서 길을 잃는다는 말은 부적절하다. 그보다는 길을 잃기 *시작해서*, 며칠 내내 숲속을 헤맨다는 것이 진실에 가까울 것이며, 나침반과 지도, 지시사항, 동료 주자들을 계속 활용하면서, 다시 자신을 잃어버리지 않기 위해 세속 정신 줄을 붙잡고 있어야 한다. 처음 참가한 주자들은 대체로 코스를 아는 베테랑들과 함께 달리려고 하지만, 대개는 따돌려진다. "처녀 떼어내기"는 신참내기를 버리는 걸 뜻한다. 처녀 출전자가 운동화 끈을 매기 위해 허리를 숙였다가 고개를 들고 나면 십중팔구 그의 베테랑 베르길리우스는 사라져버린 후다.

경주가 시작되기 전날이면, 주자들은 무지개 특수부대처럼 알록달록한 보디 슈트를 입고 캠프로 멋지게 미끄러져 들어오기 시작한다. 그들은 픽업트럭이나 렌터카, 녹슨 밴, 캠핑 트레일러를 몰고 온다. 번호판에는 100 Runnr, Ult Man, Crzy Run 등등이 쓰여 있다. 그들은 위장 텐트와 오렌지색 사냥용 조끼, 회의적인 여자 친구와 이제는 적응한 아내, 작은 여행용 수건과 작은 개를 데려온다. 래즈 자신은 한쪽 눈에 해적의 안대처럼 검은 점이 있는 작은 개(이름이 "리틀 도그"다) 한 마리를 데려온다. 올해 리틀 도그는 자칫 그 이름을 잃을 뻔한다. 아이오와에서 온 더 작은 깡마른 개를 보고 그 개를 잡아먹으려고 한 뒤부터다. 사실 깡마른 개는 한 마리가 아니라 두 마리였다.

　이곳은 남자들의 무대다. 내가 알기로 꼬박꼬박 참가하는 여성이 몇 명 있기는 하지만, 그들은 좀처럼 한 바퀴 이상을 달리지 못한다. 여기서 보이는 여성들 대부분은 나와 같은, 누군가의 응원 부대다. 나는 차 뒤쪽에 실은 줄리언의 보급품 정리를 돕는다.

　줄리언은 나침반이 필요하다. 진통제와 각성제, 전해질 보충제, 졸릴 때 씹을 생강 사탕, 물집이 생겼을 때를 대비해 기본적으로 바늘과 일회용 밴드로 구성된 "키트"도 필요하다. 그리고 발톱이 빠지려고 할 때를 대비한 테이프가 필요하다. 건전지도 필요하다. 우리는 건전지에 각별히 신경을 썼다. 건전지가 닿는 것은 있을 수 있는 *최악의 상황이지만 무슨 일이 있어도 피해야 한다.* 실제로 그런 일이 있었다. 그 일은 리치 리매커에게 일어났다. 그가 커다란 칠엽수 나무 아래서 밤을 보낸 후 그 나무에는 "리매커의 힐튼 호텔"이라는 별명이 붙었다. 우리가 준비한 비장의 무기는 카우보이 가죽바지처럼 만든 덕트 테이프 바지다. 톱날 같은 가시나무를 물리쳐주리라는 생각으로 만든 그 바지 덕분에 줄리언은 다른 주자들의 부러움을 산다.

전통적으로 캠프의 중심점은 레이스가 시작되기 전날 오후에 불을 붙이는 치킨 파이어다. 올해의 불은 오후 4시에 이미 활활 타고 있다. 그 불은 닥 조Doc Joe라는 사람이 지키고 있다. 줄리언의 말을 들으니, 그는 몇 년째 대기자 명단에 올라 있으며 (그의 속셈으로는) 2011년에 참가 자리를 확보하기 위해 도우미를 자원했다고 한다. 우리가 막 도착했을 때 그는 그릴에서 첫번째 닭다리들을 찔러 꺼내고 있었다. 화덕 속에 넣어둔 60센티미터 크기의 깡통에서는 콩이 벌써부터 거품을 물고 부글거리고 있지만, 이 쇼의 주인공은 누가 뭐라 해도 조류다. 껍질이 검게 그슬린, 붉은 소스를 바른 닭고기. 전설에 따르면 이곳의 닭고기는 반만 해동된 채, 껍질만 "조금 더" 익혀서 나온다고 한다.

나는 닥 조에게 고기가 익은 상태와 냉동 상태 사이의 최적의 시점을 어떻게 알아낼 생각인지 묻는다. 그는 이런 바보가 나 있냐는 듯 나를 쳐다본다. 냉동 닭고기 같은 건 소문일 뿐이에요, 그가 말한다. 자신만의 신화 창조 게임을 하는 바클리를 포착하는 순간이 이게 마지막은 아니겠지 하고 나는 생각한다.

이 특별한 포틀럭 파티에서 한담이 한참이나 따분하게

이어지는 경우는 거의 없다. 나는 존 프라이스와의 대화에 빠져든다. 턱수염을 기른 이 베테랑은 올해는 대기 명단에 올랐을 뿐 참가하지는 못하지만, "이 행동의 일부"가 되기 위해 수백 킬로미터를 운전해 왔다고 말한다. 우리의 대화는 뻔하게 시작된다. 그는 나에게 어디서 왔냐고 묻는다. 나는 로스앤젤레스라고 대답한다. 그는 베니스비치를 좋아한다고 말한다. 나도 베니스비치를 좋아한다고 대꾸한다. 그러자 그가 말한다. "내년 가을에 은퇴 기념으로 베니스비치에서 버지니아비치까지 달릴 계획이에요."

나는 이런 부류의 선언에는 말을 멈추지 말라고 배워왔다. 곧바로 실질적인 질문을 해야 한다고. 내가 묻는다. "잠은 어디서 주무시고요?"

"주로 캠핑을 하죠." 그가 대답한다. "몇몇 모텔에서도 자고요."

"배낭 속에 텐트를 지고 다니시게요?"

"천만에요." 그가 웃는다. "작은 카트를 허리에 연결해 끌고 다닐 거예요."

어느새 나는 본격적인 대식가의 뷔페가 된 그 간이 탁자 위에 가게에서 사 온 케이크를 펼쳐놓고 쿠키와 브라우니를 뿌리고 있다. 앞으로 며칠 동안 어마어마한 양의 칼로리를 태우는 것 말고는 거의 하는 일이 없을 남자들을 먹이기 위한 것이다.

내 옆에 있는 키 큰 남자가 큼직한 닭다리를 뜯고 있다. 보아하니 벌써 세 개째다. 닭다리에서 황혼 속으로 모락모락 김이 피어오른다.

"그럼 그 냉동 닭 얘기가 전부 그래요?" 내가 그에게 묻는다. "정말 다 뜬소문이에요?"

"한번은 그런 적이 있었죠." 그가 말한다. "진짜로 꽁꽁 얼어 있었어요." 그가 뜸을 들인다. "정말이지! 그해 레이스는 대단했어요."

남자가 자기 이름은 칼이라고 소개한다. 듬직한 체구에 잘생겼지만 다른 많은 주자보다는 근육이 약간 적어 보인다. 그는 애틀랜타에서 기계 공방을 운영한다고 한다. 짐작하건대 그 말은 그의 기계를 이용해 다른 기계를 만든다든가, 아니면 그의 기계를 이용해 기계가 아닌 것들—자전거 부품이나 파리채 같은 것—을 만든다는 의미 같다. 그는 주문 제작 방식으로 일한다. "정신 나간 발명품을 찾는 사람들은 그럴 비용을 감당할 만한 사람들이 결코 아니죠." 그가 한숨을 내쉰다.

칼은 이번 레이스를 위해 벼르고 별렀다고 말한다. 그는 바클리 마라톤에서 막강한 역사를 써 내려갔지만—펀 런 구간을 공식 시간 내에 완주한 몇 안 되는 사람 중 하나다—지난해에는 기록이 부진했다. "캠프를 거의 떠나지도 못했어요." 그의 말을 알기 쉽게 옮기자면, 겨우 35마일(56킬로미터)밖에 달리지 못했다는 얘기다. 그 일은 몹시도 실망스러웠다. 그는 두 바퀴를 돌지도 못했다. 그는 죽을 만큼 지쳤고 몹시 상심해 있었다고 한다. 방금 끔찍한 이별을 경험한 후였던 것이다.

그러나 이제 그는 돌아왔다. 그는 들뜬 표정이다. 100마일을 완주할 것 같은 주요 경쟁자로 누구를 꼽는지 그에게 묻는다.

"글쎄요." 그가 대답한다. "늘 블레이크와 AT가 있죠."

그는 올해 참가한 두 명의 "졸업생"(기존의 완주자들)을 가리킨다. 2001년 완주자 블레이크 우드와 2009년 완주자 앤드루 톰프슨이다. 100마일을 두 번 완주한다면 역사를 쓰게 될 것이다. 2년 연속 완주한다면 그야말로 환상의 위업이다.

블레이크는 로스앨러모스의 원자핵 공학자로, 버클리 박사학위뿐 아니라 믿기 힘든 바클리 마라톤 기록을 보유하고 있다. 그는 여섯 번 출전해 여섯 번 펀 런을 완주했다. 한 번은 전 구간을 완주했고 또 한 번은 개울물이 불어서 더 못 갔을 뿐 거의 완주한 거나 다름없었다. 개인적으로 그는 희끗희끗한 콧수염을 기른 친근한 생김새의 중년 아버지인데, 올림픽 마라톤 대표선수 선발대회 출전권을 따기 위해 노력하는 딸 자랑과, 올해 이 마라톤에서 사기를 높이기 위해 마련한 새 체크무늬 광대 바지 자랑을 하고 싶어 안달이다.

AT는 앤드루 톰프슨인데, 2004년 완주에 가까운 기록을 세워 유명해진 뉴햄프셔 출신의 청년이다. 당시 그는 힘차게 다섯 바퀴 구간으로 진입했지만 거기서 말 그대로 정신을 놓고 말았다. 50시간 동안 잠을 못 잔 데다 신체적 부담이 더해져 넋이 나간 것이다. 그는 레이스에 관해 까맣게 잊어버렸다. 신발에 붙은 진흙을 떼어내면서 한 시간을 보냈다. 그 뒤로 매년 참가한 끝에 마침내 2009년에 바클리를 완주했다.

그리고 오랫동안 AT를 누구보다 열심히 응원해온 조녀선 배섬이 있다. 이번에는 그가 직접 바클리 마라톤을 뛴다. 그는 강인한 주자지만, 내가 그에 관해 들은 얘기는 주로, 그를 "존 보이"라고 부르는 AT와 관계된 맥락에서였다.

비록 칼은 자기 입으로 말하지 않지만, 나는 그 역시 막강한 경쟁자라는 얘기를 다른 사람들에게 들어서 알고 있다. 그는 무리들 중에서 가장 체력이 좋은 사람 중 한 명이고, 우승에 목마른 DNF, 즉 미완주Did Not Finish 베테랑이다.

무리 중에는 막강한 처녀 출전자들도 더러 있다. 찰리 엥글은 이미 이름난 울트라마라톤 주자다(그는 이 업계 용어로, 사하라를 "찍었다." 사하라를 두 발로 달려 건넜다는 얘기다). 많은 울트라마라톤 선수가 그렇듯, 그 역시 한때는 중독자였다. 그는 약을 끊은 지 거의 20년이 되는데, 그의 회복은 하나의 중독에서 다른 중독으로의 전환으로 설명되곤 한다. 아드레날린을 얻기 위한 마약 중독에서 아드레날린을 얻기 위한 극한 스포츠로.

처녀 출전자의 반대말 같은 것이 있다면, 그것은 아마도 존 디윗일 것이다. 검은 스키 모자를 쓴 이 73세의 노인은 주름 가득한 얼굴에, 흡연자나 만화 속 회색 곰이나 낼 법한 걸걸한 목소리의 소유자다. 그는 나에게 얼마 전 아홉 살 손자가 5K 마라톤에서 자기를 이겼다는 얘기를 들려준다. 나중에 나는 사람들이 그를 동물처럼 묘사하는 이야기를 듣는다. 그는 20년째 이 레이스에 참가하고 있다. 단 한 번도 완주하지 못했고, 심지어 펀런도 완주한 적이 없는데도.

나는 캠프파이어 너머로 래즈를 지켜본다. 트렌치코트를 입고 불에다 손을 녹이는 모습이 어둠의 제왕 같다. 그를 만나고 싶지만, 아직은 나를 소개할 용기가 안 난다. 그를 보면 나도 모르게 『암흑의 핵심Heart of Darkness』◇이 떠오르는 걸 어쩔 수 없다.

주인공 커츠처럼, 래즈는 대머리에 카리스마 넘치는 소제국의 지도자, 인간 고통의 밀매상이다. 그는 커츠 대령과 내 할아버지를 섞어놓은 것 같다. 이 호르몬의 불꽃놀이, 가시나무뿐인 황량한 황무지 수 킬로미터에 비료처럼 뿌려지는 테스토스테론을 지휘한다는 건 확실히 '중앙 주재소' 같은 장려함이 있다.

　　그는 "그의 주자들"에게 편안하고 다정하게 말을 건넨다. 마치 그들이 매년 자신의 라이터 불빛 하나로 야생적으로 변하는 방종한 아들들인 것처럼. 대부분은 몇 년째 "그를 위해"(그들의 표현이다) 달리고 있다. 그들 모두가 공물을 가져온다. 모두가 참가비로 1.6달러를 낸다. 졸업생들은 래즈에게 그가 좋아하는 담배(카멜 필터) 한 갑을 가져오고, 베테랑들은 새 양말 한 켤레를 가져오며, 처녀 출전자는 각자의 차량 번호판을 가져와야 한다. 이 번호판들은 캠프 가장자리에 빨래처럼 걸려서, 달그락거리는 금속 날개의 벽을 이룬다. 줄리언은 라이베리아에서 소액금융 사업—슈퍼 히어로가 아닐 때 그의 모습은 개발경제학자다—을 하고 있는데, 라이베리아 번호판을 가져왔다. 나는 줄리언에게 어떻게 라이베리아에서 여분의 번호판을 구했는지 묻는다. 그는 거리에서 어떤 남자에게 부탁했더니 그 남자가 *10달러*를 불렀고 줄리언이 5달러를 주자 번호판이 나타났다고 말한다. 래즈는 당장에 가장 잘 보이는 자리, 한가운데에 그 번호판을 걸고, 줄리언은 기쁜 표정을 짓는다.

◊　　조지프 콘래드Joseph Conrad의 소설. 콩고 오지로 침투해 들어가 신처럼 군림하는 유럽인 커츠를 다룬 작품으로, 「지옥의 묵시록」으로 영화화되었다.

포틀럭 파티 내내, 주자들은 대회 지침을 꼼꼼히 숙지
한다. 다섯 쪽에 걸쳐 빽빽이 타이핑된 그 지침은 "정확히 가야
할 곳"을 말해준다. 그러나 모든 주자, 심지어 몇 년째 그 코스
를 달렸던 사람들조차 적어도 한 번은 길을 잃을 것이며, 한 번
에 몇 시간씩 헤맬 사람들도 많을 것이다. 나로서는 이것을 이해
하기 힘들지만—그냥 사람들이 말하는 대로 가면 안 돼?—지침
을 직접 보니 생각이 달라진다. 지침은 놀라운 내용부터("올해는
석탄 연못의 비버들이 매우 활동적이니, 비버가 남겨놓은 날카
로운 그루터기에 걸려 넘어지지 않도록 조심하시오") 자명한 내
용까지("해야 할 일은 계속해서 가장 가파른 비탈을 선택해 산에
오르는 것뿐입니다") 다양하다. 그러나 가만히 생각하면 그 지침
은 별로 도움이 안 될 것 같은 "능선"이니 "바위"니 하는 지형지
물을 인용하는 경향이 있다. 그리고 그다음에는 밤이라는 문제가
있다.

바클리 마라톤의 공식 요구 조건은 마치 보물찾기 같
다. 코스를 따라 다양한 지점에 열 권의 책이 놓여 있는데, 주자
들은 그 책에서 자신의 번호에 해당하는 페이지를 찢어 와야 한
다. 래즈가 책을 선택하는 방식은 장난스럽다. 『가장 위험한 게
임』『불운의 죽음』『죽어야 할 시간』, 심지어 나의 온갖 연상 충
동을 옹호해주는 듯한 『암흑의 핵심』까지.

올해의 화제는 래즈가 최근에 추가한 코스다. 옛 교도
소 바로 밑의 지하를 통과하는 400미터 시멘트 터널이다. 그 터
널에 들어가려면 4.6미터를 가파르게 내려가야 하고, 나올 때는
비좁은 콘크리트 통로를 기어올라야 하며, 일단 안에 들어가면

169

물이 고인 웅덩이가 "많다." 게다가 소문에는 주머니쥐만 한 크기의 쥐들이 출몰하고, 날이 따뜻할 때면 팔뚝만 한 뱀들이 나온다고 한다. 누구 팔뚝일까? 궁금해진다. 여기 온 남자들 대부분은 말라깽이들이다.

일곱번째 코스의 책은 옛 교도소 담장 옆 두 개의 장대 사이에 걸려 있다. "여기는 제임스 얼 레이가 넘어갔던 바로 그 장소입니다." 지침에는 그렇게 쓰여 있다. 그다음에는 이렇게 쓰여 있다. "고마워요, 제임스."

고마워요, 제임스. 당신 덕에 이 모든 사업이 시작되었어요.

래즈는 자기가 내킬 때 아무 때나 레이스를 시작할 자유를 스스로 부여해왔다. 그는 날짜는 공표하지만 두 가지만 보장한다. 레이스가 자정과 정오 사이의 "언젠가" 시작된다는 것(*고마워요, 래즈*), 그리고 한 시간 전에 미리 고둥나팔을 분다는 것이다. 래즈는 대체로 동트기 전에 시작하는 걸 좋아한다.

출발선에 선 줄리언은 밝은 은색 재킷에 연회색 골무 모자를 쓰고, 집에서 만든 덕트 테이프 바지를 입고 있다. 영락없이 로봇 같다. 쏟아지는 카메라 플래시를 받으며 그가 언덕 위로 사라진다.

주자들이 출발하자 곧바로 닥 조와 나는 와플을 굽기 시작한다. 래즈는 빨갛게 불붙은 담배를 들고 서성이는데, 그의 굵은 손가락 사이에서는 떨어내지 않은 회색 재가 바들바들 떨고 있다. 나는 내 소개를 한다. 그도 자기소개를 한다. 그가 실은 담

170

배를 피우지 않고 있다는 사실을 눈치챈 사람이 있는 것 같냐고 우리에게 묻는다. "올해는 담배를 피우면 안 되거든요." 그가 설명한다. "다리 때문이죠." 그는 막 동맥 수술을 받았고 순환계가 좋지 않다. 그럼에도 그는 매년 그랬듯이 결승선에 접이식 의자를 놓을 것이며, 모든 주자가 포기하든 완주하든 들어올 때까지 깨어 있을 것이다. 포기, 등산로가 나 있는 유일한 지점에서 그만두는 게 아니라면, 포기란 캠프까지 대여섯 시간 걸려 돌아와야 한다는 뜻이다. 특히나 밤에 길을 잃었다면 그 시간은 더 길어진다. 바클리 마라톤에서 경기를 중단하는 행위는 사실상 보통의 마라톤을 뛰는 것보다 더 힘든 일이다.

나는 그에게 담배가 액세서리처럼 근사해 보인다고 말한다. 닥 조는 두 갑 정도까지는 안전하다고 말한다. 말이 나왔으니 말인데, 닥 조는 진짜 닥터다.

"그런가요." 래즈가 미소 짓는다. "그렇다고 내가 이 담배의 마지막 4분의 1을 피울까요." 그는 담배를 끄고는 우리가 요리하고 있는 불 속으로 꽁초를 던진다. 꽁초는 곧바로 우리 아침 식사 속으로 연기를 피워 올린다. 나는 래즈가 이미 하나의 신화가 되었다는 것, 그리고 아마도 나 역시 그런 신화의 작가 중 한 명이 되리라는 걸 깨닫는다. 래즈의 페르소나에는 남성성에 관한 다양한 수사修辭들이 작용한다. 상남자, 10대, 아버지, 악마, 삼시인. 그리고 두시와 격렬함으로 구성된 이 루빅 큐브가 바클리 마라톤의 전부인 것처럼 여겨진다.

나는 래즈와 많은 시간을 함께 보내게 되리라는 사실을 깨닫는다. 주자들은 코스를 도는 여덟 시간에서 32시간 동안은 돌아오지 않는다. 한 바퀴와 다음 바퀴 사이에, 만약 계속 뛸 주자들은 잠시 캠프에 들러 음식을 먹고 휴식을 취한다. 이것은 구원인 동시에 사디즘이다. 오아시스는 휴식과 유혹을 동시에 제공한다. 그것은 로토파고스°의 딜레마다. 좋은 것을 남겨두고 떠나기는 힘들다.

나는 주자들이 없는 이 시간을 활용해 래즈에게 이 레이스에 관해 할 수 있는 질문은 다 해보기로 한다. 우선은 출발에 대해서부터 묻는다. 시간은 어떻게 선택하세요? 그가 불편하게 웃는다. 나는 꽁무니를 빼면서 사과한다. 그 답을 말해주면 신비가 깨지기라도 하나?

"한번은 3시에 시작했죠." 그가 마치 대답이라는 듯 말한다. "재미있었어요."

"지난해에는 정오에 시작하셨죠? 주자들이 조금 초조해했다는 얘기를 들었어요."

"확실히 그랬죠." 그는 그 기억에 고개를 저으며 미소를 짓는다. "사람들이 안달하면서 그냥 서성이고 있었어요."

"사람들이 괴로워하는 걸 지켜보는 게 재미있으셨어요?" 내가 묻는다.

"사실 약간 두려웠어요." 그가 말한다. "마치 험악하게 변해가는 군중을 지켜보는 것 같았죠."

이야기가 계속되는 동안 그는 이런저런 코스들—'데이

◊   Lotophagos: 영어로는 Lotus Eater. 호메로스의 『오디세이아』에 등장하는 부족. 신비로운 식물인 로토스를 먹고 만사를 잊고 편안하게 지낸다.

브의 위험한 등반' '로 도그Raw Dog 폭포' '푸시Pussy 능선'—을,
마치 내가 줄줄 꿰고 있다는 듯 언급한다. 나는 '랫 조'라는 코스
이름은 가시덤불이 작은 설치류의 이빨을 닮아서 그렇게 붙였는
지 묻는다. 그는 아니라고 말한다. 그것은 지도상의 지형적 특징
과 관계가 있다. 그 지형은 뭐랄까, 쥐의 주둥이를 떠올리게 했다
는 것이다. 나는 혼자 생각한다. *많은 것이 당신에게 쥐 주둥이를
떠올리게 하겠죠.* 가시덤불에 긁힌 상처는 쥐가 문 흔적이라고들
알려져 있다. 언젠가 래즈는 가시덤불에 긁힌 상처는 고양이에게
세례를 주다가 긁힌 상처보다 조금도 더 심하지 않을 거라고 주
장했다.

　나는 메스 랩◊ 언덕에 관해 묻는다. 그곳의 어떤 지형적
특징이 그런 곳을 닮을 수 있는지 궁금하다.

　"간단해요." 그가 말한다. "우리가 처음 그 코스를 달
릴 때 메스 랩을 봤거든요."

　"지금도 가동 중인가요?"

　"예." 그가 껄껄 웃는다. "그 바보들은 절대 그곳이 발
각되지 않을 줄 알았죠. 틀림없이 이렇게 생각했을 겁니다. 어떤
미친놈이 이 산을 올라오겠어?"

　래즈가 왜 그렇게 자기가 개척한 새로운 구간에 관해,
'지독한 것'의 난관이나 교도소 터널의 참신함에 대해 목소리를
높였는지 이해되기 시작한다. 그것은 이 지형을 지배하는 그의
권력을 나타낸다.

◊　Meth Lab: 불법적인 마약 제조소를 말한다.

래즈는 몇 년 동안 공원 관리들과 약간의 마찰을 빚어왔다. 실제로 짐 파이크라는 남자는 이 마라톤을 영원히 폐지시킬 뻔했는데, 지형 침식과 멸종 위기의 식물들 때문에 화가 난 것이다. 래즈는 그냥 보호구역을 돌아가는 코스를 다시 설계했고 그 우회로에 "파이크의 바보짓"이라는 이름을 붙였다.

더 험했던 시절에 대한 래즈의 향수가 느껴진다. 프로즌헤드 공원이 탈옥한 중범죄자들과 무법자들의 유령으로 득실거리고, 발각되지 않은 마약 중독자들과 그들이 숨겨둔 감기약이 수북했던 시절에 대한 향수. 지금은 시절이 달라져, 더 말랑해졌다. 바로 작년에는 레이스가 열리기 일주일 전에 산림감시원들이 '랫 조'의 가시나무들을 베어버렸다. 래즈는 화가 머리끝까지 났다. 올해 그는 그들에게 4월까지 기다리겠다는 약속을 받아냈다.

래즈의 가장 큰 욕망은 달릴 수 없는 레이스를 만드는 것, 알 수 없는 새로운 윤곽을 지닌 정복할 수 없는 불멸의 지평선을 유지하는 것 같다. 누구도 완주는커녕 완주 근처에도 못 갔던 첫해의 레이스가 끝난 후, 래즈는 이런 헤드라인의 기사를 썼다. "바클리 마라톤 우승자는 '코스.'" 래즈가 그 접이식 의자에 기대앉아 그 코스 자체를 자신의 분신으로 여겼으리라고 상상하기는 어렵지 않다. 그의 레이스는, 심지어 그가 제대로 서 있기 힘들 때조차도 충분히 승리할 만큼 강인한 경쟁자다.

그는 건강이 좋았던 시절에는 이 레이스를 뛰기도 했지만 결코 완주한 적은 없다. 대신에 그는 원칙의 사나이로서 존경을 받을 수 있었다. 고통을 추구하면서 기꺼이 사람들을 규합할 만큼 고통의 개념에 몰두한 남자.

174

이 코스와 교차하는 공적인 등산로는 '사우스맥 등산로'
의 남쪽 끝 '전망대'와 '침니 톱'(굴뚝 꼭대기) 단 두 개뿐이다. 래
즈는 주자들이 달리는 동안에는 다른 주자들을 만나지 못하도록
막는다. "다른 인간의 모습을 보는 것 자체도 일종의 원조라고
할 수 있죠. 우리는 주자들이 고독의 온전한 무게를 느끼기를 원
해요."

그렇기는 해도 캐시라는 여자―평범한 주부 같아 보이
지만 한 바퀴를 완주한 몇 안 되는 베테랑 여성 "루퍼"(저돌적인
미치광이) 중 한 명이다―는 하이킹 코스로 '침니 톱'을 추천한다.

"1월에 거기 갔다가 팔이 부러졌어요." 그녀가 말한다.
"하지만 예쁜 곳이죠."

"재미있게 들리네요." 내가 말한다.

"개울 위로 걸쳐진 오래된 통나무가 있었죠?" 래즈가
마치 옛 친구를 추억하듯 아련한 표정으로 묻는다.

캐시가 고개를 젓는다.

래즈가 묻는다. "'로 도그'가 함께 갔었나요?"

"네."

"그 친구가 웃던가요?"

그녀의 남편으로 보이는, 아마도 '로 도그'인 듯한 남자
가 끼어든다. "그녀의 팔이 S자 모양으로 꺾여 있었어요, 래즈.
전 웃지 않았어요."

그 말에 래즈가 잠시 생각에 잠긴다. 그러더니 다시 묻
는다. "아프던가요?"

"고통을 차단해버렸달까요." 그녀가 웃는다. "하지만

하산하는 내내 제가 욕을 해댔다더군요."

나는 래즈의 기분이 냉담한 *마에스트로*와 편안한 아버지 사이를 오가는 것을 지켜본다. "어둠이 내리면 대학살이 있을 겁니다." 그는 닥 조에게 장담하더니, 이윽고 허리를 숙여 그의 해적 개를 쓰다듬는다. "배고프지, 리틀?" 그가 묻는다. "오늘 많은 사랑을 받았겠지만 그래도 먹어야지." 캠프 주변에서 나를 볼 때마다 그는 이렇게 묻는다. "지금쯤 줄리언이 저기서 즐기고 있을 거 같아요?" 마침내 내가 대답한다. "젠장 그러기는요!" 그러자 그가 웃는다. *이 아가씨 뭘 좀 아는군.*

하지만 나는 그가 그렇게 공들여 조성하려고 하는 듯한 외로움, 그의 주자들이 그렇게 애써 얻으려고 하는 바로 그 외로움을 다름 아닌 그 질문이 날려버린다는 생각이 드는 걸 어쩔 수 없다. 당신이 저기 어딘가에 혼자 있을 때, 캠프에 남은 누군가는 *저기 혼자 있을 당신을 생각하고 있다* —물론이다—는 생각은 또 다른 연결일 뿐이다. 이는 이 마라톤의 요점의 일부다, 그렇지 않은가? 고난이 고독을, 철저한 고립을 공유하게끔 한다는 것. 예전의 누군가가 이것을 경험했고, 앞으로 누군가도 경험하게 될 것이며, 저 황무지가 길들여졌든 풍화되었든 잔인해졌든, 또는 그들의 신체를 앗아갔든 간에, 그 누군가들이 지금 마음 속에 존재한다는 것.

날이 거의 어두워졌을 때 줄리언이 첫 바퀴를 돌고 들어온다. 열두 시간이 걸렸다. 나는 어떤 의미에서는 이 승리의 순간을 래즈와 공유하는 느낌이지만, 그러나 한편으로는 그가 이런 공유에 대해 마음이 복잡하다는 것 또한 알고 있다. 그의 마음속에는 그가 장치한 시련을 견디는 모든 이를 위한 장소가 있으며, 그 모두는 노란 문에 닿을 누군가를 보려는 일념 하나로 숲속에서 며칠을 보낼 만큼 어리석은 이들이다.

줄리언은 기운이 넘친다. 그는 자신이 찢어 온 페이지를 세어보라고 건넨다. 그가 가져온 61페이지는 모두 10장, 하나는 코스 초입에 있는 『긍정적 사고의 힘』의 페이지이고, 하나는 코스의 거의 끝에 있는, 10대의 알코올 중독을 다룬 『요즘 멋진 나』의 페이지다. 나는 그의 바지에서 덕트 테이프가 뜯겨 나간 걸 발견한다. "오빠가 뜯었어?"

"아니. 코스가 뜯어갔지."

줄리언은 캠프에서 허머스 샌드위치와 걸스카우트 쿠키를 먹고, 버터 피칸 셰이크를 간신히 삼킨다. 그는 또 한 바퀴를 뛰는 것에 관해 논의한다. "끝까지 달리지는 못할 것 같아. 몇 시간 달리다가 포기하고 어둠 속에서 길을 찾아 나와야 할 텐데."

줄리언이 말을 멈춘다. 나는 그의 쿠키 하나를 집어 든다. 그가 말한다. "아마도 하긴 할 거야."

그는 마지막 쿠키를 내가 집기 전에 먹어버린다. 그는 두번째 페이지들을 가져오기 위한 또 다른 번호를 받고, 래즈와 니는 그를 숲으로 떠나보낸다. 이둠 속에서 그의 빙수 재깃이 은색으로 반짝인다. 오빠 로봇, 또 한 번의 회전을 시작해.

줄리언은 지금까지 "짧은" 마라톤을 수도 없이 뛰었고, 100마일

마라톤은 다섯 번 완주했다. 언젠가 그에게 왜 그런 걸 하느냐고 물었다. 그는 이렇게 설명했다. 완벽하게 배타적인 책임 체계, 외부의 피드백에 의존하지 않는 책임 체계를 이루어보고 싶다고 말이다. 그가 달린다는 사실을 아무도 모를 때 100마일을 달리고 싶어 하는 건, 사람들을 감동시키려는 욕구나 포기에 대한 수치심을 동기로 삼는 걸 원하지 않기 때문이다. 25세의 나이에 박사 학위를 따게 된 것도 어쩌면 바로 이런 사고방식 때문이었을 것이다. 뭐라고 설명하기는 쉽지 않다. 바클리 마라톤은 이런 고립 욕구의 순수한 형태는 아니지만, 그에 상당히 근접해 있다. 한밤중에, 비가 내릴 때, 지금껏 올라본 어느 산보다 가파른 산을 오를 때, 가시덤불에 긁혀 피를 흘릴 때, 혼자일 때, 그리고 몇 시간 동안 계속 혼자일 때, 포기하든 계속하든 당신을 목격할 사람은 오직 *당신뿐이다.*

새벽 4시, 화르르 불이 타오른다. 캠프 내의 몇몇 선두 주자가 세 번째 바퀴를 출발하려고 준비하면서 꿀꺽꿀꺽 커피를 마시거나 텐트에서 15분 동안 눈을 붙이고 있다. 마치 "외로움의 온전한 무게"에 대한 생각이 여기서나마 함께하고 싶은 충동을 자극한 것처럼, 줄리언이 원조를 위해 들렀을 때 그의 배고픔이 나까지 배고프게 만들었다. 나야 배고플 일을 한 게 거의 없지만. 타인의 고통은 그것을 인지하는 사람에게 하나의 경험처럼 각인된다. 강요된 대칭으로서의 공감이 신체적 메아리로 울린다.

"생각해보세요." 래즈가 내게 말한다. "줄리언이 *저기* 어딘가에 있어요."

저기는 캠프 주변에서 빈번히 듣게 되는 말이다. 사실 너무 자주 들리는 말인데, 단골 참가자들 중 한 사람—밝은 주홍색 위장무늬 타이츠를 입고 달리는 "프로즌 에드" 퍼토('프로즌 헤드'와 비슷하지 않은가?)라고 불리는 깡마른 노인—은 자비 출판을 하면서 책 제목을 아예 『저기 이야기: 바클리 마라톤』이라고 붙였다. 그 책에는 매년 미완주자들을 낳은 새로운 혜성 코스가 자세히 소개되고, 꼼꼼한 부록에는 잔혹할 만큼 힘든 나머지 코스들과 함께 그것들이 왜 그다지 힘든 코스가 아닌지 설명된다.

"아까 오빠가 자랑스러웠어요." 나는 래즈에게 말한다. "날은 어둡고 추운데, 에너지 셰이크 한 병을 간신히 들이키고 머리를 싸쥐고 있다가 말하더군요. 갈 거야."

래즈가 웃었다. "지금쯤 줄리언이 그 결정을 어떻게 생각하고 있을까요?"

비가 내리기 시작한다. 나는 내 차 뒷좌석에 들어가 자리를 잡는다. 이 에세이를 쓰기 위한 메모들을 타이핑한다. 「리얼 월드: 라스베이거스」◊의 에피소드 하나를 보다가 꺼버린다. 아마도 스티븐과 트리셸이 이제 곧 사귈 것 같지만 내일을 위해 전력을 아껴

◊　The Real World: MTV 리얼리티 관찰예능 프로그램. 처음 보는 젊은 남녀들이 몇 개월 동안 한 공간에서 지내면서 그들의 삶과 사랑, 인간관계 등을 찍나나하게 보여주는 프로그램이나. 스티븐과 트리셸은 「라스베이거스」 편의 주요 등장인물이다.

둘 생각이다. 하지만 스티븐과 트리셸이 사귀는 모습을 보고 싶지 않은 마음도 있다. 나는 트리셸이 프랭크와 사귀었으면 했다. 잠을 청한다. 교도소 터널 꿈을 꾼다. 터널 안에 물이 넘치고 나는 방금 속도 위반 딱지를 떼었는데, 이 두 가지는 아직 내가 이해할 수 없는 중요한 방식으로 연결되어 있다. 이따금씩 밤중에 퍼지는 야생동물의 울음 같은 구슬픈 고둥나팔 소리에 잠을 깬다.

줄리언은 아침 8시쯤 캠프에 돌아온다. 그는 다시 열두 시간 동안 산에 있었지만 이번에는 겨우 두 권의 책에 도착했을 뿐이다. 두 시간 정도는 길을 잃었고, 다시 두 시간 정도는 빗속에서 여명을 기다리며 누워 있었다. 그는 생각만큼 멀리 가지는 못했다고 하지만, 그래도 다시 달렸다는 사실을 자랑스러워한다. 나도 그가 자랑스럽다.

　　　우리는 비막이 텐트에 있는 다른 사람들과 합류한다. 찰리 엥글은 세번째 바퀴를 돌다가 돌아올 수밖에 없었던 이유를 설명한다. "랫 조를 내려가던 중 제대로 엉덩방아를 찧었어요. 그래서 일어났는데 또 넘어졌고, 일어났는데 다시 넘어졌어요. 그 정도면 끝난 거죠."

　　　이 이야기에는 상당히 성서적인 논리가 있다. 실제로 속임수를 쓰고, 거래를 성사시키고, 허리를 부러뜨리고, 당신을 굴복시키는 것은 바로 세번째다.

　　　래즈는 찰리에게 교도소 구간이 좋았는지 묻는다. 래즈는 모든 주자에게 교도소 구간에 관해 묻는데, 남들에게 당신 아이가 쓴 시가 어떠냐고 묻는 식이다. *마음에 들던가요?*

찰리는 그 구간이 마음에 들었다고, 아주 좋았다고 말한다. 간수들이 매우 친절해서 방향을 가르쳐주었다고 한다. "다들 인정 많은 남부 친구들이더라고요, 그 친구들요." 찰리의 말투에서 그 자신도 스스로를 인정 많은 남부 친구로 여기고 있다는 게 느껴진다. "그 친구들이 그러더군요. *계속 올라가다 보면 구뎅이가 나와요…… 그때 옆에 있던 캘리포니아 친구들이 돌아보며 이렇게 말했죠. 대체 구뎅이가 뭐예요?*"

"그들에게 말을 해줬어야죠." 래즈가 말한다. "테네시주에서 구뎅이란 빠져나오고 싶을 때 빠져나올 수 없는 곳이라고."

"내 말이 바로 그 말이에요!" 찰리가 말한다. "이렇게 말해줬죠. 붉은개미집 위에 맨발로 서 있을 때—그게 바로 구뎅이라고. 우리가 올라가려고 했던 그 언덕이—그게 구뎅이라고요."

비가 그칠 줄을 모른다. 래즈는 올해 100마일을 완주할 사람은 없을 거라고 생각한다. 첫 바퀴에서 뛰어난 기록을 세운 주자가 몇 명 있었지만 지금은 그 누구도 체력이 충분하지 않아 보인다. 사람들은 펀 런을 완주할 주자가 있기나 할까 의심한다. 기대해볼 만한 주자는 여섯 명뿐이다. 만약 완주할 사람이 있다면, 그건 블레이크일 거라는 데 모두가 동의한다. 래즈는 지금까지 그가 기권하는 걸 본 적이 없다.

줄리언과 나는 바비큐 소스를 듬뿍 바른 닭다리 하나를 나눠 먹는다. 그릴 위에는 두 개만이 남아 있다, 아직까지 불이 꺼지지 않은 건 기적이다. 닭고기는 훌륭하고, 장담한 대로 잘 익어서 우리는 차가운 공기 속으로 입김을 뿜어낸다.

줄리언이 첫번째 바퀴를 달리는 동안 꽤 오래 함께 뛰었던 제인이라는 남자는 밤중에 산길에서 멧돼지 여러 마리를 보았다고 말한다. 그가 겁을 먹었냐고? 그랬다. 한 녀석이 가까이 다가오자 그는 허둥지둥 가파른 모퉁이 끝으로 물러나면서 나뭇가지를 쥐고 싸웠다. 나뭇가지가 도움이 될까? 아마 도움이 안 될 거라는 데 모두가 동의한다.

전신 바람막이 같은 옷을 입은 한 여자가 비닐봉지에 옷가지를 가득 챙겨 왔다. 래즈는 그녀의 남편이 남은 여섯 명의 주자 중 한 명이라고 설명한다. 그녀는 '전망대'에서 남편을 만날 계획이다. 만약 그가 기권을 결정한다면 그에게 마른 옷을 건네고 캠프까지 편안한 4.8킬로미터의 트랙을 따라 같이 내려올 생각이다. 만약 그가 계속 뛰기로 한다면, 다시 비탈을 오를 준비를 하는 동안 그녀가 행운을 빌어줄 것이다. 비에 흠뻑 젖은 채 그는 자부심을 느끼겠지만, 도중에 원조를 받으면 실격되기 때문에 마른 옷을 받을 수는 없다.

"그가 결정을 내리기 전에 마른 옷을 보여주면 좋겠네요." 래즈가 말한다. "그쪽을 선택하는 게 더 낫죠."

사람들이 술렁인다. 포장된 언덕길을 올라오는 한 주자가 있다. 이 방향에서 온다는 건 세번째 바퀴를 달리는 누군가에게는 좋지 않은 신호다. 그것은 완주보다는 기권을 뜻하니까. 사람들은 그것이 JB이거나 칼이라고 추측한다. 틀림없이 JB 아니면 칼일 거야, 지금도 달리는 주자는 많지 않아. 그러나 잠시 후 래즈가 놀란 듯 숨을 들이킨다.

"블레이크예요." 그가 말한다. "워킹폴을 보니 알겠어요."

블레이크가 흠뻑 젖은 채 와들와들 떨고 있다. "저체온증에 걸릴 것 같아요." 그가 말했다. "더는 할 수 없었어요." 그는 랫 조를 오르기가 롤러스케이트를 타고 운동장 경사면을 오르려고 애쓰는 것과 같았다고 하는데, 핑계를 댈 사람 같지는 않아 보인다. 그는 한참 동안 JB와 함께 달렸지만 그를 랫 조에 남기고 돌아왔다고 한다. "JB한테는 나쁜 소식이네요." 래즈가 고개를 저으며 말한다. "아마 그도 곧 돌아오겠군요."

래즈가 나팔을 건넨다. 블레이크를 위해서 장송 나팔을 부는 건 견딜 수 없다는 듯이. 블레이크가 탈락해서 틀림없이 실망했겠지만, 그 목소리에는 고소해하는 기미도 있다. "이 근처에서 무슨 일이 벌어질지는 전혀 알 수 없다니까요." 이 마라톤 경기를 통제하는 것과 경기가 항상 마음대로 굴러가지는 않음을 인정하는 것 사이에는 어떤 짜릿한 긴장감이 있다. 그것은 울트라러닝 자체의 긴장된 쾌감과 흡사하다. 동시적인 권력 행사와 권력 양도, 경기를 뛸 수 있도록 신체를 통제하면서도 궁극적으로는 통제할 수 없는 예측불허의 행운과 인내성, 조건을 그 신체에 제시하는 것.

닥 조는 나에게 모닥불로 오라는 몸짓을 한다. "이것 좀 잡고 있어요." 그러더니 내 쪽으로 커다란 직사각형 알루미늄 판을 내민다. 그가 쓰러진 나뭇가지를 판에 괴어 불을 덮는 천막처럼 만들자, 단 하나 남은 닭가슴살이 불 위에서 바삭하니 아름다운 갈색으로 구워진다. "블레이크한테 주려고요." 그가 설명

183

한다. "필요하다면 내 몸으로라도 비를 가려야죠."

　　이런 동지애와 영웅주의는 무엇 때문일까? 물론 나는 내내 궁금했다. 어쨌거나 사람들은 왜 이런 걸 할까? 내가 직접적으로 그 질문을 던질 때마다 주자들은 역설적으로 대답한다. *나는 마조히스트예요. 내 광기를 내버릴 곳이 필요해서요. 날 때부터 A형 성격◊이었어요.* 나는 내 질문에 관한 그런 농담들이 회피가 아니라 대답의 본질적 부분임을 이해하기 시작한다. 어느 누구도 그 질문에 진지하게 대답할 필요가 없는 것은 그들이 이미 그 질문에 진지하게 대답하고 있기 때문이다. 그들의 몸으로써, 그들의 의지력으로써, 그들의 고통으로써. 말로는 가볍게밖에 할 수 없는 것을 몸은 진심으로, 부서지도록, 헌신적으로 보여주고 있다. 어쩌면 그렇게 많은 울트라러너가 과거에 중독자였던 이유도 바로 그 때문일 것이다. 그들은 한때 자신이 벌했던 몸을 구제하고, 한때 자신이 섬겼던 갈망의 주인인 신체적 자아를 지배하고 싶어 한다.

　　몸으로 표현된 이 증언에는 우아할 만큼 절망적인 동어반복이 있다. *나는 왜 그것을 하는가? 나는 그것이 너무도 고통스럽기 때문에 그것을 하며 여전히 얼마든지 그것을 할 것이다.* 그 노력의 순수한 포악함, 그것은 어찌됐건 그 노력이 가치 있음을 암시한다. 이는 직접 말해지기보다 암시되는 목적이다. 래즈는

◊　1950년대 미국 심장 전문의 프리드먼Meyer Friedman과 로젠먼 Ray Roosenman이 심장병 환자들을 연구하면서 성격을 분류했다. A형 성격은 경쟁심이 강하고 진취적이며 부지런하고 급한 성격으로 심장발작을 일으킬 가능성이 높다고 한다. 혈액형과는 관계없으며, 학계에서는 사라지는 용어이지만 일상에서는 많이 쓰인다.

말한다. "지금껏 그들에게 왜 여기 왔는지를 묻는 사람은 없었어요. 그들 모두가 알고 있으니까요."

신체 정복, 고통 속의 동지애 등 몇 개든 그럴듯한 목적을 정하기는 쉽겠지만, 공허한 중심을 둘러싸고 있는 노력의 동심원에 더 큰 의미가 있는 것처럼 *느껴진다.* 어떤 고정이나 꼬리표에 저항하는 동력에 몰입한다는 것. "왜"라는 집요함이 핵심이다. 그것은 대답할 수 없는 질문의 잡히지 않는 지평선, 달릴 수 없는 레이스의 개념적 등가물이다.

그런데 이 레이스의 결과는 어떻게 되었을까?

결과는 JB, 출발대에서 상대적으로 신참이던 주자, 돌아온 챔피언의 최대 지원군이던 존보이가 놀라운 승리를 끌어냈다. 이로써 이 에세이의 다섯번째 문단은 거짓말이 되어버린다. 이제 이 레이스를 완주한 사람은 아홉 명이다. 나는 이 소식을 줄리언에게서 문자로 받았고, 줄리언은 트위터에서 그 사실을 알았다. 우리는 각자 다른 고속도로를 타고 집으로 가는 중이다. 곧바로 드는 생각. *제기랄.* 내 에세이의 중심인물로 JB에게 초점을 맞출 계획은 없었다. 캠프에서 그는 가장 강인한 성격의 소유자나 경쟁자로 보이지 않았다. 그러나 지금 내가 아는 건 그에 관해서도 이야기를 써야 한다는 것이다.

이거야말로 바클리 마라톤의 주특기 아니던가? 그 경기는 당신이 상상했던 이야기를 집어삼키고 다른 이야기를 건네준다. 블레이크와 칼, 두번째 바퀴를 돌고 나서도 끄떡없었고, 내가 관심 인물로 선택했던 그 두 명은 '펀 런'조차 완주하지 못했다.

이제 모두가 집으로 돌아간다. 칼은 애틀랜타에 있는 그의 기계 공방으로 돌아갈 것이다. 블레이크는 딸의 올림픽 대표선수 선발대회 준비 훈련을 도울 것이다. 존 프라이스는 돌아가 은퇴하고 나서 카트를 끌고 달릴 것이다. 그리고 래즈는 워트레이스 고속도로 아래 있는 캐스케이드 고등학교 야구부의 조감독 자리로 돌아갈 것이다.

*왜냐*고 묻게 되는 가장 강력한 의문 중 하나는—적어도 내 생각에는—사실상 그 질문을 둘러싼 의문인데, 그것은 일시적 정신 착란에 관한 이야기 속에 담겨 있다. AT는 지난 2004년에 다섯 번째 바퀴를 돌 때 겪었던 "목적의 위기"에 관한 섬뜩한 이야기를 들려주었다.

"목적의 위기," 그는 "그 말의 완전한 정의는 정신 줄을 놓는 것"이라고 설명한다. 상황을 고려하면 그다지 놀라울 것 없는 정신 상태다. 그런 경험을 한 사람은 그만이 아니다. 브렛 몬은 셋째 날이 저물 무렵 '존 뮤어' 트레일을 달릴 때 그를 도와준 인디언들에 대한 환각을 이야기한다.

그들은 내가 자는 사이 나를 지켜보고 있었고 나는 잠에서 깰 때마다 잠깐씩 그들과 이야기를 나누었어요. 그들은 매우 배려심이 많았고 내가 다시 달릴 준비가 되면 짐을 빠뜨리지 않고 챙기도록 도와주기까지 했죠. 그게 원조로 여겨지지 않기를 바랄 뿐입니다!

AT는 자신이 어떻게 그곳에 가게 되었는지, 자신이 하려던 것이 무엇인지 뚜렷한 의식도 없이 헤매고 있었다고 한다. "결국에는 한동안 바클리 마라톤을 까맣게 잊어버리곤 했지만 그 전제만은 희미하게 남아 있었죠. '가든 스폿'까지 가야 해, 그런데…… *왜?* 거기에 누가 있었나?"

그의 기억상실은 가장 삭막한 말로 그 노력을 담아낸다. 동기 없는 전제, 맥락 없는 고난. 거기에는 경이로운 순간들이 없지는 않았다.

나는 정강이까지 오는 물웅덩이 속에 한 시간쯤 서 있었죠. 내 신발 속을 들락날락하는 진흙을 뭉개면서…… 나는 '커핀 스프링스'(첫번째 물 공급지)로 걸어 내려갔어요. 바닥에 주저앉아서 내 신발에 연거푸 물을 들이부었어요…… 나는 주립공원의 경계를 표시한 페인트칠된 나무들을 살펴보았죠. 때로는 그저 나무에 칠해진 페인트를 보려고 숲속 깊이 들어가기도 했어요.

어떤 의미에서 바클리 마라톤은 정확히 이런 역할을 한다. 주자들이 그 마라톤을 달리지 않았다면 알지 못했을 것 또는 주목하지 못했을 것을 깨닫게 하는 것이다. 온갖 합당한 방법 이상으로 혹사당했을 때 느껴지는 대퇴부의 통증, 우리 신체의 꼭두각시 줄을 인정사정없이 아래로 끌어내리는 피로감, 고통으로 무뎌지고 멍해지는 정신.

AT의 이야기 끝자락에 이르면, 잔인할 만큼 힘들게 여겨지는 바클리 마라톤의 측면, 그 사악하고도 성스러운 "자급자족"은 설명할 수 없는 기적이 된다.

날이 서늘해지면 긴소매 셔츠가 있었어요. 배가 고플 때는 먹을 것이 있었어요. 날이 어두워지면 손전등이 있었어요. 나는 생각했죠. *와아, 내가 필요로 할 때마다 이 모든 것이 완벽하게 있다니 정말 이상하지 않아?*

이것은 놀라운 자비, 자기를 넘어선 은총의 증거다. 물론 그것은 그 자신으로부터 나온 것이다. 몇 시간 전 허리 주머니에 물품을 챙겨간 그 자신, 기진맥진한 환각에 의해 그 자신이 한 역할이 흐릿해져버린 것이다. 그렇게 된 것이다. 어느 날 아침 한 남자가 고둥나팔을 분다. 그리고 이틀 후, 여전히 그 나팔 소리에 응답하는 또 다른 남자는 자기에게 필요한 모든 것이 자기 몸에 둘러져 있음을 발견하지만, 그게 거기 있을 거라고 기대할 수도 없고 왜 거기 있는지 설명할 수도 없다.

사카린(문학)을 위한 변론

인간의 말이란 금 간 냄비와 같아서, 마음 같아서는 그걸 두
드려 별을 감동시키는 음악을 만들고 싶지만 실제로는 겨
우 곰이나 춤추게 만들 그런 어설픈 리듬밖에 만들어내지
못한다.

— 귀스타브 플로베르Gustave Flaubert, 『보바리 부인』

사카린[0]이란 두려움을 나타내는 가장 달콤한 단어다. 지나치게
감상적이고 지나치게 감미로운 것에 대한 두려움. *사카린*이라는
말을 들으면 우리는 암을 떠올린다. 몸속에서 응결되는 지나치게
많은 세포들. *사카린*이라는 말을 들으면 우리는 흔해빠진 표현으
로 우리 마음에 자리 잡고 우리를 수치스럽게 해온 언어를 떠올
린다. 값싼 효과를 노리면서 지나치게 많이 반복되고, 지겹도록

---

[0]　인공 감미료 사카린saccharin에서 유래된 형용사 saccharine은 '지
나치게 단순한' '감상적인'이라는 뜻으로 쓰인다.

재활용된 말들. *지겹도록.* 우리는 속이 메슥거릴 때까지 물리도록 달콤함을 포식한다.

'*그것*'에 *대한 단상:* 내 부엌의 쓰레기통은 온통 빈 인공 감미료 포장지들로 가득하다. 그것은 작다. 그렇다고 아주 작지도 않다. 나는 그 쓰레기통을 가스레인지 옆, 손님들 눈에 띄지 않는 자리에 놓아둔다.

만약 감상성이 단순화되고 품위 없고 방종한 형태의 감정을 모욕할 때 사용하는 단어라면, "사카린"은 감상성을 모욕할 때 사용하는 단어다. 그 단어의 어원은 "자갈" 또는 "모래알"을 뜻하는 산스크리트어 sarkara다. 원래는 "설탕 같은"이라는 뜻으로 쓰이다가 19세기에 와서 "지나치다"는 뜻으로 쓰이기 시작했다. 그것은 하나의 개념으로 시작되었지만 위험한 것으로 바뀌었다. 과학자들이 실험실의 쥐에게 사카린을 듬뿍 먹였더니 쥐들은 방광종양에 걸리기 시작했다.

내 대학교 룸메이트는 2학년 물리학 기말고사 전날 밤에 내 사진을 찍었다. 사진 속의 나는 침대에 누워 있다. 그녀는 그날 내가 마신 다이어트콜라가 얼마나 많은지 보여주려고 내 몸 위에 빈 깡통과 빈 병을 가지런히 쌓아놓았다. 내 얼굴과 손만 겨우 보인다. 나머지 모든 부위는 덮여 있다.

그것 자체: 그것 자체는 가루일 뿐이다. 매우 가벼워서 내가 새로 봉지를 뜯을 때마다 조리대 위로 뽀얗게 날린다. 자갈 또는 모래알. 먼지로 바스라진 어떤 것.

사카린(문학)을 위한 변론

어릴 때 우리 집의 벽들은 전체가 창문으로 되어 있었다. 긴긴 여름날이면 나는 테라스에 앉아서 파랑어치들이 유리창을 향해 날아들다 제 몸을 부딪혀, 아래쪽 삼나무 널빤지 위로 돌처럼 떨어지는 모습을 지켜보곤 했다. 파랑어치들은 대개 안으로 들어가려고 애썼지만 이따금—이쪽이 훨씬 더 보기 안 좋았다—안에 갇히면 다시 나오려고 발버둥 치곤 했다. 나는 엄마에게 새들이 우리 창문을 하늘로 착각했다고 말했다. 엄마는 내 손을 잡고 우리 현관문 바로 건너편에서 자라는 키 작은 나무 한 그루를 보여주었다. 설탕이 가득 든 녹슨 주황색의 그 나무 열매를 먹고 새들이 취한 거라고 엄마가 말했다. 새들은 그 열매를 먹는 걸 멈추지 못한다고 했다. 새들은 정신이 이상해지고 몽롱해졌다. 그래서 계속 부딪혔다.

그때 나는 발효에 관해서는 몰랐지만 달콤함에 관해서는, 달콤함의 수치스러운 구속에 관해서는 알았다. 나는 비록 어렸지만, 그 새들에 관한 것은 알았다. 유리 하늘은 그 새들이 상상하는 것보다 평평하고 단단하며, 그 유리 하늘을 통해서 새들은 그들에게 허락되지 않은 세계를 볼 수 있다는 것을.

여덟 살 때 부모님이 어느 만찬 파티에서 내게 와인 한 잔을 주셨다. 200달러짜리 비싼 와인이었지만 나는 몰랐다. 나는 몰래 부엌으로 들어가 맛을 더 좋게 하려고 설탕 한 숟가락을 퍼 넣었다. 그 행동이 부끄럽게 여겨졌지만, 이유는 알 수 없었다. 어떻게 나 자신을 변명할지, 아니 왜 변명해야 하는지도 알 수 없었다.

『보바리 부인』에서 하녀 펠리시테는 자기도취에 빠진 여주인이 새로 고안한 학대를 피해 늘 황급히 도망친다. 그녀는 달콤한 것에서 위안을 찾는다. "부인이 항상 찬장 속에 열쇠를 넣어두었기 때문에, 펠리시테는 매일 밤 설탕을 조금씩 꺼내 왔고, 기도를 마치고 완전히 혼자가 되어 침대에 있을 때 설탕을 먹었다."

기도를 마쳤는데 어떻게 설탕이 필요할 수 있을까? 우리 정신이 인내심을 발휘하는 동안 그것은 물리적 신체에 고약을, 즉각적인 위안을, 살이 믿을 수 있는 것을 준다. 한집에 사는 두 여인의 슬픔을 생각해보라. 둘 다 각자가 훔쳐온 서로 다른 쾌락—글과 욕정과 설탕—에 굶주려 있고, 둘 다 그 굶주림을 인정하기가 부끄러워 이 쾌락을 비밀로 간직한다.

기회만 주어진다면 나는 엠마의 찬장에서 훔쳐낼 무언가를 찾아낼 것이다. 나는 항상 탐닉을 타인의 시선으로부터 숨기곤 해왔다. 나는 몇 년 동안이나, 나의 라테 잔 위로 몸을 숙여 얼마나 많은 아스파탐을 털어 넣는지 아무도 보지 못하게 했다.

열여섯 살 때는 『보바리 부인』이 싫었고 그 여주인공도 싫었다. 그 소설이나 주인공이나 하나같이 지나치게 감정적이고, 너무 노골적으로 자신의 열정을 추구한다고 생각했다. 그러나 지금은 사랑한다, 그 주인공은 아닐지라도 그 책을 말이다. 멜로드라마에 탐닉하는 그 여주인공은 용서가 안 되지만 나는 그녀의 멜로드라마를 즐겨 분석하곤 한다. 나 자신을 위해서 그것을 원하기도 한다. 나에게는 그 감정의 고점과 저점 들, 최상급이 되어버리는 모든 것이 늘 있으니까. 엠마가 자신이 읽는 책에서 감

정의 청사진을 꺼내는 것처럼, 나는 엠마에게서 감정의 청사진을
꺼내곤 한다. 똑같은 굶주림이 우리를 기도와 설탕과 감미료와
텍스트로 보낸다. 신속한 풍미에서 곧바로 위안이 밀려오고, 신
체는 갑자기 그 자체를 초월한 감각으로 가득 차게 된다. 이질적
이고 유혹적인 감각으로.

감상성이란 거저 얻어진 감정에 따라붙는 비난이다. 오스카 와
일드Oscar Wilde는 그 분노를 이렇게 요약했다. "감상주의자는
아무런 대가를 치르지 않으면서 감정의 사치를 욕망하는 사람에
지나지 않는다." 인공 감미료는 아무런 대가 없이, 즉 칼로리라
는 세금을 내지 않고도 같은 강도의 달콤함—설탕 자체보다 달
다—을 제공한다. 그것은 실체가 없는 설탕의 껍데기를 제공한
다. 이것은 기적 같지만 동시에 오싹하다.
    이것은 감미료가 감상성과 똑같다는, 심지어는 감상성
에 대한 완벽한 상징이라는 말이 아니다. 다만 서로 다른 이 두
가지 풍미의 양상 속에 비슷한 두려움이 작용한다는 걸 이야기할
뿐이다. 두 단어 모두 얄팍하고 과장되거나 분에 넘치는, 궁극적
으로는 비현실적으로 느껴지는 달콤함—감정이든 맛이든—을
묘사한다. 본능은 그것을 갈망하고 또 거부하면서, 과잉을 포함
할 만한 어휘, 그것에 이름을 붙이고 비난하고 떨쳐버릴 어휘를
찾으려고 한다. 지나치게 감상적이고 미묘한 차이 없이 전달하려
한다는 둥, 지나치게 달콤하고 자제력이 없다는 둥. 복잡하지 않
은 순전한 감각에 대한 굶주림이 그 혀에 무언의 수치심을 안겨
준다. "그대는 시체를 지고 다니는 가여운 영혼이다." 에픽테토

스Epictetos의 말이다. 마치 몸은 영혼을 그로테스크하게 만드는 괴물 같은 것이고, 감정의 즉효약 또는 갑작스러운 달콤함의 쇄도에 대한 그 갈망은 거추장스러운 짐─신체적이고 천박한─이자 우리의 고귀한 영적 자아가 짊어져야 할 창피한 욕망 덩어리를 가리키는 감정적 등가물처럼 여겨진다. 멜로드라마는 탐식하게 될 무엇이다. 벽장 속의 컵케이크다.

지나치게 달콤한, 감정 과잉의, 감상적인 등의 힐난조 단어는 깔끔하게 내리치는 단두대 칼날처럼 텍스트들을 쓰러뜨린다. 우리는 감상성을 일축하면서 예술성과 미묘함의 심판자로서 우리 자신을 구축하고, 따라서 감수성이 뛰어난 우리에게는 그처럼 무지막지하게 많은 양의 감정은 필요 없다. 그런 무딘 얼굴, 헐렁한 시체 같은 것은 필요 없다. 우리는 더 섬세하게 살아갈 거라고, 그렇게 말한다. 우리는 더 적은 것으로 살아갈 거라고.

제임스 우드◊는 「당밀의 물결Tides of Treacle」이라는 한 평론에서 어느 소설가가 사용한 감상성의 성격을 이렇게 묘사한다. "좋은 아이디어를 과장하고, 이미 충분히 달콤한 반죽에 설탕을 추가하는 과정 속에서 독자는 거듭해서 [그녀를] 포착한다." 「센티멘털 무비Sentimental Movie」를 부른 가수 액슬 로즈 Axl Rose는 이렇게 노래한다. "나는 고통을 엿보고 있지." 그는 고통을 차단하기 위해 정맥주사를 찌르는 연인의 모습을 지켜보며 이렇게 말한다. "네 혈관에 솜을 대." 그러나 그의 밴드인 건

─
◊　James Wood(1965~): 영국의 소설가, 문학비평가. 『가디언』 『뉴 리퍼블릭』 『뉴요커』 등을 통해 꾸준히 비평을 기고하고 있다. 국내에는 『소설은 어떻게 작동하는가』가 번역되어 있다.

스 앤 로지스Guns N' Roses—도입부에서 슬래시Slash가 맹렬한 기타 솔로를 선보이는 밴드—조차 궁극적으로는 공허한 감정들을 "엿보면서" 감상에 대한 경멸을 공유한다. "이건 센티멘털 무비가 아니야／꿈이 먼지처럼 쌓이는 그런 영화가 아니야." 감상성은 감정을 부풀려 그 자체를 지속할 수 없는 어떤 것—꿈의 형태—으로 만들어버린다. 궁극적으로는 먼지 속으로, 자갈 또는 모래알 속으로, 쓸모없는 찌꺼기 속으로 사라져버릴 것들로.

철학자 마크 제퍼슨Mark Jefferson은 「감상성은 무엇이 문제인가What Is Wrong with Sentimentality?」에서 그 문제란 "세계에 대한 그릇된 설명을 수반하는 감정적 탐닉"이라고 설명한다. 아울러 그는 그릇된 설명의 양상("단순한 평가")과 그것의 잠재적 결과가 "그 주체의 도덕적 전망을 직접적으로 손상시킨다"고 말한다. 감상성의 위험은 그것이 사회적 해악을 변명 또는 유지하려는 감정을 왜곡할 수 있다는 것이다. 제퍼슨은 그것이 "단순히 사람들에게 일어나는 어떤 것"은 아니라고 강조한다. 감상주의자란 그 자신의 방종한 감정을 품는 것과 연루된 "숙주"라고 이야기하면서 그는 말한다. "왜 특정의 감정 유형을 가진 사람들이 다른 유형의 사람들보다 감상성의 숙주일 가능성이 더 높은지…… 우리는 알지 못한다." 그의 설명을 듣다 보면 우리의 위장 속에 똬리를 틀고서, 우리가 찾아 먹는 온갖 멜로드라마를 기다리는 벌레의 이미지가 연상된다. 나는 기생충 꿈, 내 피부 속에서 알을 까는 괴생물체 꿈을 자주 꾸는데, 그 알 속에서 등장한 제퍼슨이 내 상태를 설명하는 나를 기피하는 상상을 한다. 난 심각한 감상병에 걸렸어요.

동료 철학자 마이클 태너Michael Tanner 역시 감상성에
대해 감염의 관점을 적용한다. 그는 감상성을 "감정의 질병"이
라 부르는데, 마치 실험 쥐의 방광 속 종양 세포처럼 전이되는 꼴
사나운 과잉의 종양을 우리 안에서 찾을 수 있다는 것처럼 들린
다. 수전 손택은 감상성을 내부 기관 비슷한 것처럼 이야기한다.
"당신은 그것이 얼마나 피곤하게 만드는지 상상하지 못한다. 향
수라는 그 이중막 기관은 안에서 눈물을 끌어올린다. 눈물을 밖
으로 내보낸다."

소설가 존 어빙John Irving은 1979년 「감상성을 위한 변
론In Defense of Sentimentality」이라는 논평 기사에서 찰스 디킨
스Charles Dickens의 『크리스마스 캐럴』이 남긴 유산을 검토하고,
이른바 "크리스마스 리스크Christmas risks"의 중요성을 강조한
다. 영리함이나 위트로 가리지 않으면서 페이소스를 표현하려는
진지한 노력이 중요하다는 것이다.

「감상성을 위한 변론」의 또 다른 기사에서 철학자 로버
트 솔로몬Robert Solomon은 제퍼슨과 태너 같은 철학자의 글에
응답하면서, 종종 하나의 캠페인으로 뭉뚱그려지곤 하는 감상성
에 대한 서로 다른 비평들의 차이를 정리한다. 감상성의 문제는
주로 윤리적 문제일까, 미학적 문제일까? 솔로몬은 "감상적인
사람들은 해야 할 일을 하는 대신 자기 감정에 빠진다"는 태너의
주장을 다르게 바꾸면서, 나치 장교 루돌프 회스Rudolf Höss의 예
를 인용한다. 회스는 강제수용소 재소자들이 공연한 오페라를 보
고 눈물을 흘렸다. 어쩌면 이는 단순히 아이러니가 아니라 실제
로 우발적인 경험이었는지도 모른다. 회스의 감상적 경험은 그를

괴롭혀왔을 양심의 압박을 방출하는 배출 밸브였다는 것이다.

도덕 비평가들은 감상성이—개념적으로 엄격한 또는 논리적으로 타당한 윤리학으로부터 우리의 관심을 돌리면서—감정의 대리권을 과도하게 행사한다는 이유로 그것을 공격한다. 반면에 미학적 반대론자들은 감상성이 우리 감정을 과장하거나 단순화하는 식으로 단조롭게 만들어 감정에 해를 끼친다며 그와는 다른 방향에서 공격한다. 시인 윌리스 스티븐스Wallace Stevens는 감상성을 "감정의 실패"라고 했지만, 그의 구문은 모호하다. 그의 말은 우리가 우리의 감정을 망가뜨렸다는 뜻일까, 아니면 감정이 우리를 망가뜨렸다는 뜻일까?

이 모호성은 다시금 솔로몬의 구분으로 돌아가는 듯하다. 요는 감정이 충분하지 않다는 것, 우리가 (윤리적 결정을 위해) 너무 감정에만 의존하거나 (미학적 가치를 위해) 너무 염치없이 과도하게 감정의 효과를 짜낸다면, 감정이 망가진다는 걸까? 아니면 우리 언어가 때로 감정 자체를 나타내기에 충분하지 않다는 것, 즉 감상성은 감정을 인위적인 그릇으로, 혹은 값싸고 푸짐한 덩어리로 만들어버릴 수밖에 없다는 걸까? 미학적 작품에 대해 감정을 경험하는 옳은 방법, 그른 방법이 따로 있을까? 한편으로 윤리적으로 문제가 될 수 있는 지나치게 단순한 반응이 있고, 또 다른 한편에 윤리적으로 생산적일 수 있는 더욱 미묘한—텍스트 외부 세계에 더 많은 주의를 기울이는—반응이 있는 걸까?

만약 이런 것들이 누군가 감상이라는 단어를 경멸스러운 지름길이라는 의미로 사용할 때마다 은연중에 도매금으로 씌워지는 혐의들이라면, 다음을 명시해야 할 필요가 있을 것이다. 감정은 어느 정도의 양에 이르면 감상적이 되는지? 감정을 얼마나 완곡하게 표현해야 그 자체로부터 구제될 수 있는지? 우리는 페이소스와 멜로드라마를 어떻게 구분하고 있는지? 그러나 내 느낌에 우리는 너무 자주, 그것을 그냥 안다고 생각하는 것 같다. 하지만 나는 모르겠다.

월리스 스티븐스의 시 「혁명가들은 오렌지에이드 때문에 멈춘다The Revolutionists Stop for Orangeade」에서 게릴라 병사들 한 무리는 정오의 뙤약볕 속에서 "납작한 가슴에 큰 가방을 메고" 서 있다. 지휘관들은 병사들에게 이글거리는 태양 아래서 노래하지 말라고 하지만, 어쨌거나 그들은 노래하는 모습을 상상한다. "뱀 동족의 노래/수많은 나뭇잎 사이의 모가지들/과일 주변의 날름거리는 혀들." 이 시는 잔해 속의 사소한 미학, 복잡한 역사 속에 자기 존재를 주장하는 단순하고 달콤한 어떤 맛을 상상한다. 그 맛은 뱀—타락의 최초 매개자, 첫번째의 달콤한 과일—에 의해 전달되지만 독자는 어떤 음미나 축하 또한 느끼게 된다. 우선은 오렌지에이드, 그다음이 반란이다. 우선은 형편없는 노래, 그다음이 잘 싸우는 것이다. 그런데 만약 그 오렌지의 풍미가 흉내에 불과하다면? 만약 그들의 혀가 그것이 가짜 과일임을 알아낸다면? 만약 그 노래 가사가 진실이 아니라면? 이 시는 대담하게도 인위성이 주는 위안의 예를 제시한다. "음악에는 아무 내용이 없다/허구인 것에는 있어도."

기억 하나: 나는 버번 스트리트에서 세 블록 떨어진 어느 바에서

짐빔을 마시고 있다. 내가 이 위스키를 마시는 이유는 다른 버전의 내가 되고 싶기 때문이다. 이 욕망은 내가 최근에 사랑하게 된 시인을 향하고 있다. 그는 똑같은 위스키를 자기 텀블러에 담아 마시고 있다. 짐은 그 위스키와 이름이 같고 우리는 이것이 그의 운명에 어떤 의미가 있는지를 두고 농담을 한다. 농담하지 않을 때의 그는 우리 시대 서사시의 역할에 관해 이야기한다. 인간사의 거대한 흐름을 시로 쓰고 싶다는 욕구에 관해 이야기한다. 또 때로는 그의 삶에 내린 저주, 연옥에서 사는 것에 관해 이야기한다. 그는 과거에 한 연쇄살인범과 알고 지냈노라고 나에게 말한다.

"사실 그 남자를 잘 알았다는 얘기는 아니야."

짐과 나의 관계에 관해 몇 가지 알아두어야 할 것이 있다. 그는 어둠이었고 나는 빛이었다. 나는 순진했고 그는 노련했다. (그는 블레이크William Blake의 대가였다.) 나는 픽션을 썼고 그는 시를 썼다. 나는 그가 말하는 "현실 세계"에 살았고 그는 그렇지 않았다. 나는 내가 그에게 말했던 나이보다 어렸다. 그는 늙었다고는 할 수 없지만, 그가 치료해줄 수 없었던 자궁경부암에 걸린 한 여자와의 관계에서 막 벗어나고 있었다. 그것이 그를 늙어 보이게 했다. 그 여자는 약간은 초인 같은 면이 있었다. 그의 주장에 따르면 말이다. 그녀는 그가 이후로는 느껴본 적 없는 일종의 "총체적 감정"을 느끼게 했다. 언젠가 그녀는 와이오밍주 시골의 한 도넛 가게 밖에서 제임스 메릴◊의 영혼과 교감한 적

◊　James Merrill(1926~1995): 미국의 시인. 뛰어난 기교와 재치가 엿보이는 서정시와 서사시로 유명하다.

이 있었다. 그녀는 내가 결코 되어보지 못할 많은 것이었다.

그런데 이 연쇄살인범은 짐의 대학 근처 피자 가게에서 한적한 밤 시간에 일했다. 거대한 체구의 흑인인 그는 롤링 슬라이서로 피자를 순식간에 자르는 달인이었고 모두에게 친절했다. 사람들이 그의 집에서 시체 한 구, 이어서 또 한 구, 그리고 세번째 시체를 찾아낼 때까지 그는 계속 근무 시간에 나와서 일했다.

"총체적 악과 그렇게 가까이 있었다는 걸 알면 기분이 정말 이상하지." 짐이 말한다.

나는 잠시 생각해본다. 짐은 자신이 어둠과 부대꼈다는 사실에 뿌듯해하고, 나는 그런 어둠과 부대꼈던 사람과 같이 잔다는 사실에 뿌듯해한다.

그러다가 이런 생각이 든다. 내가 지금 마시고 있는 술 말고 다른 것을 마시고 싶다는. 나는 길가에서 오렌지에이드에 목마른 혁명가 중 한 명이다. 나는 사람들이 버번 스트리트에서 마시는 그 밝은색 플라스틱 머그잔의 음료, 그 이름을 따온 과일을 능가하려고 애쓰는 듯한 맛의 프로즌 다이키리를 마시고 싶다. 내 올케는 이런 인공의 맛을 "아부하는 수박" "아부하는 사과" "아부하는 바나나"라고 부른다. 이 칵테일들은 그런 맛을 주기 위해 초과근무를 하고 있다.

'아부한다'는 말이 맞는 것 같다. 아부로써 호의를 얻으려고 하니까. 바로 이것이 사카린 문학의 문제가 아닐까? 그것이 우리 감상적 자아의 자존심을 치켜세운다는 것이? 느낄 수 있는 우리 능력을 어떤 것이 부각시켜줄 때 우리가 우쭐해진다는 것이? 그리고 이 만족감이 진정한 감정적 반응을 대체해버린다는 것이?

　　나는 짐에게 고개를 돌리고 내 욕망을 표현할 방법을 찾아낸다. "뭔가 달콤한 걸 마시고 싶어요."

　　우리는 '트위스터'와 '허리케인'이라는 술을 찾는다. 몇 년 후 제방이 무너지고 그 도시에 홍수가 났을 때, 그 우스꽝스러운 이름은 유령처럼 느껴지게 될 것이다.

　　나에게 중요한 건 뉴올리언스가 더 이상 옛 모습 그대로 존재하지 않는다는 사실, 지금은 나에게 존재하지 않는 남자와 함께하던 그 당시의 모습이 아니라는 사실이다. 어쩌면 이것은 감상적 오류에 지나지 않는지도 모른다. 도시 전체가 차라리 침수되기를 바라는 대대적인 사랑의 상실이란. 그러나 내 기억이 가장 사소한 순간의 나 자신에게로 돌아가는 건 무엇 때문일까? 나는 진지한 지표를 갈망하는데 그 대신 왜 자꾸만 진부함에 매여 있는 나 자신을 발견하는 걸까?

　　나는 허리케인을 원하던 마음과 그런 마음이 부끄러웠던 감정을 기억한다. 연쇄살인범에 관한 이야기보다는 술에 관한 이야기를 기억한다. "총체적 악"이나 "인간사의 거대한 흐름"이나 "총체적 감정" 같은 표현들은 너무 크고 너무 모호해서 별 쓸모가 없다고 생각해 몰래 일축해버렸던 것을 기억한다. 그러나 그런 표현들이 두려운 마음도 없지 않았다. 그것 또한 나는 기억한다.

볼티모어 시내 어딘가에 꾸며진 한 실험실 안에서 두 마네킹이 말다툼을 벌이고 있다. "그 비열한 팔베르크의 거짓말을 보고 있자니 내 피가 끓어요!" 한 마네킹이 소리치더니, 녹음된 자신의 말에 끼어든다. "흥분해서 미안합니다. 나는 아이라 렘슨 박사입니다."◊

뻣뻣한 팔다리를 한 콘스탄틴 팔베르크의 마네킹이 재빨리 변명을 한다. 심한 러시아 억양이 묻어나는 녹음된 목소리다. "그는 제조 과정에 전혀 관여하지 않았습니다!" 그는 감정을 나타내기 위해 불쑥 팔을 놀린다.

이 자동인형들은 '스위트앤 로Sweet'N Low'의 기원을 둘러싸고 서로 싸우는 중이다. 로봇의 동작으로 감정을 표현하면서 모방품인 사카린né cameorthobezoyl sulfamide의 발견을 모방하고 있다는 것이 딱 어울린다. 이 두 사람 모두 사카린을 발견했다, 아니 자신이 발견했다고 생각한다. 그 발견은 렘슨의 실험실에서 일어났지만, 그 비밀을 추적해낸 사람은 팔베르크였다. 렘슨은 논문의 공을 가로챘다. 팔베르크는 특허로 이익을 보았다. 이야기는 이렇다.

어느 날 팔베르크는 콜타르를 가지고 실험을 하다가 자기도 모르는 사이에 옷소매에 어떤 화학물질을 묻혔다. 그날 밤 그는 빵이 평소보다 달다고 느꼈다. 그는 궁금해졌다. 그래서 실험실로 돌아가 시험관에서 직접 화학물질을 채취해가며 실험복에 묻혀 맛보기 시작했다. 이는 위험한 실험실 관행이었고, 비위

◊   러시아 태생의 독일 화학자 콘스탄틴 팔베르크Constantin Fahlberg
는 그의 스승인 존스홉킨스 대학교의 미국 화학자 아이라 렘슨Ira Remsen
의 연구실에서 우연히 사카린을 발견했다. 팔베르크는 사카린 특허를 등록하
고 이후 독일로 돌아가 사카린을 생산해 부자가 되었지만 그 과정에서 렘슨을
배제해 둘의 사이가 나빠졌다.

생적인 조건 때문에 가능한 일이었다. 그러다 그는 운 좋게도, 우리 신체가 대사를 거부하는 일종의 설탕을 발견했다. 마침내 우리는 기분 좋게 그것을 실컷 먹으면서도 그 찌꺼기가 쌓여 우리 배 둘레가 늘어나는 것을 볼 일은 없어졌다.

우리가 감미료를 경멸스럽게 여기는 부분은 이것이다. 아무런 대가 없이도 맛을 즐길 수 있다는 사실 말이다. 우리 자본주의적 에토스는—우리 몸 자체에 새겨진 게으름이나 절제력의 기록을 읽을 수 있다고 주장하면서—특정 부류의 표식을 사랑하지만, 그 가독성을 위협하는 인공 감미료 또한 사랑한다. 인공 감미료는 탐닉과 신체적 결과의 산술을 속일 방법을 제공한다. 마찬가지로 감상성은 복잡한 문제를 고민할 것 없이 감정을 제공한다. 와일드가 말했듯이 *대가를 치르지 않는 감정의 사치다.* 이 말은 일종의 허레이쇼 앨저의 에토스,◊ 즉 미학의 경제 속에서 스스로 노력해 얻어야 한다는 얘기다. 당신은 그저 생활보호 수당처럼 건네지는 손쉬운 감상을 주워 모을 게 아니라 예술에 대한 반응을 *스스로 얻어야* 한다.

그렇다면 어떻게 얻을 것인가? 비유의 투명성을 분석하고, 은유를 면밀히 해석하고, 등장인물이 보여주는 미묘한 차이를 추적하고, 인쇄의 역사와 사회사, 제도사, 대양 횡단사, 그밖에도 생각할 수 있는 온갖 부류의 역사와 관련해 사실에 입각해야 한다. 우리는 느끼기 위해서 노력해야 한다고 생각한다. 우

◊ Horatio Alger(1832~1899): 19세기 후반 미국의 아동문학가. 가난한 소년이 노력해서 정당한 보상을 받게 된다는 줄거리의 책들로 잇달아 큰 인기를 얻으면서 미국의 산업사회 발전과 맞물린 자수성가 신화를 보급했다.

리는 우리의 케이크가 우리를 저지하기를 원한다. 그러나 다음엔 그것을 먹고 싶어 하기도 한다.

어떤 것이 너무 쉽게 다가올 때 우리는 정이 떨어진다. 하지만 탐욕스러워지기도 한다. 일부 여성들은 천국이란 음식에 칼로리가 없는 곳이라고 묘사한다. 프랭크 비다트°의 시 「엘런 웨스트Ellen West」는 거식증에 걸린 한 여인의 고백으로 시작한다. "천국은/바닐라 아이스크림 침대 위에서 죽어가고 있을 거야." 그녀는 신체에 나타나는 결과 없이 엄청난 탐닉의 자유를 얻을 것이다. 그녀는 이미 죽었기 때문에 지방이나 체중, 또는 존재로써 치러야 할 대가가 없다. 그리고 지금 우리에게는 여기 지상 위의 천국, 삶 속의 죽음이 있다. 감미료가 우리 입의 죄악으로부터 우리 몸을 해방시켜주므로.

인공 감미료의 역사에서 중요한 시기들
1879년─렘슨의 볼티모어 실험실에서 콘스탄틴 팔베르크가 깜빡하고 손을 씻지 않는다. 그는 사카린을 발견한다.
1937년─마이클 스베다Michael Sveda가 일리노이 대학교에서 담배 끝에 묻은 달콤한 것을 맛본다. 이것이 사이클라메이트cyclamate다.
1965년─제임스 슐래터James Schlatter가 자기 손가락 끝에 묻은 어떤 아미노산을 핥아본다. 아스파탐이다!

◊　　Frank Bidart(1939~): 미국의 시인, 영문학자. 「어스름half-light」으로 전미도서상, 퓰리처상을 받기도 했다.

사카린(문학)을 위한 변론

1976년—테이트 앤드 라일 설탕 회사의 한 보조연구원이 지시 사항을 오해하고 시험tests 대신 시식tastes을 하다가 수크랄로스 sucralose를 발견한다.

우리가 사용하는 주요 인공 감미료를 발견한 과학자의 명단은 잡다한 아마추어들의 명단, 실험실에서 실수하는 방법을 모아놓은 카탈로그 같다. 이들은 우리 과학 신화 속 우연한 발견의 주인공들, 알렉산더 플레밍◊들이 아니다. 이들은 우리가 발견하기를 바랐는지 확신할 수 없는 것들을 우연히 마주친 사람들일 뿐이다. 이들은 우리가 자랑스레 여기는 사람들이 아니다.

이 에세이를 쓰는 동안 나는 갓 우려낸 찻잔 속에 작고 파란 이퀄 스위트너를 부어 넣기 위해 수도 없이 컴퓨터 앞에서 일어서곤 했다. 그 가루의 잔여물이 주방 조리대 위를 고운 먼지로 덮는다. 나는 팔베르크나 스베다가 그랬듯, 기대하지 않았던 곳에서 항상 달콤함을 맛본다. 와인 잔에서, 야채 칼에서, 볼펜 끝에서.

도널드 바셀미◊◊의 단편 「난파물Wrack」은 자신이 가진 모든 것을 부정하는 한 남자에 관한 이야기다. 실내복, 여자 구두 한 짝, 두꺼운 매트리스 두 개 사이에 끼인 얇게 썬 살라미 소

◊　Alexander Fleming(1881~1955): 스코틀랜드 출신 미생물학자로 우연하게 실험실에 날아든 곰팡이 덕분에 라이소자임과 페니실린을 발견한 것으로 유명하다. 1945년 노벨 생리의학상을 수상했다.

◊◊　Donald Barthelme(1931~1989): 미국의 단편 작가, 소설가. 장난스러운 포스트모던 스타일의 단편으로 유명하다. 국내에는 『백설공주』 『죽은 아버지』 등이 번역되어 있다.

시지를 그는 부정한다. "*내가* 봉봉 접시를 가지고 있을 거라는 말씀이시죠?" 그는 알 수 없는 질문자에게 대꾸한다. "순은으로 됐건 뭐로 됐건 간에 봉봉 접시라뇨? 미쳤군요."

그가 곧바로 부정하지 않은 한 가지 품목은 45킬로그램짜리 사카린 포대다. 나는 이 부분을 읽으면서 기뻤다. 마침내! 소유물이다. 그러나 방어는 거의 곧바로 포기되고 만다. 남자는 설탕 섭취가 금지된 "몸 상태"를 들먹이며 그 포대에 대해 설명한다. 그는 감미료 자루의 망령으로부터 뒷걸음질 친다. "내 기억으로는, 아침 식사를 할 때 커피에 설탕을 넣었어요…… 틀림없이 설탕이었죠. 싸라기 설탕요. 그러니 그 사카린 포대는 단연코 내 것이 아니에요." 우리가 보는 그 인물은 자기 것이라고 주장하지 않을 것들을 통해서만 자신을 규정한다.

만약 내 아파트 전체에서 내 것이 아니라고 부인하게 될 품목을 하나 고른다면? 그것은 뜯어낸 종이 봉지로 가득한 내 쓰레기통일 것이다. 다시 말해 이 봉지 더미야말로 가장 솔직한 자아 표현일 수 있다는 뜻이다.

사카린은 어디에나 존재하는 부정의 장소 역할을 한다. 1937년 『뉴요커』지의 "장안의 화제"란에 실린 한 기사는 삭스 백화점에서 작은 백금 상자를 발견했지만 그 용도를 모르는 한 여인을 묘사하고 있다.

"저거요?" [판매원] 여자가 설명했다. "아아, 사카린을 넣는 거예요. 아니면 새 모이를 넣어두거나요." 그녀는 잠시

사카린(문학)을 위한 변론

자신의 설명을 생각하다가 조금 놀란 듯하더니, 아까보다 단호하게 반복한다. "새 모이를 넣는 거예요."

새를 먹이는 것은 괜찮지만 우리 스스로 탐닉하는 건 괜찮지 않다. 적어도 그런 값싼 것에는 안 된다. 누군가는 그 상자를 탐닉의 비밀 도구로 상상한다. 어울리지 않게 볼품없는 음식을 놓을 일종의 고급 식기, 또는 더욱 세련된 장난을 위한 짜릿하고 은밀한 장치, 스위트앤 로 감미료를 코카인처럼 킁킁대는 상류사회 풋내기. 그 깨끗한 하얀색 가루의 다른 선들은 무엇을 묘사할 수 있을까? 가장 덜 복잡한 우리 욕망을 수치스러울 만큼 읽기 쉽게 쓴 글이다.

짐과 나는 다시 버번 스트리트에 있고, 이번에는 위스키를 마시지 않는다. 중년의 취객들이 우리 시야 주변에서 춤을 추는 동안 우리는 시험관에 담긴 밝은 분홍색 칵테일을 마신다. 나는 그날 오후, 짐이 혼자 강가를 거닐고 있을 때 사두었던 사탕과자 프랄린을 꺼냈다. 당신으로부터 휴식이 필요해, 그가 말했다. 무뚝뚝한 말투는 아니었다.

우리는 감상성의 표현에 관해 계속 논쟁을 벌여왔다. 이 논쟁은 표면상으로는 미학적이지만, 사실은 개인적이며, 시나 소설을 쓰지 않는 연인들이 젤리 형태로 굳힌 아스픽 샐러드를 사이에 두고 언성을 높이며 날마다 벌이는 그저 그런 싸움과 똑같다. *당신은 당신 감정에 관해 너무 많은 걸 얘기해. 당신은 충분히 말하지 않아. 당신은 말을 해도 잘못된 언어로 말해.*

짐은 나의 감정적 삶을 이해하려고 뱀을 부리듯 청진기를 놀렸다고 말했던 사람이다. 내 기분을 알아채는 건 어렵지 않지만 해독하기는 어려웠다고, 그리고 진단하기는 더 힘들었다고 했다. 겉보기에 그것은 불평이었지만, 그는 그 은유가 마음에 들었던 모양이다. 우리가 떨어져 있던 순간들이 이런 식의 정리가 필요할 정도로 미묘했다는 점이 마음에 들었던 모양이다.

그 말의 뜻인즉, 내가 복잡한 사람이고 그도 마찬가지라는 거였다. 그가 우리 각자의 복잡성 사이의 골을 이으려고 애쓰다가 자신만 더 복잡해졌다는 뜻이었다. 이 복잡성의 복합체를 담을 만한 복잡한 이미지를 자신은 만들어낼 수 있다는 뜻이었다. 이것이 작가들이 사랑에 빠지는 방식이다. 그들은 함께 복잡하게 느끼고 그런 다음 그것에 관해 이야기한다.

비유적인 언어는 종종 최루성 이야기의 소품("꿀 같은 목소리" "도자기 피부" "눈물의 폭포")이 가득한 그 친숙한 주머니에서 달콤한 표현들을 꺼내 우리에게 전달하지만, 한편으로는 정서의 예측 가능성을 벗어나는 탈출구를 제공할 수도 있다. 은유는 감상성을 벗어나는 길을 인도하는 작은 구세주, "새롭게 말하라! 새롭게 말하라!"라고 주장하는 에즈라 파운드Ezra Pound의 작은 사도들이다. 감정의 입장에서는 그 언어가 적절히 참신하면 따분하다고 느끼기 힘든 법이며, 그 표현이 적절히 불분명하면 지나치다고 느끼기 힘들다. 은유는 감정을 놀랍고도 숭고한 언어로 번역하지만, 우리가 계시의 광휘를 굴절시키고 분산시키도록 돕기도 한다. 월리스 스티븐스는 그 소심함을 이렇게 묘사한다.

"정오의 무게를/존재의 ABC를 기피하는/은유의 의도."

짐은 단순한 언어—존재의 ABC—로 말하는 것을 두려워했고 그래서 대신 코브라에 관해 말했다. 그건 정확히, 소심해서가 아니라 관계에 관한 빤하고 재미없는 어법을 혐오했기 때문이다. 그가 나에게 할 수 있는 특별한 말을 하고 싶었다기보다 *누구라도* 자기 여자 친구에게 할 수 있는 말을 하기가 싫었던 것이다.

은유 속으로 후퇴할 때 우리는 무엇으로부터 도망가는 걸까? 정오의 무엇이 우리를 두렵게 만드는 걸까? 밀란 쿤데라 Milan Kundera는 "키치는 우리를 감동시켜 우리 자신에 대해, 우리가 느끼고 생각하는 것의 진부함에 대해 눈물을 흘리게 만든다"고 주장한다. 나는 우리가 복잡함이나 모호한 비유에 이렇게 집착하는 것은 진부함에 대한 변치 않는 의식, 우리 삶과 언어의 가장자리에서 끊임없이 기어 나오는 의식과 모종의 관계가 있다고 생각한다. 어떤 것을 솔직하게 말한다면, 우리 감정을 너무 과도하게 또는 너무 직접적으로 표현한다면, 스스로가 결국 평범한 사람임을 깨닫게 되지 않을까 하는 의구심이 우리에게 있는 듯하다.

이런 의구심에는 여러 가지 두려움이 새겨져 있다. 단지 멜로드라마나 단순성에 관한 두려움이 아닌 평범성에 관한 두려움, 우리 감정이 나머지 모두가 느끼는 감정과 비슷할 거라는 두려움이다. 그렇기 때문에 우리는 감상성을 일축하고 싶어 하며, 대신에 우리의 감정적 반응은 다른 사람의 것보다 더욱 세련되었다고, 우리의 미적 감수성은 내면적 깊이의 풍경 전체를 빙산의 방식으로 증언한다고 주장하고 싶어 한다.

1980년대에 인공 감미료 뉴트라스위트를 발매할 때, G.D. 설 제약회사는 참신함과 친근함을 동시에 내세울 표상이 필요하다는 걸 알고 있었다. 그들은 기본적인 형태, 모호한 암시, 편안한 색깔을 생각하고 있었다. 어떤 면에서는 스티븐스의 의도적인 은유와 반대되는 것을 찾고 있었다. 그들은 복잡하고 알쏭달쏭한 것을 피하고 확실한 다짐을 택하면서 "원초적"인 것의 배꼽 속으로까지 내려갈 수 있는 상징을 원했다.

　　　설 측은 10년 동안 설탕을 먹지 않았다는─본인들 주장에 따르면─두 사람을 고용했다. 그들은 지나치게 달거나, 누가 봐도 낡은 수사학의 주머니에서 뒤져 꺼낸 것 같은 이미지를 선택하지 않도록 조심했다. 『뉴요커』는 이 딜레마에 관해 그중 한 명이 한 말을 인용한다.

> "우리는 회사 사람들과 회의를 했는데, 누군가가 자꾸 이렇게 말하더라고요. '마음hearts은 어떨까요? 마음은 친근하잖아요. 마음은 달콤하고요' [……] 그 사람들이 말하는 건 완전히 사카린 같은 것들이었어요."

심지어 그것의 출생지인 여기서도, 사카린은 그 이름값을 부정한다. 그것은 지나치게 사카린 같다는 혐의에 저항하고 싶어 한다.

인터넷에는 사카린에 정통한 종말론적 예언자들이 넘쳐난다. 그

사카린(문학)을 위한 변론

들은 암을 파헤치고 FDA의 은폐 공작을 파헤쳐왔다. 그들에게 맞서는 상대측은 찾아보기 힘들다. 사카린에 열광하는 블로거 케이티 킨커는 우리 현대 세계에 관해 이렇게 말한다.

> 인공 감미료가 없다면, 오늘날의 삶은 어떻게 되었을까요? 그것으로 만든 맛있는 다이어트 음료, 과일 주스 음료, 껌 등 등은요? 아이스티에 타 먹을 분홍이나 파랑의 봉지는 전혀 존재하지 않았겠지요. 세상은 무미건조했을 테고, 솔직히 말해 인공 감미료 없는 사회를 상상하기는 힘듭니다. 그것들은 어디에나 있습니다! 운명적 발견에 감사를!

케이티는 한심한 취향과 사카린 애착을 보여주는 거의 완벽한 극치라고 할 수 있다. 만약 그녀가 작은 백금 상자를 발견한다면, 그녀는 그 상자에 스위트앤 로를 가득 채울 만큼 충분히 천박할 것이다. 그녀는 아마도 할리퀸 로맨스 소설을 읽을 것이며 부상당한 주인을 구하는 개가 나오는 영화에 눈물을 흘릴 것이다. 일부 익명의 사카린 혐오자들에게 내가 투사하는 경멸, 그녀는 그런 경멸의 본질적인 대상이다. 그녀는 저개발된 미각과 과잉 개발된 식욕, 그리고 지나치게 큰 마음을 가지고 있으니까.

나는 지금, 애초에 내가 어쩌다가 감상성이란 달아나야 할 어떤 것이라고 배우게 되었는지 기억해내려고 애쓰고 있다. 하지만 세계의 종말마저 사카린 텍스트로 시작된다. 묵시록을 들춰보시라, 거기서 요한은 계시를 적은 두루마리에 관해 경고를 듣는다. "이

211

것이 네 입에는 꿀같이 달겠지만, 네 배에 들어가면 배를 아프게
할 것이다."

　　아마도 나의 두려움은 『하버드 애드버케이트*Harvard Ad-
vocate*』로 거슬러 올라가는 것 같다. 그 대학 문예지를 펴내던 판
잣집은 대학생활의 대부분의 시간 동안 나에게는 탁아소가 되어
주었다. 나는 널빤지를 댄 골방 안에서 담배를 피우면서, 우리가
받은 원고들, 그 절반은 우리가 썼던 원고들 속에서 발견한 끔찍
한 클리셰들에 관해 흡연 동지들과 가벼운 농담을 하며 숱한 밤
을 보냈다.

　　어젯밤 나는 컴퓨터 앞에 앉아 구글에 "하버드 애드버
케이트+멜로드라마"를 검색해보았다. 우리가 그 잡지에 발표했
던 통렬한 평론들과, 염치도 없이 감히 무언가를 느끼려는 예술
을 겨냥해 퍼붓던 아이러니 가득한 비난들을 찾게 되리라고 생각
하면서. 아마도 우리의 집단적 취향을 선언하는 몇몇 기록들, 염
치없는 감상을 묵살하는 글을 발견하게 되리라.

　　결국 내가 찾은 건 단 하나의 항목뿐이었다. 그건 내가
썼던 이야기 중 하나에서 발췌한 인용문이었다.

　　그녀는 유년기에는 그를 사형집행인이라 상상했다. 어쩌면
벌레들만 처형했을 것이고, 어쩌면 작거나 죽여 마땅한 포유
류 몇 마리도 처형했을 것이다. 그녀는 그가 아직도 어떤 밤
에는 잠을 못 이루고 그런 행동의 기억에 시달린다고 추측했
다. 그러나 시달린다는 말은 절대 하지 않을 거라고 확신하
고 있었다. 그는 어울리지 않게 일종의 멜로드라마를 찾는

사카린(문학)을 위한 변론

유형처럼 보였다.

사실은 나야말로 어울리지 않게 멜로드라마에 집착하고 있었다. 나는 내가 썼던 그 여자와 똑같았다. 나 자신이 감상성과 관련해 문제가 있다고는 생각할 수 없었기 때문에 나는 항상 남들이 그런 문제를 겪고 있다고 상상하고 있었다.

아이오와 작가 워크숍에 가려고 길을 떠날 때, 나는 내가 쓰고 싶었던 것에 관해 어렴풋한 생각밖에 없었다. 영리하고 재미있고 무자비한 이야기를 쓰고 싶었지만 사실 그런 이야기들이 무엇을 다루게 될지에 대해서는 전혀 생각이 없었다. 감상적인 이야기는 결코 쓰고 싶지 않다는 건 분명했다. 지나치게 말랑하고, 지나치게 적나라한 감정 표현에 대한 병적인 두려움이 나의 주된 방향타였다. 그래서 나는 스스로를 혐오하고 주변의 모든 것을 심하게 부정하는 등장인물들을 만들었다. 그 워크숍에서 쓴 첫번째 단편들 중 하나는 소피라는 이름의 소녀에 관한 글이었는데, 나는 그녀에게 최악의 자존감을 부여하고 그것을 정당화하기 위한 수많은 상황을 부여했다.

내 습작을 보고 한 남자는 이렇게 썼다. "이런 말을 한다면 누군가 내 급소를 발로 차고 싶을 거라는 건 알지만, 작가가 그저 소피의 불행을 나열하고 있는 듯한 느낌이 들 때가 있다. 소피는 얼굴 기형 때문에 자존감이 구겨졌고, 성폭행을 당했으며, 남자들은 그녀를 좋아하지 않는다. 아마도 섭식장애도 있는 것 같고, 게다가 전학생이다. 소피에게 뭐라도 제대로 되는 일이 있는가?"

213

타당한 지적이었다. 소피가 자기 자신을 혐오한 건 나 역시 그녀를 혐오했기 때문이다. 나를 꼬드겨서 그런 멜로드라마 같은 단편을 쓰게 한 소피가 원망스러웠다. 그녀가 자신을 그렇게 미워하게 만든 나 자신이 미웠다.

이런 식으로 느낀 건 나만이 아니었다. 또 다른 남자의 비평은 이렇게 시작하고 있었다. "등장인물들 가운데 내가 좋아할 만한 사람이 한 명도 없다는 이야기로 시작해야겠다…… 나는 내가 관심을 갖기 힘든 등장인물들을 따라가야 했고, 그러는 동안 등장인물들은 그들이 관심을 갖고 있다고는 믿기 힘든 것들을 했다." 맞는 말이었다. 나는 소피에게 많은 힘을 부여하거나 많은 투자를 할까 봐 경계하고 있었다. 소피 이야기의 사건들이 멜로드라마의 경계 위를 맴돈다는 걸 알고 있었고, 그녀가 뭐라도 할까 봐, 그녀가 그 경계를 뛰어넘을까 봐 두려웠다. 그래서 나는 "수동태 전염병"이라고 묘사되는 언어로 그녀의 이야기를 썼다—그때를 돌이켜보는 지금도 나는 여전히 이 비난을 수동적으로 묘사하고 있다.

지나치게 많은 감정에 대한 두려움—그리고 이 두려움에 대한 2차적 두려움—이 힘을 합쳐 적의를 품은 잡종을 낳았다. 나는 어찌어찌 감상성의 실패와 반反-감상성의 실패를 한 편의 단편 속에 짜 넣었고, 일련의 과장된 비극들을 소환해서 그것들을 이용해 모든 사람이 아무것도 느끼지 못하게 만들었다.

페이소스와 멜로드라마 사이의 경계선은 메커니즘의 문제가 된다. 만약 비유가 너무 쉽다면, 서사는 빠르게 예측될 만큼 틀에 박히게 되며, 감정 조작을 위해 감상이 부풀려지고, 언어는 신선하다기보다는 질리게 된다. 이 모든 것이 감정 유발을 값싸게 만든다. 감상성은, 감정이 모든 관련 인물의 징서적 자아를 보강하는 받침대가 되는 바로 그 순간을 묘사한다. 쿤데라는 이렇게 관찰한다. "키치는 감동의 눈물 두 방울을 잇달아 흐르게 한다. 첫번째 눈물은 이렇게 말한다. 잔디밭을 뛰어가는 어린아이들은 얼마나 아름다운가! 두번째 눈물은 이렇게 말한다. 잔디밭을 뛰어가는 어린아이를 보고 모든 인류와 더불어 감동하는 것은 얼마나 아름다운가!"

이것이야말로 어린아이 같은 표현의 목가들이 내미는 아부하는 과일이다. 그 자체를 매우 야단스레 제시하면서, 우리가 가장 보고 싶어 할 우리 모습을 구슬려냄으로써 우리를 굴복시키려고 매혹하는 이미지. 우리의 눈물은 전리품이자 우리 연민의 상징이 된다.

그러나 반-감상성은 그저 그 정서적 자아 고양의 역만을 제공하고 마는 건 아닐까? 우리는 '진정한 촉수'로서, 복잡한 문제와 실제 감정의 판정자로서 우리 감각을 벼리기 위해 감상성을 부정한다. 반-감상성의 입장이란 여전히 정체성 승인의 한 양식, 흐르는 눈물이 아닌 날아가는 화살, 여전히 인지 능력을 강조하는 하나의 방법이며, 공감보다는 통찰을 주장한다. 그것은 일축의 방식에 의한 독선이다. 일종의 자위행위 같은 이중 부정이다.

설사 쿤데라의 설명처럼 사전에 포장된 이중(눈물)의 반응을 끌어내는 것에 미학적으로 구제할 만한 요소가 전혀 없다고 해도, 무언가 다른 가치가 있지 않을까? 사람들이 쓰레기 같은 로맨스나 최루성 영화를 보며 얻는 쾌감을 어떻게 설명할 수 있을까? 이런 대량의 감정 유발은 어떤 유익함이 있을까? 만약 그것이 쾌감을 준다면, 거기에는 존중할 만한 무언가가 있지 않을까? 그게 아니라면 우리는 허위의식을 옹호하면서 다른 식의 주장을 하는 걸까? 더 나은 예술작품이 더 나은—더 포괄적이고, 유연하고 윤리적인—부류의 감정을 끌어낼 수 있다고 주장하는 걸까?

멜로드라마일지라도 누군가에게는 그의 삶과 타인의 삶 사이에 놓인 바다를 건너게 할 수 있다. 중독을 다룬 끔찍한 텔레비전 영화도 여전히 누군가에게는 그 중독자에 대한 안타까운 감정을 느끼게 만들 수 있다. 그 중독자가 얼마나 일반적이든, 얼마나 원형적이든 전형적이든 상관없이, 플롯의 반전이 얼마나 진부하든, 마음의 꼭두각시놀음이 얼마나 낯부끄럽든 상관없이 말이다. 나쁜 영화와 나쁜 글과 손쉬운 클리셰도 우리에게 서로에 대한 감정을 느끼게 만든다. 나의 일부는 이것을 역겨워한다. 나의 일부는 이것을 찬양한다.

언젠가 나는 버피 세인트-마리Buffy Sainte-Marie의 노래를 계속 반복해 들으며 한 시간 반이나 보냈다. "코데인에 붙잡히는 것보다 나은 당신의 고통을 위해…… 그리고 그게 현실이지, 그게 현실이지, 이번에도." 코데인은 혈관에 솜을 붙이고, 노래는 그 솜을 뜯어낸다—상처 위에 거즈를 대기보다는 어떤 고통을 엿보면서. 그것은 무언가를 느끼는 것과 억누르는 것 사이의, 그것을 마주하거나 거부하는 것 사이의 익숙한 긴장이다. 그러나 반복해서 그 노래를 듣다 보면—담배를 피우면서, 기생충 같은 내 슬픔을 느끼면서—그 친숙한 이분법이 해소되어버린

216

다. 그 노래의 슬픔에 젖어드는 것은 그 나름대로 하나의 마취제, 마약처럼 흡수되는 감상, 하나의 단순한 곡조를 계속 반복해서 느끼는 방법이 되었다. 일단 그 음악이 잠잠해졌을 때 나를 기다리고 있던 난장판이 아니라.

지금 짐과 나는 프렌치 쿼터의 자갈길 골목을 달리고 있다. 벽에서 벗겨지는 파스텔 색조의 페인트는 그 밑으로 오래된 벽의 파스텔 색 갈라진 껍질을 드러내 보인다. 나는 그의 등에 업혀 있다. 우리 둘 다 소리를 지르고 있다. 우리가 살아 있고, 뉴올리언스에 있으며 엄청나게 취했기 때문에, 그리고—비록 우리는 이 사실을 보란 듯이 드러내지는 않았지만— 우리가 타고 있는(나의 경우) 사람과 또는 우리를 태우고 있는(그의 경우) 사람과 사랑에 빠졌기 때문이다. 우리는 *어떻게* 취할 것인지에 관해서는 생각이 달랐을지 몰라도, 지금은 논쟁할 거리가 전혀 없다. 이것은 달콤하다. 이것은 우리에게 어떤 질문도 하지 않는다. 우리는 그 응답으로 어떤 질문도 하지 않는다.

내 마음을 아프게 했던 한 시인(다른 시인이다!)이 나중에 이런 시를 썼다. "우리는 크림을 너무 많이 넣어 크림 맛밖에 나지 않는 커피를 마셨다." 나는 그것이 우리 파멸의 원인이 아닐까 생각했다. 어쩌면 그건 항상 내 파멸의 원인이었는지도 모른다. 너무 많은 크림, 내 커피에 넣은 너무 많은 감미료.

　　　어쩌면 나는 기쁨의 얼굴을 너무 쉽게 또는 너무 완전하게 믿었던 것 같다, 그것의 급소에 있는 복잡한 문제에는 주의를 기울이지 않은 채로. 어쩌면 바로 그 때문에 나는 최초의 사랑의 물결이 다른 무언가에 밀려난 후 그 많은 남자와 모두 헤어졌던 것이리라. 어쩌면 나는 그 후유증을 생각하지 못할 만큼 밀월 기간에 너무 절대적으로 나 자신을 바쳤던 것이리라. 나는 누구에게도 "스위티"나 "허니"였던 적이 없다. 남자 친구가 나더러 "스위트"하다고 할 때마다 나는 불안했다. 나는 그 이상의 무엇도 아닌 걸까? 그 말은 너무 제한적인 것 같았고, 무언가가 부족하다고 또는 잘못되었다고 단호히 선언하는 것 같았다.

밀월honeymoon이란 너무 달콤해서 지속될 수 없는 기간, 또는 우리가 평소 이해하는 깊이나 현실의 관점에서—미묘한 차이와 지속성, 고점과 저점이 있는 불가피한 명암법의 관점에서—깊이나 현실성이 없는 기간을 뜻한다. 꿀맛—질리고 지치게 하는—에 취한 상태는 순수함으로서, 지속적인 인간관계라는 힘든 과제와 나란히 놓인다. 그러나 이것이 달콤함에 관한 서글픈 진실의 전부일까? 달콤함의 포화점일까? 그 상한선일까?

꿀이라는 말 한마디에 무언가 심오한 것이 있다는 내 믿음을 어떻게 표현할 수 있을까? 황홀함을 느끼는 우리의 소박한 능력 속에, 무한히 단순한 어떤 것에 감동하는 총체적 자아를 발견할 능력이 있을까? 어떻게 하면 그것을 제대로, 그 요점을 뒷받침할 만큼 충분히 감상적이면서도 그것을 망칠 만큼 지나치게 감상적이지 않은 언어로 말할 수 있을지 모르겠다.

어쩌면 나는 아직도 그 시인에게, 그가 나에게 말 걸기를 멈춘 지 한참이 된 지금까지도 그에게 말을 걸고 있는지도 모른다. 어쩌면 나는 나 자신을 정당화하기 위해, 또는 완전히 항복하기 위해 글을 쓰고 있는지도 모른다. 난 당신에게 또 한 잔의 커피를 타 줄 수 있을 거야, 정말이야! 이번 커피에는 크림을 그렇게 많이 넣지 않을 거야. 아니면 우리 계속해서 영원히 크림을 마시면 되잖아! 아마도 그 시인의 시는 나에 관한 것이 전혀 아니었을지도 모른다.

"당신은 너무 허영심이 많아요." 칼리 사이먼Carly Simon이 노래했다. "당신은 이 노래가 당신에 관한 거라고 생각하겠죠."

"솔직해집시다." 워런 비티Warren Beatty가 말했다. "그 노래는 나에 관한 거였소."

우리가 감상성을 비판할 때, 아마도 우리가 두려워하는 부분은 그것이 우리가 읽는 텍스트를 침해하도록 우리 스스로 허락할 가능성일 것이다. 우리 자신과 우리의 감정적 욕구를 지나치게 공격적으로 그 서사 속에 끼워 넣고, 우리의 눈물로 그 상황과 그 구문을 방해하게 될 가능성 말이다. 이는 다시, 우리는 주로 우리 자신을 위해서 운다는, 아니 적어도 울고 싶은 심정을 느끼게 한다는 위험성으로 우리를 데려간다.

마크 제퍼슨은 감상성은 선택과 관련이 있다고 주장한다. 그의 이론에 따르면 사람들은 현실의 왜곡된 재현에 가담함으로써 그에 호응하는 감정을 느끼기를 선택한다는 것이다. 그는 감상성을 유전된 특정 부류의 기형, "순수의 픽션"이라고 설명한다. "순수의 픽션"은 보충적인 악행의 픽션들을 요구하는데, 이 픽션들은 "노골적인 반감과 그에 대한 적극적 표현을 승인하는 도덕적 분위기"를 창조한다. 나는 감상성이 이런 픽션들을 허용한다는 데

동의하지만, 그렇다고 이런 픽션들이 그가 두려워하는 부류의 도덕적 분위기를 항상 만들어낸다거나, 그의 주장이 가정하는 명백히 환원적인 미적 반응("노골적인 반감")을 반드시 수반한다고 생각지 않는다.

내가 생각하기에 감상성은 반감을 일으킬 때도 있지만 그러지 않을 때도 있다. 그리고 이런 반감이 유용할 때도 있지만 그렇지 않을 때도 있다. 감상성은 때로 연민을 불러일으키기도 한다. 나는 감상적 픽션을 대하는 우리 반응에 선택이 존재한다는 건 더욱 자의식적인 수용 가능성 또한 있다는 뜻이라고 생각한다. 다시 말해 우리는 그런 감정들을 검토 없이 방치해두지 않으면서도 느낄 수 있다는 얘기다.

솔직히 말하면, 나 역시 감상성 속의 무언가에 거부감이 있다. 나는 그것의 부풀려진 몸짓과 깨진 약속이 두렵다. 그러나 우리가 그로부터 달아났을 때 생기는 것들, 지긋지긋함, 아이러니, 오싹함 등도 그만큼 두렵다. 나는 두 양극에서 부르는 세이렌의 노래에 면역이 되어 있지 않다. 한때 내 작품은 "냉정한 픽션"이라고 불렸는데, 그 말이 틀리지는 않은 것 같다. 나는 소피를 고통받게 했지만 그녀가 그 고통을 보살피도록 하지 않았다. 나는 감상적인 죄의식과 감상적인 탐닉이라는 순환의 모든 단계에서 주춤거리곤 했다. 비극을 움켜쥐다가도 다음에는 그 결과로부터 달아나버리고, 녹거나 얼어버린 감정 속으로 보상하듯 대피해버리곤 했다.

포스트모던의 아이러니가 휩쓴 이후의 여파로 감상성을 불러내는 목소리는 내가 처음은 아니다. 합창이 있다. 합창은 오래전부터 있었다. 과거에 그 합창은 데이비드 포스터 월리스◊가 지휘했다. 지금은 그의 유령이 지휘하고 있다. 그는 『무한한 재미』에서 "알코올 중독자 모임에서 빈정대는 사람은 교회에서는 마녀다"라고 썼다. 매우 진지한 회복의 클리셰가 그에게는 문학적 가능성이 나아갈 하나의 방향이었다. "결정적 한마디"를 쓰는 행위가 주는 회복된 감상성, 실제로 우리가 서로에게 마음을 열게 만드는 크고 조야한 크레용 그림. 그는 이 클리셰를 자신이 상상한 세계의 무한히 복잡한 풍경 속에 놓는다. 그는 우리의 "머리가 심장처럼 두근거리게" 만들 수 있는 문학, 감정과 그것이 던지는 질문을 동시에 품을 수 있는 문학을 찾고 있었다.

나는 이 심장처럼 두근거림의 가능성을 믿는다. 크리스마스 리스크의 가능성을 믿는다. 그 기형이 너무 쉽게 유전되지 않도록 따져 묻는 감상성을 믿는다. 우리가 감상성에 펑크가 났음을 느끼는 그 순간—바람 빠져 납작해졌음이 드러날 때, 찢어져 벌어지거나 크게 열리는 전망을 보게 되는 그 느낌—의 가치를 보여줄 사례를 나는 만들고 싶다. 그 파열의 순간에 무언가 유익한 일이 생긴다. 달콤함의 고점이 지나면 언제나, 달지 않은 모든 것에 대해 더욱 예리해진 감각이 온다. 만약 사카린 문학이 희석되지 않은 감정의 마법—지나치게 단순화되고 뻔뻔스럽게 허구적인—을 제공한다면, 아마도 그것의 가치는 그 속박에서 벗

◊　David Foster Wallace(1962~2008): 미국의 작가. 『무한한 재미 Infinite Jest』(1996)로 엄청난 판매고를 올리며 인기 작가가 되었다. 국내에는 『이것은 물이기』『재밌다고들 하지만 나는 두 번 다시 하지 않을 일』이 소개되어 있다.

어나는 과정에 있을 것이다. 가면을 벗을 때의 감각, 그 죄의식 말이다. 우리는 별에게서 눈물을 짜내려고 애쓰지만, 우리의 시도가 금 간 냄비임을, 또는 우리의 음악이 항상 찢어진 소리를 낸다는 사실을 영원히 잊지 못한다.

나는 우리가 감상성에 부풀었음을 느끼고, 그것에 아파하고, 그 바람 빠짐에 배신당하고, 그 하늘의 단단한 유리 표면에 상처를 입었으면 좋겠다. 이것은 스티븐스의 정오에 다가가는 한 방법이다. 우리는 경이로움을 향해 돌진한다─단순성에 우리를 내던지면서. 그래서 그것이 우리를 무겁고 무감각하게 만들어, 마침내 우리를 땅으로 데려올 수 있도록.

안개 점호

때는 이른 아침, 나는 25센트짜리 동전을 찾아다니는 중이다. 페이엣빌 시내는 조용하고, 위풍당당한 석조 건물들이 가득하다. 아마도 광업으로 벌어들인 돈이리라. 이곳은 석탄 지대의 한가운데다. 모퉁이 식당은 아직 영업 전이다. "웨스트버지니아 유일의 크리올 식당"은 아직 문을 열지 않았다. 시청은 아직 문을 열지 않았다. 시청 창문에는 이지라는 이름의 소녀를 위한 트리하우스 건설 기금을 모금하는 광고가 붙어 있다.

25센트 동전을 찾는 이유는 지금 교도소를 찾아가고 있기 때문이다. 교도소에서는 그 동전이 유용하다고 들었다. 내가 만날 사람은 찰리 엥글이라는 남자인데, 그와는 지난 9개월 동안 편지를 주고받았다. 그는 내가 25센트짜리 동전들을 가져오면 면회 도중 자동판매기에서 파는 정크푸드를 실컷 먹을 수 있다고 했다. 면회 시간은 8시부터 3시까지다. 8시부터 3시까지 이야기할 생각에 불안해진다. 내가 해야 할 질문을 모두 잊어버릴까 봐, 또는 내가 어쨌거나 틀린 질문을 할까 봐 겁이 난다. 나는 나의 식사를 미리 계획해본다. 자동판매기 아침 식사, 자동판

223

매기 점심 식사. 내가 할 일에 관해서도 벌써 생각 중이다. 무엇을 먹을지, 누구에게 전화할지, 어디로 차를 몰고 갈지. 일단 출발한다.

찰리와 나는 2년 전 테네시 주에서 열렸던 한 울트라마라톤 대회에서 만났다. 찰리가 저당 대출 사기로 유죄를 선고받기 여러 달 전이었다. 찰리는 21개월 징역을 선고받고 웨스트버지니아 주 비버의 버클리 연방교정기관FCI에 수감 중이다.

찰리는 파란만장한 삶을 살았다. 오래전 그는 크랙 중독자, 두 아이의 아버지, 우박 피해 전문 수리공, TV 프로듀서, 동기 부여 강사, 다큐멘터리 영화 주인공이었고, 그리고—지난 20년 동안은—세계에서 가장 막강한 울트라마라톤 선수 중 한 명이었다. 찰리는 중학교 2학년 때 달리기를 시작했다. *나는 달리고 있지 않을 때는 항상 서투르고 어기적거리고 다른 사람을 굉장히 많이 의식했습니다.* 언젠가 그는 내게 이런 편지를 썼다. *달리기는 내가 자유롭고 순탄하고 행복하다는 느낌을 줍니다.*

찰리의 업적은 울트라마라톤 세계에서는 유명하다. 그는 데스밸리를 달려서 횡단했다. 고비 사막을 가로질렀다. 미국을 달려서 횡단했다. 그는 보르네오 밀림 속 수백 킬로미터를 트래킹했으며, 아마존에서는 그보다 긴 거리를 지나갔다. 매킨리 산도 등정했다. 2006년과 2007년에는 사하라 사막 7400킬로미터를 달렸다. 이 여정은 다큐멘터리 영화로 제작되었는데, 공교롭게도 그의 법적 악몽이 시작된 건 바로 이 영화 때문이었다.

찰리가 체포되고 유죄 판결을 받기까지의 이야기는 길

224

고 듣기 괴롭지만 기본적으로는 다음과 같다. 로버트 노들랜더라
는 국세청 조사관이 사하라 다큐멘터리를 보고 찰리의 자금에 관
해 궁금증을 갖기 시작했다. 그는 알고 싶었다. 이런 남자는 어떻
게 그 모든 모험에 돈을 댈까? 나는 노들랜더의 호기심은 직업적
본능이라고 이해해보려고 했다. 아마도 그는, 낯선 사람들이 그
어머니와는 어떻게 잘 지내는지, 또는 배우자에게는 어떻게 비밀
을 지키는지 내가 궁금해하는 것처럼, 낯선 사람들이 어떻게 세
금을 내는지 궁금했을 것이다.

　　노들랜더는 조사에 착수했지만, 찰리의 세금과 관련해
수상한 점을 전혀 찾아내지 못했다. 그러나 그는 수사를 종결하
는 대신, 더 파고들었다. 그는 쓰레기를 뒤지도록 했다. 그는 테
러방지법인 애국법Patriot Act 이전에는 가능하지 않았을 전술들
을 승인했다. 그는 찰리의 재산을 들여다보기 시작했다. 그는—
도청장치를 부착한—여성 비밀요원을 파견해 찰리에게 점심 데
이트를 신청하도록 했다. 당시 찰리는 독신이었다. 찰리는 흔쾌
히 응했다. 좋은 인상을 주고 싶었다. 찰리는 자신의 브로커가 몇
건의 "라이어 론liar loans"—명시 소득 대출stated-income loan◊을
흔히 줄여서 부르는 말—을 신청했는데, 그가 사실을 고백하지
않음으로써 많은 거래가 성사되었다고 말했다. 2010년 10월, 찰
리는 우편 사기, 금융 사기, 송금 사기 등 열두 가지 기소 조항으

◊　　차용인이 증빙 서류를 제출할 필요 없이 자신의 소득 등을 간단히 명
시하고 그에 대한 심사를 거치지 않은 채 이루어지는 대출. 은행 실적을 올
리기 위해 부실 심사를 하고 심지어 심사관이 직접 소득란에 금액을 적기도
했다.

로 유죄 선고를 받았다.

찰리의 사건은 더 큰 이야기의 일부이기도 했다. 바로 미국 서브프라임 모기지 사태의 부산물. 그에게 내려진 유죄 선고는 상황이 끔찍하게 잘못되었다는 전반적인 인식, 그리고 사람들이 책임을 져야 한다는 의식에 주로 근거하고 있었다. 그래서 찰리는 책임을 졌다. 그는 수백만 명이 했던 어떤 일에, 그러나 여전히 자신은 하지 않았다고─유력한 증거와 함께─주장하는 일에 책임을 졌다. 그는 무모함과 탐욕으로 굴러가는 한 체계의 불가피한 붕괴를 대신할 편리한 희생양이 되었다.

찰리는 기소인부절차◊가 진행될 무렵에 약혼했다. 약혼은 재판 때까지 지속되지 않았다. 그는 노스캐롤라이나에 사는 10대 아들들과는 멀리 떨어진 주에 수감되었다. 그는 기업 후원자들을 잃었다. 2년 동안의 달리기 대회를 잃었다. 이동할 권리를 잃었다. 그는─나중에 내게 말했듯, 아주 간단히─많은 것을 잃었다.

처음 찰리에게 편지를 쓴 이유는 그의 삶에 흥미를 느꼈기 때문이다. 우리가 테네시 주의 그 산에서 만났을 당시, 자신에게 무슨 일이 벌어질지, 모든 것이 어떻게 바뀔지 그가 까맣게 몰랐다는 사실을 알게 되자 현기증이 났다. 그에게 감금이란 어떤 것일지 궁금했다. *달리기는 내가 자유롭고 순탄하고 행복하다는 느낌*

◊　영미법 용어. 공소가 제기된 뒤 심리에 앞서 피고인을 공판정에 출석시키고 공소 사실을 고지하는 법 절차.

을 줍니다. 그의 몸은 땅 위를 누비면서—사막과 밀림과 모든 국가를 누비면서—위안을 찾는 몸이었다. 그 삶의 핵심은 감금이 무슨 일을 하는지, 누군가를 한 장소에 가두는 것이 어떤 것인지, 그 사실 자체를 가리키고 있었다. 나는 알고 싶었다. 삶 전체가 운동인 사람을 가두어놓을 때 무슨 일이 벌어지는가?

한 가지는 그것이 그를 좋은 편지 친구로 만든다는 것이다. 편지를 주고받으면서 알게 된 찰리는 똑똑하고 재미있고 정직했다. 그는 감금되었다는 데서 오는 분노로부터 마음을 돌렸지만, 그러기까지 엄청난 의지와 엄청난 진심과 눈에 보이는 노력을 쏟았기 때문에 분노 자체는 여백에 새겨진 부정적인 형태로 나타났다. 찰리는 그것을 절벽으로 묘사했다. 그는 그 절벽 끝에서 물러서도록 스스로를 끌어내야 했다. *제가 느끼는 분노는 어마어마하지만, 저는 제가 자제력을 잃어간다는 그 느낌이 싫습니다. 그런 느낌은 대체로 그 분노가 숨 쉬게 내버려 둘 때 찾아오지요.* 그는 자신이 무엇을 구제할 수 있을지 찾아보았다. *힘든 일이 다 그렇듯이, 만약 우리가 마음을 열어둘 수 있다면…… 긍정적인 무언가가 찾아오겠죠. 그렇더라도 이것이 내게 어떤 좋은 것을 줄지는 도통 모르겠습니다. 나는 많은 것을 잃었으니까요.*

그는 치매가 진행되고 있는 자기 어머니에 관해서 썼다. *어머니가 보고 싶네요. 사실 제가 어머니와 떨어져 있는 건 불공평하다고 할 수 있는데 그게 진실일 겁니다.* 그는 여자들에 관해서도 썼다. *어른이 된 후 이렇게 오래도록 성관계 없이 지내본 적이 없습니다. 거기에서는 1년도 홀로 지내지 못했을 거예요.*

"거기에서"라니, 우연히도 이 말은 바클리 마라톤에서

자주 들었던 말이다. 내가 찰리를 처음 만났던 그 울트라마라톤 대회 말이다. 그것은 테네시 주의 가시덤불 무성한 산속을 뚫고 약 125마일(거리는 해마다 바뀐다)을 달리는 잔인한 레이스다. 바클리 마라톤에서 "거기에서"라는 말은 그 황무지에서, 그 코스에서, 길을 잃거나 길을 찾거나 덤불을 후리며 길을 내거나 하는 것을 뜻했다. "거기에서"란 당신이 움직이고 있음을, 달리기를 하고 있음을, 이기거나 지고 있음을 뜻했다. "여기," 감옥에서는 그 모든 것의 반대였다. 여기서는 절대 길을 잃지 않았고, 아직 가보지 못한 곳에 가는 일도 결코 없었다.

때로 찰리의 편지는 비루한 위치에서 쓰인 것이었다. *어머니 상태가 악화되고 있습니다, 제 무릎이 나빠지고 있습니다, 제 태도가 나빠지고 있습니다.* 혹은 이렇다. *오늘은 겁에 질려서 잠을 깼습니다.*

그는 교도소 트랙 달리기를 중단할 수밖에 없었는데, 무릎 뒤의 상처 하나가 큰 혹이 생기는 베이커 낭종으로 발전했기 때문이다. 그는 치료를 모색하면서 엄청나게 좌절했던 이야기를 썼다. *그저 의사 한번 만나려고 애쓰는 데 90일이 넘게 걸렸습니다. 이곳에서의 방치는 거의 상상을 초월합니다.*

크리스마스에는 복사한 카툰 하나를 보내왔다. 수염 기른 산타가 철창 안에서 작은 나무 한 그루를 바라보는 장면이었다. "당신이 여기 있었으면 해요"라는 말 위에 금이 그어지고 대신 "내가 거기 있었으면 해요"라고 쓰여 있었다.

찰리에게 편지를 쓰다 보면 죄책감이 들 때가 많았다. 나는 약물 중독 클리닉과 꽃이 만발한 배나무가 있는 동네 산책

같은 단순한 것에 관해 썼다. 그의 삶의 커다란 상처를 소금으로 문지르지 않으면서 찰리에게 나의 세계를 이야기할 방법은 없는 것 같았다. 나는 빗속의 달리기에 관해 썼고—*끝날 때쯤엔 흠뻑 젖은 나머지 비와 한 몸이 된 듯했어요*—뉴헤이븐의 빗속을 달리다가 불현듯 우리 할아버지가 돌아가신 후 오빠와 함께 체서피크 만의 한 생선 공장을 지나 버지니아의 빗속을 달리던 기억이 나더라는 이야기를 썼다. *당신한테 달리기 얘기를 쓰다니 어쩌면 내가 개자식인지도 모르겠네요*, 나는 그렇게 썼지만 어쨌든 그 편지를 부쳤다. 나는 그 편지가, 폭풍우 속에서 교도소의 자갈 트랙을 달리는 것에 관해 찰리가 언급했던 무언가와 관련이 있을 거라고 생각했다. 그는 다른 수감자들이 모두 안으로 들어가기 때문에 폭풍우 칠 때가 달리기 가장 좋은 때였다고 썼다. 그때가 혼자가 되는 유일한 시간이었다. 전화로 찰리와 이야기를 나누는 건 더 이상했다. 일정 간격을 두고 제3의 목소리가 들렸다. *당신은 연방교정기관의 재소자와 통화하고 있습니다*. 더불어 내가 해 질 녘에 트럼불 거리를 걷는 동안 그는 어딘가 —작은 플라스틱 부스 안? 나는 그곳을 상상할 수조차 없었다 —에 앉아 있었고, 전화를 끊은 뒤 내가 그 소도시의 가장 근사한 식당에서 송어 구이를 먹는 동안 그는 또다시 밤늦도록 책을 읽기 위해 이층 침대의 꼭대기로 향했다.

나는 우리가 과거 이야기를 쓸 때가 좋았다. 그것은 우리가 대등한 입장에 있었음을 뜻했기 때문이다. 아니, 오히려 그에게는 나보다 많은 과거가 있었다. 그의 표현대로 그의 러닝셔츠 밑에는 더 많은 삶의 경험이 있었다. 우리 둘 다 음주와 약물 사용에 관해, 그리고 금주와 약물 사용 중단에 관해 썼다. 찰리는 400여 명의 재소자 중 어느 누구도 그곳에 오기 전에는 완전히 약을 끊어본 사람이 없을 것 같은 교도소 안에서, 20년째 약을 끊은 중독자가 된다는 것에 관해 썼다. 20대 때 찰리는 우박 피해 보수 사업을 운영하면서 전국을 돌아다녔다. 고약한 날씨와 그것이 혜성 꼬리처럼 남긴 피해를 쫓아서, 형편없는 중서부 도시들 중에서도 최악의 동네에 있는 3.5그램들이 약을 쫓아서. 그는 위치토의 한 지역에 잘못 들어갔다가 성난 마약상들에게 총을 맞고 쓰러졌다. 그 당시 그가 지은 죄로 유죄 선고를 받았다면 지금 결백한 일 때문에 받은 것보다 훨씬 더 긴 형기를 받았을 것이다.

나는 오래전 니카라과에서 만났던 떠돌이 외다리 마술사에 관해 썼다. 그 마술사는 술꾼이었고 그의 음주는 나를 한없이 슬프게 했다. 몇 년이 지난 후, 내가 목발을 짚고 술에 취해 발을 헛디뎠을 때 그 마술사 생각이 얼마나 나던지. 나는 다시 술을 끊은 뒤 한 소녀를 데리고 아이오와시티 근처의 한 맹금류 보호소에 가려고 했던 일에 관해 썼다. *부상당한 올빼미들을 보러 갔어요!* 나는 그 다친 새들이 무슨 세계의 불가사의라도 되는 듯 소녀에게 장담했었다. 그러고 나서 내가 길을 잃고, 차를 몰고 쳇바퀴 돌 듯 맴돌다가 결국 정신을 차리고 보니 소녀와 나란히 담배를 피우면서 벤치에 앉아 있더라는 이야기, 나의 금주를 가능성 가득한 것으로 보여주고 싶었지만 대신에 실망만 가득한 것으로 보여주었으므로 좌절감을 느꼈다는 이야기도 썼다.

그 봄의 일주일 동안 찰리와 나는 매일 편지를 썼다. 우리는 눈에 띄지 않게 하나의 의식을 만들었다. 우리는 특정한 것에 집중했다. 그는 갚지 않은 빚에 관한 주장과, 몸집이 작은 남자에게 접근하는 몸집 큰 남자에 관해 서술했다. "내 칼에 묻은 피든, 자지에 묻은 똥이든, 내가 빚진 것들을 정리해볼 *생각입니다.*" 그는 자신이 보낸 금요일의 진화에 관해 썼다. 음주 시절의 금요일은 25센트짜리 생맥주였고, 금주 시절의 금요일은 시합 전의 휴식일이었다. 감옥에서 금요일은 전혀 다른 무엇이었다. *15개월 동안 매주 금요일 점심 식사에는 정체를 알 수 없는 네모난 생선 토막 하나에 지나치게 단 콜슬로와, 먹고 싶은 생각이 달아나는 감자칩이 나왔습니다. 금요일은 재소자들이 밤늦게까지 카드를 치거나 도미노를 하면서 매우 시끄럽게 떠드는 날입니다. 금요일은 또 다른 영화를 틀어준다는 뜻이기도 합니다. 나는 영화는 안 보려고 하는데 내가 여기서 편안한 척하는 것조차 싫기 때문입니다.*

찰리는 매점에서 파이어볼 사탕과 인스턴트커피를 사는 이야기, 점심 식사에 후식으로 나온 쿠키와 과일 중 뭘 먹을지 신속하게 고르지 못하는 재소자들에게 고함치는 교도관 이야기를 썼다. 그는 어머니날의 베클리 교도소는 어떤 느낌인지 묘사했다. *어머니날이면 이날 하루가 빨리 지나가기를 바라면서 멍하게 걸어 다니는 좀비로 가득 찬 교도소가 됩니다. 어머니날은 그남자들이 아들 노릇을 못 하고 있다는 사실을 상기시켜주었다.* 모든 휴일은 그들 누구도 살고 있지 않은 삶, "거기에서"를 불러내는 기도였다.

찰리는 나에게 면회 오라고 초대했다, 그는 내 이름을 면회자 명단에 올리고 규칙을 말해주었다. 아마도 데이지 듀크의 옷, 그러니까 배꼽이 드러나는 상의는 입지 말아야 할 거예요. 그리고 약이나 술은 가져오지 않는 게 최선이고요. 한번은 어떤 여성이 치마 속에 팬티를 입지 않은 채 면회 온 적이 있다고 한다. 그에 따르면 그녀는, 형기가 매우 긴 매우 젊은 남자를 면회하고 있었지요.

나는 인터넷에서 더 많은 지침을 찾아냈다. 밀리터리룩이나 스판덱스, 또는 베클리 죄수복처럼 보이는 초록빛 카키색의 옷, 베클리 죄수용 부츠처럼 보이는 부츠는 착용하지 말아야 했다. 안개가 너무 심한 날은 발길을 돌려야 할 수도 있었다. 안개가 끼면 베클리 교도소는 엄격해진다. 재소자들은 더 자주 점호를 받는다. 나는 이 안개—웨스트버지니아의 이 유명한 안개—를 상상했다. 물결처럼 거대하게 피어오르는 안개, 너무도 짙어서 사람이 파도처럼 타고 자유를 향해 갈 수 있는 안개. 모든 안개 점호는 보이지 않는 가능성에 저항하는 행위다. 베클리는 남자들을 꽉 움켜쥔다. 그들의 수를 집계하고 그들을 가두고, 꽁꽁 봉해버린다.

나는 인터넷에서 매점 판매품 목록이 담긴 저화소 PDF 파일을 발견했다. 베리 블루 타이푼 음료 분말, 프레시 캐치 고등어 팩, 핫 비프 바이츠, 저먼 초콜릿 쿠키 링을 살 수 있었다. 스트로베리 샴푸나 매직 그로라는 장난감, 또는 러스티 코코넛 오일이라는 것을 살 수도 있었다. 시원한 메시 소재 반바지나 의치 세정제를 살 수도 있었다. 종교적으로 승인된 썰어놓은 할라페뇨도 살 수 있었다. 마그네시아 유제나 여드름 치료제, 성유聖油도 살 수 있었다.

232

　　　　나는 규칙들도 찾아냈다. 이동에 관한 규칙, 위생에 관한 규칙, 소지품에 관한 규칙이 있었다. 소지품이 지나치게 많으면 화재 위험이 있었다. 책은 다섯 권, 사진첩은 한 권이 허용되었다. 취미 공예 재료는 사용한 뒤에는 곧바로 버려야 했다. 완성된 취미 공예품은 공식 면회자 명단에 오른 사람들*에게만* 보낼 수 있었다. 취미 공예품을 보내 우편으로 괴롭히는 일은 있을 수 없었다.

　　　　나는 이 규칙들을 준수하면 어떤 일이 생기는지 알게 되었다. 말썽을 부리지 않으면 주어지는 기본적인 공식 굿 타임(법정 감형)만이 아니라 여분의 굿 타임이 주어지는데, 이는 다시 산업적 굿 타임, 지역사회 교정센터 굿 타임, 공로 굿 타임, 캠프 굿 타임 등으로 나뉘었다. *캠프 굿 타임이라니.* 사실 굿 타임도 아닌데.

79번 주간고속도로를 타고 남쪽으로 가다 보면 매끄러운 고속도로가 사포처럼 변하면서 메릴랜드 주와 웨스트버지니아 주의 경계가 느껴진다. 풍경은 아름답다, 정말로 아름답다. 끝없이 뻗은 울창한 숲, 산을 뒤덮은 흠집 하나 없이 깨끗하고 무수한 초록빛이, 떠도는 안개 속으로 서서히 잠긴다. 나는 석탄 채굴이란 누군가 웨스트버지니아에 대해 가졌던 하나의 인식에 지나지 않을 수도 있다는 생각이 들기 시작한다. 아니면 사람들이 전국 라디오 방송에서 떠들기 좋아하는 그런 소리이거나. 그건 그냥 내 왼쪽에 보이는 뒤틀린 강철 조각공원—콜 컨트리 미니어처 골프장—의 테마일 뿐이지 실제로 이 땅에 파인 수많은 흉터는 아닐지 모른다. 왜냐하면 이곳은 경이로울 정도로 흉터가 없고, 경이로울 정도로 순수해 보이기 때문이다. 고속도로 출구들은 아름답고 빛나는 장소를 보게 되리라고 약속한다. *위스퍼마운틴, 솔트릭크리크, 크랜베리글레이즈.*

나는 대학 친구인 캣과 함께 하룻밤을 보낸다. 캣은 지역 신문 기사를 쓰기 위해 페이엣 카운티를 취재하고 있다. 캣은 금방이라도 무너질 듯한 집에 산다. 그 집에는 멕시코 축일 깃발이 주렁주렁 걸려 있고, 이상하게 편안한 느낌이 드는 폐기물들이 가림막처럼 둘러져 있다. 헌 원피스 무더기, 찌그러진 PBR 맥주 캔들이 담긴 양동이, 플라스틱 뚜껑이 흙 위에 찌그러진 채 나뒹구는 빈 두부 팩 하나. 캣은 그곳에서 남자 친구 드루와 함께 산다. 드루는 무정부주의 공동체 생활의 베테랑으로 지금은 건물 해체 및 구제―빈집을 해체해서 바닥재를 북부 주의 근사한 술집에 가져다 파는 일―를 한다. 그리고 토지 개혁 일을 하는 지역사회 운동가인 앤드루도 이 집에 같이 산다.

이들의 집은 꿈같은 부속들 속에서 그 자체를 드러낸다. 찌꺼기가 말라붙은 접시 더미, 바닥의 뼈다귀 하나, 하얀 도자기 머그잔 속에 웅크린 커다란 거미 한 마리, 스팽글로 뒤덮인 패브릭 올빼미, 토스터 오븐 속에서 불이 붙은 네모난 채식주의 스파나코피타 파이, 뼈다귀 주인인 개 한 마리, 뒤뜰의 개울과 일광욕을 위한 커다란 바위, 그리고 비트와 양배추, 채식주의 스파나코피타 파이에 쓸 시금치가 무성한 정원, 격자 모양 철망을 구불구불 타고 올라가 꽃을 피운 스위트피, 심지어 이제 겨우 조그맣게 싹을 틔우기 시작한 피칸 나무까지.

나는 아늑한 방 안에서 노란빛 감도는 불빛과 퍼덕거리
는 수많은 파리와 나방 아래 캣과 드루와 함께 앉아 있다. 나는
캣에게 신문에 무슨 기사를 쓰는지 묻는다. 그녀는 처음 쓴 이야
기 중 하나가 보이스카우트에 관한 거였다고 말한다. 웨스트버지
니아 남부의 지도자들이 이곳에 보이스카우트를 위한 새 휴양센
터를 유치하기 위해 분투했다. 그들은 도로 건설을 제안했다. 지
역 하청업자들에게는 세금 감면을 해주겠다고 했다. 그들은 땅을
유린하지 않을 산업을 갈망하고 있었다.

보이스카우트는 옛 노천 광산에 휴양센터를 지었다. 캣
은 진입로를 정리하기 위해 온 스카우트 대원들과 인터뷰를 하면
서 그들에게 노천 광업이 어떤 식으로 이루어졌는지 아느냐고 물
었다. 어떻게 산꼭대기들이 통째로 날아가고, 도려낸 땅은 맨살
을 드러내고, 숲은 붉은 흙색 풍경이 되었는지. 보이스카우트 대
원들은 알지 못했다. 그들은 경악했다. 그런데 당신들은 왜―?
바로 그때 덩치 큰 스카우트 대원이 도착했다. 나머지 보이스카우
트를 지휘하는 보이스카우트였다. 대화는 끝났다고 그가 말했다.

캣과 드루는 나에게 페이엣빌Fayetteville을 어떻게 발음
하는지 말해주더니 더 중요한 이야기까지 해준다. 웨스트버지니
아의 거의 모든 숲이 1870년대의 어느 시점에―여러 번의 물결
속에서―소금과 원유와 석탄과 목재와 가스를 얻기 위해 개간되
었다는 식의 이야기들이다. 하지만 아주 푸르게 보인다고, 내가
말한다. 나는 남쪽으로 차를 몰고 온 이야기를 들려준다. 그 울창
한 산과 중간 풍경으로 멀어지던 아름다운 숲의 곡선에 관해서.

드루가 고개를 끄덕인다. 맞아요, 그가 말한다. 고속도

로 근처에는 노천 광산이 전혀 없다고.

겉치레의 숲! 나는 바보가 된 기분이다. 캣은 '뷰티 라인'이라는 것을 찾아보라고 말한다. 뷰티 라인이란 언덕 뒤쪽 광산으로 파괴된 광활한 달 표면 같은 황량한 풍경을 감추기 위해 언덕 능선을 따라 줄지어 심은 나무들을 말한다. 나는 그 보이스카우트 중 한 명이다. 나는 바로 내 눈앞의 잘못에 관해 듣고 있다. 드루는 이곳의 땅 일부는 너무 많이 채굴되어 기본적으로 기둥으로 받쳐진 채 겨우 지탱되고 있다고 말한다. 그들은 이 땅이 벌집이 되었다고 한다. 웨스트버지니아는 아메리카 한가운데의 개발도상국 같다. 자원이 너무 많은 탓에 끊임없이 헤집어져왔다. 지역 주민들은 노동에 이용되었고 땅은 부를 위해 이용되었으며, 나머지 사람들은 이익을 취하고 있다.

그 집의 마법을 어떻게 설명할 수 있을까? 그곳은 상처 입은 땅 위의 낙원이었다. 축일 깃발과 퍼덕거리는 나방, 스팽글로 장식된 올빼미, 기둥 사이에 남아 있는 흙이란 흙에는 어김없이 자라나는 어린 호박 덩굴들. 그리고 선의가 넘치고 이 세계에 대한 의식이 깨어 있는 드루와 캣은 매우 끈기 있게 이 세계를 설명하면서, 찢긴 땅의 그 작은 한구석에서 지극히 우아하게 살고 있다.

다음 날 아침 복도에서 나는 전날 밤에 봤던 개가 아닌 다른 개 한 마리를 발견한다. 이 개 역시 친근해 보인다. 간밤에 많이 잔 것 같지는 않지만, 어떤 꿈을 꾸었는지 기억난다. 나는 어두컴컴한 작은 식당에서 한 남자를 인터뷰하고 있었다. 방금 가벼운 질문들을 하고 난 뒤 이제 본격적인 그것—비록 "그것"

이 무엇인지는 잘 모르지만—을 물어볼 준비를 하고 있었는데, 그때 그 남자가 계산을 하기 위해 일어섰다. 나는 공포감을 느끼며 깨어났다. 중요한 질문은 하나도 하지 못했던 것이다.

그 꿈이 너무도 생생해서 나는 그 꿈에 배신감을 느낀다. 그 꿈은 남아 있는 두려움을 해소하지도, 새로운 두려움을 설명하지도 못한다. 그저 내가—어리석은 말을 할까 봐 늘 두려워하듯—어리석은 말을 할 거라고, 요점을 벗어난 질문을 하게 될 거라고 두려워한다는 걸 말해줄 뿐이다. 내 호기심이 쓸모없는 관음증에 지나지 않으며, 나는 선글라스를 들어 올려 철창 사이를 엿보며 *여기서 지내는 건 어때요? 가장 고통스러운 부분은 무엇인가요?* 하고 더듬거리는 여자에 불과하다는 것을 증명하게 될까 봐 두려워한다는 사실을 말해줄 뿐이다.

마침내 나는 회색 돌로 지은 어느 교회의 별관 건물에 딸린 한 커피숍에서 25센트 동전들을 발견한다. 이윽고 차를 몰고 비버로 향한다. 고속도로에서 뷰티 라인을 바라본다. 그러나 그것을 분간해낼 수는 없는데, 아마도 그게 핵심인 것 같다. NPR 방송은 극빈 지역인 광산촌의 시골 학교들을 다룬 프로그램을 방송하고, 지역 라디오에서는 일꾼을 고용하려는 광산 광고를 내보내고 있다.

　　광업과 감금 둘 다 웨스트버지니아의 풍경 위에 어렴풋이 드리운 존재다. 둘 다 고의적으로 가려져 있고 왜곡되어 있지만, 그들의 성장 기울기는 서로 정반대를 향한다. 광업은 쇠락 중인 산업이다. 감금은 성장하고 있다. 웨스트버지니아의 재소자 수는 1990년 이후 네 배나 증가했다. 정치적 영향력과 막강한 경제적 이해관계를 가진 사람들은 옛 산업으로 인한 피해를 만회하기 위해 새로운 산업이 이 주를 착취하도록 허락한다.

　　미국인들의 잘못된 상상 속에서 웨스트버지니아는 하나의 농담이거나 자선 사례다. 그러나 그곳은 보이지 않는 어떤 것 이상으로, 노동과 투쟁으로 쌓아 올린 보이지 않는 건축물이다. 그리고 감금은 모든 것의 중심에 숨겨진 이 불가시성을 공유한다. 가시지 않는 두려움에 대한 우리의 엉성한 처방, 사람들의 몸에 붙어 있다가도 다음 순간 어느 고속도로에서도 보이지 않는 2층 침대 속으로 끼어드는 위험.

　　찰리는 그런 몸 중 하나다. 그의 이야기는 미국의 주택 시장을 노천 채굴하고 가능한 것은 무엇이든 벗겨내며 경제를 기둥─기둥으로 받친 땅, 서브프라임으로 움푹 꺼진 대지─으로 받쳐둔 채 꿈과 탐욕 위에서 불가능한 미래의 균형을 맞추는 한 시스템의 이야기다. 이제 우리는 그 후유증 속에서 살기 위해 애쓴다. 처벌이 가능한 곳을 처벌한다. 우리는 시스템의 비극을 가져와 말끔하게 포장된 변상으로 바꾼다, 복역 기간으로.

　　나는 GPS를 따라 1600 인더스트리얼 파크 로드로 접어든다. 베클리 교도소로 들어가기 위해 우회전하거나 좌회전하지 않는다. 이 도로가 그냥 베클리가 된다. 나는 텅 빈 간이 감시 초소를 지나 이상하게 깨끗이 손질된 잔디 제방과 컨트리클럽만큼이나 아무것도 연상시키지 않는 삼림 지대 사이에서 어느새 커브를 돌고 있다.

　　나는 모든 것을 잘못해버린다.

　　우선, 나는 엉뚱한 교도소를 찾아간다. 베클리 연방교

238

도소는 중간급 보안의 교도소와 하급 보안의 교도소 별관 두 시설로 이루어져 있다. 나는 찰리가 별관에—대부분 마약 사범이나 화이트칼라 범죄자인 최소 보안의 재소자들과 함께—수용되어 있다는 걸 알고 있지만 무슨 이유에서인지 그래도 본관 건물에서 절차를 밟아야 한다고 생각한다. 그게 아닌데. 근무 중인 간수는 나의 무지를 짜증스러워한다. 그러나 우리가 이 커다란 실수를 알아채기 전에, 먼저 그가 나의 다른 소소한 실수를 지적해준다. 나는 가방을 가져왔다. 우리는 그것을 사물함에 넣어두어야 할 것이다. 나는 치마를 입고 있다. 그는 형기가 매우 긴 매우 젊은 남자였어요. 나는 그 간수에게 말하고 싶어진다. "내 치마는 길어요! 속옷도 입었다고요!" 나는 내 몸이 폭력의 대상이자 매개체처럼 느껴진다. 의혹과 상상이 느껴진다.

나는 나이 지긋한 부부와 나란히 면회신청서를 작성한다. 그 여인의 손에 25센트 동전과 1달러 동전이 가득 든 비닐봉지가 들려 있다. 나는 동지 의식을 느낀다. 그녀 역시 자판기를 예상하고 있다. 아들에게 적어도 간식거리를 제공할 준비를, 다른 어떤 것도 줄 수 없다면 적어도 말벗이라도 해줄 준비를 하고 온 것이다.

나는 간수가 전화를 끊을 때까지 기다린다. 간수는 이제 막 입소하려는 누군가에게 말하는 모양이다. "자수자라고요?" 간수가 수화기에 대고 말한다. "성경책과 복용 중인 약은 가져와도 돼요." 전화하는 장소가 집이든 어디든 간에 자신의 거의 모든 소유물, 수많은 자유를 체계적으로 빼앗기게 될 과정에 관해 듣고 있는 남자를 상상하니 기분이 묘하다.

일단 전화를 끊은 간수는 내가 잘못한 것들을 다시 일러주기 시작한다. 나는 신청서에 찰리의 수감번호를 쓰지 못한다. 그의 번호를 외우지 않았기 때문이다. 하지만 간수가 찰리의 이름을 찾아봐 주겠다고 하는데, 나는 너무 당황한 나머지 이름 철자까지 잘못 써버린다. 그리고 바로 이때 간수가 나에게 길을 돌아가 별관으로 가야 한다고 말해준다.

별관의 간수들은 더 친절하지만, 나는 여전히 일을 그르치고 있다. 나는 주차장의 엉뚱한 쪽에 차를 세운다. 나는 또다시 내 가방을 가져왔기 때문에 가방을 차에 두고 와야 한다. 이런 말이 나올 것 같다. *하지만 저 위 교도소에는 사물함이 있던데요!* 나는 내가 알 건 안다는 걸 보여주고 싶다. 아무거라도. 내 가방은 노란 공룡 한 마리가 그려진 검은 캔버스 백이다. 제닝스 교도관은 예외로 봐줄 생각인 것 같다. "공룡은 예외군요." 내가 말한다. 제닝스가 좋아한다. 이 별관 사람들은 이런 식으로 말하는 것을 반기는 듯하다, 장난을 좋아하는 사람들처럼. 제닝스는 찰리가 낭종 제거 수술을 받았는지 묻는다. 나는 모른다고 대답한다. 나는 좋은 편지 친구가 되어주는 것마저 실패했다.

그들이 스피커로 찰리의 이름을 부르는 소리가 들린다. 나는 이런 일이 무덤덤해진 가족들, 모든 동작이 근육의 기억에 따라 이루어지는 사람들을 생각하고 있다. 이런 자질구레한 일을 아주 잘 안다는 것에는 분명 가슴 아린 것이 있다. 수감번호, 25센트 동전이 든 비닐봉지, 청바지와 딱딱한 의자와 간수들의 얼굴, 유머를 대하는 저마다의 인내심, 도로의 급회전과 커브길, 마침내 고른 바비큐 맛 칩이나 쫀득한 과일 스낵들. 인사하고 나가고

하는 동작들, 잘 있었니와 잘 있어를 다르게 말하면서 처신하는
방법들을 안다는 것은.

찰리가 면회실 입구에 서 있다. 희끗한 머리를 짧게 깎
은 50대를 앞둔 미남이다. 그는 검은색 큰 부츠를 신고 가슴에
번호가 찍힌 올리브색 죄수복을 입고 있다. 규칙이 잘 기억나지
않는다. 포옹을 해도 될까? 해도 된다고 한다. 우리는 포옹을 한
다. 그러나 다른 규칙들이 있다. 찰리는 자판기를 이용하면 안 되
고 나만 할 수 있고, 그래서 그는 먹고 싶은 것을 나에게 말해야
한다. 그리고 우리는 나란히 앉으면 안 되고 서로 마주 보고 앉아
야 하는데, 그 이유에 대해서 나는 생각하지 않기로 한다. 면회실
에 놓인 의자들을 모두 둘러보니 다른 의자들과는 달리 눈에 띄
는 의자들이 몇몇 있다. 모든 사람을 마주 보게 되어 있는 재소자
의 의자다.

내가 페이엣빌에서 구해 온 25센트 동전들은 면회 시간
내내 우리에게 많은 것을 사준다. 땅콩버터 체다 크래커 한 상자,
M&M 쿠키 한 봉지, 치즈잇 과자 한 봉지, 첵스믹스 과자 한 봉
지, 스니커즈 초코바 하나, 어린아이 얼굴만큼 커다란 "텍사스"
사이즈 쿠키 하나, 콜라 한 캔, 다이어트콜라 한 캔, 그리고 포도
맛 워터 두 병—두번째 병은 실수였거나 아니면 교도소 당국이
나에게 준 공짜 선물이다. 우리 탁자는 작은 쓰레기장이 된다.

이날은 주말이 아닌 월요일이라 면회실이 붐비지 않는
다. 거의 모든 사람이 3시까지 머무른다. 우리는 하나의 생태계
다. 자판기 옆에 앉아 있는 가족은 나에게 잔돈 20센트를 가져가
라고 일러준다. 어린 두 소녀는 창문 주변에서 가느다랗게 일렬

241

종대로 행진하며 쉽게 교도소를 빠져나가는 개미들에게 정신이 팔려 있다. 소녀 중 한 명이 찰리에게 어떤 마법사 이야기와 자기 생일 이야기를 하기 시작한다. 그 독백은 대체로 이해되지 않는데, 마침내 소녀가 말을 멈추고 매우 또렷하게 말한다. "난 악마가 싫어요."

찰리가 말한다. "나도 그렇단다."

이 소녀들이—검은 머리의 예쁜 엄마와 함께—처음 들어왔을 때, 찰리는 소녀들의 아버지가 어느 무고한 사람을 일러바쳐 감형을 받았다는 얘기를 들었노라고 말해주었다. *난 악마가 싫어요.* 딸의 다섯 살 생일에 맞춰 나가기 위해 한 남자가 다른 남자를 고자질해야 하는, 이토록 엄격한 마리화나 법을 둔 정부를 우리는 뭐라고 불러야 할까?

소녀들은 아버지와 매우 편안해 보이지만—아버지의 무릎에 앉고 싶어 하고, 아버지의 우스꽝스러운 표정에 깔깔 웃고, 이미 넘치는 관심을 얻으려고 불필요하게 애교를 부린다—이 편안함이 기만적으로 느껴진다. 소녀들은 분명 이 장소를 오랜 자동차 여행, 알 수 없는 두려움, 제복을 입은 남자들, 어머니의 슬픔과 결부시킬 것이다.

노쇠한 백인 여성 두 명이 도착한다. 한 명은 의자 등받이에 분홍색 지팡이를 걸어둔다. 지팡이 색깔이 그녀의 립스틱 색깔과 똑같다. 그 여인들은 마침내 덩치 큰 흑인 재소자를 만난다. 찰리가 내 얼굴을 지켜본다. 그가 미소를 지으며 묻는다. "예상한 것과 다른가요?" 그는 이 여인들이 그 남자의 아이들을 키우고 있다고 말해준다. 여인들이 남자에게 사진 몇 장을 보여준다. 그들이 남자에게 프레첼 한 봉지를 사 준다. 악마가 싫다는 어린 소녀 케이틀린이 분홍색 지팡이를 잡으려고 한다. "장난감이 아니야!" 소녀의 엄마가 소리친다. 늙은 여인은 알아채지 못한 것 같다. 그 여인은 오렌지색 가루가 묻은 두 손가락을 차분하게 치토스 봉지에 집어넣고, 다시 치토스 하나를 꺼내 색칠된 메마른 입술로 가져가며, 자기 아이의 달라진 얼굴을 물끄러미 바라보는 자신의 키 큰 친구를 지켜본다.

찰리와 나는 처음 몇 시간 동안은 그의 사건에 관해 이야기하면서 보낸다. 그는 국세청 조사관인 노들랜더에 관해 몇 가지 이론을 제시한다. 아마도 노들랜더는 어릴 적에 머리가 변기에 쓸려 내려가 버렸을 것이다. 어쩌면 그는 찰리가 물을 내린 사람이라고 생각하는지도 모른다. 나는 점점 불안해진다. 이 불안감은 뭐지? 나는 찰리가 이미 했던 이야기를 듣고 있는 느낌이다. 아마도 사실이겠지만 그것은 그의 감금을 둘러싼 뒷이야기이기도 하다. 당연히 그는 계속 그 이야기를 하고 싶을 것이다.

　　나는 내 입장을 찰리의 입장과 구분해야 한다는—나를 저자로, 그를 글의 대상으로 만들어야 한다는—압박을 느끼지만, 어떤 식으로든 그의 삶에 관해 그와 견해를 달리하는 것은 폭력 행위라고 느끼기도 한다. 나는 *여기서의* 그의 삶에 관해 얘기를 나누고 싶다. 이 장소에서 그가 어떤 사람이 되었는지, 이곳이 그에게서 무엇을 끌어냈는지에 관해 얘기를 나누고 싶다. 그러나 나의 관심이 은연중에 내 자유의 특권을 드러내고 있음을 나는 깨닫는다. 여기서의 삶은 나에게는 새로운 것이다. 찰리에게는 날마다 반복되는 현실이다. 나에게는 그것이 흥미롭다. 그에게는 그것이 끔찍하다.

찰리는 내 호기심을 채워준다. 그는 회사 사무실처럼 커다란 방 하나가 50개의 작은 공간으로 나뉜 곳에 놓인 2층 침대에서 잠을 잔다고 말한다. 파티션이 콘크리트 블록이고 아무도 나갈 수 없다는 점이 다를 뿐이다. 그는 암시장 화폐(우표)에 관해, 그리고 싸움이 흔히 벌어지는 장소(TV 시청실과 농구 코트)에 관해 들려준다. 길 건너, 중간급 보안 교도소에서의 생활은 얼마나 다른지, 미식축구 공에 코카인을 가득 채워 펜스 너머로 던지면 간수들이 그것을 주워다 주고 대가를 받는다는 그곳의 소문에 관해 말한다. 길 건너 남자들은 소유되고 임대된다. 성행위를 해도 게이로 여겨지지 않는다. "이 안에서는 거시기를 빨곤 해요, 빨고 싶어서 빠는 거예요." 찰리가 설명한다. "길 건너에서도 그러는데, 거기서는 돈이 필요하거나 강요 때문에 어쩔 수 없어서예요." 그는 우리 뒤의 늙은 여인들이 듣지 못하도록 목소리를 낮추어 말한다.

이 모든 이야기를 듣는 것이 나와 찰리의 거리를 더 좁혀주는지, 아니면 우리 사이의 골을 비춰줄 뿐인지 잘 모르겠다. 나는 그의 세계를 알아나가는 걸까, 아니면 관광객처럼 매점에서 쇼핑하면서 그저 그의 세계에서 기억할 만한 사항들을 열람하는 걸까? 때로 찰리는 한 가지 일화를 전해주기 전에 이렇게 말한다. "내가 알려줄게요." 그의 교도소 생활은 그가 알려줄 때만 내 것이 된다. 나는 그에게 내 관심을 주고 있고 그는 나에게 다른 무언가—우표 화폐가 아니라 구체적인 사항들, 은밀한 접

244

근—를 주고 있다. 적어도 그것의 질감을 전해주고 있다, 그 세세한 것들이 부여하는 질감을.

찰리는 세세하게 아낌없이 말해준다. 그는 지난 7월에는 이틀 동안 교도소의 자갈 트랙을 217킬로미터나 달리면서 보냈다고 한다. 그는 "저기에서" 열리는 배드워터 울트라마라톤 시간에 맞춰 달렸다고 한다. 데스밸리의 평평하고 뜨겁고 메마른 구간을 달리는 그 경기는 찰리가 다섯 번 완주했던 레이스였다. 찰리는 4시에 행해지는 의무 점호와 취침 시간에만 달리기를 멈추었다. 요즘 그는 훈련 팀을 꾸리고 있다. 애덤이라는 남자와 버터빈으로 불리는 남자, 그리고 교도소의 유일한 유대인인 데이브가 함께한다. 데이브에게는 투옥 중인 아내와 교도소에서 태어난 6개월 된 아이가 있다. 버터빈은 찰리와 함께 훈련을 시작한 이후 체중이 23킬로그램 빠졌고, 애덤은 45킬로그램 넘게 빠졌다.

그러나 찰리가 모두에게 인기 있는 건 아니다. 백인 남자들 중 일부는 그가 그들의 인종주의를 좋아하지 않는다는 사실을 좋아하지 않는다고 찰리는 말한다. 그리고 한 흑인 남자는 지난 3월에 노스캐롤라이나 대학 팀이 듀크 대학 팀을 이긴 후 그를 "니미럴 흰둥이 새끼"라고 불렀다. 그 남자는 듀크 팬이었고 찰리는 기뻐하고 있었다. 그러나 찰리는 대체로 요령이 있는 편이다. 흑인 청년들이 너무 시끄럽게 포커 게임을 할 때 그들을 조용히 시키는 일은 나이 많은 흑인들에게 맡겨두어야 한다는 걸 그는 알고 있다. 중년의 백인 남자는 그들에게 조용히 하라고 말할 입장이 못 된다. 그러나 그는 다른 남자의 얼굴을 들이받는 것이 겁나지 않는다고도 말한다. 여기저기서 괴롭힘을 당하고 싶지 않으면——아주 조금은——못되게 굴 필요가 있다.

괴롭힘을 당하지 않는다는 건 우리 몸이 갈 수 있는 곳과 갈 수 없는 곳을 정부가 지시하고 있을 때는 상대적인 개념이다.

"여기서 나는 무시하기 쉬운 사람이에요." 찰리가 말한다. 그는 주말이 특히 힘들다는 것을 알게 되었다. 주말이면 사람들은 자기 생활에 바빠서 주중만큼 자주 연락하지 않는다. 그는 그것을 금요일에 가장 많이 느낀다. 편지에서 그가 금요일을 어떻게 묘사했는지 나는 기억한다. 정체 모를 네모난 생선 토막, 늦은 밤의 소란스러운 도미노 게임, 다음 날이 기다려지는 레이스가 없는 날. 가장 사소하고 가장 간단한 것들을 그는 할 수 없다. 이를테면 문자를 보낸다든가 누군가의 전화기에 메시지를 남긴다든가, 그의 투옥 사실을 끊임없이 알리는 자동 음성에 의해 끊기지 않는 대화를 나누는 일 따위를. 그는 다른 세계에서 살고 있다. 그에게 말하기란 늘 그 세계와, 우리가 우리 세계라고 부르는 세계, 우리가 바깥이라고 부르는 세계, 현실이라고 부르는 세계, 그 두 세계의 경계 너머로 말하기다.

찰리는 자신이 생각하는 "내면적 유동성" 개념에 관해 말한다. 그는 잭 런던Jack London의 책에서 그 단어를 발견했는데, 기본적으로는 그냥 이런 뜻이다——어디든 가는 것이 허락되지 않을 때 다른 어딘가로 가는 것. 찰리에게 내면적 유동성이란 독서를 뜻하지만, 상상력을 따라 다른 장소, 다른 시나리오로 들어가는 것을 뜻하기도 한다. "난 그것을 환상이라 생각하지 않아요." 그가 설명한다. "환상은 늘 아름다운 여인과 함께 벌거벗고 있는 것으로 끝나죠." 대신에 그것은 더욱 교묘한 어떤 것, 소

원 충족이라기보다는 스스로를 상황에 취약하게 만드는 것에 가
깝다. 그것은 이 장소가 용인하지 않는 여러 가지 미묘한 자유 가
운데 하나다. 감금이라는 지속적이고 유일한 맥락이 아닌, 수많
은 틀과 수많은 시나리오에 따라 행동할 자유. 내면적 유동성의
원리는 양날의 칼, 기회이자 결과다. "나는 자고 싶을 때 자유롭
게 낮잠을 자고, 달리고 싶을 때 달리러 나가고, 사랑에 빠지고,
건물에서 뛰어내리고, 토할 때까지 케이크를 먹어요." 그가 말한
다. "나의 내면적 유동성에서 가장 중요한 법칙은, 가끔은 꼭 좋
게 끝나지만은 않지만 그것이 이끄는 대로 따라가야 한다는 거예
요." 이 욕망의 표현이 나를 매료시켰다─꼭 좋은 곳이 아니더
라도, 어디로든 그 길을 따라간다는 것. 감금은 단지 원하는 것을
얻을 능력을 빼앗는 게 아니다. 그것은 일을 망칠 자유까지 앗아
간다. 케이크를 폭식하거나 지나치게 높은 곳에서 뛰어내리거나
엉뚱한 상대와 잠자리를 할 자유까지.

　　찰리는 친구들에게 면회 오라고 부탁하는 걸 그만두었
다고 한다. 친구들이 떠나는 모습을 지켜보는 게 너무 고통스러
웠기 때문이다. *당신이 여기 있었으면 해요*는 *내가 거기 있었으
면 해요* 위에 붙인 일회용 반창고에 불과하다. *당신이 여기 있었
으면 해요*로는 결코 충분하지 않다. 그가 그 작별의 순간이 얼마
나 고통스러운지 말할 때, 우리도 예외가 아니라는 사실을 둘 다
잘 알고 있다. 우리가 아무리 많은 이야기를 나누든, 우리가 무슨
이야기를 나누든─찰리가 교도소를 얼마나 잘 설명하든, 내가
얼마나 잘 듣든 상관없이─우리의 면회는 끝날 것이다. 우리가
함께 보낸 모든 순간이 그 작별의 지평선을 가리키고 있다. 회화

의 소실점처럼 모든 것이 그것을 가리키고 있다. 그것을 고백한다고 해서 그것이 해소되는 건 결코 아니다.

3시는 하루 중의 또 하나의 시간에 불과하지만 한편으로는 찰리와 나의 차이, 우리가 입은 옷과 그날 저녁 우리가 먹게 될 식사의 차이, 그다음 주에 우리가 만나게 될 사람 수의 차이, 국가가 그의 몸과 나의 몸에 적절한 정도라고 생각하는 자유의 차이이기도 하다. 이 안의 모든 남자에게는 이곳을 떠날 때를 대비한 꿈이 있다고, 찰리는 말한다. 한 남자는 교도소 피트니스 식이요법을 바탕으로 한 체력 단련 비디오를 팔고 싶어 한다. 또 한 남자는 아이스크림 보트를 운영하고 싶어 한다.

3시는 우리 중 한 명이 가고 한 명이 남는 시간이다. 3시는 그의 세계가 열려 있었다는, 또는 내가 그 세계 안으로 들어갔다는 환상의 끝이다. 그때의 진실은, 우리는 결코 같은 공간에 있지 않았다는 것이다. 거기 있기를 선택한 사람과 그렇지 않았던 사람에게 그 공간은 똑같은 곳이 아니다.

이곳에서의 방치는 거의 상상을 초월합니다. 그것은 단지 베클리 관리 직원들로부터의 방치일 뿐 아니라 세상 그 자체로부터의 방치이기도 하다. 세상은 이 모든 남자를 다른 어딘가, 이 나라에서 가장 눈에 띄지 않는 구석구석에 맡겨버린 채 일상을 계속해나간다. 바깥에서 당신은 잠시 교도소에 관해 생각하다가도 다른 무언가를 생각할 수 있다. 안에서는 그것이 매 순간이다. 무시하기란 불가능하다.

안개 점호는 3시에 있고—완벽하게 맑은 날인데—우리 가운데 일부는 사라질 권리를 행사하고 다른 이들은 자신들이 더 이상 할 수 없는 것들을 떠올린다. 한 남자는 자갈 트랙을 540 바퀴 달릴 권리를 행사한다. 삶 전체가 운동인 남자를 감금했을 때 무슨 일이 벌어지는가? 아마도 그것, 트랙 달리기일 것이다.

어쩌면 오늘 밤 나는 그 뷰티 라인 너머 끝없이 펼쳐진 달 표면 같은 풍경 꿈을 꿀 것이다. 어쩌면 그 낯선 남자를 다시 만날지도 모르겠다. 아마 그는 기름때에 전 그 작은 식당으로 돌아올 것이다. 아마 나는 그에게 콜라나 그의 얼굴만 한 쿠키를 사 줄 테고, 어쩌면 그는 사연이 있는 모든 남자를 대표하고 나는 충분히 제대로 귀 기울여 듣지 않는 모든 사람을 상징하는 것일 수 있다. *여기서 나는 무시하기 쉬운 사람이에요.* 누군가가 다른 누군가에게 했던 모든 질문 하나하나를 나는 그 낯선 남자에게 다 던질 것이다. 나는 미사여구와 콘크리트 블록 칸막이를 녹여버릴 수 있는 질문을 할 것이다. 그의 모습이 다시 보일 만큼 충분한 질문을, 우리가 영원히 그 식당 꿈속에 머물러야 할 만큼 아주 많은 질문을 할 것이다.

안개 점호는 하늘이 뿌예지고 움직임이 가능하다고 느껴질 때, 자유의 세계와 격리된 세계 사이의 경계—결코 해소되지 않고 감춰질 뿐인—를 알아보기 힘들어질 때 실시되고, 그래서 인원 점검은 훨씬 더 다급하게 이루어진다. 나쁜 짓을 했던 사람들의 수가 세어지고, 나쁜 짓을 하지 않았던 사람들의 수가 나란히 세어진다. 주변의 모든 것이 총으로—또는 형기 연장 위협으로—지탱되는 경계이며, 이 경계는 이미 흉터 가득한 땅을 하나의 흉터처럼 가로지르고 있다. 교도소는 이 나라에서 그것을 거부할 힘이 없는 곳들에 우리가 계속 처박아둔 상처다. 일자리나 수익을 필요로 하는 그곳 사람들은, 국가의 물리적 존재로 인한 소리 없는 폭력—"히치하이커를 태우지 마시오"라는 경고판, 가시철조망 울타리—을 견뎌야 한다. 마찬가지로 산꼭대기가 날아가고 그 지층이 유린당할지언정, 한 장소는 그것을 견뎌야 한다. 새로운 상처를 견뎌야만 우리는 오랜 상처에서 벗어날 수 있다고 주장하는 막강한 미사여구 한마디 때문에.

고통 투어 2

엑스-보토스(봉헌화)

프리다 칼로Frida Kahlo는 평생의 대부분을 석고 코르셋을 차고 살았다. 척추가 너무 약해 스스로 지탱할 수 없었기 때문이다. 자연히 그녀는 그 코르셋들에 그림을 그렸는데, 풀칠한 섬유 조각과 호랑이, 원숭이, 멋진 깃털의 새, 피처럼 빨간 망치와 낫, 그리고 그녀가 열여덟 살 때 핸드레일로 그녀의 몸을 뚫었던 것과 비슷한 시내 전차 그림들로 코르셋을 뒤덮었다. 지금도 그 코르셋들은 그녀의 유명한 파란 집에 남아 있다. 그 코르셋에 박힌 거울들은 우리의 시선을 반사하고, 그 콜라주는 세계 전체를 가두어 넣는다. 한 코르셋에는 심장 근처에 낸 천창처럼 석고에 열린 원이 파여 있다.

　　찰스 백스터°는 언젠가 셔우드 앤더슨°°의 작품에서 한

　°　　Charles Baxter(1947~　): 미국 소설가, 시인. 국내에는 『서브텍스트 읽기』가 번역되어 있다.

　°°　Sherwood Anderson(1876~1941): 미국 소설가. 헤밍웨이의 작품을 비롯해 미국 단편문학 기법에 큰 영향을 미쳤다. 『와인즈버그, 오하이오』

여인이 귀머거리 노인의 관심을 구걸하면서 알몸으로 빗속을 달리는 장면을 보고 "마지막 호소"라고 이름 붙였다. "그녀의 몸, 그녀의 마지막 기호학적 호소 또는 취약성 또는 소중한 비밀— 이 모든 것이지만 어느 한 의미로 축소되지는 않을—은 그녀의 갈망이라는 짐을 지고 있으며, 삭제의 기록이 된다."

프리다의 코르셋은 말로는 표현할 수 없는 갈망을 감싼 채 굳어졌다. 그 코르셋들은 여전히 갈망하며 벌거벗고 있고, 여전히 빗속에서 귀머거리 남자들에게 호소하는 보이지 않는 한 여인을 틀 짓고 있다. 그것들이 아름답게 느껴진다. 아마도 그녀는 그 코르셋들을 무의미하게 만드는 몸을 가지기 위해서라면 무엇이든 내주었을 것이다.

프리다 칼로와 디에고 리베라Diego Rivera는 1929년 8월 21일에 결혼했다. 그녀는 스물두 살, 그는 마흔세 살이었다. 그녀는 자신들 두 사람을 "파레하 엑스트라냐 델 파이스 델 푼토 이 라 라야pareja extraña del país del punto y la raya," 즉 점과 선의 나라에서 온 이상한 부부라고 부르곤 했다. 그녀는 일기장에 두 사람을 네페르티티와 그 배우자인 이크나톤으로 그렸다. 이크나톤의 심장은 부어 있고 갈비뼈는 그 흉곽을 움켜쥔 발톱 같다. 그의 고환은 뇌처럼 보이고, 남근은 그 연인에게 달린 젖가슴을 닮아 있다. 그 아래에는 이렇게 쓰여 있다. "그들에게서 이상한 얼굴의 남자아이가 태어났다." 네페르티티의 품에는 프리다가 가질 수 없었던 아기가 안겨 있다.

—
『달걀의 승리』『가난한 백인』 등 다수의 작품을 남겼다.

그 일기장 곳곳에는 디에고가 바이러스처럼 퍼져 있다. "디에고, 그 어떤 것도 당신의 손과 비교할 수 없어요…… 당신의 품은 나의 쉼터입니다…… 나는 당신을 훔쳤고 울면서 떠나요. 그냥 농담이에요…… 나의 디에고: 밤의 거울." 한번은 이렇게 썼다. "색을 보는 남자," 그리고 그 밑에는 그녀 자신에 대해 이렇게 쓰여 있다. "색을 입은 여자." 때로는 대문자로 "디에고"라고만 쓰여 있다. 때로는 이렇게. "디에고, 시작. 디에고, 창조자. 디에고, 나의 아버지, '나의 남편,' 나의 아이."

"오늘 디에고가 나에게 키스했다." 한번은 이렇게 썼다가 그 위로 줄을 그어 지워버렸다.

그날도 역시 8월이었다. 결혼하고 24년이 지난 8월에 프리다는 결국 한쪽 다리를 잃었다. 소아마비로 쇠약해지고 전차 사고로 열한 군데가 부러졌던 다리는 괴저에 걸려 절단해야 했다. 이듬해에 그녀는 숨을 거두었다, 너무나 많은 상실 후에 찾아온 이 상실은 끝내 견딜 수 없었다는 듯이. 그녀는 너무도 많은 배신을 안겨준 자신의 몸을 용서했지만, 그녀에게서 하나씩 빼앗아가는 몸을 지켜보아야만 했다. 그녀는 나무 의족을 찾았지만, 술 때문에 균형을 잡기가 힘들었다.

프리다는 의사들을 사랑했다. 그녀는 일기장에서 거듭해서 수없이 그들에게 고마움을 표한다. "라몬 선생님께 감사합니다, 글루스케르 선생님께 감사합니다, 파리 선생님께 감사합니다, 폴로 선생님께 감사합니다……" 그녀는 그들의 진심에, 그들의 지성에, 그들의 애정에 감사한다. 그녀는 그들의 과학을 초록색과 결부시킨다. 슬픔 역시 초록색이며, 나뭇잎도 초록색이고,

독일도 초록색이다. 그녀에게는 모든 어휘가 색이다. 갈색은 두더지이고 썩어가는 나뭇잎이다. 밝은 노랑은 유령들의 속옷이다.

열여덟 살 때 버스를 탄 프리다는 금가루 주머니를 들고 있던 어느 장인 옆에 서 있었다. 전차가 버스를 덮쳤을 때, 충돌의 힘으로 그 주머니가 찢어졌고, 그 속에 들어 있던 금가루가 콘크리트 위에 망가져 누운 프리다의 몸을 뒤덮었다. 금색은 아스팔트 위의 햇빛이었다. 금색은 벌어진 상처를 뚫은 금속의 번쩍임이었다. 반면에 마젠타는 피의 색깔이었다. 그 색을 그녀는 이렇게 불렀다. "엘 마스 비보 이 안티구오El más vivo y antiguo," 가장 생생하고 가장 오래된 색. 색을 보는 남자. 프리다는 색을 입어야 했던 쪽이었다.

프리다는 봉헌화ex-votos, 즉 성인들에게 감사의 마음으로 바친 그림들을 수집했다. 이 작은 그림들은 병자와 구원받은 자 위를 맴도는 천사를 보여주는데, 사람들의 앙상한 몸은 감사나 고통으로 구부린 채 엎드린 자세다. 필기체로 된 그림 설명은 너무 간략해서 전체 이야기를 꽉 조이고 있는 재갈 같다("나는 말에 깔렸다. 말은 뱀을 보고 놀랐다"). 봉헌화마다 프리다의 소망, 그녀의 강직함이 가득하다. 그녀의 육신은 중력에 이끌리듯 부상으로 향하는 몸이었지만, 그녀의 그림들은 끊임없이 은총을 가리킨다.

일기장에서 어느 마주 보는 두 페이지에는 굽 달린 술잔 한 쌍이 하나씩 그려져 있는데, 각각 여인의 얼굴이 담겨 있다. 통통한 입술, 넓죽한 코, 눈머리에서 눈물을 뚝뚝 흘리는 고정된 두 눈. 한 얼굴은 화난 표정에 자주색과 빨간색, 멍들고 피

홀리는 색조인데 그림 설명으로 노 메 요레스no me llores라고 쓰여 있다. 나 때문에 울지 말아요. 나에게 눈물을 보이지 말아요. 또 다른 얼굴은 석고처럼 새하얀데 뺨에 붉은 자국이 있다. 시, 테 요로sí, te lloro. 당신 때문에 울어요. 당신에게 눈물을 보여요. 나는 울면서 떠나요. 그냥 농담이에요.

나에게 눈물을 보이지 말아요. 상처받은 그 여인은 그녀 자신을 용납하지 않을 것이다. 그리고 그럼에도, 용납한다.

세르비시오 수페르콤플레토(슈퍼 완벽한 서비스)

작가 존 디디온Joan Didion이 내전에 휘말린 한 억압적 국가에 관해 1983년에 쓴 『살바도르Salvador』◊의 도입부에서, 디디온은 쇼핑몰에 간다. 그녀는 쇼핑몰 통로에 놓인 한 국가의 진실과, 마실 물을 정수해줄 알약을 찾고 있다. 그녀는 알약은 찾지 못하지만 다른 온갖 것을 발견한다. 수입산 푸아그라와 맨해튼 지도가 프린트된 비치 타월, 파라과이 음악이 담긴 카세트테이프, 세련된 잔이 동봉된 보드카 병 등등. 그녀는 이렇게 쓴다.

이곳은 지금 구원받고 있다는 엘살바도르의 미래를 구현한 쇼핑센터였고, 나는 그것을 충실하게 기록했다. 그것은 내가 해석할 방법을 알고 있던 일종의 "색"이었고, 일종의 귀

◊ 미국 작가 디디온이 역시 소설가인 남편 존 그레고리 딘John Gregory Dunne과 함께 2주간 엘살바도르에 다녀온 뒤, 미국의 엘살바도르 내전 개입에 관해서 쓴 긴 에세이다.

납적인 아이러니였고, 그 이야기를 밝혀줄 세부 사항이었다. 그러나 그것을 적어 내려가는 동안 나는 내가 더 이상 그런 부류의 아이러니에는 관심이 없다는 것, 그런 세부 사항으로 설명될 만한 이야기가 아니라는 것, 어쩌면 결코 설명되지 않을 이야기라는 것을 깨달았다.

그녀의 지성은 불편하면서도 투명한 하나의 진실을 발굴해낸다. 당신은 당신이 볼 수 없는 전쟁의 한가운데서, 여전히 그것을 보고 싶어 한다는 것이다. 당신은 눈에 보이는 모든 것을 향해, 예리하고 날카롭게 실눈을 뜨고 지켜보고 싶어 한다. 왜냐하면 당신의 주제는 두려움이고, 두려움은 특정한 냄새나 색이 있는 것이 아니라, 숨 쉬기 힘들게 만드는 공기 속의 어떤 것이기 때문에. 그러나 당신이 그것을 어떤 이름으로 부르며 빛 속으로 불러낸다 한들 그것은 응답하지 않을 것이다.

　엘살바도르에서는 매일 밤 사람들이 트럭에 실려가서 죽임을 당하고 있었다. 그들의 시신이 쓰레기 매립장에 던져지는 동안 디디온은 한 줄로 진열된 수입 보드카를 바라보면서 생각하고 있었다, *뭐지?* 그것들이 거기 있었기 때문에 그저 그것들을 가리키면서. 그것들이 무슨 권리가 있다고?

　아이러니는 절망의 침묵보다 쉽지만 도피보다는 용감하다. 문제는 때로 당신이 몸짓을 해 보일 때 당신의 손가락이 떨린다는 것, 가리키는 몸짓이 아무 소용이 없다는 것, 그리고 어쩌면 당신은 어디도 가리킬 수 없다는 것이다. 아니 적어도 눈에 보이는 무언가를 가리킬 수 없다는 것이다.

　　나는 종종 디디온이 접어버린 그 역할 속에서 나 자신
을 발견하곤 한다. 쇼핑몰 통로를 거닐면서 세부 사항을 약탈하
는 나, 정수용 알약을 사러 나왔다가 가격표가 붙은 한 나라의 고
통을 압축한 요약본을 가지고 떠나는 나를. 더 구체적으로 말하
면, 그녀의 글을 읽으면서 나는 2007년 볼리비아의 한 슈퍼마켓
에서 메모를 하던 나 자신을 발견한다.

　　스피커에서는 더빙된 비틀스 노래가 흘러나오고 있다. 올
라, 주드. 통로 하나는 온전히 깡통 우유들로만 채워져 있다. 혈색
좋은 네덜란드 농장 소녀가 그려진 '베야 올란데사*Bella Holandesa*.' 노
인과 운동선수—안시아노스*ancianos*와 데포르티스타스*deportistas*—
를 위해 특별 제조된 시리얼, 내가 대학 시절 줄곧 먹었던 '크래클
린 오트 브랜*Cracklin' Oat Bran*' 시리얼을 닮은—별만 아니라면!—
'에스트레야스 데 아베나*estrellas de avena*' 시리얼 한 상자. 아기만 한
크기에 2900밀리리터나 되는 마요네즈 봉지들, 그리고 호박과
당근 분말로 만든 '소파 나랑하*sopa naranja*' 수프 한 상자. 한 줄 전
체는 온통 통조림 샐러드뿐이다. '엔살라다스 데 칼리포르니아
Ensalades de California'와 '루사*Rusa*,' 둘 다 "자연의 향*aromas naturales*"이
가득하다. 아메리카식 소스라고 광고하는 것들에는 모두 화이트
와인이 들어 있다. 『코레오 델 수르*Correo del Sur*』 신문에 실린 개인
광고: 요셀린은 마르고 사려 깊습니다. 하네트는 "세르비시오 수
페르콤플레토 콘 우나 세뇨리타 수페라트락티바*servicio supercompleto
con una señorita superatractiva*(슈퍼 섹시한 아가씨와의 슈퍼 완벽한 서비
스)"를 제공합니다.

　　2개월 후 똑같은 신문인 『코레오 델 수르』에는 엘알토

에서 파업 중인 일단의 성노동자에 관한 기사가 실렸다. 엘알토는 볼리비아의 라파스 위쪽, 알티플라노 고원 위에 벽돌 오두막들이 어지러이 늘어선 도시다. 이 여성들이 일하던 술집과 매춘굴은 파괴되었다. 그들은 며칠 동안 지역 보건소 바깥에 앉아 항의 농성을 벌였다. *세르비시오스 수페르콤플레토스*Servicios supercompletos(슈퍼 완벽한 서비스들). 그들은 실로 입술을 꿰맸다.

내가 썼던 메모를 다시 들춰 본다. 통조림 샐러드와 호박 분말이라니. 요점을 떠올리는 데 애를 먹는다. 환유법이 어깨를 으쓱해 보인다. 은유도 마찬가지다. 세부 사항들 사이의 하얀 여백은 애초에 그 글이 의도했던 의미가 무엇이든, 그 글이 주고자 했던 즐거움이 무엇이든 간에 모두 압도해버린다.

우리는 사실들을 말할 수 있다. 비치 타월을 외면하고 말할 수 있다. 살바도르 군인들이 모소테 마을에서 주민 1천 명을 학살했다고. 또는 교회 노동자 네 명이 강간당했다고. 또는 미국 정부가 이런 일을 저지른 군대에 일당 150만 달러를 주었다고. 그러나 이런 사실들 역시 진열대에 줄지어 있다. 불가피하게 선택되고 배열되어, 가격표가 있었을 자리에 깔끔하게 붙은 설명에 의해 가치를 부여받은 채.

그래서 우리는 저항한다. 우리는 다시 한 번 말한다. 볼리비아 여성들은 며칠 동안 꿰맨 입을 닫고 있었다고. 그들은 말을 멈추기 위해서, 좋은 말솜씨가 그들에게 무슨 짓을 했는지 보여주기 위해서 바늘에 실을 꿰어 피부를 꿰매버렸다.

엘알토에서 1천 미터 아래—라파스에서 1월 동안—볼리비아 사람들은 '알라시타Alasita'라는 전통 축제를 연다. 3주 동

258

안 '파르케 우르바노'(도시 공원) 근처의 시장에는 조그만 물건들, 온갖 조그만 것이 넘친다. 조그만 말, 조그만 컴퓨터, 조그만 졸업장, 조그만 집, 조그만 지프, 조그만 라마, 조그만 라마 스테이크, 조그만 여권 등. 사람들은 새 집이나 새 가축, 1년 내내 먹을 충분한 식량 등 가장 필요한 것의 작은 모형을 산다. 그들은 그 미니어처 모형들을 미니어처 남자에게 바친다. 이른바 난쟁이 에케코Ekeko, 밝은색 모직 망토를 두르고 담배를 피우는, 아이마라족이 섬기는 풍요의 신이다. 그들은 그 미니어처 남자의 판초에 그들의 미니어처 욕망을 걸어놓는다.

우리는 축소된 것을 귀엽다고 흔히 착각하지만, 여기서 요청되는 것, 형태를 부여받은 것들의 힘에는 귀엽거나 진기한 어떤 점도 없다. 나는 이런 방식으로 진열된 디디온의 쇼핑몰 내용물들을 상상해본다. 하늘의 넓은 어깨를 가로지르는 방대한 판초에 핀으로 붙여놓은 물건들, 보드카와 푸아그라가 박힌 밝은 색깔의 천.

그것은 물질적 꿈, 또는 꿈꾸는 물질들—*아마도 지금 구원받고 있다는 엘살바도르의 미래*—의 패널일 것이다. 박탈의 끝에 있는 다다를 수 없는 호사의 지평선일 것이다. 끝이 없는 지도일 것이다, 너무 광활해서 그 전체를 볼 수 없는 이 갈망의 너비는. 다만 여기에서라면, 파르케 우르바노에서라면, 그것을 볼 수 있다, 왜냐하면 그것은 조그마하니까. 그것은 한 손에 쥘 수 있는 평범한 물건일 뿐이다. 당분간 아이러니는 없다. 이런 소소한 욕망들은 주장만큼 강한 조명을 비추지 않는다—꿈에 대해서, 망상에 대해서, 또는 둘 다에 대해서는. 조그만 기도들을 잔뜩 짙어진 난쟁이 신, 마침내 축소되어 그 전체를 볼 수 있는 무한한 갈망에 대해서는.

제임스 에이지의 부서진 마음

그 가을의 수많은 밤을 나는 땅콩 껍질이 바닥을 뒤덮은 선술집에 가서 술을 마셨고 제임스 에이지◊를 읽었다. 술은 트라우마에 관한 그의 관점을 고스란히 나에게 전해주었고, 나를 비틀어 상실에 순응하게 만들었으며, 나는 그런—*상실에 순응한다는*—생각을 하는 것이 두렵지 않았다. 왜냐하면 취했기 때문에, 그리고 취했다는 건 감상을 허용할 뿐 아니라 의무적으로까지 만들기 때문에. 그것은 무한했다.

　　사실 『이제 유명한 사람들을 찬양합시다*Let Us Now Praise Famous Men*』는 유명한 사람들에 관한 책이 아니었다. 그 책은 빈대와 곰팡이가 슨 신부의 모자와 땅 위의 갈라진 젖꼭지 같은 농장 주택에 관한 것이었다. 그것은 에이지가 소재로 쓰고 있던 여성들 중 한 명을 탐하고 싶어진 과정에 관한 것이었다. 또한 죄책감에 관한 것이었다. 주로 죄책감에 관한 것이었다.

　　원래 그 책은 퇴짜 맞은 잡지 기사였다. 1936년 『포천*Fortune*』지는 에이지에게 최남부 지역의 소작인들에 관한 저널리즘 기사를 청탁했고, 그는 대신 영적인 암흑의 밤 같은 그들의 이

◊　　James Agee(1909~1955): 미국의 소설가, 영화평론가. 국내에도 번역된 자전적 소설 『가족의 죽음』으로 1958년 퓰리처상을 받았다.

야기를 잡지사에 건넸다. 잡지사는 기사를 거절했다. 그는 새로 400쪽을 썼다.

이 책은 분류가 힘들다: 우선 같은 책에 속하지 않을 것 같은 부분들이 있다: 면화 가격과 데님 오버롤 작업복과 십자가에 못 박힌 천사로서의 영혼에 관한 논의들: 이 책은 이 문장에서처럼 콜론을 사용한다: 맹렬하게. 이 책은 또한 매우 길고 장황하고 아름다워서 그 멋진 어깨뼈를 잡고 마구 흔들어 이제 그만하라고 하고 싶어진다. 그러나 종결의 어려움은 그 책이 집착하는 것 중 하나다: 노동과 배고픔의 끝없음. 그것은 끝나지 않을 이야기를 하려 애쓰고 있다.

이 책을 읽을 당시, 나는 나 자신의 이야기를 하려고 애쓰고 있었다. 니카라과에서 지내다가 미국에 돌아온 지 얼마 안 된 때였다. 니카라과에서 나는 어느 날 밤 강도를 당하고 얼굴을 맞았다, 술에 취한 채로. 코가 부러졌고, 이후 로스앤젤레스에 와서 비싼 외과 의사에게서 어느 정도 코를 고정시켰다. 나는 뉴헤이븐으로 이사했는데, 그곳은 누군가 항상 노상강도를 당하는 곳처럼 느껴졌다. 나는 밤에 혼자 걸어 다니기가 두려웠다. "거의 모든 것이, 물리적 궁핍의 긴장으로 무참히 얼룩져 있다"라고 에이지는 썼다. 흔히 고통과 관련해 우리가 받아들이는 인식─고통이 우리를 확장해주고, 유연하게 만들어준다─이 있지만 나의 경우는 그렇지 않았다. 나는 쪼그라든 느낌이었다. 피해는 두려움이 되었다. 그것은 하나의 주장이 되었다. 나는 앨라배마의 세 가족을 생각하고 있어야 할 때 그 자신의 죄책감을 생각하는 에이지를 읽었고, 에이지에 관해 생각하고 있어야 할 때 나 자신에 관해 생각했다.

　아니, 나는 그라나다의 거리에 있던, 내가 아닌 모든 사람을 생각했다. 한동안 오후에 가르쳤던 소년들을 생각했다. 본드 중독인 집 없는 소년들, 헐렁한 바지 차림에 코를 흘리던 그들은 돈이나 친구를 찾아 칼사다 거리의 선술집들을 배회하다 나에게 들키곤 했다. 나는 내가 살던 집 앞 계단에서 잠들었던 루이스를 생각했다. 나는 그를 밤에 집 안으로 들이지 않았고, 그저 그가 문을 막고 있다는 이유로 어깨를 쿡쿡 찔러 그를 깨웠다. 나는 이 기억을 뒤지며 이음매가 드러난 도덕의 솔기를 찾아보았다. 내가 어떻게 해야 했을까? 어쩌면 에이지가 계속 글을 썼던 것은 그 역시 도덕을 꿰매 붙인 자리를 찾고 있었기 때문인지 모른다. 그가 멈추지 못했던 것도 그 때문인지 모른다.

　에이지를 생각하며 슬픔에 젖는 게 좋았던 이유는 그의 슬픔이 내 것이 아니었기 때문이다. 내 얼굴은 폐소공포증 환자의 것이었고 에이지는 다른 어떤 것이었다. 그는 내가 아닌 어떤 것이었다. *비극은 간접적이다.* 포크너William Faulkner는 그렇게 썼다. 그 말은 내게는 이런 뜻이었다. 앨라배마의 가족들은 내가 평생 겪을 것보다 더한 고통을 겪는다는 것, 그리고 나는 어둠침침한 선술집에 가서 그 사실을 인정할 수 있다는 것. 이는 충분하지는 않지만 그러나 중요한 것이었다. 에이지는 자신의 책에 관해 이를 느꼈다. 그것은 충분하지는 않지만 중요한 것이라고. 그는 목화밭에서 일하는 어느 여인의 일상에 관해 이렇게 쓴다.

　……어떻게 하면 충분히 명확하게 나타낼 수 있을까…… 그

262

녀의 하루하루를 채우는 고단한 노고의 수많은 과정을; 어떻게 계산할 수 있을까, 그녀가 이런 일을 해온 시간을, 그리고 여전히 해야 할 시간을; 어떻게 실제 그대로를 말로 표현할 수 있을까, 그녀에게 쌓여온 이런 행동의 무게를; 이런 것이 쌓여 그녀의 몸을 어떻게 만들었는지를; 그리고 그녀의 정신과 그녀의 마음과 그녀의 존재를 어떻게 만들어왔는지를.

공감은 전염된다. 에이지는 그 점을 포착하고 우리에게 전해준다. 그는 자신의 말이 "가장 깊고 가장 냉혹한 고뇌와 죄책감"이 되어 우리 안에 머물기를 원한다. 그것들은 실제로 머물러왔다. 지금도 머물고 있다. 그것들은 여전히, 공공연하게, 간청하는 이 에세이의 손바닥에 가시처럼 박혀 있다. 에이지는 만약 가능했다면, 단어를 아예 사용하지 않았을 거라고 주장한다. "만약 할 수만 있었다면, 나는 여기에 어떤 글도 쓰지 않았을 것이다." 이렇게 해서 우리는 그 뒤에 오는 400쪽 분량의 글을 읽을 준비가 된다. 계속해서 그는 이렇게 쓴다. "뿌리째 찢겨나간 몸의 한 조각이 차라리 그 요점에 더 가까울 것이다."

　　에이지는 실상을 제시하지 않는다. 그저 이 실상이 어떤 모습일지 ─ *이런 것이 쌓여 만들어온 것에 관한 적절한 묘사* ─ 궁금해하면서 그 가능성을 자기 책의 여백에 미뤄둘 뿐이다. 그가 어떻게 할 수 없는 모든 것을. 그러나 가난과 그것이 의식에 미치는 영향과 관련된 문제에서는 무자비하다. "그 두뇌는 소리 없이 끌어내어져 4등분된다." 그의 책은 그 이야기에도 똑같이 한다. 이야기를 얇게 썰어내고 조각조각 도로 끼워 맞춘다. 집, 새벽, 동물들, 남자들, 공산주의, 아이들을. 그는 자신의 작품을 "그저 현실의 잔인한 빛을 감지하려는 노력"이라고 부른다.

현실은 부서진 것처럼 보이고, 그래서 에이지는 그에 맞춰 자기 책을 부숴버린다. 주제는 구조를 속박한다. 가난은 의식—물리적 궁핍과 속박으로 녹아버린—을 잡아 찢고 에이지는 서사를 잡아 찢는다. *끌어내려져 4등분된다.* 그는 자신이 그 주제를 공평히 다룰 거라고 생각하지 않는다. "나는 내가 해온 이야기들과 앞으로 쓸 이야기에 어떤 노력을 쏟든 틀림없이 실패할 거라는 느낌이 미리부터 든다." 그는 자신의 말 위에서 질식하고, 많은 쉼표와 변명 같은 그의 구절에 의해 방해받는다. 그는 여기서 더듬거린다. 자주 더듬거린다.

나는 상처받는다는 것에 관해 말하기가 쉽지 않다는 것을 깨달았다. 나는 계속해서 어떤 것을 그 자체보다, 그 거리에서의 그 한순간보다 큰 무언가로 만들려 하고 있었다. 그것을 한 패턴의 일부로 만들려 하고 있었다. 가장 손쉬운 패턴은 죄책감이었다. 내 손은 잠든 소년의 어깨 위에 놓여 그를 흔들어 깨우고 있었다. 콘크리트는 너에게 어떤 꿈을 꾸게 할까? 나는 곧잘 그 소년의 꿈을 꾼다. 내 손이 놓여 있던 그 자리의 꿈을 꾼다. 나는 나를 가격했던 남자에 관해 영원히 생각할 수도 있을 것이다. 그가 가진 것은 얼마나 보잘것없었을까, 그가 내 작은 디지털카메라를 어디에 팔았든 간에 내 작은 디지털카메라를 팔아서 그에게 얼마나 큰 변화가 일어났을까, 그의 손이 내 얼굴을 치지 않도록 하기 위해서라면 얼마든지 내주었을 그 카메라로.

264

　　에이지는 가난을 보기 위해 어딘가로 갔고, 그 가난의 피해를 직접 받아보려고 애썼고, 그것의 은유를 벗겨내고 그 밑의 순수하고 찢어진 진실에 이르려고 했다. "부서진 마음이라는 말이 주는 문자 그대로의 느낌은 더 이상 시적이지 않다. 그것은 가장 정확하고 가능한 묘사일 뿐이다." 그 가을 내 안에서 부서진 것은 시가 아니었다. 내 얼굴은 은유나 조리개로서는 쓸모가 없었다. 그것은 그냥 손 하나가 있었던 자리를 정확하게 묘사할 뿐이었다.

　　에이지가 감상성의 위험을 감수했다고 말하는 건 옳지 않아 보인다. 그보다는 몇 킬로미터 밖에서부터 감상성의 냄새를 맡을 수 있었고 어떻게든 그 속을 헤치고 나아갔다고 말하는 게 낫다. 그는 그것을 하나의 음란물처럼 자기 앞에 들이밀면서, 그의 분노가 어떻게 스스로를 그런 창피스러운 과장법으로 몰고 갔는지를 모두가 보도록 만든다. 나는 그것에 전염된 느낌을 받았다.

　　죄책감은 무엇을 위한 것인가? 에이지가 물었다. 우리가 묻는다. 우리는 그 질문의 소리를 좋아한다. 죄책감은 멈추지 않고 뛰려는 우리 안의 심장박동에, 연민으로 흐트러진 맥박에 투박한 손가락을 가져다 댄다. 그것은 우리를 말하게 한다. 우리 자신에 관해 말하게 한다. 고백하게 만든다. 우리는 고백으로도 정당화되지 않을 무언가를 몰아내고 싶어 한다. 잠자던 그 소년을. 에이지는 글을 쓸 때 술을 마셨고 나는 그의 글을 읽을 때 술을 마셨다. 에이지는 자기 주제의 발아래 몸을 던졌고 나는 부러진 코와 들이부은 보드카와 벌렁이는 심장으로 밤중에 혼자 제대로 걸을 수조차 없었다. 너는 술에 취하고 그런 다음엔 감상적이 되지, 아니면 술에 취하고 한 대 얻어맞거나. 나는 내 두려움에는 밀도 있고 유의미한 무언가—얻은 경험, 접촉의 잔여물, 잔인한 빛—가 있다고 스스로 위로했지만, 사실 텅 빈 거리를 걷는 동안 거기에는 아무것도 없었다. 두 팔을 가슴 위로 교차하고 잔뜩 움츠린 나밖에는. 어둠 속에서 나를 따라오는 사람은 없었다.

사라진 소년들

첫번째 영화는 개울의 흙탕물 속에서 꺼낸 자전거들로 시작된다. 여기는 숲속이다. 버튼다운 셔츠를 입은 남자들이 정강이까지 오는 더러운 물속에서 위태롭게 움직이면서, 노란 테이프로 차단선을 친 요새를 지키는 소년들처럼 거친 아칸소 억양으로 말한다. "여기 아무도 못 들어오게 해." 하지만 그들은 소년이 아니다. 소년이 한 명도 없다는 것, 그것이 핵심이다. 소년들은 죽었다. 그들은 소년들이 소년들을 죽였다고 말한다.

경찰은 땅바닥에 놓인, 믿기 힘들 만큼 창백하고 야윈 세 구의 주검을 내려다보며 서 있다. 주검의 손발은 신발 끈으로 묶여 있고 유령 같은 피부에는 녹색 나뭇잎들이 들러붙어 있다. 그들은 잠자는 체인질링changeling처럼 보인다. 체인질링이란 요정들이 훔쳐간 아이, 또는 그 자리에 대신 남겨놓은 악마를 뜻한다. 이 소년들은 1993년 5월에 살해당했고, 그들을 대신해 제물로 배달된 세 명의 악마가 발견되었다.

영화 도입부는 주고받는 경찰 무전 소리로 지지직거린다. 경관들은 이 시체들을 어떻게 해야 할지 모른다. 영화는 회색

빛이고 선명하지 않다. 그 시각적 특성이 어떤 꿈—죽음, 죄의
식, 무언가의 잔해—을 꾸다가 깬 직후 그 꿈을 되새기려고 애쓸
때 낯선 연옥에서 딸려 나온 장면처럼 비현실적으로 보인다. 그
좌절당한 희망이 이 회색빛을 더욱 짙게 만든다.

　　　서서히 경관들의 목소리 아래서 음악이 부풀어 오른다.
이제 남자들의 목소리는 들릴락 말락 하지만 그들이 들어간 개울
물에 젖은 바지의 선이 더 짙어진 게 보인다. 소년 중 두 명은 익
사했다. 한 명은 개울가에서 출혈과다로 사망했다. 음악은 메탈
리카, 초기의 「웰컴 홈Welcome Home(Sanitarium)」이다. 그 볼륨
이 고집스레 올라가면서 수사 과정의 소리들을 흐려버린다. 마치
아이가 자기 방에서 스테레오 소리를 키워 방문 너머 아버지의
목소리를 묻어버리는 것처럼.

사건

사건의 요지는 이렇다. 세 명의 소년이 살해당했고, 다른 세 명의
소년이 기소되었으며, 그 이야기를 15년 넘게 뒤쫓았던 두 남자
에 의해 세 편의 다큐멘터리 영화가 제작되었다.

　　　1993년 5월 6일 스티븐 브랜치Steven Branch, 크리스
토퍼 바이어스Christopher Byers, 마이클 무어Michael Moore는 아
칸소 주의 소도시 웨스트멤피스의 한 화물차 휴게소 뒤쪽 숲속
에서 발견되었다. 세 명의 10대 소년—제시 미스켈리 주니어
Jessie Misskelly Jr., 제이슨 볼드윈Jason Baldwin, 데이미언 에컬스
Damien Echols—이 구속되었고 살인 혐의로 기소되었다. 그 살

인 행위는 악마 숭배 의식이었다고 이야기되었고, 데이미언은 악마 숭배자로 불렸다. 데이미언과 제이슨은 검은 옷을 입고 헤비메탈을 사랑하며 마법사 그림을 그리곤 했다고 알려졌다. 그들은 머리카락을 길게 기르고 다녔다. 그들은 자신의 출생지를 증오했다. 그들은 기본적으로는 10대였지만, 대체로 정황 증거를 바탕으로 흉악범으로 기소되었다. 뉴욕의 두 영화감독인 조 벌링거Joe Berlinger와 브루스 시노프스키Bruce Sinofsky는 얼마 후 '웨스트멤피스 3인조'로 알려진 이 세 명이 교도소에 가고 그곳에서 지내는 과정을 보여주는 다큐멘터리 영화—그리고 속편과 3편까지—를 제작하기로 했다. 「실낙원Paradise Lost」이라는 제목이 붙은 3부작 다큐멘터리는 그들의 첫번째 재판과 항소, 그리고 그들이 감금당한 세월을 따라간다.

　　세번째 다큐멘터리를 찍고 후반 편집 작업에 들어갔을 때 예상치 못했던 일이 벌어졌다. 이 남자들이 2011년 8월 19일 이른바 앨퍼드 플리◊를 신청해 석방된 것이다. 이는 기본적으로 국가가 자신의 잘못을 인정하지 않으면서, 잘못을 인정하는 장치다. 석방은 마지막 3편의 에필로그로 등장한다. 그리고 그 영화 덕분에 겨우 이해할 수 있는 지난한 법적 분쟁의 결과물이기는 하지만, 그 석방은 여전히 설명할 수 없는 기적처럼 느껴진다. 만약 그 영화가 다큐멘터리가 아니었다면 믿기 힘든 엔딩이라는 이야기들이 나왔을 것이다.

◊　　Alford plea: 피고인이 무죄를 주장하지만 검찰의 기소에 합리적 의혹이 충분했음을 인정하고 형량으로 유죄를 인정해 형평 기대글 하는 미국의 독특한 사법제도.

장소

「실낙원」에는 수많은 고속도로가 등장한다. 수많은 고속도로가 등장하는 이유는 웨스트멤피스에 고속도로가 많기 때문이다. 이 도시는 이 나라에서 가장 큰 주간고속도로—I-55와 I-40—가 미시시피 강에서 교차하는 위치에 있다. 진짜 멤피스는 그 강 바로 건너편에 있다. 요즘 웨스트멤피스의 1인당 연평균 소득은 2천 달러에 조금 못 미친다.

영화는 이 도시의 동맥인 쇄석도로에 매료된 듯하다. 카메라는 계속해서 그 도로들이 새기는 선을 따라서, 콘크리트 부지와 베이지색 쇼핑몰 지붕, 트레일러 파크와 먼지 나는 갓길의 고물 트럭들 위를 훑고 지나간다. 메탈리카는 이 모든 파노라마 장면을 위한 사운드트랙을 제공하면서, 그 모든 추함, 고만고만함, 세상의 다른 모든 곳으로 뻗어가는 고속도로가 가득한 땅에서 가난에 빠진 이 아이러니에 음악을 내어준다. 이 항공 촬영 장면들은 이 이야기 밑에 깔린 이야기, 즉 가난에 관한 이야기를 시작한다. 그 이야기는 고물 트레일러 두 대를 연결해 만든 주택과 줄담배와 다이아몬드꼴 철망 울타리와 녹슨 트럭 지붕에서 자라는 잡초와 고속도로의 현실 주변에 지어진 동네와 편의점에서 시간을 보내다 여자 친구와 트레일러로 뛰어드는 소년들과 젤을 발라 머리카락이 바삭바삭한 어머니들과 습관적으로 약을 복용하는 어머니들과 치아가 비뚤어진 모든 사람에 관한 것이다. 치열이 가지런한 사람은 변호사들과 경찰관들뿐이다.

이것은 아들의 무덤에서 무릎을 꿇고 있는 "백인 쓰레

기" 가족들의 이야기다. 이것은 이 비극으로 인해 사람들의 시야에 들어오게 되기 전까지는 스스로 투명인간이라 느끼던 사람들의 이야기다. 이것은 입을 정장을 사거나 법정 대리인을 구할 돈이 없는 소년들의 이야기다. 그들은 국가가 그들에게 건네주는 것은 무엇이든 받으며, 앞으로도 오랫동안 계속 그렇게 할 것이다, 한 연작 다큐 영화로 인해 다른 식의 행동이 가능해질 때까지는.

제시의 의붓어머니는 그것을 아주 깔끔하게 요약한다. "만약 우리에게 돈이 있었다면, 이 세 소년이 지목되었을까요?"

숲

시신들은 어느 트럭 휴게소 옆에 우거진 로빈후드힐스라는 숲에서 발견되었다. 그 숲은 고속도로 바로 옆에 있지만 숲속에서 길을 잃을 만큼 충분히 크다. 과도하게 발전한 세계의 타락한 에덴동산은 이 숲의 타락한 에덴동산을 에둘러 간다. 로빈후드힐스라는 이름은 유쾌한 무법자 무리를 떠올리게 하겠지만, 그 지명을 들을 때마다 나는 피터 팬이 대신 떠오른다. 내 머리는 가장 어울리는 동화를 고집한다. 피터 팬은 네버랜드를 의미한다, 소년이 절대 어른이 되지 않는 곳.

소년들이라는 단어는 당신이 이 이야기를 하려고 할 때 혼란을 일으킨다. 세 명의 소년을 살해한 혐의로 기소된 세 명의 소년, 결백이 아닌 젊음의 감금으로 갈린 여섯 명의 인물.

"우리 아이들을 살해한 이들은 소년이 아닙니다." 한 피해자의 아버지가 말한다. "이 일을 계획했을 때 이들은 이미

271

소년이 아니었어요."

　　　이 다큐멘터리의 예고편은 3×2로 화면이 분할된 사진들을 보여준다. 죽은 소년들의 증명사진이 위쪽 줄을 이루고 피고 소년들의 머그숏이 아래쪽 줄을 이룬다. 뉴스와 신문에 나온 이 기하학적 배열의 시각적 주장은 결과적으로 유죄 판결을 자극했던 것과 똑같이, 대답에 대한 갈증에서 비롯된 것이다. 이 모든 혼란에 대해 대칭적인 해답을 찾으려는 강박증 말이다. 세 명의 피해자, 세 명의 살해자. 3×2의 화면 분할은 스프레드시트처럼 한눈에 이해된다. 사람들은 아무리 사악하더라도 어떤 대응의 망을 갈구한다. 직각의 틀에 포착되고 들어맞는 것, 반듯하게 만들어지고 질서 잡힌 어떤 것을. 한 장의 스틸 사진 속에, 여섯 장의 스틸 사진 속에, 마침내 정지해 있고, 마침내 질서 잡힌 어떤 것을.

피고인

데이미언과 제이슨과 제시는 왜 체포되었을까? 제시가 자백했다. 그것이 이유였고, 그가 나머지 두 명을 연루시켰다. 자백은 주변에서 쉽게 보는 일이 아닐 수 있지만 제시의 자백은 맥락상으로도 매우 허술해 보인다. 그는 아무것도 아닌 일로 경찰서로 잡혀갔고 범죄자 취급을 당했다. 그의 아이큐는 72, 따라서 그의 지능은 거의 6세 아동 수준이다. 그는 열두 시간 동안 내리 취조를 받았는데, 그중 마지막 41분만 녹음된다. 그는 중요한 세부 사항 일부를 틀리게 말했지만 나중에 맞게 진술하도록 유도를 받는다. 그는 살인 사건이 정오쯤에 일어났다고 말하는데, 그때는 소

272

년들이 아직 학교에 있었던 시간이므로 결국 유도신문을 통해 사실 사건은 밤에 일어났다고 인정한다.

나는 거짓 자백이 늘 있는 일이라는 걸 잘 안다. 물론 그런 일에 몸서리가 쳐지지만, 그런 일이 일어난다는 사실을 많은 사람이 인정하지 못하고 *받아들이지* 못한다는 사실에 몸서리가 쳐지고, 그런 일이 일어나도록 방치하고 그런 일이 일어날 수밖에 없게 만드는 사법 체계에 몸서리가 쳐진다. 그렇지만 이 모든 사실에도 불구하고 범죄를 자백하는 목소리를 들으면 그것이 얼마나 설득력 있는지 부정하기 힘들다. 제시의 재판 중에 재생되는 녹음된 목소리를 들으면서, 나는 스스로에게 강요하는 기분이 든다. 어떻게 그것이 진실이 아닐 수 있지? 사람이 왜 의도하지 않은 다른 말을 하겠어? 문학이론가 피터 브룩스Peter Brooks는 말한다. "서구 문화는 고백적인 발화를 진실성에 대한 최고의 표지, 개인이 내면의 진실을 입증하는 가장 탁월한 부류의 발화로 만들어왔다." 입증된 내면의 진실, 그것은 열두 시간, 자신의 임무를 다하려 한 두 명의 경관이다.

제시는 유죄 판결을 받은 후, 데이미언과 제이슨의 재판에 나가 그의 자백을 되풀이하는 조건으로 감형을 제안받는다. 그는 거절한다. 자기 삶의 몇 년을 되찾을 수 있었지만, 그는 싫다고 말한다.

제시는 자그마하다. 어느 대목에서인가 그의 변호사는 그를 "리틀 제시"라고 부른다. *리틀 제시.* 소년 살해범이라 하기에는 별로 크지 않다. 그를 법정으로 데려오는 경관들에 비하면 그는 너무 왜소하다. 그가 입은 정장에 비하면 너무 왜소하다. 마이클 무어의 아버지는 피고인이 입을 정장에 왜 국민 세금을 써야 하는지 묻는다. "그들은 감옥에 있어요. 그들은 죄수복을 입어야 합니다." 이것은 기소의 유혹적인 동어반복이다. 무죄로 밝혀질 때까지 유죄라는 뜻이다. 우리가 너에게 다른 옷을 입을 자격이 있다고 결정할 때까지는 죄수복을 입어라.

제시는 몸에 맞지 않는 옷을 입고 있다. 마치 변장 놀이를 하는 것처럼 보인다. 그는 어린 소년일 권리를 몰수당한 어린 소년처럼 보인다. 헝클어진 머리에 중얼거리는 그가 웃음을 지을 때 그 웃음 속에는 여전히 약간의 기쁨과 장난기가 있다. 그의 감방 안 선반에는 가족이 보낸 홀마크 카드들이 줄지어 나란히 놓여 있다. 그는 가족이 보낸 카드를 떨리는 목소리로, 또박또박 공들여 읽는다. 그는 남학생과 성인 사이의 어디쯤에 있다. 그는 잡지에 실린 비키니 차림의 여자 사진을 받쳐놓았다.

제시가 교도소에서 아버지에게 전화를 걸어 이야기할 때, 그들의 대화는 가슴 아플 만큼 진부하지만("잘 지내니?" "괜찮아요" "별일 없어?" "네, 별일 없어요") 대화는 결국 다친 손을 주제로 맴돈다. 제시는 감방에서 금속 변기에 주먹질을 했다. 그는 뼈가 부러지지는 않았는지 걱정이다. 아버지가 말한다. "손을 움직일 수 있다면 부러진 게 아니다." 그들 사이의 깊은 애정이 뚜렷이 느껴진다. 이따금 제시의 아버지가 조용히 웃는다. 카메라는 그의 웃음 가까이, 그의 고르지 않은 치아 가까이 다가간다. 한 아버지가 전화기 너머 아들에게서 즐거움을 찾는다, 그 모든 것에도 불구하고.

어느 인터뷰에서 제시는 밤에 무엇을 하느냐는 질문을 받는다. "그냥 많이 울어요." 그가 대답한다. "그러다가 잠이 들죠."

재판을 받을 당시 제이슨 볼드윈은 사형감은 고사하고 사춘기라 하기에도 너무 어려 보인다. 보기만 해도 가슴이 찢어진다. 밝은 금색의 머리카락은 19세기 심령사진에 나오는 것처럼 그의 머리 주변에 빛나는 오라처럼 보인다. 나는 그를 볼 때면 그의 허약함에 가슴이 무너지는 것 같다. 우물거리며 말하는 바싹 야윈 그 어머니의 치아처럼 그의 치아도 비뚤어졌다. 그리고 제이슨에게 가슴 아파하는 바로 이 순간, 내 슬픔의 클라이맥스인 이 순간에 나도 모르게 의문이 생긴다. 만약 그들이 실제로 그 일을 저질렀다면? 숲속에서, 그들이 기소당한 그 범죄를 저지르고 있는 모습이 무시무시하게 번쩍 스쳐가고, 나는 뼈아픈 죄책감을 느낀다. 잠시 그들의 결백을 의심하는 것만으로 내가 그들을 배신했다는 것처럼.

하지만 문제는 이것이다. 나는 아무것도 모른다는 것. 나는 다큐멘터리가 중개해주는 증거들을 볼 수 있고 격분할 수도 있다. 나는 사실상 원래의 판결을 뒤집은 법원의 최종 판결을 볼 수 있고 그 분노 속에서 내가 옳았음을 느낄 수도 있다. 나는 소년들의 얼굴을 볼 수 있고 그들의 말 속에서 진실의 힘을 느낄 수 있다. 그러나 나는 전혀 알지 못한다. 어느 누구도 진실을 알지 못한다, 그들 말고는. 그리고 그 일을 한 사람이 따로 있다면, 그 사람 말고는. 결국 나는 내가 전적으로 확신할 수 없는 진실에 가슴 아파한다. 그것은 이상한 현기증이다, 인식론적 불확실성을 밀어대는 감정적 확신은.

첫번째 다큐 영화 중 감옥에서 인터뷰를 하는 동안 제이슨은 멜로 옐로를 마시고 스니커즈바 하나를 먹는다. 이것은 왠지 이 장면에서 가장 슬픈—심지어는 그가 하는 말보다 더 슬픈—부분인데, 그 모든 일에 비하면 이런 대접은 아무것도 아니지만, 그래도 그가 하루 동안 했던 유일한 선택이 이것이었다고 생각해보라. 공감은 구체적인 세부 사항과 관련될 때 더 쉬워진다. 나는 교도소에 갇히는 걸 상상할 수는 없지만 간식을 선택하는 것은 상상할 수 있다. 그래서 나는 제이슨의 캔디바에 관한 사실에 가까이 끌려간다. 그리고 일단 그 세부 사항에 가까워지면, 그것을 무의미하게 만드는 분할 구도에 갑자기 압도되어버리는 기분이다. 그의 감금과 나의 자유 사이의 본질적인 구분. 제이슨역시 지금은 자유의 몸인데, 나는 그가 무엇을 먹는지 궁금하다. 그가 무엇을 가장 그리워했는지 궁금하다.

그러나 영상에서, 아직 감옥에 있는 그가 할 수 있는 거라고는 오줌 같은 노란색 탄산음료 한 병을 마시는 것뿐이다. 그는 자기는 동물이건 사람이건 하나도 죽일 수 없는 사람이라고 말한다. 그는 자신이 키우던 이구아나 이야기를 한다. 이구아나는 그의 모든 애완동물 중에서도 가장 아끼는 동물이다. 나는 이이구아나 이야기는 편집 구조의 한 예임을 이해한다. 자신의 이구아나에 관해 떠드는 열 살 정도로밖에 안 보이는 소년을 보면서 어떻게 그가 살인자라고 믿을 수 있는가? 나는 다큐 제작자들이 근본적으로 이 순간을 이용하고 있음을—범행을 부인하는 제이슨 자신의 말보다도 더 효율적으로, 더 감정적으로 그의 결백을 주장하고 있음을—알아채지만 나 역시 그들이 제시하는 관점의 공모자이기도 하다. 나는 제이슨의 이구아나 이야기를 믿는다. 나는 그 소년들을 죽이지 않았다는 그의 말을 믿는다. 변호사가 그에게 묻는다. 일단 재판이 끝나면 무얼 하고 싶어요? 아마 디즈니랜드에 가는 거요, 그가 대답한다. 그는 주변의 몇몇 광천에 가본 것 외에는 여행을 한 적이 없다. 그는 온천hot springs 이라고 말했겠지만 웅얼거리는 말소리는 영웅이 도약한다hero springs처럼 들린다. 나는 제이슨 볼드윈이 여행을 떠난 모습을 그려보고 싶다. 그가 "무죄"라는 말을 들을 때 그의 머릿속으로 들어가고 싶고, 비행기를 타고 애너하임까지 가는 그를 내내 따라다니고 싶다. 이것은 다큐멘터리가 불러들이는 망상 가운데 하나다. 설사 어쨌거나 모든 게 편집된 것이라고 해도, 모든 게 가공되었다고 해도, 또 다른 반전이 있을 수 있지 않을까? 또 다른 엔딩이 있을 수 있지 않을까?

데이미언은 증인석에서 그의 이름에 관한 질문을 받았다. 그 이름은 그가 지은 것이다. 그가 받지 않은 질문이 있다. "그 이름은 악마를 위해 직접 지은 건가요?" 그러나 그 질문의 가능성은 분명히 있다. 사실 데이미언은 하와이에서 한센병 환자들을 보살피다가 결국 그 병으로 타계한 가톨릭 수사 데이미언 신부에게서 그 이름을 따왔다고 한다. 여기서 어떤 유사점—어떤 해명이나 적어도 연결부—을 찾아내면 좋았겠지만 유사점은 없다. 피고인 데이미언은 한센병 환자를 돌본 적이 전혀 없다. 그의 비극은

277

그가 진 사명의 영웅주의에 있는 게 아니라 그 부재에 있다. 부정의 공간, 살지 못한 삶, 다시 말해 투옥 자체의 정의定義에 있다.

데이미언은 장소가 어디든, 상대가 누구든 보살필 수 있었겠지만, 그는 한 장소, 오직 한곳인 여기에만 갇혀 있었고, 여기서 그는 아무도 보살피지 않았다. 그렇다고 교도소에서 그의 삶이 없었다는 건 아니지만—그는 자신의 명상 수행과 독서, 사형수 동에 있는 다른 남자들과의 관계를 아름답게 이야기한다—이 삶은 다른 곳에서 일어날 수도 있었다. 그 사실이 수없이 많은 여백으로 그의 이야기를 따라다닌다.

2005년 데이미언은 『거의 다 왔다Almost Home』라는 회고록을 자비로 출판했다. 표지에는 두 눈을 크게 뜬 그의 얼굴이 흐릿하게 박혀 있고, 그 위로는 세로로 배열된 문자들이 교도소 창살의 삼엄한 경계를 연상시킨다. 어조는 단도직입적이고 매력적이며, 날카로운 통찰력과 구체적인 내용들, 옥외 변소와 은밀한 섹스의 불온함으로 가득 차 있다. 특정 내용에서는 제이슨의 캔디바에서 그랬듯 감정이 밀려온다. 애완동물들의 이름, 신디 로퍼Cyndi Lauper에 대한 풋사랑, 언젠가 기도하는 도중에 침대 위로 뛰어올랐다며 가족이 키우던 치와와 페퍼를 때렸던 의붓아버지.

회고록의 분위기는 이상하게 밝고 유머로 가득하지만, 데이미언은 냉혹한 정서 지능으로 글을 쓴다. 그래서 읽기 힘들 때가 많다. 우리가 다큐멘터리에서 본 상심한 어머니에 관해 그는 이렇게 말한다. "어머니는 나에 관해 아는 게 거의 없으면서, 실제보다 더 가까운 척하려고 이야기를 꾸며내곤 한다. 그렇게 해서 더 많은 관심을 얻는다." 체포될 당시 여자 친구이자, 자기 아이를 낳아준 여자에 관해서는 이렇게 쓴다. "딱히 구애 같은 것도 없었고 유혹이라 할 장면도 없었다…… 나는 그저 그녀가 거기 있었기 때문에 [그녀와] 같이 자기 시작했다." 나는 다큐 속에서 본 그녀—빨간 머리에 예쁘장하고, 화가 나 있던—를 기억한다. 그녀는 선고 도중에 미친 듯 아기를 흔들며 법정에서 뛰쳐나갔다. 데이미언은 이 소녀에 관해 할 수 있었던 이야기를 알고 있다. 여러모로 우리가 기대하는 이야기 말이다. 순진한 열정에 비극의 그늘이 드리워지고, 풋풋한 사랑이 상황 때문에 깨지는 이야기. 그러나 그는 감상이 가득한 줄거리를 거부하고 대신 실제 있었던 일을 들려준다.

　　회고록을 읽다 보면 어떤 면에서는 다큐멘터리 영화에 대한 배신처럼 느껴진다. 데이미언의 어머니가 그저 슬픔에 잠긴 여인이 아니라 무언가 더욱 인간적인 사람으로 그려진 모습을 보게 되고, 그의 아이의 엄마가 괴로워하는 성모가 아닌 어떤 인간으로서 드러난 모습을 보게 되고, 데이미언 자신의 거슬릴 만큼 적나라한 모습도 보게 된다. 그런 경험은 내가 이 모든 남자에 관해, 또는 그들과 관련해 나 자신에 관해 어느 정도는 이미 알고 있던 것을 깨닫게 했다. 그들이 무죄이기를 바라는 내 마음 때문에 나에게 그들은 성자여야 한다는 것을.

부모들

스티브 브랜치의 어머니 팸 홉스는 예쁘장하고 허둥거리는 여인인데 재판정에 꽃무늬 원피스를 입고 온다. 그녀는 슬픔 때문에 불안정해 보인다. 지역 뉴스 진행자와의 인터뷰에서 그녀는 아들의 컵스카우트 단복을 터번처럼 머리 위에 걸친다. 이 당시 그녀는 그 범죄가 악마 숭배자들의 소행이며 피고인들은 유죄라고 확신한다. "그 괴물들을 보셨나요?" 그녀가 말한다. "그들은 펑크족처럼 생겼어요."

카메라는 곧바로 장면을 전환해 정글짐 위에서 노는 소년들, 회전 놀이기구를 돌리는 소년들의 모습을 보여주고, 이윽고 텅 빈 그네들을 보여준다. 마치 방금 사람이 떠났다는 듯, 또는 여전히 유령이 타고 있다는 듯, 그네는 끼익 소리를 내며 흔들린다.

마이클 무어의 부모인 토드와 데이나는 도서관 사서 같은 모습이다. 그들에게는 돈이라는 딸이 있다. 스티브 브랜치는 언젠가 돈에게 문스톤을 사 주었다. 인터뷰 도중 토드 무어는 카메라 바로 옆의 누군가를 향해 말을 한다. 반면에 데이나는 말하면서 자기 남편을 쳐다본다. 그녀는 자신의 슬픔을 남편에게 확인받고 싶어 한다. 토드는 자기 아들이 숲속에서 아빠를 소리쳐 불렀는지 알고 싶어 한다.

이때가 1993년이었다. 무어 가족은 지금도 여전히 거기, 어딘가에 있다. 여전히 저녁 식사를 요리하고 먹으면서, 식탁을 치우면서, 잠이 들고 꿈을 꾸면서. 아마도 그들의 꿈속 어딘가에는 아직 아들이 살아 있을 것이다. 그들은 차를 몰고 출근하고 차를 몰고 퇴근해서 코미디를 보고 웃기도 하고 웃지 않기도 하지만, 그들의 아들은, 그들의 아들은 여전히 2학년이다.

스티브, 마이클, 크리스. 그들은 저마다 컵스카우트에

서 울프 등급이 되었다. 마이클은 모임이 없을 때도 스카우트 단복을 입었다. 스티브는 그보다 오래 살았을 애완 거북이를 키웠다. 크리스는 가만히 있지를 못해서 '벌레'라는 별명이 붙었다.

　울프 컵 배지를 달기 위한 조건으로는 게 걸음, 코끼리 걸음, 개구리 점프가 있다. 또한 성조기 접기, 감기 예방을 위한 네 가지 방법 배우기, 아무거나 수집 시작하기, 아침 식사 준비하고 치우기, 지역사회의 역사적 장소 방문하기 같은 일도 해야 한다. 나는 이 소년들이 웨스트멤피스에서 갔을 만한 명소, 공문서 기록에서 배제되어온 듯한 사적지가 어디인지 추측해본다. 아마도 8번가일 것이다. 이곳은 대공황기의 블루스 현장으로서 "빌 스트리트 웨스트"로 알려져 있다. 아니면 트럭들이 계속해서 다른 어딘가로 가도록 도와주는 거대한 기반시설인 '에르난도 데소토 브리지'일 것이다. 웨스트멤피스에 있는 기반시설 대부분이 하는 일이 그렇다. 사물들이 다른 어딘가로 가도록 도와주는 것. 어쩌면 소년들은 그저 고속도로 옆에 앉아서 지나가는 대형 트럭들을 지켜봤을지도 모를 일이다.

　그들이 살아 있다면 올해 스물아홉이었을 것이다, 나보다 한 살 어린 나이.

　크리스의 어머니 멜리사와 의붓아버지 마크 바이어스는 피해자의 부모들 중 가장 이상한 사람들이다. 멜리사는 대체로 화난 듯 보인다. 그녀에게 슬픔에서 분노로의 전환은 순식간에 완벽하게 이루어지고 카메라는 이 연금술을 저주의 자막으로 구체화한다. 그녀는 피고인들이 온갖 폭력을 당하기를 바란다. 그녀는 데이미언의 얼굴 피부를 씹어 먹고 싶다고 말한다. "그 세 명을 증오해요. 그리고. 그들을. 낳은. 그. 엄마들을." 그녀는 손가락을 메트로놈처럼 두드린다.

　　하루는 제시가 법정을 떠날 때 멜리사가 부른다. "귀염둥이 제시!" 그녀의 팔세토 가성은 아마도 제시가 강간당하기를 바라면서 강간범의 목소리를 흉내 낸 것이리라. 그녀가 카메라를 향한다. "제시한테 치마를 보내줄 생각이에요." 그녀의 목소리는 독기로 가득하지만 계산된 것이기도 하다. 그렇다고 그 분노가 진짜가 아니라는 말이 아니라 그 분노를 표현하는 아주 독특한 방식을 만들었다는 얘기다. 그녀는 앞으로도 계속 그녀 주변을 따라다닐 카메라들을 위해 슬픔을 연기하고 있는데, 그런 연기는 오히려 그 아래 진짜 슬픔이 깔려 있다고 믿기 힘들게 만들수 있다. 그런데 실제로 그렇다. 내 마음 한구석에서는 그녀에게 화를 내고 싶어진다. 그리고 나는 다큐 제작자들이 이 분노에 공간을 주고 싶어 한다는 걸 감지한다. 마음의 또 다른 한구석은 기억을 떠올린다. 그녀의 아들이 죽었다는 것. 아마도 이것이 당분간 유일하게 확실한 사실일 것이다.

　　이런 느낌도 있다. 멜리사 바이어스는 십중팔구 평생 투명인간처럼 살며 존중받지 못한다고 느꼈을 여자다. 세계는 그녀가 해야 했던 어떤 말에도 주의를 기울이지 않았다. 그런데 이제 갑자기, 세계가 귀를 기울이고 있다.

표면적으로 보면, 마크 바이어스는 다큐멘터리의 완벽한 주인공이 될 것처럼 보인다. 그는 굉장히 이상한 사람이고 모든 것에 화를 내는데, 특히 자기 아들을 죽인 악마 숭배자들에게 분노한다.

그는 키가 크고 배가 많이 나왔으며 앞머리는 짧게 치고 뒷머리를 길렀다. 무슨 마비의 흔적인 듯 얼굴은 비뚤어진 느낌이다. 그는 자신이 뇌종양을 앓고 있다고 말한다. 그가 즐겨 입는 한 셔츠에는 별무늬와 줄무늬가 구분되어 새겨져 있다. 그의 애국심 연기는 좋은 인상을 주고 싶고, 본인이 충성을 맹세하는 품위 있는 문화에 받아들여지고 싶다는, 그에게서 보이는 욕망을 노골적으로 드러낸다. (울프 스카우트 자격 조건 2번: *다른 사람과 함께 성조기를 접는 법을 익힌다.*) 바이어스는 저주——그냥 악담 정도가 아니라 큰 목소리로 성서와 관련된 저주를 퍼붓는 것——를 좋아한다. 그는 천사와 악마의 싸움을 이야기한다. 종종 피고인들을 성까지 붙여 전체 이름으로 부른다. "데이미언 에컬스, 제이슨 볼드윈, 제시 미스켈리, 너희들의 주인인 악마가 곧 너희를 데려가기를." 그는 그들의 무덤에 배설하겠다고 맹세한다.

그는 살인 사건이 있고 몇 년 후, 카우보이모자와 오버롤 작업복을 입고서 로빈후드힐스를 다시 찾아가, 범죄 현장이었던 곳에 자란 키 큰 풀들을 마체테 칼로 베어낸다. 화면에 보이는 대로라면, 풀의 위치는 달라졌지만 바이어스는 정확히 같은 장소에 있다. 그는 의식 행위——시청자를 위한, 또는 그 자신을 위한——에 지나친 집착을 보이고, 때가 도래하지도 않은 약속을 이행하고 싶어 점점 조급해한다. *너희들 무덤에 침을 뱉으리라*, 그들이 아직 죽지도 않았는데 말이다. 그는 풀 무더기를 쌓아놓고 그들의 무덤이라 부른다. 그는 라이터 용액을 무덤에 끼얹는다. "내 아들이 너희 목을 짓밟으리라." 그는 피고인들——이때쯤 그들은 유죄 선고를 받았다——의 영혼에 선언한다. 그것은 괴상한 예언이다. *내 아들이 너희 목을……* 그는 자신의 여덟 살배기 아들을 자기만큼 강한 분노에 사로잡힌 복수의 화신으로 소환한다.

그는 담배에 불을 붙이고 이어서 성냥을 떨어뜨린다. 불꽃이 타닥대며 마른풀을 태우고 바이어스는 카우보이 부츠 뒷굽으로 풀 무덤을 짓이긴다. 그는 지극히 내면적이고 통제 불가능한 무언가에 휘둘리는 것처럼 보이지만, 장면은 묘하게 저예산 영화처럼 느껴진다. 마치 누군가 지옥에 관한 홈 무비를 만드는 것 같다. "내 아들의 불알이 먹고 싶었더냐?" 바이어스가 허공에 대고 묻는다. "타 죽어라, 나쁜 새끼들아. 불에 타 죽어라."

그 장면이 끝날 때쯤엔 바이어스의 연극은 그냥 피곤하게 느껴진다. 그는 당신을 지나치게 움츠러들게 한다. 그를 지켜보기가 지친다. 나는 그 역시 지쳤다고 상상한다. 그는 모든 사람에게 화가 나 있다. 제시가 고졸학력인증GED을 받도록 개인 교습을 해준 여인에게, 사법 체계가 부패했다고 말하는 사람들에게, 사법 체계가 부패하지 않았다고 말하는 사람들에게. 그는 항상 변하는 그들 모두에게 화가 나 있다. 그는 그들을 바라보며 살아왔다. 그들은 그를 괴롭힌다. 그들 모두가 그를 괴롭힌다.

그는 상처받아 혼미한 상태와 광적인 분노 사이를 불안하게 휙휙 오간다. 그의 행동거지에는 때로 슬픈 느림이 있다가도 때로는 미리 짠 듯한 분노가 있지만, 이 두 태도 사이에는 어떤 지속적인 노력의 느낌이랄까, 일종의 구매 투쟁 같다는 공통점이 있다. 그는 슬픔에 잠긴 아버지 역할을 하는 형편없는 배우 같다. 연기하고 있다는 느낌이 강하게 풍기기 때문에, 그는 얼핏 보면 완벽한 주인공 같아 보일지라도 실제로는 설득력 없는 주인공이 되는 것 같다. 마치 그가 실제 *자기* 상황을 실제인 것처럼 보이기 위해 지나치게 열심히 애쓰고 있다는 느낌이 든다. 아들을 잃은 아버지인 척. 그가 연기하는 부자연스러운 감정 밑에 날것 그대로의 감정이 한 톨이라도 있다고는 믿기 힘들다. 격정적 분노의 부조리함, 그것이 그가 기대하는 바로 그 연민을 그에게서 앗아가 버린다.

바이어스와 토드 무어가 들판에 웅크리고서 번갈아가며 호박 하나를 사격하는 장면이 있다. 한동안 바이어스는 늘 그렇듯 화면을 장악하고는 소년들을 한 명씩 죽이듯 그 이름들을 부른다. "오, 제시!" "제이슨! 내게 키스를 날려라!" 바이어스가 이 소년들이 교도소에서 강간당할 가능성을 환기시키는 방식에는 완고한 잔인함이 있다. 마치 그것을 상상할 권리라도 얻은 것처럼, 심지어 그것을 상상하며 즐거워할 권리를 얻은 것처럼. 그러나 그의 분노가 도를 지나치면서 이상하게 김빠진 느낌이 든다. 그는 한 배역을 연기하고 있다. 토드 무어는 대본을 외우려 애쓰고 있다. "그 법정에서 우리가 얻은 게 무엇인가?" 무어가 총을 살펴보며 묻는다, 바이어스의 연금술—슬픔을 복수로 바꾸고 세 소년의 죽음을 여섯 명의 죽음으로 바꾸기 위한 성전聖戰—을 배우는 도제처럼.

나는 무어에게 배신당한 느낌이 든다. 나는 그가, 내 연민을 완성시켜줄 그런 부모이기를 바랐다. 그러나 이 끔찍한 슬픔이 보복 충동에 이르면서 그 연민은 타락하고 말았다. 우리는 얼마나 보복을 갈망하는가, 그것은 어떻게 우리를 일그러뜨리는가, 그것은 어떻게 모든 것을 베어 텅 빈 공터로 만들고, 한 발 한 발마다 팟, 팟, 팟 소리와 함께 호박을 벌집으로 만드는가.

분노

10대 시절 이 다큐멘터리 연작을 볼 때 나는 술에 취해 있었다. 나는 그것들을 곰곰 따져보지 않고 그냥 느끼고 싶었다. 분노는 나를 휩쓸어 내가 본 장면에 맞먹을 만큼 다급한 감상의 회오리에 빠뜨렸다. 이 다큐 제작자들은 분노의 기획자들이다. 그들은 감당하기 힘든 불의를 당신에게 맡겨버린다. 그래서 당신은 그것을 놓을 어딘가를 찾아낸다. 어떤 사람들은 저항운동을 시작하고—웨스트멤피스 3인조를 석방하라—어떤 사람들은 그들을 변호하기 위해 수백만 달러를 낸다. 나는 술에 취했고 변호사가 된 척했다. 나는 우리 집 현관 거울 앞에서 열정적으로 연설했다. *이것은 정의가 아닙니다!* 나는 듣는 사람이 없는 최종 변론을 했다.

물론, 그것이 이야기의 전부는 아니다. 왜냐하면 내 마음 한구석은 그것을 반겼다는 것을 알고 있었기 때문이다. 그것이라니? 그 불의 말이다. 나의 일부는 그것에 매료된 느낌을 좋아했다. 나는 그것에 맞서 일어섰고 이런 반발에 의해 형성되는 나 자신을 느꼈다.

우리는 불의에 대응하는 우리의 모습을 좋아한다. 그러면 한쪽을 선택하기가 쉬워진다. 우리에게 있는지 잘 몰랐던 어떤 근육처럼, 보살피고 화를 내는 우리의 능력이 발휘된다.

아니, 우리가 아니라 *나*라고 해야 할 것 같다. 이 호기심 많은 구경꾼의 부끄러움을 왜 모든 사람에게 투사할까? 나는 이 소년들 때문에 진정으로 괴롭거나 아프고 고통스러운 게 아니라고는 말하고 싶지 않지만——나는 그 후 10년 동안 그들을 생각했고, 교도소에 있는 제이슨에게, 답장 한 번 못 받았지만 여러 통의 편지를 썼다——그러나 나의 일부는 이 다큐멘터리 영화를 즐겼음을 인정한다. 그 사태를 즐겼다는 말이 아니라 그것을 지켜보고 있던 동안의 나 자신을 즐겼다. 그것은 내가 공감의 성향을 지녔다는 증거를 제시해주었다.

돌이켜보면, 당시 기소된 소년들을 위한 변호사 놀이를 할 때, 나는 죽은 소년들에 관해서는 그만큼 생각하고 있지 않았다. 온라인에서 그들의 부검 보고서를 본 것은 몇 년이 지난 후였다. 세 명 모두 알몸으로, 진흙과 나뭇잎으로 덮인 채 발견되었다. 세 명 모두 물속에 잠겨 있던 탓에 손과 발에는 "세탁부"의 주름이 생겨 있었다.

그들의 주검은 부상과 관련해 목록화되어 있다. 자상, 타박상, 두개골 골절, 벗겨진 피부와 좌상, 입술 위쪽과 귀밑의 "반달형 찰과상," 항문 근처의 분변, 상상할 수 없는 공포의 흔적. 장기의 무게는 그램 단위로 기록되어 있다. 크리스토퍼의 오른쪽 폐는 왼쪽 폐보다 10그램 더 나간다. 스티브의 폐도 그렇다. 부검 보고서는 소름 끼칠 만큼 절제된 표현으로 시신에 대한 묘사와 훼손에 대한 묘사 사이를 오간다. "홍채는 녹색. 각막은 깨끗함…… 왼쪽 안와 주변부에 파리 유충." 언어는 이따금 서정적으로 바뀐다. 크리스토퍼의 독물 보고서에는 음경에 관한 다음의 항목이 포함되어 있다. "세균 집락. 적혈구의 유령 같은 잔여물 조금." 유령 같은 잔여물. 폭력에 대한 아름다운 묘사는 모두—그 자체의 아름다움으로—그 대상에 대한 폭력이 된다.

특이사항 없음이라는 단어가 이상한 장소에서 등장한다. 어쩌면 이런 문서에서 그 단어는 어디에 있든 이상하게 느껴질 것이다. 스티브 브랜치에 대한 보고서는 그의 시신을 요약해서 보여준다. "가슴과 복부는 특이사항 없음, 기술할 만한 상처는 훨씬 아래쪽에 있음. 남근에는 다음과 같은 상처가 있음. 상지와 하지는…… 아래 기술한 상처를 제외하고는 이상 없음." 그는 29.5킬로그램에 금발이었다. 그의 시신은 그것이 잔인하게 당한 방법을 제외하면 특이사항이 없었다. 그는 발가벗은 채 하나만 걸치고 있었다. "천으로 된 우정 팔찌가 오른쪽 손목에 있음."

처음 그 소년들의 죽음에 관해 들었을 때, 나는 왜 그들에 관해 더 오래 생각하지 않았을까? 아마도 그들은 과거로 묻혔기 때문이리라. 그래서 나는 아직 구제될 수 있을 소년들과 관련해 화를 냈던 것이다.

어찌 보면 나는 분노의 대상만 달랐을 뿐, 피해 소년들의 부모가 화를 냈던 것과 똑같이 화를 냈다. 당신이 배심원이라면, 또는 어머니라면, 또는 평범한 소도시의 평범한 시민이라면, 당신은 분노에 사로잡힐 테고—목격자로서 또는 피해자로서—어떤 식으로든 그 분노를 정화하거나 떠넘겨야 한다. 그래서 당신은 겁이 난다. 당신은 어디든 그 고통이 달라붙을 만한 곳에 그것을 던져버린다. 그리고 어떤 방식으로든 그것을 이해한다. 부모들은 세 남자가 교도소에 가기를 원했고, 그들이 고통받고 불에 타 죽기를 원했다. 나는 그 부모들의 불관용에, 유죄 외에는 어떤 가능성도 고려하지 않으려는 완고함에, 자신들의 고통에 바

를 연고로서 가장 손쉬운 서사를 주장하는 고집스러움에 분노한
다. 그들이 복수할 권리를 주장하면 할수록 그들에 대한 나의 연
민은 줄어든다.

그들에게 화를 내면서, 나는 혹여 시스템이 하고 있다
고 증오하는 바로 그것, 희생양 찾기를 내가 하고 있지는 않은지
의심한다. 그 부모들의 얼굴은 설명될 수 없는 잘못에 대한 내 막
연한 인식을 담을 편리한 그릇이 된다. 증오하기에는 너무 큰, 얼
굴 없는 사법 체계보다는 개인이 훨씬 쉬운 표적이다. 나는 스스
로에게 되뇐다. 이 부모들은 사람들이 비난하라고 가리켰던 남자
들을 비난하고 있을 뿐이라고. 이는 사법 체계의 또 다른 참사다.
세 소년에게서 자유를 빼앗는 것뿐 아니라, 세 가족에게 슬픔을
다른 무엇으로 돌리라고 하면서 그들의 슬픔마저 빼앗아간다는
것은. 경찰과 법원—확신과 유죄 판결을 거머쥔—은 이들 가족
에게 품위를 복수와 맞바꾸라고 권유한다.

피해자 가족에 대해서 나는 분노와 죄책감 사이를 정신
없이 오간다. 나는 그들이 느껴야 할 슬픔—상상할 수 없는 상
실에 더해 그들을 그런 큰 분노 속에 살게 만드는 슬픔—에 깊은
슬픔을 느낀다. 그들은 아이를 잃었고, 그 대가로 타오르는 불길
의 공모자가 될 기회를 제공받았다.

프레리 버닝Prairie burning이란 땅을 기름지게 하려고
불을 지를 때 일어나는 일을 가리킨다. 그것은 인체에 반란을 일
으킨 암세포에 방사능을 쪼이거나 괴저로 검어진 발을 절단하는
것과 같은 일종의 통제된 파괴다. 오래전 마녀들은 들판처럼 불
길에 휩싸였다. 그들의 시신은 통제된 화상을 입었다. 악이 다른

사람의 몸으로, 모든 사람에게로 번지는 어떤 것으로 이해되지 않도록 그들의 주검은 그릇처럼 악을 담고 있었다.

재판

이 소년들이 기소되도록 만든 것은 효율성의 명령이고, 유죄 선고를 받게 만든 것은 자만의 역학이다. 웨스트멤피스 경찰서의 게리 기첼 경감은 이 효율성의 얼굴이다. 첫번째 다큐의 초반부에 나오는 기자회견에서, 이 사건의 강도가 1부터 10까지 중 어디에 해당하는지 묻자 그는 "11"이라고 대답한다. 그가 "11"이라고 말하자 사람들은 박수를 친다. 사람들이 웃는다.

18년이 지난 후 이제 성인이 된 소년들을 석방할 때, 아칸소 주는 그 11을 뒤집을 것이다. 그러나 다큐멘터리에서 *11*은 영원히 불멸로 남아 있다. 사람들이 이 11에 웃음을 터뜨린 이유는 그것이 간절히 필요하기 때문이다. 그들은 안도감에 웃는다. 그들은 사법 체계와 악행의 속성에 관해 기첼의 말이 암시하는 바를 믿고 싶어 한다. 사람들은 반박할 수 없는 모든 비극에는 일을 다시 바로잡기 위한 반박할 수 없는 방법이 있다는 믿음을 필요로 한다.

"경찰은 그 범행을 저지른 사람을 찾을 수 없나 봐요." 제시 아버지는 아들이 체포된 직후 그렇게 말한다. 그는 안락의자에 앉아 있다. 얼굴은 붉고 손은 지저분하다. 그는 기계공이다. 차분해 보인다. 오랜 세월이 지나 제시가 석방되었을 때, 아버지와 아들은 공개 축하행사를 사양하고 대신에 바비큐 파티를 열 것이다. 그러나 제시 아버지는 그 바비큐 파티에 관해서는 알지 못한 채 이 순간에 갇혀 있다. 그는 앞으로 도래할 일을 알지 못한다. 또는 그때까지 얼마나 많은 밤을 지내야 하는지 알지 못한다. 전화 통화를 하는 18년 동안 그의 치아는 그가 웃는 순간을 보여줄 것이다. 카메라는 이미 그것을 알고 있으며, 당신을 그의 얼굴 가까이로 데려가 그 웃음 속의 동물적인 무언가를 보여준다. 잔인한 무언가가 아니라, 생존과 관계된 무언가를. 그의 입, 그의 하얀 치아라는 단순한 사실과 이렇게 가까이 있다는 건 고통스럽다.

　　이런 친밀한 눈길은 이 다큐 연작 전체에서 계속 이어진다. 그것은 그들의 세계를 두껍게 만들고 그들을 아프게 한다. 판결이 내려진 후, 개울에서 건져낸 바로 그 자전거들이 밴에 실리는 모습이 나온다. 그것들은 아마도 곧 컴컴한 어느 증거물 보관소에 영원히 처박힐 것이다. 카메라는 제시 감방의 강철 변기―그의 주먹을 멍들게 했지만 부러뜨리지는 않았던 바로 그 변기―에서 조금 오래 머문다. *움직일 수 있다면 부러진 게 아니다. 교도소에서 숨 쉴 수 있다면 아직 살아 있는 것이다. 치아를 드러낸다면 웃고 있는 것이다. 웃을 수 있다면, 당신은 살아남은 것이다.*

　　이 섬세한 질감의 카메라 워크는 모든 방향에서, 심지어 그것이 의도하지 않은 곳에서도 공감을 발산하게 만든다. 당신은 모든 사람에게 매우 가까이 다가가고, 모든 사람에게 안타까움을 느끼게 된다. 앵글은 정밀하고 예리해서, 재판 도중 부모들의 얼굴에 나타난 고통의 떨림을 포착하고, 증인석에 앉은 기첼 수하의 한 경관에게서 순간적인 의심의 빛을 포착한다. 바보 같은 실수를 했다고, 시스템의 빈틈을 드러냈다고 깨달은 공황의 한순간에 보이는 갑작스러운 눈의 흔들림. 그것은 잘난 체하는 경관들을 포함해 이곳의 모든 사람이 불안해한다는 또 다른 증언이다. 모두가 무언가를 두려워한다.

카메라는 또한 사소한 것의 묘한 순간들, 저지르지도 않은 범죄로 사형 선고를 받게 되는 상황의 당혹스러울 만큼 태연한 질감을 멋들어지게 포착한다. 삶은 매 순간 엄청난 중력처럼 살아질 수는 없다. 이 다큐는 그것을 이해한다. 데이미언은 변호사와 함께 앉아 자기 증언에서 최악의 부분을 검토한다. 그는 자신은 공상에 잠겨 있었고, 질문에는 절반만 주의를 기울이고 있었다고 설명한다.

"어쩌면 그들이 당신을 절반만 죽일지도 모르겠군요." 그의 변호사가 대꾸한다.

데이미언이 웃는다. 카메라는 캐묻듯이 줌인해 들어간다. 어떻게 웃을 수 있단 말인가? 그러더니 카메라가 잠시 꾸물거린다. 마치 어떻게 웃지 않을 수 있단 말인가 하고 암시하듯이, 심지어 주장하듯이. 왜냐면 어떻게 반응하든 예상되거나 충분하다는 의미에서, *적절하다*고 할 수 없기 때문이다. 그리고 *적절하다*는 여기서는 더 이상 아무것도 의미하지 않기 때문이다.

카메라 속에서 10대인 데이미언과 제이슨은 자신들이 체포되던 날 밤을 떠올리며 낄낄거린다. 그들은 소파에서 텔레비전을 보고 있었다. "돼지들이 쳐들어왔죠." 데이미언이 말하고, 그들은 아직도 그 일이 믿기지 않는다는 듯 고개를 젓는다. 그들이 웃는다. *11.* 사람들이 웃는다. 데이미언과 제이슨에게 이 모든 이야기의 일부는 아직도 영화처럼 느껴진다. 그들이 재판을 받고 있을 때도 그것은 여전히 약간 부조리하다. 그리고 부조리가 유예되는 한순간은 사실상 일어나지 않는다. 그들은 침실에 숨어 전등을 끄려고 했다. 그러나 경찰은 떠나지 않으려 했다. 또다른 18년 동안은.

유대

이 소년들 사이의 우정은 절절하게 느껴지는 어떤 것으로 다가온다. 그들의 석방을 결정한 공판에서 제이슨은 데이미언의 목숨을 구하기 위해, 법적 유죄를 인정하면서 본인은 옳지 않다고 생각했던 탄원을 제기하게 된다. (데이미언은 세 명 중 유일한 사형수였다.) 이렇게 기꺼이 나서준 제이슨에게 데이미언은 기자회견에서 고마움을 표한다. 거의 20년 만에 처음으로 그들은 포옹한다. 이 포옹이 어떤 느낌이었을지, 얼마나 친밀했을지 혹은 불충분했을지 상상하기는 힘들다. 당신이 당신 자신의 삶을 잃었던 것처럼 그도 자신의 삶을 잃었지만, 당신이 살아 있듯 아직 살아 있고 지금은 자유의 몸이 된 남자의 몸과 접촉하는 느낌은. 그들은 마이크 너머로 몸을 숙여 어정쩡하게 포옹한다.

데이미언은 소박한 장면으로 회상록을 마무리한다. 교도소에서 제이슨의 모습을 본 순간이다. 그때는 2005년이었다. 두 사람 모두 파인블러프 인근 교도소인 바너 분원에서 지내고 있었다. 몇 년 동안 연락도 없이 지내다가 어느 날 갑자기 유리벽 건너편에서 제이슨이 나타났다. 데이미언은 이렇게 쓴다. "그가 손을 들고 미소를 짓더니, 곧바로 사라졌다, 유령처럼." 이 장면이 슬픈 건 아무 일도 일어나지 않았기 때문이다. 유리벽, 들어올린 손. 그것이 그들이 가진 것이었고, 그들이 가진 전부였다. 둘 중 한 사람은 유령처럼 사라졌고 다른 한 사람은 그 모습을 잊지 못했다.

소년 시절 데이미언과 제이슨은 온 세상을 부정했다. 그들에게는 해야 할 비디오게임과 어겨야 할 통금 시간, 벗어나야 할 트레일러 파크가 있었고, 온갖 파손 공명을 일으킬 만큼 격렬한 음악이 있었다. 수많은 음악: 슬레이어, 메탈리카, 메가데스. 엄청 큰 볼륨. 데이미언의 회상록에서 결함이 없는 듯한 유일한 관계는 제이슨과의 우정과, 그들이 공유했던 음악에 대한 사랑이었다. 그들은 그것을 위해 살았다. 그들은 항상 소리를 갈망하며 혼자 남겨지기만을 기다리면서, 컴컴한 침실에 웅크려 있던 두 소년이었다.

나는 종종 사운드트랙을 곁들여 내 삶을 상상하곤 한다. 우리가 다들 그러듯이. 나는 대단찮은 불만을 비극적 드라마의 정점으로 끌어올리면서, 내 삶의 이야기를 부풀려주는 음악을 듣곤 한다. 메탈리카가 데이미언 이야기의 배경 아래서 울려 퍼지는 동안 나는 이 부풀림을 생각한다. 어지러이 늘어선 트레일러 집들과 흐릿하게 보이는 대형 트럭들, 산들바람에 펄럭이는 노란색 접근금지 테이프. 데이미언에게는 하나의 사운드트랙이 수어졌다. 아마도 그가 어떻게든 늘 들어왔을 사운드트랙이겠지만, 그러나 그가 전혀 상상도 못 했을 이유 때문에 주어진 것이다. 그리고 그가 감금된 시간 동안에는 그 음악도 그를 위로해줄 수 없었는데 교도소에서는 스테레오를 구할 방법이 없었기 때문이다. 그 음악은 그의 감정을 담을 수도, 심화하거나 달래줄 수도 없었다. 그 음악은 오직, 지금 그의 삶에 관한 영화를 보는 *우리*를 위해서만 그렇게 할 수 있다. 메탈리카의 치솟는 코드는 데이미언 이야기의 사운드트랙이라기보다는 그의 이야기에 관한 *우리의 이야기*, 다시 말해 그를 위해 가슴 아파하는 우리 이야기의 사운드트랙이다.

이유

지적 범죄소설의 할아버지 격인 트루먼 커포티◊의 『인 콜드 블러드』에서 매우 탁월한 서사적 배신 중 하나는 그 중심을 차지하는 범죄자들, 일가족을 몰살한 남자들에게 궁극적으로 돈 말고는 아무런 동기가 없다는 점이다. 그것은 두번째 죽음처럼 여겨진다. 동기를 설명해줄 어떤 정서적 틀의 가능성을 제거함으로써 피해자들의 죽음이 무의미하다고 느끼도록 만드는 것이다. 이 책의 중심에 있는 살인자 페리 스미스는 "동기가 있든 없든 가장 냉혹한 치명타를 가할 수 있는" 사람으로 묘사되고 있다. 있든 없든, 그 무심한 선택지가 소름 끼친다.

◊ Truman Capote(1924~1984): 미국의 소설가. 캔자스 주에서 두 명의 성격 이상자가 저지른 실제 연쇄살인 사건을 다룬 『인 콜드 블러드*In Cold Blood*』(1966)로 새로운 저널리즘적 소설 방식을 개발했다고 일컬어진다. 『티파니에서 아침을』 『차가운 벽』 등의 작품이 있다.

비극에 이유—욕정이든 질투든 증오든 복수든 간에—가 있다면 왠지 더 수월하다. 우리는 그런 설명에서 그 행위의 중력에 상응하는 감정적 취지를 찾을 수 있다. 거기에는 우리가 인간적이라 인정하는 어떤 것, 우리의 분노를 쏟을 수 있으면서도 어떤 원초적 수준에서 우리 자신의 확장이라 이해할 수 있는 동기가 있다.

"동기를 전혀 모르겠어요." 첫번째 다큐멘터리에서 얼굴 없는 목소리가 말하는 동안 카메라는 숲의 바닥을 배회한다. 마치 뒤엉킨 나무뿌리 속에 숨어 있거나 오래전에 말라버린 개울의 도랑에 묻혀 실종된 동기를 찾아내려는 듯 카메라는 바닥에 가까이 다가간다. 부모들은 설명이 필요하다. 기자들도 마찬가지다. 검사들도 마찬가지다. 분명한 동기가 전혀 없으니 동기들이 찾아내진다. 언론에서는 "악마의 파티"라고 말한다. 부모들은 악마 숭배 의식이라고 확신하는 듯 보인다. 데이미언은 웨스트멤피스를 "제2의 세일럼"◊이라고 부른다.

"우리는 살기 위해 우리 자신에게 이야기한다." 존 디디온의 이 말은 겁에 질린 사람들은 동기를 필요로 한다는 뜻이다. 모든 사람이 그렇다는 뜻이다.

한 목사가 자기는 구원받지 못할 거라고 했던 데이미언의 말을 떠올린다. 그는 성서를 진심으로 받아들이지 못했다. 데

◊　17세기 매사추세츠 주 세일럼 빌리지에서 마녀재판이 일어나 수십 명이 목숨을 잃었다. 인간의 집단적 광기를 상징하는 사건으로 문학작품과 영화 등의 소재로 널리 쓰였다. 현재까지도 이곳은 '마녀의 마을'로 알려져 있으며, 마녀재판과 억울한 희생자들을 기리는 각종 볼거리와 소규모 박물관 등이 즐비해 있다.

이미언은 스스로를 마법 숭배자로 정의한다. "기본적으로 자연과 밀접한 관련이 있다"는 의미라는 게 그의 설명이다. 이 말을 들으면서 나도 모르게 그 숲이 떠오른다. 손발이 묶인 채 누워 있는 세 소년이 떠오른다. 죄책감은 들리지 않지만, 상상의 결합 조직이 들린다. 정말이지, 비극을 마주하면 어떻게든 조각들을 한데 모아 끼워 맞추고 싶은 것이 사람 심리다. 나는 배심원들의 머릿속에서 벌어지는 일을 생각하며 오랜 시간을 보낸다. 그들은 누구였을까? 그들은 무엇을 두려워했을까? 무죄 판결이 그들에게 주지 않았을 것, 유죄 판결이 그들에게 준 것은 무엇이었을까?

이 다큐멘터리는 관점의 열차에 같이 타기를 윤리적 명령처럼 요구한다. 당신은 누군가의 고통의 홈 안 깊숙이 들어갔을 때만 비로소 갑작스러운 충격처럼 그 사람의 고통을 느끼게 된다는 것이다. 이런 공감에 마음이 놓이는 건 그 다큐 속에서 공감이라곤 찾아보기 힘들다는 사실 때문이다. 그건 이해할 만한 일이다. 죽은 소년들의 부모들은 특정 세부 사항에 깊이 빠져 있다. *세탁부 주름. 파리 유충. 유령 같은 잔여물.* 어머니가 되어 어떻게 그런 세부 사항을 안고 살아갈 수 있단 말인가? 분노가 기름처럼 그들을 불태운다. 한 남자는 카우보이 부츠로 불을 밟아 끈다.

슬퍼하는 부모들은 그들이 피난처로 삼은 유일한 구조물인 분노에 꽁꽁 싸여 있다. 그들에게는 연민을 느낄 에너지가 거의 남아 있지 않다. 그들은 저주를 옷처럼 걸치고 다닌다. *그리고 그들을 낳은 그 엄마들. 이들 역시 고통받고 있다.*

유죄를 선고받은 남자들만이 유일하게 많은 연민을 불

러일으킨다. 데이미언은 죽은 세 명의 소년을 내내 생각한다. "그 애들은 그런 짓을 당할 만한 어떤 일도 하지 않았어요." 그가 말한다. 그에게는 체포되기 몇 달 전에 태어난 아들이 있다.

"가끔은 저도 화가 나요." 교도소에서 몇 년을 보낸 후 제이슨이 말한다. "하지만 화낼 대상이 없죠."

그는 다른 사람들이 간단히 법으로 정해버리는 것이 무엇인지 명쾌하게 알고 있다. 그것은 방향성이 없는 비극, 대상 또는 배출구가 없는 분노의 문제라는 것을. 첫번째 영화에는 피해자의 가족들에게 무슨 말을 할 것인지 제이슨이 질문 받는 순간이 있다. 그는 수줍어하며 말없이 고개를 젓는다. 마치 어느 소녀에게 반했냐는 질문을 받은 소년 같아 보인다. 마침내 그가 조용히 입을 연다. "모르겠어요." 그들이 해야 할 말이 무엇인지 모든 사람이 터무니없이 확신하는 듯한 세계에서, 이것은 화들짝 놀랄 진실의 순간처럼 보인다. 너무도 성급히 결론에 도달해버리는 목소리들 사이에서, 비난과 분노가 주는 든든함을 붙잡으려 안달하며 악마의 부적이나 희생양을 말하는 목소리들 사이에서, 모른다고 고백하는 것이 옳게 느껴진다. 어느 소년을 죽였다고 일컬어지는 한 소년이 지금 이렇게 말하고 있다, *모르겠어요.*

세월이 흘러 속편 다큐멘터리에서, 그에게는 할 말이 있다. 할 말이라니, 무슨 뜻일까, 그게 무엇일까? 감금이라는 지속적인 사실, 너무 많아 셀 수도 없는 구타, 부러진 쇄골이 있다.

이제 그는 피해자의 가족들에게 이렇게 말하게 된다. 그들이 왜 그를 미워하는지 이해한다고. 그러나 그는 결백하다고. 만약 죽은 소년이 자기 동생이었다면 그 역시 누군가를 미워하고 싶었을 거라고. 그러나 그는 결백하다고. 그는 그 말을 두 번이나 했다.

나는 왜 그리도 제이슨이 좋은 걸까? 내 마음은 다른 사람을 대할 때와는 다른 방식으로 그에게 다가간다. 우선 그는 매우 어려 보인다. 심지어—두번째와 세번째 영화에서—그의 머리가 벗겨지기 시작할 때도 그렇다. 게다가 그는 내 오빠와 조금 닮은 데가 있다. *만약 그게 내 동생이었다면*, 그는 그렇게 말했다. 원래가 그런 법이다. 혈연은 다정하다. 일종의 근육 기억이다. 어쩌면 그 때문에 나는, 순찰차 유리창 너머 그의 얼굴, 판결을 받은 후 실려 가면서 점점 작아지던 그의 얼굴을 보기가 그렇게 힘든 건지도 모르겠다. 어쩌면 바로 그 때문에 나는, 몇 달 동안의 경험으로 익숙해진 수갑 찬 손을 우아하게 흔들면서 순찰차 뒷좌석에 올라타는 그를 보기가 그렇게 힘든 건지도 모르겠다. 쇠고랑에 적응된 몸의 유려함을 지켜보는 건 가슴 아프다.

에필로그

3부작 다큐멘터리의 세번째 영화에는 연옥이라는 부제가 붙어 있다. 그 부제는 은혜로운 결말이 나오기 전에 지은 것이다. 「연옥」 편에서 어떤 것은 전과 똑같다. 지방검찰은 여전히 *11*을 주장한다. 소년들은 여전히 무죄를 주장한다. 그러나 나머지 것들은 바뀌었다. 이제 존 마크 바이어스도 그들이 무죄라고 생각한다. 새로운 유전자 검사 결과 때문에 그렇게 확신하게 되었다. 그의 트럭 뒤쪽 유리창에는 웨스트멤피스 3인조를 지지하는 WM3

스티커가 붙어 있다. 그는 예전과 똑같이 치닫는 분노의 곡조를 노래하지만 가사가 다르다. *그들은 무죄다*, 지금은 그렇게 말한다. *그것은 부당하다.* 이제 그는 더 나이가 들었다. 두번째 영화에서 무덤에 불을 지르고 그 불을 짓밟던 숲속의 카우보이 부츠를 잊기란 불가능하다. *내 아들의 불알이 먹고 싶었더냐.* 그가 마음을 바꾸게 된 게 그런 성격에도 불구하고인지 아니면 그런 성격 때문인지, 그 마음의 변화가 예전에 했던 행위를 철회하는 건지, 아니면 그저 다음 행위에 불과한 건지 판단하기가 불가능하다. 멜리사 바이어스는 사망했다. 팸 홉스는 그 소년들이 결백하다는 확신은 없지만 재심을 받을 자격은 있을 거라고 생각한다. 토드와 돈 무어는 보이지 않는다. 그들은 다큐멘터리에 더는 나오지 않는다.

시노프스키와 벌링거는 2004년에 이 세번째 영화 제작에 들어갔다. 8개월인가 9개월에 이르는 기나긴 시간 동안 그들은 아무것도 찍지 못했다. 찍을 것이 없었다. 그것은 이들이 보여주고 싶어 했던 것의 일부였다. 이 소년들에게 움직이는 것이라곤 전혀 없었다는 것. 제시는 머리가 벗겨진 정수리에 시계 문신을 했다. 그 시계에는 바늘이 없다. 시간은 가만히 멈춰 있었다. 물론 어떤 면에서는 멈춰 있지 않았다. 데이미언은 수년간 편지를 주고받던 여자와 결혼했다. 그들은 교도소에서 불교 예식을 올렸다. 제이슨은 카메라를 향해 그는 여전히 자신의 삶을 살고 있다고 말했다. "당신에게 주어진 패를 최대한 활용해야 합니다." 그는 다른 것을 믿으면서는 생존할 수 없었기 때문에 자신이 믿게 된 내용을 말했다.

에필로그에 대한 에필로그

미국에서 마법으로 기소된 최초이자 몇 안 되는 사람 중 하나가 매사추세츠의 존 플로이드John Floyd였다. 그에게는 일곱 명의 자녀가 있었고, 럼니 마시라고 불리는 지대에 약간의 땅이 있었다. 1692년 그는 훗날 '세일럼 마녀들의 지하 감옥'이라고 알려진 한 지하 감옥에 수감되었다. 죄목은 대충 이런 거였다. 한 소녀가 그가 만졌던 천 쪼가리를 지니고 있었는데, 소녀가 기절했다는 것. 몇 세기 후의 죄목은 이랬다. 세 명의 소년이 검은 옷을 입고 있었는데 사람들이 기절했다. 그들이 좋아했던 음악이 있었는데 사람들이 기절했다. 피 흘리는 세 명의 소년이 있었는데, 사람들이 기절했다. 마녀사냥을 당한 이들을 기리는 댄버스의 한 추모비에는 이런 글이 쓰여 있다. "그대가 악마의 자식이라고 말하라. 그러면 교수형을 당하지 않으리라." 데이미언과 제이슨, 제시를 석방시킨 앨퍼드 플리는 기본적으로 그들의 결백을 주장하면서도 유죄를 인정한다는 뜻이다. 공식적으로 배심원단이 그들에게 유죄 판결을 내릴 증거가 충분했음을 인정한 것이다.

이 사건에서 재미있는 점은 이것이다. 이 다큐멘터리 영화가 단지 그 이야기에 대한 기록이 아니라 그 이야기의 일부가 되었다는 사실이다. 물리학에서는 그것을 관찰자 효과 observer effect라고 부른다. 어떤 물리적 과정을 관찰하면서 그에 영향을 끼치지 않을 수는 없다는 것이다. 이 영화는 이 사건을 공공의 시선 앞으로 끌어왔고, 관련된 수많은 사람을 분노하게 만들었으며, 유죄 선고를 받은 이들에게 오랜 기간 변론 자금을 대준 수많은 유명 인사 지지자를 만들어주었다. 이는 가난한 세 아이가 불운을 만났다가 그 불운을 바로잡았다는 이야기가 아니었다. 이것은 가난한 세 아이가 불운을 만났다가 많은 돈을 받았고 그렇게 해서 불운을 바로잡았다는 이야기였다. 이 다큐멘터리 영화가 없었다면, 이 남자들은 결코 자유의 몸이 되지 못했을 것이다. 다시 말해 이 영화는 그 덕분에 쓸 수 있었던 결말을 기록했다는 얘기다.

처음에 제이슨은 앨퍼드 플리를 거부했다. 그 많은 세월을 보낸 후에 자신이 하지도 않은 일을 인정하기 싫었던 것이다. 그러나 그는 데이미언의 목숨을 구하기 위해 앨퍼드 플리를 신청했다. *그대가 악마라고 말하라. 그러면 교수형을 당하지 않으리라.* 악은 자백시켜야지만 억제된다. 자백은 악의 가능성을 고정시키고, 트레일러 파크 호수 밑바닥에서 나온 한 자루 녹슨 칼의 몸체에 그 윤곽을 그리고, 대머리에 새긴 문신 주변에 그것을 가둔다. 시간은 가만히 멈춰 있고, 악은 몸에, 세 명의 몸에 가둬지고 이 몸들은 한 장소에 가둬진다. 그들이 자유로워질 때까지는. 적어도 그 몸이나마 자유로워질 때까지는. 그리고 우리는 여전히, 슬픔을 아주 분명하게—아주 끈질기게, 무자비하게—비난으로 바꿔야 한다는, 인간적 사실과 함께 남겨진다.

마지막 영화의 에필로그에서 우리 마음은 가벼워진다. 그 *데우스 엑스 마키나*deus ex machina, *데우스 엑스 쿠리암*deus ex curiam, *데우스 엑스 오데움*deus ex odeum에. 기계의 신, 법정의 신, 극장의 신 덕택에 말이다. 우리는 데이미언이 아내와 함께 떠나는 모습을 본다. 제이슨이 20년 전보다 훨씬 수척해 보이는 어머니와 재회하는 모습을 본다. 우리는 제시가 그 아버지와 함께 바비큐를 먹을 것이며 마침내 그의 시계 문신에 바늘을 새겨 넣을 거라는 걸(그가 순회 법정에서 걸어 나온 시각인 오후 1시 정각에 맞춰서) 알고 있다. 우리는 나머지 두 사람도 멤피스의 한 호텔에서 가수 에디 베더Eddie Vedder와 함께 파티를—그들 말로는 록스타처럼—할 거라는 걸 알고 있다. 이 소박한 사실들이 있을 수 없는 기적처럼 느껴진다. 우리는 더 세부적인 내용이 몹시 궁금해진다. 이 남자들에게 햇빛은 어떻게 느껴질까? 와인 맛은 어떻게 느껴질까? 햄버거는? 하루의 평범한 순간들을 어떻게 보낼지 선택할 자유는? 제이슨은 디즈니랜드에 가게 될까? 그가 아이들을 데려가게 될까? 그가 데려갈 아이들을 낳게 될까? 우리는 이렇게 물을 수도 있으리라. 아칸소 주 교정 당국의 바너 분원에서 석방되었을 때 이 소년들은 어디로 갔을까? 우리는 이렇게 물을 수도 있으리라. 누가 남아 있을까?

여성 고통의 대통일 이론

버스에 탄 그 젊은 여성은 무참히 맞아 엉망이 된 얼굴에 어느 아름다운 원숭이의 강렬한 눈빛을 하고…… 내게 몸을 돌리더니 말했다. "목이 따끔따끔한 것 같아요. 당신도 느껴지나요?"

──로버트 하스Robert Hass, 「이미지들Images」

우리는 어디에서나 이들 상처 입은 여성을 본다.

미스 해비셤◊은 웨딩드레스가 불에 탈 때까지 계속 그 옷만 입는다. 웨딩드레스를 입은 신부는 그 드레스처럼 세월에 바래 있었다. 벨린다◊◊는 머리카락을 자르고─성스러운 머리카

◊ 찰스 디킨스Charles Dickens(1812~1870)의 소설 『위대한 유산』의 등장인물.
◊◊ 알렉산더 포프Alexander Pope(1688~1744)의 희극적인 모방 서사시로 불리는 「머리 타래의 겁탈The Rape of the Lock」(1712)의 등장인물.

락은 잘려나간다 / 그 고운 머리에서 영원히, 영원히!──그런 다음 하늘로 승천한다. 당신의 겁탈당한 머리카락은 / 반짝이는 하늘에 새로운 영광을 더해주네요! 안나 카레니나[◊]는 거절당한 사랑이 너무도 아파 열차 앞으로 뛰어든다. 한 남자로부터의 해방은 또 다른 남자에 지나지 않았고, 그 남자는 심지어 곁에 있으려고도 하지 않았다. 「라 트라비아타La Traviata」의 비올레타[◊◊]는 거울에 비친 자신의 창백한 얼굴을 바라본다. 결핵에 걸린 사랑스러운 얼굴, 불타오르는 두 눈에 창백한 유령 같은 얼굴. 「라 보엠La Bohème」에서 죽어가는 미미[◊◊◊]에게 로돌포가 새벽처럼 아름답다고 하자 그녀가 대답한다. 이미지를 착각했군요. '석양처럼 아름답다'고 했어야죠.

『드라큘라Dracula』에 나오는 여자는 모두 창백해진다. 미나는 몸에서 피가 다 빠져나가고, 이어서 그 연회에 공모하게 된다. 그는 오른손으로 그녀의 목덜미를 잡고 그녀의 얼굴을 자기가슴에 대고 눌렀다. 그녀의 하얀 잠옷이 피로 물들었다…… 두 사람의 자세에는 아이가 새끼 고양이를 눌러 억지로 우유 접시에 코를 박게 만드는 모습과 소름 끼치도록 닮은 점이 있었다. 산속에서 마리아[◊◊◊◊]는 자신이 강간당했던 사실을 미국 군인에게 고백

◊   러시아 귀족계급의 삶을 그린 톨스토이Lev Nikolayevich Tolstoy (1828~1910)의 장편소설 『안나 카레니나』의 주인공.

◊◊   알렉상드르 뒤마Alexandre Dumas(1802~1870)의 소설 『춘희』를 바탕으로 한 베르디Giuseppe Verdi(1813~1901)의 오페라 등장인물.

◊◊◊   푸치니Giacomo Puccini(1858~1924)의 오페라 등장인물.

◊◊◊◊   헤밍웨이Ernest Hemingway(1899~1961)의 소설 『누구를 위하여 종은 울리나』의 등장인물.

하고—그 일을 당했을 때 난 앞이 안 보일 때까지 싸웠어요—그런 다음 그 군인에게 자신을 맡긴다. "아무도 당신을 건드리지 못했어요, 토끼 아가씨." 그 군인이 말한다. 그의 손길은 이전에 그녀를 범했던 모든 손길을 제거해버린다. 그녀는 남자의 손 아래 놓인 또 다른 새끼 고양이다. 어떻게 다시, 그렇게 될까? 한 남자로부터의 해방이 또 다른 남자일 뿐이라니. 마리아 역시 머리카락을 자른다.

실비아 플래스°의 고통은 그녀에게 개인적인 홀로코스트를 안겨준다. 나를 유대인처럼 실어 나르는/기차, 기차. 그리고 그녀 아버지의 유령은 열차 차장 역할을 한다. 모든 여자가 파시스트를 숭배하죠/얼굴을 짓밟는 군홧발, 그 짐승을/아빠처럼 잔인한 야수의 심장을. 모든 여자가 파시스트를 숭배한다, 그게 아니면 파시스트를 죽이는 게릴라를, 그게 아니면 누구든 간에 그 얼굴을 짓밟는 군홧발을. 블랑시 두보아°°는 더러운 무도회복을 입고 낯선 이들이 베푸는 친절에 기댄다. 웨딩드레스를 입은 신부는 그 드레스처럼 세월에 바래 있었다. 남자들은 그녀를 강간했고 그녀와 잠시 놀았으며 그녀의 보살핌을 받으며 죽었다. 그녀의 마지막 무대 연출은 그녀가 빛을 발하게 만든다. "조각 같은 육체의 선을 드러내는 붉은 공단 가운을 입은 그녀에게는 비극적

—
◊   Sylvia Plath(1932~1963): 미국의 시인, 단편 작가. 어릴 때부터 문학적 재능이 탁월했지만, 숱한 자살 시도를 했고 결국 자살로 삶을 마감했다. 시 「아빠Daddy」는 그녀가 느끼는 억압과 폭력을 아빠라는 대리인을 통해 나타내고 있다.

◊◊   미국의 극작가 테네시 윌리엄스Tennessee Williams(1911~1983)가 쓴 희곡 『욕망이라는 이름의 전차』(1947)의 주인공.

인 광채가 있었다." 그녀의 몸이 *허락된다*. 말하자면 비극에 의해 존재하도록 허가되고, 더러워진 광채가 허락된다.

여자들의 고통은 여자들을 새끼 고양이로, 토끼로, 석양으로, 더러운 빨간 공단의 여신으로 만들고, 창백하게 만들고 피 흘리게 하고 굶주리게 하고, 죽음의 수용소로 보내고 그 머리타래를 별들로 보낸다. 남자들은 여자들을 기차에 싣고, 기차 밑에 던진다. 폭력은 여자를 천상의 존재로 만든다. 세월은 여자를 늙게 만든다. 우리는 눈길을 돌리지 못한다. 여자들을 아프게 할 새로운 방법을 상상하는 걸 멈추지 못한다.

수전 손택은 여성의 고난에서 매력을 발견했던 "니힐리즘적이고 감상적인" 19세기 논리의 전성기를 이렇게 묘사했다. "슬픔은 사람을 '흥미롭게' 만들었다. 그것은 섬세함의 표지, 감수성의 표지, 슬퍼한다는 표지였다. 다시 말해 무력하다는 표지였다." 이런 매력은 주로 질병으로 나타났다. "슬픔과 결핵은 동의어가 되었다." 그리고 둘 다 선망되었다. 슬픔은 흥미로웠고, 병은 슬픔의 원인뿐 아니라 증상과 은유까지 제공하는 슬픔의 하녀였다. 심한 기침, 창백한 안색, 쇠약한 몸은 증상이자 은유였다. "우울한 존재가 우월한 존재였다. 감성적이고 창의적인, 외따로 떨어진 존재였다." 질병은 "허약해지는 것이었고…… 매혹적인 나약함, 우월한 감수성을 상징했고, 여성들에게는 점점 이상적인 외모가 되었다."

한때 나는 부상 병동으로 불렸다. 나를 그렇게 불렀던 사람은 남자 친구였다. 나는 그 단어의 발음이 싫었다. 몇 년 전의 일이었지만 나는 지금도 그것을 극복하지 못했다. (그것은 상처였다, 벗어나지 못하는.) 나는 친구에게 편지를 썼다.

> 내 신체적 상처와 질병—턱, 가격당한 코, 빨리 뛰는 심장,
> 부러진 발 등등—에 대해 양날의 수치심과 분노가 있어. 한
> 편으로는 이런 식이지, 왜 이런 거지 같은 일이 나한테 일어
> 날까? 그리고 또 한편으로는 이런 식이지, 대체 나는 왜 이
> 얘기를 그렇게 많이 하고 있지?

아마도 내가 그 얘기를 하는 건 그 일이 일어났기 때문일 것이
다. 이것이 손택의 비평에서 까다로운 이면이다. 우리는 상처 입
은 여성을 일종의 여신으로 만들고, 그녀의 병을 낭만화하고 그
녀의 고난을 이상화했는지 몰라도, 그렇다고 그것이 그녀가 상처
입지 않았다는 뜻은 아니다. 여성들에게는 여전히 상처가 있다.
가슴은 찢어지고 뼈는 부러지고 폐는 망가졌다. 어떻게 이런 상
처들을 미화하지 않으면서 그 상처를 말할 것인가? 여성의 트라
우마를 천상의 별자리로 만들어 숭배하게 하는—*당신의 겁탈당
한 머리카락은/ 반짝이는 하늘에 새로운 영광을 더해주네요!*—오
랜 신화 체계를 동원하지 않고, 목을 빼 모든 여성의 신경쇠약을
엿보지 않으면서? *여성의 신경쇠약.* 그것은 귀족의 풍미, 그림자
속에 사랑스럽게 숨은 수척한 형체였다.
　　　상처 입은 여성들의 이야기를 시작하는 순간, 우리는
그들의 고난을 여성 경험이라는 측면에서 여성 구조의 한 요소
로—어쩌면 가장 섬세하고 가장 허약한 완성의 경지로—전환
시킬 위험이 있다. 고대 그리스의 메난드로스Menandros는 이런

말을 했다. "*여자는 결코 가시지 않는 고통이다.*" 그건 아마도 단순히 여성들은 골치 아프다는 의미였을 것이다. 그러나 그 말은 우회적으로 *여성이란 고통을 필요로 한다는* 가능성을 환기시킨다. 그 고통이 여성 의식에 끝없이 들러붙는 접착제이자 필요조건이라는 것이다. 이는 성서만큼이나 오래된 관념이다. *너는 아기를 낳을 때 몹시 고생하리라. 고생하지 않고는 아기를 낳지 못하리라.*

2001년 "고통을 외쳤던 여자"라는 제목의 한 연구는 의사에게 고통을 호소할 때 남성이 여성보다 약을 처방받을 확률이 높다는 사실을 이해하고자 시도한다. 여성에게는 진정제가 처방될 가능성이 높다. 이런 경향은 유감스러운데, 여성들이 실제로 고통을 더 예리하게 경험할 것이라는 증거를 고려하면 더욱 그렇다. 이런 비대칭을 설명하는 그동안의 이론들은 젠더의 호르몬 차이 탓이라거나, 또는 "여성이 정상적인 생물학적 과정(이를테면 생리와 출산)의 일부인 고통을 더 자주 경험"하고 따라서 "있을 수 있는 병리적 고통과 정상적인 생물학적 고통을 구분"할 필요가 있어 고통에 더욱 예민해지곤 한다는 사실 때문일 수 있다고 해석한다. 남성은 그런 구분이 필요 없다. "생물학적으로 여성이 남성보다 고통에 더욱 민감하다"는 보고에도 불구하고 "[여성의] 고통은 남성의 고통보다 덜 심각하게 받아들여진다." *덜 심각하게*란 구체적으로 말하면 "그들의 통증 보고가 '감정적'이거나 '심인성'인 것, 따라서 '실제가 아닌' 것으로 치부될 가능성이 더 높다"는 뜻이다.

언젠가 내 친구는 자동차 사고가 나서 밝은 오렌지색 꽃가루로 덮인 그녀의 폰티악이 산산조각 나는 꿈을 꾸었다. 그녀는 이런 편지를 보내왔다. 내 담당 정신분석가가 그 이미지를 이해해보라고 자꾸만 다그쳤는데, 결국 나는 이렇게 내뱉고 말았어. 내 상처는 건설적이라고요! 그리고 그것이 내 삶의 시금석이랄까 모토 가운데 하나가 되었지.

상처 속의 무엇이 건설적일까? 그것이 왜 상처 속에 존재할까? 상처는 진실성과 심오함을 약속한다. 아름다움과 유일성, 바람직함을 약속한다. 상처는 연민을 불러일으킨다. 상처가 흘린 피는 글을 쓰기에 충분한 빛이 된다. 상처는 이야기로 가득한 흉터와 모토가 될 모욕을 낳는다. 그것은 손상된 엔진이 뿜어내는 열매를 부수고 그 엔진에 색을 입힌다.

그럼에도—그 열매 이상으로 또 이하로—상처는 여전히 아프다. 상처의 은혜는 영원히 그 아픔을 제거하지 못한다. 그것은 그저 상처에서 꽃을 피울 뿐이다. 그것을 선택받았다고 생각한다면 위험하다. 차라리 상처 어필이라는 표현이 더 나을 것이다. 다시 말해 상처가 유혹할 수 있는 방식, 좀처럼 주지 않는 것을 약속할 수 있는 방법 말이다. 내 친구 해리엇은 언젠가 이런 말을 했다. "연기된 고통 역시 고통이다."

어쨌거나 지금까지 내가 한 말은 이것이다, 나는 내 흉터에 관해 어떻게 말할 수 있을까?

의사가 구더기를 빼낸 내 발목 피부에는 주름진 하얀 물집이 생겼다. 그보다 약간 위쪽, 내가 면도날로 긋곤 했던 자리에는 희미한 선들이 생겼다. 코는 길에서 어떤 남자에게 맞아 부러졌지만, 그가 한 짓을 알아볼 수는 없는데, 돈을 들였기 때문이다. 코를 베어 얼굴에서 떼어냈다가 도로 붙여 꿰맨 자리에는 이제 작은 흔적만 있다. 위턱에는 치과 의사들만이 엑스선으로 볼 수 있는 나사들이 박혀 있다. 의사는 나를 위해 금속 탐지기가 울릴 수도 있다고 말했지만—그는 필시 나의 *경우*라고 말했겠지만 나를 *위해*라고 하는 것 같았다, 마치 종소리처럼 말이다—그러나 금속 탐지기가 울린 적은 없다, 단 한 번도. 내 대동맥 근처에는 있어선 안 될 전기신호를 내보내는 세포 조직이 있다. 나는 스물두 살 때 끔찍한 가슴앓이를 했고 그 사실을 모두에게 알리는 티셔츠를 입고 싶었다. 대신에 나는 심하게 취해 6번가 한가운데서 넘어져 무릎 전체가 까졌다. 그러자 사람들이 그것을 볼 수 있게 되었고 티셔츠는 전혀 필요 없게 되었다. *무언가*를, 찢어진 청바지 아래 핏방울을 볼 수 있었으니까, 물론 그게 무엇을 뜻하는지 사람들은 알 수 없었겠지만. 내 발바닥 족궁 부분에는 차에 치였을 때 생긴 타이어 자국의 멍이 희미하게 남아 있다. 한동안은 내 팔뚝에도 예쁜 초승달 모양의 자주색 흉터가 있었는데, 한번은 낯선 사람이 그 흉터에 관해 물어왔다. 나는 사실대로 이야기했다. 내가 일하던 빵집에서 쇠쟁반에 부딪혔다고 말이다. 그 쟁반이 뜨거웠거든요, 나는 설명했다. 방금 오븐에서 나온 거였어요. 그 남자가 고개를 젓더니 말했다. "그보다는 더 근사한 이야기를 해주셔야죠."

상처 #1

내 친구 몰리는 항상 흉터를 갖고 싶어 했다.

나는 다섯 살 때 만화 영화 「젬과 홀로그램Jem and the Holograms」에서 젬의 라이벌 밴드로 나오는 미스피츠에 푹 빠져 있었어. 그래서 미스피츠처럼 멋진 흉터를 갖고 싶었지. 지금 생각하면 그건 분장이었겠지만, 화장실에서 거울을 보다가 엄마한테 들켰어…… 얼굴에 멋진 대각선의 흉터를 새기려고 날카로운 막대기로 막 얼굴을 그으려고 할 때 말이야……

결국 그녀는 흉터를 얻었다.

나는 오빠가 키우던 래브라도(이름은 스톤월 잭슨, 줄여서 스토니라고 해)한테 6년 간격으로 물려서 입에 두 군데 흉터가 생겼어. 첫번째는 내가 여섯 살이고 녀석이 강아지였을 때였고 열두 살 때는 더 심각하게 물렸지. 두 번 다 상처를 꿰매야 했는데, 처음에는 두 바늘, 나중에는 스무 바늘이 넘었지…… 나는 아주 똑똑히 의식하고 있었어, 더 이상 전통적인 의미의 미녀가 될 수 없다는 것, 그리고 지금 내 얼굴에 영역 표시를 한 폭력이 실재했다는 것, 그리고 입에서 뒤틀려 올라간 뚜렷한 흉터를 가진 이 새로운 소녀는, 그에 걸맞은 성격을 택해서 어떻게든 고등학교 생활을 시작해야 한다는 것을.

그녀는 개에 관한 시를 썼다. "그는 내 입에서/피 냄새를 맡을 수 있는 것 같았다/우리 둘 다 그걸 어쩔 수 없었다." 마치 폭력이 그녀의 운명이며 그 무엇도 어쩔 수 없는, 궁극적으로 공유해야 할 왜곡된 친밀함이 흉터로 남았다는 것 같다. 그 개는 이미 거기 있었던 상처—피로 가득한 입—를 감지하고 있었고 거기에 끌렸다. 개가 입힌 피해는 이미 잠복해 있던 것을 풀어주었을 뿐이다. 시는 이렇게 이어진다. "그는 나의 가려움을 긁어주고/썩은 것을 깨끗이 닦아주었다. 내게/입안 가득 사랑을 남기고서."

상처 #2

구글에 "커터◇ 혐오"라는 말을 검색해보면 수많은 결과가 나온다. 대부분은 비공식적인 채팅창이다. *내가 꼰대 같은 건가? 왜 그들은 그걸 하면서 멈출 수 없다고 말하나, 내가 빌어먹을 놈인가, 칼날은 당신을 통제하지 않아……* 심지어 "커터가 싫어요"라는 페이스북 그룹도 있다. *이곳은 스스로 자해한 상처를 과시하는 이모 키즈emo kids◇◇를 혐오하고 그런 자해를 우스꽝스럽게 여기는 사람들을 위한 공간입니다. 커터 혐오는 정당하게 느껴지는*

◇ cutter: 감정적 고통에서 탈피하기 위해 습관적으로 자신의 몸을 베는 사람.

◇◇ 이모emo란 원래 감성적 하드코어 펑크 록을 가리켰지만, 곧 그 음악에 빌빵했던 10대의 우울하고 심성식힌 패션과 태도를 끼리기는 밀이 되었다. 스스로를 불행하다고 생각하고 자해를 하기도 한다.

고통이 아닌 연기로 받아들여지는 고통에 대한 더욱 폭넓은 경멸을 구체적으로 보여준다. 대개 혐오의 대상이 되는 것은 벤다는 자해 행위 자체보다는 그 행위자인 커터들(부상 병동들!)이다. 그들이 하는 행위를 가리키는 동사動詞만이 아니라 그 사람들까지 무시당하는 것이다. 자해로 베는 행위, 즉 커팅을 옹호하는 이들——베는 행위 너머를, 영혼을 보세요. 그러면 진정 우리가 누구인지 볼 수 있습니다——은 사실 단순한 기능장애보다는 성격 유형으로서 커팅 개념을 굳힌다. 커팅은 정체성의 일부, 자아의 일부가 된다.

구글에 "커터 혐오 중단"이라고 검색하면 단 하나의 결과가 나온다. '사람들이 그만 미워했으면 하고 바라는 것들'이라는 토론 방에 올라온 글이다. 정말이지 그들에게 가장 필요하지 않은 것은 스스로를 베었다고 또는 화상을 입혔다는 등의 이유로 그들을 이모_emo_라고 부르는 바보 같은 짓이다. "이모"는 슬픈 쇼를 벌이는 정서를 가리키는 코드다. 사람들은 커터들이 단지 관심을 끌기 위해 그 행위를 한다고 말하는데, "단지"라는 말이 왜 붙을까? 관심을 요구하는 외침이 궁극적인 범죄, 꼴도 보기 싫은 것, 하찮은 것으로 자리 매겨진다. 마치 "관심"을 원하는 게 본질적으로 이기적인 일이라는 듯 말이다. 그러나 관심을 원하는 것은 인간의 가장 기본적인 특징 가운데 하나가 아닌가? 그리고 관심을 준다는 건 우리가 줄 수 있는 가장 중요한 선물 중 하나가 아닌가?

"당신은 진정한 커터인가, 아니면 그냥 재미로 베는가?"라는 제목의 온라인 질문지가 있는데, 그렇다 또는 아니다로 답해야 하는 진술이 가득하다. *당신이 곤경에 처했을 때 진짜 속마음은 어떤지 모르겠다, 나는 관심의 중심에 놓이는 것이 좋다.* 그 금기 내부에서 단계는 더욱 세밀해진다. 고통 때문에 베는 사람도 있고 보여주기 위해 베는 사람도 있다. 커터에 대한 혐오—최소한 커터 연기자들에 대한 혐오—는 진정한 고통과 조작된 고통 사이에 경계선을 그으려고 한다. 마치 우리는 내버려둘 수 없는 상처와 어쩔 수 없는 상처의 복잡한 혼합체가 아니라는 것처럼, 마치 선택 자체가 반드시 성격과 외부적 작용의 혼합은 아니라는 것처럼 말이다. 우리는 무언가를 느끼기 위해 얼마나 많은 선택을 할까? 내 생각에는 어떤 대답도 만족스럽지 않다. 우리는 선택하기도 하고 선택하지 않기도 한다. 그러나 커터 혐오는 우리의 선택 능력을 필사적으로 주장한다. 사람들은 자기 계발—이는 스스로의 힘으로 스스로를 끌어올리는 미국인들의 에토스다—을 믿고 싶어 한다. 그런데 여기 그에 대응하는 하향적 운동성이 있다. 기분을 좋게 하기 위한 이상 행위로서의 자해, 일종의 동정적 지원을 받기 위한 고의적 행위로서의 자해. 그것은 실제로 고통을 느끼지 않으면서 고통에 관한 세간의 신용을 얻는 지름길이다.

　　나도 과거에 베곤 했다. 지금 인정하려니 조금 부끄러운데, 내가 받았던 어떤 고통에 대한 입증 같다기보다는 고통받고 싶었음을 인정하는 말처럼 여겨지기 때문이다. 하지만 한편으로는 이런 부끄러움이 짜증스럽기도 하다. 나의 자해에는 아무런 거짓이 없었다. 그건 그냥 베는 행위였고 끔찍하지도 생산적이지도 않았다. 나는 내 피부를 베고 싶다고 느꼈고, 벤 것은 그 욕구의 표출이었다. 거기에는 아무런 거짓이 없으며, 그저 하나의 동어반복과 질문이 있을 뿐이다: 어쨌거나 내가 나를 베고 싶게 만든 것은 무엇이었을까? 자해는 질문이면서 동시에 대답이다. 내가 나를 벤 것은 나의 불행이 막연하고 잡히지 않는다고 느꼈고, 어쩌면 그것이 내 발목을 가로지르는 선의 형상을 띨 수 있다고 생각했기 때문이다. 내가 나를 벤 것은 벤다는 것이 어떤 기분일지 궁금했기 때문이다. 내가 나를 벤 것은 흔들리는 자아 감각을 인정할 필요성이 절박했고, 체화된 불행이 건축 도면처럼 느껴졌기 때문이다.

나는 우리가 사는 세상에는 자해하고 싶은 사람이 한 명도 없기를 바란다. 그러나 한편으로는 자해 행위나 그걸 하는 사람들을 경멸하는 대신에—또는 *한낱 젊은 날의 고뇌*라고 어깨를 으쓱하는 대신에—그 호소 아래 채워지지 않은 욕구에 관심을 갖게 되기를 바라는 마음도 있다. 자해는 말하려는 시도이자 배우려는 시도다. 우리가 출혈이나 심적 고통—면도날이나 굶주림이나 섹스로 스스로에게 상처를 주는—을 자초하는 것은 지식의 유혹이기도 하다. 피를 흘린 후에 흉터가 생긴다. 배고픈 후에 사과를 찾는다. *나는 느끼기 위해 나를 벤*다는 말은 커터들의 클리셰지만, 진실이기도 하다. 피를 흘리는 것은 실험이자 증명, 발굴, 드러난 내면이다. 그러고 나면 흉터는 고통의 증거로서, 잔여물로 남는다. 나는 자해가 낭만적이라거나 표현적이라고는 생각하지 않지만 어떤 갈망을, 증명하고픈 욕구를 나타낸다고 생각한다. 그리고 그것은 우리가 아예 증거가 필요 없는 세상에 도달할 수 있을까 생각하게 만든다.

상처 #3

캐럴라인 냅˚은 자신의 거식증이 최악이던 순간을 이야기하면서, 부엌에서 옷을 갈아입는 척 셔츠를 벗으며, 앙상히 드러난 뼈를 어머니가 똑똑히 보도록 했던 일을 설명한다.

> 나는 내 가슴과 어깨의 뼈들이 얼마나 튀어나왔는지, 내 팔이 얼마나 해골 같은지 어머니가 봐주기를 바랐고, 나로서는 말할 엄두조차 나지 않았던 무언가를 그것들이 어머니에게 말해주기를 바랐다. 고통에 관한 어떤 것…… 묻혀버린 소망과 말해지지 않은 두려움의 혼합물을.

거식증에 걸린 몸을 하나의 기호 체계(냅의 말처럼 "말로는 표현할 수 없는 고통을 살로써 묘사하는")나 미학적 창조("뼈로 된 조각품으로서…… 내면의 삶")로 설명하는 글을 읽을 때마다, 나는 익숙한 조심스러움을 느낀다. 이런 은유의 친숙함—상형문자로서의 뼈, 절규로서의 쇄골—은 물론이고, 그것이 논박하겠다는 바로 그 가치 부여—아사 직전의 앙상한 몸에 유려함, 일종의 서정적 우아함을 부여하는—를 행할 위험에 대한 조심스러움 말이다. 예전에도 들은 적이 있는 듯한데, 작가들은 굶주림이 고뇌를 또렷이 표현할 수 있다는 믿음에 여전히 향수를 느낀다고 한다.

˚ Caroline Knapp(1959 2002)· 미국이 작가『드링킹』『남자보다 개가 더 좋아』등의 작품이 있다.

나도 과거에는 나의 섭식장애에 관해 이런 식으로, 뼈를 언어처럼 사용해 점점 도드라지는 부위들—마디, 돌출부, 갈비뼈—을 보여주는 무언극을 기록하면서 서정적으로 글을 쓰곤 했다. 한 친구는 이것을 "탐사 의례"라고 부른다. 그녀는 "점점 드러나는 혈관과 힘줄을 보는 것"을 즐기는 것이 어떤 느낌인지 설명한다.

그러나 내가 기억하기로, 이 조심스러움—*우리가 굳이 그것을 양식화해야 할까?*—의 밑바닥으로 가면 굶주림은 고통이다. 양식화된 어떤 표현 이상으로, 또 그 이하로 고통이다. 그것의 뿌리에는 통증이 있고 그것이 현실화되는 매 순간에는 강박이 따른다. 그 강박에 관해 말하고픈 욕구는 치료법인 만큼이나 증상일 수 있다. 모든 것이 궁극적으로는 그 고통을 가리킨다. 심지어, 그리고 특히, 향수나 추상을 움켜쥔 고통을.

내가 냅의 부엌에서 벌어진 뼈 쇼에서 고맙게 여기는 건 결국 그 쇼가 효과가 없다는 사실이다. 냅의 어머니는 캐미솔 속의 해골에 관해 언급하지 않는다. 그 주제는 나중에야, 저녁 식사 자리에서야 나오는데, 와인을 많이 마신 냅이 자기에게 문제가 있다고 부모에게 말한 것이다. 부엌의 햇살 속에서 뼈들이 외치는 소리 없는 영혼의 외침—슬프고 어렴풋이 신비로운 거식증—은 메를로 포도주와 엉망이 된 고백에 짓밟히고 만다.

만약 몸으로써 말을 대신하는 것이 고통에 대한 괴로운 관계—스스로를 아프게 하면서도 그 아픔에 대해서는 입을 다물고, 그것을 말하지 않은 채 암시만 하는—를 드러낸다면, 그 "효과"를 본다는 것(어머니가 뼈를 주목하는 것)은 어느 정도는, 몸이 당신 대신 말하게 하라는 논리를 입증할 것이다. 그러나 여기

서는 그게 통하지 않는다. 냅은 이렇게 말하는 듯하다, 우리는 우
리의 상처가 스스로 말하기를 원하지만, 보통은 우리가 그 상처
를 위해 말할 수밖에 없다. *여기 보세요*, 하고. 우리 각자는 요구
로 가득한 입, 상처로 가득한 입을 지닌 채 살아야 한다. 그렇다
면 어떻게 되었을까? 입안 *가득 사랑*이 되었다.

막간: 밖으로

서로 다른 부류의 고통은 서로 다른 전문용어를 불러온다. 아픔,
고난, 통증, 트라우마, 고뇌, 상처, 훼손 등등. 고통pain은 일반적
인 용어로 그 아래 나머지 것들을 아우른다. *아픔*hurt은 가벼운
어떤 것, 종종 감정적인 것을 암시한다. 고뇌angst는 가장 분산적
이며 모호한 어떤 것, 근거 없고, 제멋대로인 데다 영향을 잘 받
는 어떤 것으로 치부되기 쉽다. 고난suffering은 서사적이고 진지
하다. *트라우마*trauma는 치명적인 특정 사건을 암시하며 종종 훼
손이라는 그 잔여물과 연결된다. 상처가 표면에 드러난 것인 데
반해 훼손은 하부구조에 일어난 것—대체로 보이지 않으며 종종
돌이킬 수 없는—이며 아울러 가치 하락을 암시한다. *상처*wound
는 *진행 중인 것*, 부상의 원인은 과거의 일이지만 아직 치유가 끝
나지 않은 것을 의미한다. 우리는 상처 직후의 현재시제로 이 상
황을 보고 있다. 상처는 섹스와 구멍을 암시한다. 상처는 내부와
외부 사이의 문턱을 표시한다. 그것은 몸이 뚫렸던 자리를 나타
낸다. 상처는 피부가 벌어졌음을 암시한다. 상처가 생기면서, 피
부가 찢어져서, 그리고 그것을 들여다보는 행위에 의해 프라이버

시가 침해되었음을 상처는 암시한다.

상처 #4

앤 카슨◊은 실연을 다룬 시 「유리 에세이The Glass Essay」에서 일련의 환영의 출현을 묘사한다.

아침마다 어떤 환영이 나를 찾아왔다.

그것들이 내 영혼의 벌거벗은 모습임을 나는 서서히 알게 되었다.

나는 그것들을 누드라고 불렀다.

누드 #1. 언덕에 홀로 선 여자.

그녀는 바람을 맞고 있다.

북에서 몰아치는 칼바람이다.

여자의 몸에서 살가죽과 살점이 갈가리 찢기고 들어 올려져

바람에 실려 날아가고, 남은 건

입술 없는 입으로 소리 없이 외치는

드러난 신경과 피와 근육의 기둥 하나.

—

◊   Anne Carson(1950~): 캐나다 출신의 시인, 에세이스트, 고선학자. 2001년에 여성 최초로 T. S. 엘리엇 상을 수상했다. 국내에는 『빨강의 자서전』『남편의 아름다움』이 소개되어 있다.

여성 고통의 대통일 이론

이를 기록하는 것은 고통스럽다.

나는 멜로드라마 속 인물이 아니다.

이 마지막 동작—*이를 기록하는 것은 고통스럽다 / 나는 멜로드라마 속 인물이 아니다*—은 고통에 대한 선언이자 부정을 나타낸다. 이것은 아프다, 그러나 그렇게 말하기는 싫다는 것이다. 상처를 인정하는 행위는 또 다른 상처를 만들어낸다. *이를 기록하는 것은 고통스럽다.* 그렇지만 시인은 기록해야 한다. 상처받은 자아는 우리가 들을 수 있는 어떤 것도 표현할 수 없기 때문이다. *입술 없는 입으로 소리 없이 외치고 있으므로.*

만약 내면에 있는 상처가 외면적인 것이 된다면, 이제 거의 전체가 상처인 여성—*드러난 신경과 피와 근육의 기둥 하나*—이 된다. 이 시가 진행되는 동안 그녀에게는 다시 열두 개의 상처 입은 환영이 따라온다. 한 여자는 가시 우리 안에 있고, 한 여자는 풀잎에 꿰찔리고, *살로 만들어진 한 벌의 카드*가 *은 바늘*에 의해 뚫리기도 한다. 살아 있는 카드들은 한 여자의 삶의 나날들이다. 한 여자의 살은 브리지 게임처럼 가지고 놀 수 있고, 또는 상심의 후유증을 앓는 그녀 몸에서 뽑아낸 고깃덩이처럼 그려질 수도 있다. 각각의 누드는 이상하고, 놀랍고, 충격적인 고통의 정경이다. 우리는 어느 한 이미지에서 머물도록 허락되지 않고 한 이미지에서 다음 이미지로 계속해서 떠돈다.

카슨은 「신의 테레사Teresa of God」에서 열네번째 누드를 제시한다. "테레사는 개인용 검은 입방체 안에 살았다 / 나는 그녀가 사방으로 움직일 때마다 벽에 부딪히는 모습을 보았다."
테레사는 그녀의 심장이 "찢어발겨져" 죽는데, 그 죽음은 그녀
삶의 끊임없는 반항과 고뇌에 대한 응답이다. "그녀의 심장에 신
은 답을 보냈다." 그러나 이 시는 그녀의 죽음으로 끝나는 게 아
니라 그 죽음의 재현 불가능성으로 끝난다. "이 사건을 찍은 사
진들은/가짜일 수밖에 없었다…… 렌즈가 계속 녹아내릴 때는."
녹아내리는 렌즈는 테레사의 모습이 어느 한 프레임으로도, 어느
한 편의 '누드'로도, 상처받은 어느 한 자세로도 고정될 수 없음
을 뜻한다. 대신에 그녀의 고난은 우리가 그 아픔을 그려보려고
할 때마다 우리의 상상력—"가짜"를 만들고 조작하는 창의성과
그에 대한 불가피한 인정—을 요구한다.

상처 #5

요약해서 말하면 이렇다. 소녀는 생리를 한다, 소녀는 겁에 질린
다, 소녀는 놀림을 받는다. 소녀의 어머니는 그녀의 몸에서 피가
날 거라고 한 번도 얘기해주지 않았다. 소녀는 무도회 여왕으로
뽑히고 상황이 막 좋아지려던 참에 돼지 피 한 양동이를 머리부
터 흠뻑 뒤집어쓴다. 소녀는 받는다, 소녀는 뽑힌다, 소녀는 뒤집
어쓴다…… 그녀가 사건을 받아들이는 게 아니라 사건들이 계속
해서 그녀에게 일어난다, 상황이 역전될 때까지. 결국 그녀는 다
른 사람들이 했던 대로 갚아주기 시작하고, 그녀를 아프게 했던
모든 사람을 아프게 하고, 그녀의 생각으로 세상을 움직이고, 세
상의 사물들을 오케스트라처럼 지휘하기 시작한다.

여성 고통의 대통일 이론

스티븐 킹Stephen King의 『캐리Carrie』는 월경 자체를 있을 수 있는 상처로 규정한다. 자연스러운 출혈이지만 캐리가 트라우마로 오해하게 되는 상처. 캐리가 학교 샤워실 구석에 웅크려 앉아 있는 동안 다른 소녀들은 그녀에게 탐폰을 던지며 연호한다. *꽂아라! 꽂아라!* 체육교사조차 생리라는 단순한 사실에 왜 그렇게 당황하느냐며 캐리를 나무란다. 철 좀 들어, 그만 일어나. 그 말에 담긴 암묵적인 명령은 이 출혈을 불가피한 피라고 받아들이라는 것이다. 진정한 여성은 그것을 당연하게 받아들인다. 반면에 캐리의 어머니는 "피의 저주"라며 생리를 원죄에 대한 직접적인 증거로 받아들인다. 그녀는 『여성의 죄악The Sins of Women』이라는 책자로 캐리의 머리를 때리면서 캐리더러 이런 말을 반복하게 시킨다. "이브는 나약했다, 이브는 나약했다, 이브는 나약했다."

『캐리』에는 거식증에 관해 우리에게 유용한 무언가가 있는 것 같다. 거식증은 이 책의 플롯에 전혀 등장하지 않지만, 우리는 거식의 논리에 대한 그럴듯한 근거를 발견한다. 출혈의 수치심을 받아들이고 그것을 감추라는 것, 이브의 저주를 부정하고 욕구—지식에 대한 욕구, 남자에 대한 욕구, 무언가에 대한 욕구—의 본질적 취약성을 부정하라는 것이 그것이다. 생리를 한다는 것은 일종의 상처다. 생리가 없는 것은 또 다른 상처다. 한 친구는 그것을 "피가 있어야 할 곳에 피가 없는 것"이라고 부른다. 먹지 않는 것은 다른 상처가 생기기 전에 미리 선수 쳐서 스스로 상처를 입히는, 샤워 물줄기로 피를 닦아내는 하나의 자해 행위다. 그러나 캐리는 생식의 수치심을 무기로 바꾸는 것으

323

로 반응한다. 그녀는 출혈을 감추지 않는다. 그녀는 출혈로써 세
례를 받는다. 그녀는 스스로에게 상처 입히지 않는다. 그녀는 다
른 모든 이에게 상처를 입힌다.

『캐리』의 전제는 여성의 고뇌를 위한 포르노와 비슷하
다. 만약 여자가 된다는 것이 얼마나 힘든 일인지—친구로 가장
한 적들의 심술, 당신 몸의 배신, 공공의 시선이 주는 공포—받
아들이고 그 모든 역경을 초능력으로 만들 수 있다면 어떻게 될
까? 캐리의 염력은 그녀가 붉은 피를 흠뻑 뒤집어쓴 순간, 그녀
가 살아 있는 상처가 된 순간에 그 힘의 정점에 오른다. 마치 그
녀가 모든 사람 앞에서 자신의 생리혈을 온통 뒤집어쓴 것처럼,
마치 그녀가 *꺼져, 이제 나는 피를 다룰 줄 알아,* 하고 말하는 것
처럼.

상처 #6

성미 고약한 로자 다틀◊에게는 흉터가 있다. 소설 주인공 데이비
드 코퍼필드는 그녀에 관해 이렇게 말한다. "그 오래된 흉터, 차
라리 그것을 주름이라고 해야 할 것이다."

로자가 어렸을 때 사랑했던 소년—못되고 이기적이며
그녀의 사랑을 외면했던 스티어포스—은 결국 그녀에게 짜증이
난 나머지 그녀의 얼굴에 망치를 날렸다. 망치는 그녀의 입을 베
었다. "그때부터 그녀에게 그 자국이 생겼지." 스티어포스는 잘

◊   찰스 디킨스의 소설 『데이비드 코퍼필드*David Copperfield*』의 등장인물.

못을 인정하지만 그녀는 조용히 견디지 않는다. "그 여자는 모든
것을 숫돌에 갈아 대지." 스티어포스는 말한다. "온몸이 칼날 같
은 여자야."

로자는 문자 그대로 벌어진 상처를 통해 말한다. 상처
는 아물었지만 그녀의 입은 거의 항상 벌어져 있다. 흉터 자체가
하나의 언어다. 데이비드는 이렇게 설명한다.

> 그 상처는 얼굴의 가장 민감한 부위에 있어서, 얼굴이 창백
> 해질 때는 제일 먼저 그 상처의 색깔이 변하면서…… 마치
> 투명 잉크로 표시한 줄을 불에 쬐어 드러나게 할 때처럼 상
> 처 전체가 길게 드러났다…… 그녀가 벌컥 화를 낸 순간에
> 본 것처럼 지금도 망치에 맞았을 때의 상처 전체가 길게 나
> 타나기도 했다.

차라리 그것을 주름이라고 해야 할 것이다. 흉함이 그녀를 지탱
시키고, 그녀의 피부를 천 조각처럼 기워서 그녀의 모습을 만든
다. 그것은 그 아래 감춰진 아픔을 들려준다. 그녀가 사랑했던 첫
번째 남자에게 퇴짜를 맞았다는 것(그것도 망치로!), 그리고 지금
그 남자에게 그녀는 "한낱 흠집 난 가구…… 눈도 없고, 귀도 없
고, 감정도 없고 기억도 없는 나뭇조각" 이상의 어떤 것도 의미
하지 않는다는 것을. 눈도 없고, 귀도 없고, 감정도 없고. 그냥 흉
터일 뿐이다. 그녀에게는 여전히 그 흉터가 있다. "그녀의 입술
을 가로지르는 하얀 흉터가, 말할 때마다 움찔거리며 덜덜 떨리
고 있었다."

325

그러나 그 흉터는 그녀를 동정적이거나 연민 어린 사람으로 만드는 게 아니라 표독스럽고 원한에 사무친 사람으로 만들 뿐이다. 그 흉터는 그녀에게 예리한 지각의 감수성을 주지만 인간적 따스함은 주지 않는다. 스티어포스가 또 다른 여인을 퇴짜 놓았을 때, 로자는 슬퍼하는 그 여인에 관한 이야기를 듣고는 거의 성적 쾌감에 가까운 황홀감을 느낀다. 누군가 로자에게 그 여인의 시련—"아가씨는 대리석 바닥에 머리를 박을 기세였다니까요"—을 이야기할 때 로자는 "의자 등받이에 기대면서, 그의 목소리를 즐기는 것처럼 득의양양한 표정을 지었다." 자신같이 훼손당한 동지를 원하는 로자는 이렇게 말한다. "나라면 이런 계집애는 때려죽이게 했을 텐데." 그녀는 스티어포스의 어머니—그가 버린 또 다른 여인—에게도 연민을 느끼지 못한다. 데이비드는 충격을 받는다. "설사 당신이, 괴로워하는 이 어머니에게 동정을 느끼지 못할 정도로 고집이 세다 할지라도—"

로자가 그의 말을 자른다. "그럼 나는 누가 동정해주죠?"

상처 #7

「걸스Girls」는 아파하면서도 끊임없이 그 아픔을 부정하는 여자들에 관한 TV 드라마다. 이 여자들은 집세와 남자들, 배신, 도둑 맞은 요거트에 관해, 그리고 자신들의 삶을 구성하는 자기연민의 방식에 관해 싸운다. "넌 크고 흉측한 상처야!" 한 여자가 소리친다. 두번째 여자가 맞받아친다. "아니, 네가 상처야!" 그렇게

326

그들은 주거니 받거니 소리친다. *네가 상처야, 네가 상처야.* 여자들이 자기가 상처받았다며 상처의 독점권을 주장하기를 좋아한다는 걸 그들은 알고 있고, 서로가 그렇다고 헐뜯는다.

　　이 여자들은 상처 이후의 상태이기 때문에 그렇게 심하게 상처받지 않는데, 나는 어디에서나 그들의 자매들을 본다. 그들은 상처를 벗어났다. *나는 멜로드라마 속 인물이 아니다.* 신은 멜로드라마 속 여자를 돕는다. 내가 "상처 이후"라고 부르려 하는 것은 깊은 감정 속의 움직임이 아니라(우리가 이해하기로 이 여자들은 여전히 아파한다) 상처의 영향에서 벗어나는 움직임이다. 이 여자들은 "상처를 입는다는 것"이 과장되었고 과대평가되었다는 걸 잘 알고 있다. 그들은 멜로드라마를 경계하며 따라서 무감각하게 있거나 영리하게 군다. 상처 이후의 여자들은 상처받는다는 것에 관해 농담을 하고, 지나치게 아파하는 여성을 못 견뎌한다. 상처 이후의 여자는 마치 특정한 비난들을 미연에 방지하려는 듯 행동한다. 너무 크게 울지 않고, 피해자인 척하지 않고, 오래된 그 역할을 다시는 하지 않는다. 필요하지 않은 진통제는 요구하지 마라, 그런 의사들에게 진찰대에 누운 다른 여성들을 의심할 구실을 또 하나 보태지 마라. 상처 이후의 여성들은 자신을 사랑하지 않는 남성과 성관계를 가지고 그런 다음 그 일에 대해 가벼운 슬픔을 느끼거나, 또는 그냥 심드렁하게 넘겨버린다. 무엇보다 그들은 그 일에 신경 쓰기를 거부하고 그 일에 아파하기를 거부한다. 그게 아닌 경우, 만약 그 일로 인해 아파한다면 그들은 자신이 취하는 태도를 끊임없이 의식한다.

　　상처 이후의 태도는 폐소공포증 같다. 그것은 질림, 잠재된 통증, 그리고 자기연민으로 보일 수 있는 모든 것에 곧바로 따라오는 빈정거림으로 가득하다. 여성 작가들과 그들의 여성 화자들에게서, 더 이상은 자기 감정을 온전히 소유하지 못한 채 막연히 불만족스러워하는 여성을 다룬 주옥같은 단편들 속에서 나는 그것을 본다. 고통은 어디에나 있으면서 어디에도 없다. 상처 이후의 여성들은 고통스러워하는 태도가 시대에 뒤진 제한적인 여성성 개념으로 작용한다는 걸 알고 있다. 그들의 아픔은 여러 가지 방언으로 말해지는 새로운 모국어를 가지고 있다. 빈정대고, 무관심하고, 불분명하고, 또는 냉정하고 영리한 방언들. 그들은 멜로드라마나 자기연민이 그들 지성의 조심스러운 솔기를 뜯어버릴 수 있는 그 순간들을 경계한다. *차라리 그것을 주름이라고 해야 할 것이다. 우리는 우리 자신을 꿰매어왔다. 우리는 모든 것을 숫돌에 갈아 댄다.*

상처 #8

마이클 로빈스Michael Robbins는 루이즈 글뤽◊의 『시집Collected Poems』에 대한 비평을 쓰면서 그녀를 "마이너 영역의 메이저 시인"이라고 불렀다. 그는 이 영역을 고통이라고 특정한다. "모든 시가 루이즈 글뤽의 비통과 고난을 주연으로 한 '루이즈 글뤽의 수난'이다. 그러나 그 제작과 관련된 누군가는 실로 그것을 아주 잘 쓰

◊   Louise Glück(1943~): 미국의 시인. 초기에는 실패한 사랑, 가족 관계, 실존적 절망 등을 주로 다루었고, 이후로도 개인적 고뇌를 주제로 어두운 분위기의 시를 많이 썼다. 2003년 12대 미국 계관시인으로 지명되었다.

는 방법을 알고 있다." 나는 로빈스가 사용한 "모든"이라는 말이나 "주연"이라는 말에 담긴 잘난 체하는 태도를 문제 삼을 수도 있겠지만, 결국에는 그가 사용한 접속사에 가장 큰 흥미를 느낀다. "그러나"는 글뤽이 고난에 집착함에도 불구하고 중요한 시인이 될 수 있다는 것, 이 "마이너 영역"은 그녀의 지성과 재능이 계속해서 극복해야 할 대상이라는 암시를 풍긴다.

　　로빈스는 나를 실망시키면서도 동시에 내가 하고 싶은 말을 대신해준다. 나는 이러지도 저러지도 못하는 나를 발견한다. 나는 여성의 고통이 지긋지긋하지만 그것을 지겨워하는 사람들이 지긋지긋하기도 하다. 나는 아파하는 여성이 하나의 클리셰라는 걸 알고 있지만 수많은 여성이 여전히 아파하고 있다는 것 또한 알고 있다. 나는 여성의 상처란 낡아버린 것이라는 명제를 좋아하지 않는다. 그 주장에 내가 상처받는 기분이니까.

　　하버드의 글쓰기 워크숍에서 내가 실비아 플래스를 낭송하기 시작했을 때, 눈에 띄게 진저리 쳤던 그 탁월하고 영향력 있는 여성 시인에게 나는 특히 상처받았다. 그녀는 우리에게 저마다 시 한 편을 외우라고 했는데, 나는 실비아 플래스의 「에어리얼Ariel」◊을 택했던 것이다. 그 시의 13행, *입안 가득히 느껴지는 까맣고 달콤한 피*라는 구절은 격렬하고 놀랍고 아프고 자유롭게 느껴졌다.

　　"제발." 이 탁월하고 영향력 있는 여성은 마치 자기가 고통스럽다는 듯 말했다. "실비아 플래스는 너무 질려서요."

　◊　　실비아 플래스가 승마학교에서 탔던 말을 소재로 쓴 시.

뭐든 좀 안다는 여자들이 하나같이 실비아 플래스를 지겨워한다는 것, 그녀의 피와 꿀벌과, 그녀의 아버지를 히틀러와 비교하게 만들었던 나르시시즘적 자기연민을 지겨워한다는 그 끔찍한 느낌은 나도 눈치채고 있었다. 그러나 나는 뒤처져 있었다. 나는 지식인 여성의 지침 따위는 받은 적 없었다. '고통을 외치는 여자들의 글은 읽지 말 것'이라는 지침 따위는. 플래스가 자신의 피 흘리는 피부, 자신이 칼로 도려낸 피부를 응시하는 동안 나는 가만히 그녀를 응시하고 있었다. *짜릿해라—양파 대신 내 엄지손가락이라니.* 실비아와 나는 여전히 상처의 밀도에 집착했고—*엄지손가락 토막, 심장의 과육*—그것에 전율을 느꼈고 그 때문에 수치심을 느꼈다.

상처 #9

이런 꿈에 귀 기울여보자.

방은 작다. 그러나 그 방에 당신이 생각할 수 있는 모든 여자와 당신이 살아오면서 거리에서 지나쳤던 그냥 상상했던 간에 당신이 두려워했던 모든 남자와, 당신이 누구보다 사랑했던 모든 남자가 들어간다…… 거기에는 여러 자루의 칼과 산 채로 살가죽이 벗겨져 아직 살아 있는 여자들이 있고, 비명을 지르면서도 다른 사람에게는 "그들이 내 얼굴에 무슨 짓을 했는지 보세요!"라고 말하며 그 일을 웃어넘기려고 애쓰는 한 여자가 있다. 그리고 바로 그 방에서 절단 수술이 이

루어지고 팔다리가 잘려나간다…… 그리고 우리가 한 사람
에게서 사랑한다는 것조차 몰랐던 모든 부위를 뽑아내고 찢
어내는 것을 포함해 사람에게 할 수 있는 모든 일이 행해진
다.

꿈은 다음과 같이 끝난다. 결국 여자들은 서로 바꿔 쳐도 모를 정
도로까지 살가죽이 벗겨져—카슨의 누드처럼 "한낱 피투성이,
속이 다 드러난 동물들같이"—건물 밖으로 내던져지고 그사이
구경꾼들은 떨어지는 여자들의 몸에 물감을 뿌린다. 그들은 온갖
무지개 색이 된다. 그들은 예술이 된다.

    구체적으로 그들은 『어떻게 한 개인이 될 것인가*How
Should a Person Be?*』라는 한 권의 책이 된다. 이 책의 화자인 실라는
구경꾼들 중 한 사람이자 그 여자들 중 한 명이다. (그녀는 저자
인 실라 헤티Sheila Heti와도 이름이 같다.) 그녀는 고통스러워하
지만 한편으로 우리가 모든 고통을 최악의 고통—있을 수 있는
가장 최악의 고통—으로, 지옥에서도 최악의 원으로 왜곡하는
방식을 비웃기도 한다. 최상급은 아픔을 증명하는 또 하나의 방
식일 뿐이다. 피부의 절개선이 아니라 하나의 관념인 것이다. 그
꿈은 여자들이 어떻게 고통을 농담으로 바꾸려고 애쓰는지 알아
차린 한 여자를 보여준다. 그녀는 이런 경향에 관해 농담을 한다.
그녀는 당신 앞에 서 있고—무대 위의 괴물처럼 피투성이가 되
어 온몸을 떨면서—고통이라는 스테레오의 볼륨을 더 세게 올리
며 그녀의 정신력으로 당신의 눈알을 향해 다가온다. 날것의 몸
뚱이들은 색칠된 예술품이 된다. 고난의 최상급 어휘는 계속해서

그 날개폭을 확대해간다.

　　대학 시절 나는 다른 여학생들과 함께 자기방어 수업을 들었다. 우리는 동그랗게 모여 앉아 각자 품고 있는 최악의 두려움에 관해 이야기해야 했다. 이런 지시는 묘한 자극 구조를 만들어냈다. 수많은 하버드 여학생과 함께 원을 지어 앉아 있을 때는 모두가 앞의 여학생보다 더 나은 무언가를 말하고 싶어 한다. 그래서 첫번째 소녀가 말했다. "강간당하는 거겠죠." 그건 우리 모두 생각하고 있던 거였다. 그다음 학생이 강도를 높였다. "강간당했다가 살해당하는 거요." 세번째 학생은 잠시 생각하더니 말했다. "아마도 집단 강간?" 세번째 여학생의 답을 미리 예상했던 네번째 여학생이 고심 끝에 말했다. "집단 강간을 당하고 나서 난도질 당하는 거요."

　　나머지 학생들이 내놓은 답이 뭐였는지는 기억나지 않지만(성 노예? 스너프 영화?) 그 일이 얼마나 이상했는지는 기억한다. 다들 거기 앉아서 학급 최고의 학생이 되기 위해, 전부 여학생뿐인 여성 혐오 범죄 브레인스토밍 시간에 최악의 강간 공상가가 되기 위해 애쓰고 있었다니. 우리는 낄낄거리고 있었다. 우리의 낄낄거림은—물론—우리의 두려움에 관한 것이기도 했다. *비명을 지르면서도 다른 사람에게는 그 일을 웃어넘기려고 애쓰는 한 여자.*

　　그때 일을 하나의 일화로서 이야기할 때마다 나는 같이 둘러앉았던 나머지 여학생들을 생각한다. 그들 중 누구라도 끔찍한 일을 당한 적이나 있는지 궁금하다. 우리는 각자에게 남은 삶을 시작하기 위해 세상 속으로 나아가, 거리에서 지나쳤든 그냥 상상했든 간에 우리가 두려워하게 될 모든 남자를 만나기 위해 그 거지 같은 체육관을 나왔다.

상처 #10

나는 상처 입은 세이렌들의 노래를 들으며 자랐다. 토리 에이머스Tori Amos, 애니 디프랭코Ani DiFranco, 비외르크Björk, 케이트 부시Kate Bush, 매지 스타Mazzy Star. 그들은 여성이 아파할 수 있는 온갖 방법에 관해 노래했다. *나는 여자의 형상을 한 피의 샘이에요. 그들이 피를 갈구하면 나는 항상 주지요. 우리는 피 흘리고 딱지 앉고 치유되고 다시 피 흘리고 모든 상흔을 농담으로 돌리기 위해 만들어졌어요. 당신은 금방이라도 내가 피 흘리기를 기도하네요. 허세를 부리며 내 입속에, 내 치아 뒤에 자리 잡은 내 흉터를 건드리면서. 내가 말했던가요, 당신이 전화하기를 그만두었을 때 나는 먹는 걸 그만두었다고? 당신은 거식증에게만 인기 있지요. 때로 당신은 고기에 지나지 않아요, 아가씨. 나는 집에 왔어요. 너무 추워요.*◊

나는 내가 좋아하는 가수들을 그냥 이름으로만 불렀다.

◊　비외르크의 「배철러렛Bachelorette」, 애니 디프랭코의 「픽시Pixie」와 「빌딩스 앤드 브리지스Buildings and Bridges」, 토리 에이머스의 「사일런트 올 디이즈 이어스Silent All These Years」, 디프랭코의 「펄스Pulse」와 「인디펜던스 데이Independence Day」, 에이머스의 「재키스 스트랭스Jackie's Strength」와 「블러드 로지스Blood Roses」, 케이트 부시의 「워더링 하이츠Wuthering Heights」의 가사들을 나일린 옵시내모린 구길믹 빌췌해 이어놓은 것이다.

토리, 애니. 토리는 「블러드 로지스」를 수없이 반복해 불렀지만, 나는 고통과 아름다움이 어떻게든 연결되어 있다는 점 외에 그 말의 의미를 알 수 없었다. 이따금 그녀의 노래는 이런 질문들을 던졌다. *왜 그녀는 깊은 골짜기에 기어 들어갈까? 왜 우리는 우리 자신을 십자가에 매달까?* 그 노래들 자체가 답이었다. 그녀는 깊은 골짜기로 기어 들어갔고 그래서 우리는 그녀가 왜 깊은 골짜기에 기어 들어갔는지 알고 싶어진다. 우리는 우리 자신을 십자가에 매달고 그래서 우리는 그 노래를 부를 수 있는 것이다.

케이트 부시의 「실험 IV Experiment IV」는 "누군가를 죽일 수 있는 소리"를 만들어내기 위한 비밀 군사 작전을 묘사한다. 어머니들의 고통스러운 울음에서부터 소름 끼치는 비명까지 녹음해서 우리 기계 속에 넣었어. 그 노래는 치명적이겠지만, 자장가가 되기도 할 것이다. *사랑에 빠지는 것처럼 느껴지겠지 / 아주 나쁘게 느껴지겠지 / 하지만 아주 좋게 느껴질 거야 / 그것은 당신을 잠들게 할 거야.* 물론 그 노래는 그 노래가 묘사하는 그것처럼 연주되었다. 듣기가 아주 나쁘기도 하고 아주 좋기도 했다. 사랑에 빠지는 것처럼 느껴졌다. 하지만 사랑에 빠진 적은 없었다. 나는 관음증 환자였고 무지막지한 파괴자였다. 나는 한 번도 느껴본 적 없는 통증을 상상하면서 내 심장 속의 아픈 근육을 수축시키고 있었다.

나는 그 노래들을 멜로드라마의 중력에 싣기 위해 끔찍한 몽상을 꾸며냈다. 내가 사랑했던 누군가가 죽었다, 나는 자동차 사고로 죽음을 앞둔 임종의 현장에 불려 갔다, 나에게는 유명한 남자 친구가 있었는데 그가 바람을 피웠고 나는 우리 아이—

334

아이들이 많을수록 더 좋다—를 혼자 키워야 했다 등등. 이런 노래들은 나에게 코스튬 의상처럼 입어볼 흉터를 주었다. 나는 노래의 주인공이 되어 그 노래를 들으며 잠들고 싶었다. 나는 죽임을 당하고 다시 부활하고 싶었다.

무엇보다도 애니의 「스완 다이브Swan Dive」, 나는 그런 다이빙으로 죽고 싶었다. *나는 가장 멋진 스완 다이빙을 할 거야/ 상어가 득실대는 바다에서/ 탐폰을 빼버리고/ 첨벙거리기 시작할 거야.* 만약 여자가 된다는 것이 전부 출혈과 관련된 것이라면, 그녀는 피를 흘릴 것이다. 그녀는 아파할 것이다. 캐리는 그것이 어떻게 된 건지 알고 있었다. 캐리는 결코 탐폰을 끼우지 않았다. 그녀는 첨벙거렸다. 애니는 노래한다. *상어들이 나를 산 채로 잡아먹어도 상관없어. 나에겐 생존보다 더 멋진 일들이 있으니까.* 더 멋진 일이란 이를테면 순교, 마지막에 웃기, 죽음 선택하기, 피의 노래 부르기 등이다.

나는 생리를 시작하기 수년 전부터 「스완 다이브」를 듣고 있었지만 이미 뛰어들 준비가 되어 있었다. 나는 나의 초경을 무기화할 준비가 되어 있었다. 나는 나의 여성성을 상어들에게 내던질 날을 기다리고 있었다. 그래야 마침내 내 것이라고 부를 어떤 여성성을 가지게 될 테니까. 나는 이 여성적 좌절의 대열에 합류하기를 손꼽아 기다렸다—걸림돌, 달마다 져야 할 짐, 에덴동산 탈출 티켓, 진짜 왕국으로 가는 열쇠로서의 생리가 시작될 날을. 상어들 틈에서 피를 흘린다는 것은 남자를 대할 자격이 있다는 뜻이며, 이는 곧 희망, 상실, 박탈, 대상화, 욕망함과 욕망됨—망가지기 위한 온갖 방법들—에 자격이 있다는 뜻이다.

몇 년 후 나는 한 빵집에서 일했는데, 그 빵집 사장님이 즐겨 듣던 재생 목록이 있었다. 그녀는 그 목록을 우리의 "상처 선곡"이라고 불렀다. 우리는 샤데이Sade와 필 콜린스Phil Collins 의 노래를 따라 흥얼거리곤 했다. 우리는 레드벨벳 케이크 반죽에 만화 속 하트 색깔을 섞었다. 사장님은 그 노래들을 들을 때면 먼지 풀썩이는 어느 고속도로 갓길에서 잔인한 연인에게 버림받는 상상을 한다고 했다. "가진 건 배낭과 선글라스뿐인데 말이야, 그리고 잔뜩 부풀린 머리랑."

나는 상처에 관해 노래하는 여자들을 더 찾아보기 시작했다. 남자 친구에게도 추천해달라고 부탁했다. 그가 문자를 보내왔다. 구글에 "당신은 나를 베었고 나는 계속 피를 흘리네"라고 검색해봐. 방송되는 최고의 베이소스◊야. 나는 리오나 루이스 Leona Lewis를 찾아냈다. 당신은 나를 베었고 나는 / 계속 피를 흘리고, 계속, 계속 사랑을 흘려요 / 나는 계속 피를 흘리고, 계속, 계속 사랑을 흘려요 / 계속 피를 흘리고, 계속, 계속 사랑을 흘려요. 후렴구는 매번 마지막 부분에서 "당신이 나를 베었다"는 요점으로 돌아간다. 이 가사는 슬픔에 잠긴 사랑, 또는 그에 대한 확인일 것이다. 아픔의 후유증으로 누군가에게 빠져들 가능성을 믿는다는 것일 수 있다. 아니면 사랑이 그 아픔 자체에 있음을 암시하고 있거나. 감상은 흘린 피 속에서 응고되고 굳는다는 것, 즉 커터 논리의 또 다른 버전 말이다. 나는 느끼기 위해 피를 흘

◊　bathos: 페이소스pathos, 즉 비애감을 묘사하려고 애썼으나 평범하거나 하찮은 것에 과도한 언어를 사용함으로써 도리어 지나치게 감상적이거나 우스꽝스럽게 여겨지게 된 표현을 가리킨다.

린다. 출혈은 열정의 증거이자 열정의 집이다, 그것의 거주지이
자 보호령이다. 이런 식의 지독한 가슴앓이는 잘못된 감정이 아
니다. 그것은 올바른 감정이다―가장 순수한 형태, 가장 웅대한
형태로 증류된 감정이다. *방송되는 최고의 베이스스.* 그래, 사실
이 그렇다. 모든 *흉터를 농담으로 만들어라.* 우리는 이미 그렇게
했다.

하지만 우리 중 일부가 우리의 흉터를 진지하게 받아
들이고 싶어 한다면? 어쩌면 우리 중 일부는 베이스스로 여겨지
는 것에 관한 지침을―우리의 남자 친구들에게서 문자를―받
지 못했을 수 있다. 한 남자의 농담은 다른 여자의 일기장 내용이
다. 한 여자의 가슴앓이는 다른 여자의 에세이다. 어쩌면 이 지긋
지긋한 출혈은 대량생산된 것이고 우스꽝스럽게―*꽂아라! 꽂아
라!―*들릴 수도 있지만 어쩌면 그 용무는 다 끝나지 않았는지도
모른다. 여자는 결코 *가시지 않는* 고통이다. *계속 나를 베어라.*
나는 계속 피를 흘릴 테니. 리오나 루이스를 구한다는 건 곧 우리
에게는 그 진부한, 형편없이 말해지는, 그냥 우스꽝스러운, 남용
되거나 과장된, 전략적으로 연기된 것을 무시할 권리가 결코 없
다고 주장하는 것과 같다.

내가 썼던 첫 소설의 독자 안내문에서 나는 이렇게 고
백했다. "나는 10대 중후반 여성의 고뇌에 관한 여러 가사를 섞
는 DJ 같다는 느낌을 종종 받는다." 나는 플롯을 요약하는 데 넌
더리가 나서, 사람들이 무엇을 다룬 소설이냐고 물을 때마다 이
렇게만 말하기 시작했다. *여성과 여성의 감정이요.* 내가 나 자신
이 고뇌를 섞는 DJ라고 한 것은 선제공격이었다. 나는 전 세계

가 내 책에 던질 가상의 비난에 대해 스스로를 방어해야 할 것 같았다. 나는 애니의 노래에 동의하려고 애쓰고 있었다. 굳이 모든 흉터를 농담으로 만들 필요는 없을 거라고. *이건 진짜 아파*, 라고 말할 때 우리는 애써 재치를 동원하거나 말을 거두거나, 그런 후에 스스로 비난할 필요는 없을 것이다. 연기한다느니, 불쌍하다느니, 자기연민이라느니, 동정을 품는다느니, 동정을 판다느니 하는 장황한 비난으로부터 우리 자신을 보호할 생각으로 고통을 부인할—*난 알아요, 안다고요, 고통은 낡은 것이라는 걸, 아픈 건 다른 소녀들이에요*—필요는 없을 것이다. 고통은 당신이 생각하는 바로 그것이다. 당신은 그 안에서 생산적인 뭔가를 찾아야 한다. 나는 나의 지침을 이렇게 이해했다. 계속 피 흘려라, 그러나 그 피 안에서 어떤 사랑을 찾아라.

상처 #11

예이츠가 "내 마음의 넝마와 뼈의 장소"◇라고 부른 벌어진 상처를 소재로 언젠가 나는 단편을 썼다. 이 특정한 경우, 나는 내 넝마와 뼈의 장소를 한 시인에게 약탈당했다. 그와 나는 아이오와에서 눈부신 가을의 몇 달을 보냈다. 낡은 다리 위에는 차가운 맥주가, 묘지에는 포도주가, 베개에는 시가 있었다. 나는 그를 사랑한다고 생각했고, 어쩌면 그와 결혼할 거라고 생각했는데, 그러

◇ 예이츠William Butler Yeats(1865~1939)의 시 「서커스 동물의 탈출The Circus Animals' Desertion」에 나오는 한 구절.

다가 갑자기 끝나버렸다. 그가 끝냈다. 나는 그런 일이 세상에서 유별난 사건은 아니라는 걸 알고 있었지만 나에게는 없던 일이었다. 나는 계속 이해하려고 애썼다. 끝나기 며칠 전 밤에 그가 멀어지고 있다는 걸 느끼면서, 나는 어릴 때 경험했던 섭식장애에 관해 그와 오랜 시간 이야기를 나누었다. 솔직히 내가 왜 그 얘기를 했는지는 기억나지 않는다. 그와 가깝다고 느끼고 싶었던 건지, 그가 공감하면서 애정을 보여주기를 바랐던 건지, 아니면 내가 이미 했던 걸 암시하는 듯한 뭔가를 말함으로써 애써 그를 믿고 싶었던 건지는.

그가 떠난 후, 나는 그때의 대화가 그가 떠나버린 이유와 관련이 있을 거라고 판단했다. 어쩌면 그는 지겨웠을 것이다. 꼭 섭식장애 자체 때문이 아니라 그것을 말함으로써 그의 관심을 붙들려는 노골적인 나의 시도에. 나는 *왜*를, 이유를 간절히 알고 싶었다. 우선은 우리의 이별을 이해하고 싶었기 때문이고, 결국에는, 만약 우리의 이별을 유발할 촉매가 전혀 없었다면 내가 우리에 관해 쓰는 모든 이야기가 얄팍하게 느껴질 게 분명했기 때문이다. 원인 없는 고통은 우리로선 믿지 못할 고통이다. 우리는 그 고통이 선택되거나 조작되었다고 가정한다.

내가 우리에 관한 단편소설 쓰기가 두려웠던 건 가슴앓이란 이미 수없이 많이 다뤄진 이야기인 데다, 나의 가슴앓이는 끔찍할 만큼 진부하게 느껴졌기 때문이다. 필름이 끊기도록 취하고 정신이 맑아진 잠깐 동안 내 감정을 털어놓고, 남자들과 자고 그런 다음에 그들의 욕실에서 우는 것. 한밤중에 6번가에서 넘어지고, 누구든 봐줄 사람한테 상처 입은 내 무릎을 보여주는 것.

나는 사람들에게 내가 전 남자 친구보다 더 멋진 사람이라고 말하게 만들었다. 사실은 그렇지 않은데도 사람들에게 그가 나쁜 놈이라고 말하게 만들었다.

이런 글이나 쓰려고 내가 아이오와 작가 워크숍에 온 게 아니야, 나는 스스로에게 말했다. 어쩌면 슬픔이 "흥미로울" 수도 있겠지만 이런 식으로는 아니야. 내가 단편소설에서 그린 여성 화자—자기연민에 빠져 있고, 술에 취한 채 슬픔에서 허우적거리고, 자기파괴적인 무분별한 성생활을 하고, 떠난 남자에 집착하는 여성—는 특별한 매력이나 힘을 가지고 있어서 우리가 생각하거나 존재할 가치가 있는 그런 여성 같지는 않았다. 그런데 그런 여성이 나였다.

술 취한 가슴앓이는 내가 쓸 수 있었던 가장 변변찮은 주제였겠지만, 바로 그 점이 그것에 관해 쓰고 싶었던 이유였다. 나는 내 전제를 수치스럽게 여기는 내 감정에 맞서는 글을 쓰고 싶었다. 진부하고 자기연민이 배어 나오는, 그 구조 자체가 거의 전적으로 남자들과의 해로운 관계와 관련해 규정되는 주인공을 제시하는 글 말이다. 그것은 단지 남자들이 한 여자의 정체성을 침해하도록 내버려 두는 이야기처럼 *보일* 뿐 아니라 실제로 그런 이야기가 될 터였다. 나의 결벽증이 미리부터 나를 들볶았다. 가슴앓이의 후유증으로 오는 자기파괴는 진부한 고통이겠지만, 그것은 *나의* 진부한 고통이었고, 나는 그것을 위한 언어를 찾고 싶었다. 보통은 연극적이고, 과장되고, 제멋에 취했다고 치부해버릴 그런 부류의 여성적 슬픔에 대해, 가상의 미래 독자들이 심오하다고 인정할 만큼 아주 근사한 이야기를 쓰고 싶었다. 물론 현

340

실적인 이유도 있었다. 워크숍에는 마감 기한이 있었다. 결별 과정을 돌이켜보는 것이 내가 생각할 수 있는 전부였고, 도저히 다른 어떤 것에 관한 단편을 쓸 수 있을 것 같지 않았다.

우선 결말부터 썼다. 그것은 하나의 자기주장이었다. *나에게는 심장이 있었다. 심장이 남아 있었다.* 그 문장은 마음에 들었는데 진실하고 낙관적으로 느껴졌으며(내 심장은 아직 여기 있다!), 그러면서도 슬펐기 때문이다(아직도 남아 있는 내 심장은 계속 아파한다!). 나는 섭식장애에 관한 대화를 그 단편 속에 삽입해 독자들이 짚어내고—만약 무언가를 짚어내야 한다면—인정할 수 있도록 했다. *아, 아마도 이게 남자가 떠난 이유인가 보군.* 또한 섭식장애를 밝힘으로써 주인공의 자기파괴 충동이 원인이라기보다는 그 이별에 의해 활성화되었음을 분명히 하려는 의도도 있었다. 다시 말해 그 결별이 더 오래된 어떤 고통의 시체를 부활시켰다는 걸 밝히고 싶었다. 그 자체를 몸에, 또는 한 남자에 부착시킬 수 있는 지속적인 부적절함의 의식, 그리고 열 추적 미사일처럼 항상 더 아플 수 있는 방법을 킁킁거리며 찾으려는 충동을.

나는 이런 원인 없는 고통—설명할 수 없고 추적 불가능할 것 같은—이 나의 진정한 주제라는 걸 깨달았다. 그것은 절망적이었다. 어떤 트라우마를 딱 집어내기는 불가능했다. 어느 누구를 탓할 수도 없었다. 이 막연한 슬픔은 여성적 불안(거식증과 자해와 남성의 관심에 대한 집착)에 들러붙은 것 같았으므로, 나는 그것을 본원적으로 여성적인 슬픔이라고 이해하기 시작했고, 주변 환경이 그것을 못마땅하게 여겼으므로 본질적으로 수치스럽게 느끼기 시작했다. 이 자기파괴적인 표명들 모두가 절반은 선택이었고 절반은 저주받은 것으로 느껴졌다.

이런 의미에서 나는 그 이별이 나에게 하나의 고리를 주고 있다는 걸 깨달았다. 흡사 아메바 같고 쉽게 분석되지 않는 불안감을 걸어둘 수 있는 고리를. 내가 쓴 단편소설이 그 이별에 있지도 않았던 인과관계를 부여했다는 건 어느 정도 알고 있었다. 전 남자 친구는 내가 뭔가를 고백하기도 전에 떠나가고 있었다. 나는 내 안의 어떤 경향성—나를 힘들게 했던 것들을 설명함으로써 남자들에게 강요하려는 욕망—을 깨달았고 이 경향성을 벌하고 싶었다. 그 벌은, 남자들을 더 가까이 다가오게 해야 했을 나의 고백이 어떻게 그들을 멀어지게 만들었는지 상상해보는 것과 관련되었다. 이런 인과론으로 나 자신을 벌할 때 나는 마음이 편안해지는 감정 질서의 틀을 회복하기도 했다. *내가 이걸 했기 때문에 그 일이 일어났어, 그 일이 있었기 때문에 나는 아팠던 거야.*

그러는 사이에 워크숍 때문에 초조했다. 내가 천재 작가로 극찬을 받게 될까? 한심한 작가로 조용히 이해될까? 나는 신중하게 의상을 선택했다. 첫번째 논평 중 하나는 지금도 기억난다. "이 인물이 직업을 가지고 있나요?" 한 남자가 짜증 섞인 목소리로 묻더니, 만약 그녀에게 직업이 있었다면 공감하기가 조금은 더 쉬웠을 거라고 말했다.

막간: 밖으로

사실 그 단편소설은 내가 처음으로 출간한 작품이었다. 때로 나는 모르는 사람들에게서 쪽지를 받는다. 애리조나의 한 여성은 그 소설 일부를 자기 등에 문신으로 새기기까지 했다. 남자들은 특정한 여성적 성향에 공감하는 데 도움이 된다고 말한다. 이런 남자들은 나에게 자신의 관계에 관해 써 보낸다. 한때는 무모하고 못되게 보이던 여자들이 다르게 보이기 시작했다고 말이다. 한 남학생은 지금은 여자들을 더 잘 "사귀게" 되었다는 글을 보내왔다. 나는 여자들을 더 잘 이해하게 되었다는 뜻으로 그의 말을 받아들였다. 한 남자는 이렇게 말했다. *저는 지배당하고 싶어 하는 경향이 있는 여성들의 심리가 늘 궁금했습니다.*

하와이의 한 부동산 중개업자는 자기 여동생에 관한 글을 보내왔다. 그는 남자들과 고통스러운 관계를 맺는 여동생을 한 번도 측은하게 생각한 적이 없었다. *저는 당신의 목적이 남성들에게 여성의 미묘한 심리를 가르치려는 건 아니라고 확신합니다.* 그는 그렇게 말하고 있었지만, 이 단편을 읽은 뒤에는 여동생의 자기파괴적 성향을 더 잘 이해할 수 있을 것 같다고 했다. 그는 이렇게 썼다. *한 줄기 이해.* 나는 짜릿함을 느꼈다. 내 고통이 그 뼈의 장소 너머로 흘러갔다니. 이제 그것은 태평양에 여름별장을 가지고 있었다.

그 단편소설을 쓴 일이 내가 조금이나마 빨리 이별을 극복하는 데 도움이 되었다고는 말하지 않겠다. 아마 반대였을 것이다. 나는 결국 전 남자 친구를 전설의 영역에 맡겨버렸다. 내가 나 자신의 고난 이야기를 구성하는 데 썼던 일종의 신화적 소품으로 말이다. 그러나 궁극적으로 내가 밖으로, 타인의 삶과 고통에 다가가는 방식으로 내 자아의식에 그 이별을 엮어 넣는 데

343

는 그 단편소설을 쓴 것이 도움이 되었다.

그런데 아직도 나는 전 남자 친구가 그 단편소설을 읽었는지 궁금해하는 걸까? 그렇다마다.

상처 #12

대학에서의 첫해를 보내고 나서 맞은 여름, 수술 받은 턱이 아물기를 기다리는 두 달 동안 내 입은 철사로 고정된 채 닫혀 있었다. 경첩 관절이 사고로 손상되어—나는 코스타리카의 어느 덩굴에서 떨어져 6미터 아래 구름숲 바닥으로 추락했다—몇몇 뼈를 드릴로 뚫어서 새로 형태를 잡아준 다음 나사로 이어 붙였다. 철사가 모든 것을 제자리에 고정시키고 있었다. 나는 말할 수도 먹을 수도 없었다. 치아와 입 뒤쪽 사이의 작은 구멍으로 에너지 드링크를 조금씩 뿜어 넣었다. 나는 작은 노란색 공책에 메모를 했다. 많은 책을 읽었다. 그 무렵 나는 이미, 후손을 위해 내 경험을 기록할 생각을 하고 있었다. 그리고 머릿속에는 이미 내 회상록의 제목이 있었다. *어느 얼굴의 자서전.*

그렇게 해서 나는 루시 그릴리°를 발견하게 되었다. 그녀의 회상록 『어느 얼굴의 자서전*Autobiography of a Face*』은 그녀가 어릴 적 걸렸던 암과 얼굴 기형을 견뎌낸 이야기다. 나는 그 책을

◊ Lucy Grealy(1963~2002): 미국의 시인. 아홉 살 때 암 수술로 턱의 절반이 사라진 후 30여 번의 복원 수술을 해야 했고 그로 인한 육체적 고통 및 추한 외모로 인한 정신적 고통을 기록한 에세이로 찬사를 받았다. 한국에는 『서른 개의 슬픈 내 얼굴』이라는 제목으로 번역된 바 있다.

어느 오후에 다 읽었고 그런 다음 처음부터 다시 읽었다. 나에게 그 책의 중심 드라마는 그릴리가 병으로부터 회복되는 과정이 아니었다. 그것은 일그러진 얼굴 상처 하나로만 규정되지 않는 정체성을 벼리기 위한 그녀의 시도를 다룬 이야기였다. 처음에 그녀는 자기 얼굴은 나머지 모든 것이 가리키는 훼손의 현장이라는 생각밖에 할 수 없었다.

> 그렇게 눈에 띄는 존재라는 사실은—나의 얼굴도 나의 흉측함도 나의 것이었으므로—때로는 견디기 힘든 일이었지만…… 또한 탈출을 가능하게 해주기도 했다. [……] 모든 것이 얼굴로 귀결되었고, 또 모든 것이 얼굴에서 비롯되었다. 내 얼굴은 나의 소실점이었다.

상처의 위험성이란 이런 것들이다. 자아가 그것에 포섭되어버리거나("나의 소실점") 또는 그 중력의 바깥을 보지 못하게 된다("모든 것이 얼굴로 귀결되었고"). 상처는 정체성을 확장하기보다는 제한하는 식으로 자아를 깎아버릴 수 있다. 공감력을 날카롭게 벼리기보다는 시야(이를테면 다른 사람들의 고난에 대한)를 방해하는 식이다. 캐리는 누구에게도 전혀 호의를 보이지 않는다. 로자 다틀은 신랄하기 그지없다.

그릴리는 심지어 그 일이 일어나기 전부터 훼손의 정체성 현장을 갈망하고 있었다. 그리고 처음 트라우마가 왔을 때 어린 소녀였던 그녀는 행복했다. "나는 나에게 정말 문제가 생겼다는 사실에 흥분하고 있었다." 스스로 부적응자가 되기 위해 자기

345

뺨을 면도날로 베려 한 내 친구 몰리처럼. 몇 년 후에도 그릴리는 여전히 일련의 수술에서 어떤 위안을 찾았다. 이때는 그녀가 가장 직접적으로 보살핌을 받던 때였고, 세상에 보이기 흉측하다는 감정이 주는 막연하고 사소한 괴로움 이상의 어떤 구조가 그녀의 고통에 부여되던 시기였다. "수술에서 그러한 정서적 안정을 얻는다는 사실에 약간의 부끄러움도 없지 않았다." 그녀는 이렇게 쓴다. "혹시 내가 사실은 수술 받는 것을 좋아하며, 그 벌로 자꾸 수술을 받아 마땅했던 것은 아닐까?"

그릴리의 수치심에서 나는 어떤 문화적 명령의 찌꺼기를 본다. 냉철하라, 고통에 대해서는 저항이라는 단음으로 규정되는 관계를 맺어라. 이런 명령은 고통에 느끼는 어떤 애착, 또는 고통이 주는 것에 대한 어떤 감수성도 부끄럽게 만든다. 내가 그릴리에게서 사랑해 마지않는 것은 그녀가 자기 고통의 모든 부분에 대해 솔직해지는 걸 두려워하지 않는다는 점이다. 그녀는 수술에서 위안을 찾고, 이 위안에서 불편함을 느끼고, 자기 얼굴을 좋게 생각하려고 수없이 노력하고, 그러다 실패하는 모든 과정을 솔직하게 이야기한다. 그녀는 추함을 생산적으로 만들지 못한다. 상처를 비옥하게 만들지 못한다. 그녀가 할 수 있는 것이라곤 얼마나 아픈지, 그리고 이 아픔이 어떻게 타인들의 보살핌을 끌어내는지 보면서 거기서 위안을 삼는 것뿐이다. 물론 이런 고백 속에서 상처는 *실제로* 비옥해진다. 그것은 솔직함을 낳는다. 그녀의 책은 아름답다.

그릴리는 어렸을 때 이른바 "착한 환자"가 되는 법을 배웠지만, 그 책 자체는 이런 태도를 거부한다. 그녀는 정신의 거짓된 부활을 결코 제시하지 않는다. 그녀는 몸의 폭압과 그 피해를 주장한다. 그녀의 상황은 극단적인 경우였지만, 그것은 내가 당시 살아가던 방식에, 상처에 의해 규정된 내 존재에 형태를 부여하고 정당화해주었다, 소리 없이.

『어느 얼굴의 자서전』에 대한 아마존 서평에서 부정적인 평은 대부분 자기연민이라는 개념에 초점을 맞추고 있다. "그녀는 자신의 개인적 고통을 결코 넘어서지 못한 슬픈 여성이었다" "이 책은 지극히 슬프고 자기연민에 빠져 있다" "그녀는 그저 자기 자신, 자신의 완벽한 불행, 그리고 '흉측하다'는 고통밖에 생각하지 못하는 것처럼 보인다."

"톰"이라는 남자는 이렇게 썼다.

지금까지 읽었던 모든 책 중에서, 이렇게 끔찍하게 자기연민에 빠져서 뒹굴면서 신음하는 건 본 적이 없다. 나는 240쪽에 이르는 이 책 전체를 다음의 한마디로 쉽게 요약할 수 있다. 슬픔이 곧 나다…… 울음 법석에 덧붙여, 저자는 어떤 것에 대해서도 마음을 정하지 못하는 것 같다. 우선 그녀는 누구에게도 불쌍히 여겨지고 싶지 않다고 말하지만, 나중에는 다른 사람들이 조금도 연민을 느끼지 못한다고 비난한다.

톰이 말한 여자, 자기연민 속에서 "뒹굴면서" 세계가 그것에 관해 어떻게 해주기를 바라는지 결정하지 못하는 여성은, 바로 내가 그렇게 될까 봐 두려워했던 모습이다. 나는 피해자 역할을 하고, 병상을 맴돌고, 자신의 고통을 명함처럼 내미는 그런 여성 중 한 명이 되는 것보다 더 나은 것을 알고 있었다. 나만이 아니라 우리 모두 잘 알고 있을 것이다. 내가 말하고 싶은 건, 나만 그랬던 것 같지는 않다는 것이다. 한 세대 전체가, 그다음 세대도, 그런 정체성을 피하기 위해서 할 수 있는 모든 것을 다하며 성장했다. 우리는 자의식, 자기 비하, 진절머리, 빈정거림 속에서 피난처를 찾는다. '고통을 외치는 여자,' 그녀에게는 약이 필요한 게 아니라 진정제가 필요하다고.

그리고 지금 우리는 찢긴 우리 자신을 발견한다. 우리는 누구도 우리를 불쌍하게 여기기를 바라지 않지만, 연민을 받지 못할 때면 그것을 아쉬워한다. 스스로를 불쌍히 여긴다는 것은, 만에 하나 우리가 그것을 보이기라도 하는 날에는 타인들의 연민을 쫓아버릴 은밀한 죄—일종의 수치스러운 자위행위—가 되어버렸다. 그릴리는 이렇게 쓴다. "자기연민이 조금이라도 섞인 감정은 무조건 거부하면서 성장했기 때문에, 이제는 그것을 새로운 모습으로 만들어야 했다."

어떤 모습으로 만들어낼 것인가? 신념으로, 성적 난잡함으로, 지적 야망으로. 그 정점에서는 예술로. 그릴리는 이 마지막 연금술을 제시한다. 고통에서 예술로, 그것은 가능성이지만 그러나 구원은 아니다. 그릴리는 그녀의 상처가 가져다주었던 모든 것—관점, 생존의 투지, 미美에 대한 통찰력 있는 명상—에도 불구하고, 여전히 이런 상처의 혜택과 예쁜 얼굴을 맞바꾸려는 것처럼 보인다. 기꺼이 그리하겠다는 고백은 그녀의 가장 큰 장점인 솔직함이지, 아름다움이 심오함보다 중요하다는 주장이 아

348

니다. 그녀는 자신이 아름다움을 선택했으리라는 것을 인정하고 있을 뿐이다. 아름다움 없이 살기는 더 힘들었으리라는 것을.

막간: 밖으로

이 에세이를 쓰기 시작했을 때 나는 크라우드소싱을 하기로 결심했다. 나는 내가 좋아하는 여성들에게 메일을 보내 여성의 고통에 관한 각자의 생각을 말해달라고 부탁했다. "부디 무응답은 말아주세요. 그렇게 된다면 저는 젠더화된 상처라는 생각에 집착해서 완전히 혼자라고 느낄 거예요." 그들은 응답을 보내왔다.

신학교의 한 친구는 이렇게 썼다. "너무 빤한 것 같지만 원죄?" 그녀는 이브가 출산의 고통에 의해 규정된다고 지적했다. 또 한 친구는 어쩌면 출산이 기대의 지평선으로서 여성을 형성할 것이라고 주장했다. 짐작건대 여성은 자기 몸이 불가피하게 향해 가는 미래의 고통을 상상하면서 여성으로서 의식화된다는 것이다.

한 친구는 "피해자가 되지 않는 것에 철저하게, 철저하게 집착했던" 가정교육에 대해 설명했다. *그녀는 피해자가 되지 않는 것*이라는 말을 이탤릭체로 강조했다. 또 다른 친구는 럴린 맥대니얼Lurlene McDaniel의 작품을 모두 섭렵했던 어린 시절을 이야기했다. 맥대니얼 소설의 주인공들은—암에 걸리거나 심장 이식을 하거나 폭식증이 있는—아픈 소녀인데, 자신보다 더 많이 아픈 소녀, 병에 걸려 천사처럼 된 소녀와 친구가 되고, 결국에는 항상 더 아픈 이들 소녀가 죽는 것을 지켜본다. 이런 책들은

349

두 갈래 공감의 기회를 주었다. 순교자와 생존자에게 동일시할 기회, 한 번에 죽기도 하고 살기도 할 기회, 비극의 영광과 지속성의 보장을 동시에 느낄 기회를.

　　고백들도 있었다. 한 친구는 여성의 고통이란 종종 "보살핌의 윤리에 대한 실패"처럼 느껴지며, 자기가 생각하는 여성적 고통의 이상은 슬픔에 빠진 성모, "보살펴야 할 대상이 사라진 보살핌의 고통"일 거라고 했다. 그녀는 이런 이상이 자신을 은밀한 여성 혐오자로 만드는 건 아닌지 염려했다. 또 다른 친구—시인 태린Taryn—는 가장 무서운 것은 자신의 시가 개인적 고난에 대한 유아론적인 표기로 받아들여지는 것, 그리고 이런 자기 염려 속에서 어쨌거나 그 시들이 "여성적인" 것으로 분류되는 것이라고 고백했다. 그녀 역시 이 첫번째 두려움이 자신을 은밀한 여성 혐오자로 만드는 것 같다고 걱정했다.

　　한 친구는 나의 이메일에 너무 흥분한 나머지 다음 날 아침이 되자마자 답장을 보냈다. 그녀는 고통으로 자신을 규정하는 여성들—스스로를 아프게 하고, 과음하고, 또는 사랑하지도 않는 남자와 자는 여성들—에게 매료되는 변함없는 사회 풍조에 신물이 난다고 썼다. 그녀는 *신물이 난* 정도가 아니었다. 그녀는 화를 냈다.

　　나는 그녀의 분노가 질문을 던지고 있다고 생각한다. 그리고 그 질문은 답을 요구하고 있다고 생각한다. 여성의 고통을 환상이나 명령으로까지 페티시화하는 문화를 만들지 않으면서 그 고통을 재현할 방법은 무엇인가? *페티시화*. 과도하게 또는 비이성적으로 골몰한다는 뜻이다. 상처받은 여성성의 위험이 여기에 있다. 다름 아닌 그것의 탄원이 그 자체를 계속 합법화, 거의 입법화하는 고통 숭배를 강화하게 된다는 것이다.

난감한 점은 자해하고 나쁜 섹스를 하고 과음하는 여성에 대한 이런 저속한 매혹의 밑에는 실제로 자해하고 나쁜 섹스를 하고 과음하는 여성들이 있다는 것이다. 설사 여성적 고통의 표명이 문화적 모델들에 의해 형성되고 왜곡된다고 해도, 여성적 고통이 그 재현보다 앞선다.

상처 입은 여성 이미지에 지나치게 의존하는 건 환원주의적이지만, 그것을 거부하는 것도 마찬가지다. 그런 이미지를 낳는 다양한 욕구와 고난을 마뜩잖게 바라보고 있는 것이다. 우리는 상처가 *되기*를 바라지 않지만("아니, 네가 상처야!"), 그러나 상처를 가지도록, 상처를 가졌음을 말하도록, 상처를 가진 또 한 명의 여자 이상의 무언가가 되도록 용인되어야 한다. 우리는 우리 어머니들의 페미니즘을 포기하지 않으면서도 이런 것들을 할 수 있어야 하며, 낡은 문화적 모델의 관음증적 재탕 속으로 후퇴하지 않으면서도 아파하는 여성들을 재현할 수 있어야 한다. 외야석에 앉아 있는 또 다른 이모 커터, 아픔을 추구하는 여성성의 또 다른 미사일, 취하거나 멍들거나 황폐해진 몸, 이불 밑의 암전으로 꺼지는 또 다른 원형이 아닌 것을 말이다.

우리는 여성의 고통에 대해 두 얼굴의 야누스 같은 관계에 있다. 우리는 그것에 이끌리면서도 반감을 갖는다. 자랑스러워하면서도 부끄러워한다. 그래서 우리는 상처 이후의 목소리를 발전시켜왔다. 고통을 내세우지 않으면서 암시하는 무감각한 태도나 빈정거림, 또는 멜로드라마니 사소하다느니 뭉근다느니 등 그 조짐이 보이는 특정 비난을 모면하려는 듯한 수단을 발전시켜왔다. 고통받는 여성에게 가치를 부여하지 마라, 이는 하나의 윤리적이고 미학적인 계명이었다.

당신은 아파하는 여자에 관해 글을 쓰기로 함으로써 어떤 경멸을 자초한다. 상어들 틈에서 생리를 하지만—드러난 *신경과 피의 기둥*—다들 그것을 어리석은 쇼라고 생각한다. 당신은 외치고 싶다, *나는 멜로드라마 속 인물이 아니다!* 그러나 모두가 그렇다고 생각한다. 당신은 기꺼이 피를 흘릴 생각이 있지만 오히려 당신이 피를 뒤집어쓰려고 애쓰는 것처럼 보인다. 당신이 그렇게 피를 흘릴 때—피를 뒤집어쓰고 상어를 끌어들일 때—당신은 잘못된 신화를 강화하고 있다는 소리를 듣는다. 당신은 스스로를 부끄러워해야 한다고. *꺼져라.*

1844년 해리엇 마티노°라는 여성이 『병실의 삶*Life in the Sick Room*』이라는 책을 썼다. 10년 후 그녀는 자서전을 출간했다. 이 두번째 책에서 그녀는 자신의 병을 압축한 주석을 달아놓는다. "내가 무엇보다 자신 있게 말할 수 있는 건 병자가 일기를 쓰는 것은 어리석다는 것이다." 특히나 여성을 시중드는 병약자로 보려고 하는 문화 속에서, 그녀는 작가로서의 정체성을 아픈 여성으로서의 지위에 붙들어 매기에는 많은 것을 알고 있었다. 어쩌면 그녀는 당연하게도 자신의 병이 시야의 한계로 이해될까봐, 그 병이 그녀를 범주 속에 격리시킬까 봐 두려웠을 것이다.

◊   Harriet Martineau(1802~1876): 영국의 지식인. 난청, 심장병 등 여러 질환이 있었으며 경제, 사회, 역사, 철학 등의 분야에서 많은 저서를 남겼다.

마이너 영역의 메이저 시인. 병약자의 수난.

　　　루시 그릴리는 아프지 않을 수도 있다는 사실을 알았을 때 착한 환자가 되는 법을 배웠다. 그녀는 이렇게 쓴다. "괴로워하지 않을 수 없는 데서 오는 수치심과 죄책감은 점점 더 견딜 수 없는 것이 되어갔다. 그에 비하면 육체적인 고통은 오히려 견디기 쉽다고 느껴질 정도였다." 때로 우리는 *괴로워하지 않을 수 없다*를 다르게 말한다. 뒹굴거린다고 말이다. 뒹굴다: 자동사, 눈이나 물, 진흙 속에서처럼 게으르게 또는 굼뜨게 몸을 이리저리 굴리다; 쾌락에 빠지다, 흥청거리다. 바로 이것이 그 두려움이다. 우리가 굼뜨게 우리 몸을 이리저리 굴리게 될 거라는 것이다. 만약에 우리가 우리 몸에 일어난 일을 슬퍼하면서 너무 많은 시간을 보낸다면, 만약에 상어가 득실대는 바다와 같은 우리의 고통 속에서 흥청거린다면, 만약에 살가죽 벗겨진 우리 몸에 물감처럼 진흙을 묻힌다면 말이다.

상처 #13

'부적응자' 몰리가 스물네 살이었을 때, 낯선 자가 브루클린에 있는 그녀의 아파트에 침입해 칼을 겨누고 그녀를 강간하려고 했다. 그녀는 10분의 사투 끝에 벌거벗은 채로 원룸에서 용케 달아날 수 있었지만, 물론 그렇다고 해서 몇 년 동안의 두려움, 그날의 사건을 이해하려고 애썼던 몇 년 동안의 몸부림에서 벗어난 건 아니었다. 그녀는 이렇게 썼다. "내가 당한 공격에 진정 합리적인 설명을 부여한다는 건 그 후유증 속에서는 불가능했어." 그녀는 친한 친구의 집으로 이사했고, 그들은 밤이면 잠을 이루기 위해 영화를 보곤 했다.

> 우리는 보고 싶은 영화를 보았지만, 우연찮게도 그것들은 위험에 빠진 여자들, 자주성이 없는 여자들, 실종된 소녀들, 안팎으로 아파하는 어둠의 여인들에 관한 이야기들이었지. 지하철에서 나는 「프리티 폴리Pretty Polly」 같은 오래전의 살인 발라드를 강박적으로 들었고, "그는 그녀의 심장에 칼을 꽂았고 그녀 심장에서 피가 흘렀네" 같은 가사의 도착적 아름다움에 이끌리곤 했어.

안팎으로 아파하는 어둠의 여인들. 몰리가 그런 여자들에게 끌렸다는 건 나로선 놀라운 일이 아니다. 어쩌면 그 여자들은 그녀가 겪은 것보다 더 심한 고통을 보여주었거나, 그녀에게 덜 외롭다는 느낌을 주었거나, 아니면 그냥 고통의 논리가 펼쳐지는 세계를 제시함으로써 그녀가 자신의 고통 속에 살도록 허락해주었을 것이다.

나의 이 에세이는 그런 세계를 위해 싸우고 있지 않다. 그저 상처 이후의 목소리를 비판하거나, 여성의 고통이 일축당하는 방식을 일축하고 있지도 않다. 나는 고통에 빠지는 것이 조금도 수치스러운 일이 아니라고 믿으며, 이 에세이를 뒹굴기에 대한 비난을 반박하는 선언으로 만들고 싶다. 그러나 이 에세이가 일축에 대한 일축이라는 이중 부정이 아닌 것처럼, 가능성—그 신화 체계를 구체화하지 않으면서 여성의 고난을 재현할 가능성―에 대한 탐색도 아니다. 루시 그릴리는 자신의 예술적 삶의 대부분은 "복잡하고 필연적인, 고통받을 권리를 나에게 허락"하기 위한 시도라고 설명한다.

나는 앤 카슨의 시에서 마지막에 나오는 열세번째 누드를 기대하고 있다.

> 누드 #1과 매우 비슷하다.
> 그러면서도 굉장히 다르다.
> ……
> 나는 그것이 인간의 몸임을 알았다,
>
> 뼈에서 살을 날려버리는 무시무시한 바람 앞에 서 있으려고 애쓰는.
> 거기엔 아무런 고통이 없었다.
> 바람은
>
> 그 뼈를 깨끗이 닦아주고 있었다.
> 그 뼈들은 은빛으로 필연으로 나아갔다.
> 그것은 내 몸이 아니었고, 어느 여자의 몸도 아니었다, 그것은 우리 모두의 몸이었다.
> 그것이 빛에서 걸어 나왔다.

이 누드는 너덜너덜한 살에 지나지 않는다는 점에서 첫번째 누드와 비슷하지만, 여기서는 살이 뼈에서 "날려"가고 있고 그녀

355

의 벌거벗음은 힘을 암시한다. 그녀의 노출은 깨끗하고 필연적이다. 아무런 고통이 없다. 신경은 사라졌다. 고통으로부터의 이동은 공통성으로의 운동을 요구한다. 인간적 특수성과 젠더("그것은 내 몸이 아니었고, 어느 여자의 몸도 아니었다")의 "빛에서 나와" 보편성("그것은 우리 모두의 몸이었다")으로 이동해야 한다. 아울러 빛에서 걸어 나온다는 것은 이 빛에 의해 구성되어 있다는 것—원래의 물질로부터 걸어 나오는 것—과, 그것을 두고 떠난다는 것, 눈에 보이는 재현 상태를 포기한다는 것을 암시하기도 한다. 일단 고통이 씻겨나가 은빛의 필연적인 어떤 것이 된다면 더 이상 그것은 빛을 받을 필요가 없다. 그 피해가 개인적인 것에서 공적인 것으로 바뀔 때, 유아론적인 것에서 집단적인 것으로 바뀔 때, 비로소 고통은 그 자체를 넘어선다.

한 친구는 고통에 관한 편지를 거의 반투명한 종이에 써서 보냈다. 그녀는 우리가 우리의 상처를 "고통이 경험을 때려 무언가를 밝히는 전도성을 지닌 장소"로 이해할 수 있을 거라고 했다. 그녀의 반투명 종이가 중요했다. 그녀가 쓴 글 너머로 세계가 보였다. 탁자가, 내 손가락이 보였다. 어쩌면 이 가시성—관련된 여러 부분을 보라는 권유—이야말로 고통이 가능하게 만들어주는 바로 그것일 것이다.

우리는 이 열세번째 누드가 어떻게 첫번째 누드를 떠올리게 하는지를 잊어서는 안 된다. 고통의 첫번째 산물이던 피투성이 유령은 이 은빛 뼈를 오라처럼 그려내면서, 어느 정도의 상실 없이는 깨끗해질 수 없다는 것을 상기시킨다. *썩은 것을 깨끗이 닦아주었다. 내게 입안 가득 사랑을 남기고서.* 스티븐스와 그

356

의 열세 마리 검은 새◊처럼 우리는 고통을 모든 각도에서 바라본다. 고난의 자세 하나하나가 약간의 인지적 횡포도 허용하지 않는다. 우리는 고난을 한 가지 방식으로 볼 수 없다. 우리는 고난을 열세 가지 방향에서 보아야 하며 그것은 단지 시작일 뿐이다. 그런 다음 우리는 빛에서 성큼성큼 걸어 나오는 이 형상을 따라가야 한다.

우리는 이 형상을 따라 모순 속으로, 고백 속으로 들어간다. 욕망되면서도 경멸받는 상처에 대한 고백, 상처가 힘을 부여하고 거기에는 대가가 따른다는 고백, 고난은 미덕과 이기심을 낳는다는 고백, 피해자가 된다는 건 상황과 작용의 혼합이라는 고백, 고통은 재현의 대상이자 그 산물이기도 하다는 고백, 문화는 진정한 고난을 옮겨 쓰면서도 그 증상을 자연의 이치로 설명한다는 고백 속으로. 우리는 이 열세번째 누드를 따라 외야석으로, 어떤 소녀가 면도날을 가지고 수난극을 펼치고 있는 곳으로 돌아간다. 우리는 지켜보아야 할 것이다. 그녀는 아파하지만, 그렇다고 그녀가 영원히 아프리라는 의미는 아니다. 또는 그 아픔이 그녀가 가질 수 있는 유일한 정체성이라는 말은 아니다. 고통을 목격하면서도 그 고통을 둘러싼 더 큰 자아까지 목격할 수 있는 여성 의식을 재현할 방법은 있다. 그런 자아는 흉터를 부인하지 않으면서 그 흉터보다 더 크게 성장하며, 상처에 안주하지도 상처를 지겨워하지도 않으면서 실제로 치유하고 있다.

◊ 월리스 스티븐스의 시 「검은 새를 보는 열세 가지 방법」을 가리킨다. 눈 속에서 본 검은 새와 관련해, 관련 없는 열세 가지 연으로 구성되어 있다.

우리는 외야석에 앉은 소녀가 면도날을 내려놓을 때 무슨 일이 일어나는지 지켜볼 수 있다. 고난은 흥미롭지만 회복 역시 흥미롭다. 상처의 여파—피부를 꿰맬 때의 긴장과 투쟁, 은빛 뼈들의 당당한 걸음—는 상처 자체와 함께 여성들의 윤곽을 그린다. 글뤽은 꿈을 꾼다. "하프의 줄이/내 손바닥을 깊게 벤다. 꿈속에서/그것은 상처를 만들고 상처를 봉한다."

나는 내 친구 태린의 시를 읽으면서, 상처에서 덩굴처럼 휘감겨 나오는 상상력을 본다. 당신은 그녀 삶의 단편—그녀의 간을 둘러싼 종양을 제거하는 큰 수술—을 볼 수 있지만 그 여성 주인공의 엎드린 몸("그녀는 엎드려 애원한다")이 우리에게 보이는 유일한 몸은 결코 아니다. 이 여성적 목소리에는 아픔의 어떤 독점권도 허락되지 않는다. 그녀의 시는 훼손—가냘픈 뼈가 부러진 정원사의 새들, 죽어버린 살찐 암컷("그 맛있는 향기!")—과 도살 지시로 가득하다. "막대기로 갈비뼈들을 펼쳐라…… 그 밑에서 뼈의 아코디언이 빛난다. 다리 고기를 드러내라. 이것은 두 짝 유리문을 여는 것과 같다." 여기서의 동사는 절개, 세절, 해체, 탐색, 발골, 추출의 동사다. 훼손은 그 자체를 위한 것이 아니다. 그것은 인식론을 위한 것이거나 저녁 식사를 위한 것이다. *때로 당신은 고기에 지나지 않아요, 아가씨.* 다른 사람들이라면 상념에 빠졌을 곳에서 태린은 실제로 동물—*내 몸이 아니었고, 어느 여자의 몸도 아니었다*—의 배꼽을 절개하고 있지만 그녀의 시선은 그것의 취약성 속에서 사적인 감정을 느낀다. 그녀는 하나의 몸—다른 어떤 몸이든 간에—을 쓰고 살아간다는 일에 내재된 폭력에 대한 인식, 우리 모두의 몸에 필연적

358

으로 내장된 인식을 제공한다. 몸이란 빛으로 만들어지고 빛에서 떠나간다는 것 말이다.

나는 고백이 도살 지시와 충돌할 때 일어나는 일을 찬미하고 싶다. 우리가 상처를 인정하면서도 동시에 피투성이 몸을 능숙하게 다루며 그 부위를 배열하고 절개하는 시야까지 찾아내는 방식을 찬미하고 싶다. 나는 여성적 고통이 여전히 뉴스거리라고 주장하고 싶다. 그것은 항상 새로운 뉴스다. 우리가 들어본 적 없는 것이다.

한 소녀가 처녀성을 잃을 때, 그녀 마음의 넝마와 뼈의 장소에서 통증을 느낄 때, 그것은 뉴스다. 그녀가 생리를 시작할 때, 스스로를 멈추기 위해 무언가를 할 때, 그것은 뉴스다. 한 여자가 이 세상에서 자신이 끔찍하다고 느낄 때, 그것은 뉴스다. 언제 어디서든, 영원히. 한 소녀가 낙태를 할 때면 언제든 그것은 뉴스다. 그 낙태는 한 번도 없었던 일이며 다시 일어나지도 않을 것이기 때문이다. 나는 낙태 경험은 있지만 그 밖에 다른 누구도 낙태시켜본 적이 없는 사람으로서 말하는 것이다.

물론 다른 뉴스보다 중대한 뉴스들도 있다. 한 소녀가 같이 밤을 보낸 뒤 전화를 하지 않는 남자에게 뒤섞인 감정을 가지는 것보다 전쟁이 더 중요한 뉴스다. 그러나 나는 공감의 유한 경제를 믿지 않는다. 나는 관심을 쏟는 것이 세금만큼 많은 이익을 가져다준다는 생각이 든다. 당신은 보는 법을 배워야 한다.

여성의 고통에 대해 지나치게 익숙하다거나 어느 정도는 시대에 뒤졌다며—두 번이고 세 번이고 1001번의 밤까지 이야기되었다며—일축해버리는 깃은 더 심한 비난을 감추고 있다

359

고 나는 생각한다. 고통받는 여성은 피해자 놀이를 하고 있고, 약해지고 있으며, 또는 용기보다 자기 탐닉을 선택한다는 비난 말이다. 상처를 일축하는 것은 편리한 핑계를 준다. 더 많이 귀 기울일 필요가 없다는, 더 이상 말하려 애쓰지 않아도 된다는 핑계를 준다. *꺼져라.* 어쨌거나 우리의 과제는 일단 모든 고통의 이야기가 이미 말해지고 난 뒤에 오는 최종적인 자의식의 지긋지긋한 후유증을 살아내는 거라는 듯이.

　　나는 여자에 대한 책을 쓰는 데 오랫동안 망설여왔다. 보부아르Simone de Beauvoir는 여성을 다룬 가장 유명한 책 중 한 권을 이렇게 시작한다. *이 주제는 특히 여자들에게 자극적이지만 새롭지는 않다.* 때때로 나는 죽은 상처를 휘젓고 있는 듯한 느낌을 받는다. 하지만 이렇게 말하련다. 계속 피를 흘려라. 피 너머의 무언가를 향해 글을 써라.

　　상처 입은 여성은 스테레오타입이라는 비난을 받으며 때로는 실제로 그렇다. 그러나 때로는 그냥 진실이다. 나는 고통을 페티시화할 가능성이 있다고 해서 그것의 재현을 멈춰야 할 이유는 전혀 없다고 생각한다. 연기된 고통 역시 고통이다. 사소해진 고통 역시 고통이다. 나는 클리셰와 연기라는 혐의가 우리의 닫힌 마음에 너무 많은 알리바이를 제공한다고 생각하며, 우리 마음이 열리기를 바란다. 나는 그 바람을 썼을 뿐이다. 나는 우리 마음이 열리기를 바란다. 진심이다.

참고문헌

도서

Agee, James & Walker Evans, *Let Us Now Praise Famous Men.*

Baxter, Charles, *Burning Down the House: Essays on Fiction.*

Bidart, Frank, "Ellen West," in *The Book of the Body.*

Brooks, Peter, *Troubling Confessions: Speaking Guilt in Law and Literature.*

Capote, Truman, *In Cold Blood.*

Carson, Anne, "The Glass Essay" & "Teresa of God," in *Glass, Irony and God.*

D'Ambrosio, Charles, *Orphans.*

De Beauvoir, Simone, *The Second Sex.*

Dickens, Charles, *David Copperfield.*

————, *Great Expectations.*

Didion, Joan, *Salvador.*

————, *Slouching Towards Bethlehem.*

————, *The White Album.*

Dubus, Andre, *Meditations from a Movable Chair.*

Flaubert, Gustave, *Madame Bovary.*

Grealy, Lucy, *Autobiography of a Face.*

Hass, Robert, "Images," in *Twentieth Century Pleasures.*

Hemingway, Ernest, *For Whom the Bell Tolls.*

Heti, Sheila, *How Should a Person Be?*

Huggan, Graham, *The Postcolonial Exotic: Marketing the Margins.*

Huxley, Thomas, *Man's Place in Nature.*

Kahlo, Frida, *Diary*.

Keen, Suzanne, *Empathy and the Novel*.

Knapp, Caroline, *Drinking: A Love Story*.

———, *Appetites: Why Women Want*.

Kundera, Milan, *The Unbearable Lightness of Being*.

Malcolm, Janet, *The Journalist and the Murderer*.

Manguso, Sarah, *The Two Kinds of Decay*.

Martineau, Harriet, *Autobiography*.

Merleau-Ponty, Maurice, *Phenomenology of Perception*.

Nussbaum, Martha C., *Cultivating Humanity: A Classical Defense of Reform in Liberal Education*.

———, *Poetic Justice: The Literary Imagination and Public Life*.

Plath, Sylvia, "Cut," "Ariel," "Daddy," in *Ariel*.

Pope, Alexander, *The Rape of the Lock*.

Propp, Vladimir, *Morphology of the Folktale*.

Scarry, Elaine, *The Body in Pain: The Making and Unmaking of the World*.

Schwilling, Taryn, *The Anatomist*.

Smith, Adam, *Theory of Moral Sentiments*.

Solomon, Robert, *In Defense of Sentimentality*.

Sontag, Susan, *Illness as Metaphor*.

———, *Regarding the Pain of Others*.

Stevens, Wallace, *The Necessary Angel*.

———, "The Revolutionists Stop for Orangeade" & "The Motive for Metaphor," in *The Palm at the End of the Mind*.

Stoker, Bram, *Dracula*.

Tolstoy, Leo, *Anna Karenina*.

Vollmann, William T., *Poor People*.

Wallace, David Foster, *Infinite Jest*.

Wilde, Oscar, *De Profundis*.

Yeats, William Butler, "The Circus Animals' Desertion," in *Last Poems*.

Žižek, Slavoj, *First As Tragedy, Then As Farce*.

참고문헌

에세이, 기사, 단편

Barthelme, Donald, "Wrack," *New Yorker,* October 21, 1972, pp. 36~37.

Boyle, Molly, "How Murder Ballads Helped," *Hairpin*, April 19, 2012. (http://thehairpin.com/2012/04/how-murder-ballads-helped-me).

Browne, Sir Thomas, "Letter to a Friend."

Decety, Jean, "The Neurodevelopment of Empathy in Humans," *Developmental Neuroscience*, 32:4(2010), pp. 257~67.

Gawande, Atul, "The Itch," *New Yorker,* June 30, 2008, pp. 58~65.

Hoffmann, Diane E. & Anita J. Tarzian, "The Girl Who Cried Pain: A Bias Against Women in the Treatment of Pain," *Journal of Law, Medicine & Ethics*, 29:1(Spring 2001), pp. 13~27.

Hungerford, Amy, "Cold Fiction," *Yale Review*, 99:1(January 2011).

Irving, John, "In Defense of Sentimentality," *New York Times*, November 25, 1979.

Jefferson, Mark, "What Is Wrong with Sentimentality?," *Mind,* 92(1983), pp. 519~29.

Johnson, John A., Jonathan M. Cheek & Robert Smither, "The Structure of Empathy," *Journal of Personality and Social Psychology*, 45:6(1983), pp. 1299~312.

Morens, David, "At the Deathbed of Consumptive Art," *Emerging Infectious Diseases*, 8:11(2002), pp. 1353~58.

Robbins, Michael, "The Constant Gardener: On Louise Glück," *Los Angeles Review of Books*, December 4, 2012.

Rorty, Richard, "Human Rights, Rationality, and Sentimentality," in *On Human Rights: The Oxford Amnesty Lectures*, Stephen Shute & Susan Hurley(eds.), New York: Basic Books, 1993.

Tanner, Michael, "Sentimentality," *Proceedings of the Aristotelian Society*, 77(1976~77), pp. 127~47.

Tompkins, Jane, "Sentimental Power: *Uncle Tom's Cabin* and the Politics of Literary History," in *Sensational Designs: The Cultural Work of American Fiction, 1790~1860*, New York: Oxford University Press, 1985, pp.

363

122~46.

Wallace, David Foster, "The Empty Plenum: David Markson's *Wittgenstein's Mistress*," *Review of Contemporary Fiction*, 10:2(Summer 1990).

Wood, James, "Tides of Treacle," *London Review of Books*, 27:12(June 23, 2005).

Zahavi, Dan & Soren Overgaard, "Empathy Without Isomorphism: A Phenomenological Account," in *Empathy: From Bench to Bedside*, Cambridge, MA: MIT Press, 2012.

음악, 희곡, 영화

Amos, Tori, "Blood Roses," "Jackie's Strength," "Silent All These Years."

Björk, "Bachelorette."

Bush, Kate, "Experiment IV," "Wuthering Heights."

DiFranco, Ani, "Buildings and Bridges," "Independence Day," "Pixie," "Pulse," "Swan Dive."

Guns N' Roses, "Sentimental Movie."

Lewis, Leona, "Bleeding Love."

Puccini, Giacomo, *La Bohème.*

Verdi, Guiseppe, *La Traviata.*

Williams, Tennessee, *A Streetcar Named Desire.*

Carrie, Brian De Palma(dir.), 1976.

Girls, created by Lena Dunham, 2012~13.

Paradise Lost: The Child Murders at Robin Hood Hills(1996), *Paradise Lost 2: Revelations*(2000), *Paradise Lost 3: Purgatory*(2011), Joe Berlinger & Bruce Sinofsky(dir.).

「여성 고통의 대통일 이론」에 도움을 주신 여성들

Molly Boyle, Lily Brown, Casey Cep, Harriet Clark, Merve Emre, Rachel Fagnant, Miranda Featherstone, Michelle Huneven, Colleen Kinder,

참고문헌

Emily Matchar, Kyle McCarthy, Katie Parry, Kiki Petrosino, Nadya Pittendregh, Jaime Powers, Taryn Schwilling, Aria Sloss, Bridget Talone, Moira Weigel, and Jenny Zhang.

감사의 말

다음의 에세이들을 처음 실어준 언론에 감사드립니다. 「공감 연습」 「불멸의 지평선」 「제임스 에이지의 부서진 마음」을 실어준 『빌리버*Believer*』(「제임스 에이지의 부서진 마음」은 『아메리칸 라이터스 온 클래스*American Writers on Class*』에 재수록)와 「악마의 미끼」에 지면을 내준 『하퍼스*Harper's*』에 감사드립니다. 「안개 점호」는 『옥스퍼드 아메리칸*Oxford American*』, 「여성 고통의 대통일 이론」은 『버지니아 쿼털리 리뷰*Virginia Quarterly Review*』, 「타격의 형태론」 「라플라타 페르디다」 「사라진 소년들」 「수정된 숭고」는 『퍼블릭 스페이스*A Public Space*』, 「라 프론테라」는 『비스*VICE*』, 「고통의 토착화」는 『로스앤젤레스 리뷰 오브 북스*Los Angeles Review of Books*』, 「엑스-보토스」 「세르비시오 수페르콤플레토」는 『파리 리뷰 데일리*Paris Review Daily*』(『페이퍼 다츠*Paper Darts*』에 재수록), 「사카린(문학)을 위한 변론」은 『블랙 워리어 리뷰*Black Warrior Review*』에 실렸습니다. 감사합니다.

훌륭하신 여러 편집자와 함께 일할 수 있어서 영광이었습니다.

로코 카스토로, 웨스 엔지나, 디어드리 폴리-멘델스존, 올리비아 해링턴, 로저 호지, 하이디 줄러비츠, 대니얼 레빈 베커, 제임스 마커스, 앤 맥피크, 앤디 머드, 콜린 래퍼티, 셸리 리드, 매슈 스펙터, 캐롤리나 바츨라비아크, 앨리슨 라이트를 비롯해 맨 처음부터 제 글을 믿어주신 『퍼블릭 스페이스』의 브리지드 휴스에게도 감사를 드립니다. 그리고 책 제목을 길산체로 써서 등 문신으로 새기겠다고 약속한 영국 『그랜타』지의 맥스 포터에게도 깊이 감사드립니다.

도움 말씀을 주신 예일 대학교 여러분께도 감사를 드립니다. 에이미 헝거퍼드, 와이 치 디먹, 케일럽 스미스는 내가 비평과 창작의 삶에서 중심을 잡도록 친절한 도움을 베풀어주셨습니다. 일찍이 에세이에 관한 문제가 결국에는 그 자체의 주제가 될 수 있다고 가르쳐주신 찰리 담브로시오에 대해서는 새록새록 감사의 마음을 느낍니다.

지칠 줄 모르는 용감한 투사이자 뛰어난 에이전트인 진 오를 만난 건 행운입니다. 그녀 덕분에 이 책의 고향이 된 그레이울프 출판사를 만나는 축복을 누릴 수 있었습니다. 케이티 더블린스키, 에린 코트케, 피오나 매크레이, 마이클 타이컨스, 스티브 우드워드에게 감사드리며, 특히 첫 순간부터 이 원고를 좋게 봐주며 영혼의 친구이자 충실한 일꾼이 되어준 제프 쇼츠에게 특별한 감사를 드립니다.

우정으로 지원해주시고 길잡이가 되어주신 많은 분께 감사드립니다. 아리아 슬로스, 콜린 킨더, 해리엇 클라크, 레이철 패그넌트, 카일 매카시, 남 레, 그리고 레베카 버크월터-포자, 첼시 캐털러노토, 케이시 켐, 알렉시스 체마, 리즈 커닝햄, 샬럿 더글러스, 머브 엠리, 미란다 페더스톤, 마이카 피처맨-블루, 노엄, 에이미, 앤드루, 윌 고린, 미셸 허너번, 마고 카민스키, 엘리사 킬먼, 린지 러빈, 제스 마시, 에밀리 맷차, 아말리아 맥기번, 타라 메넌, 캣 무어, 맥스 니컬러스, 벤 누전트, 케이티 패리, 젠 퍼시, 이브 피터스, 키키 페트로시노, 케이틀린 필라, 나디아 피텐드라이, 제이미 파워스, 앰버 쿠레시, 제러미 레프, 리바 루벤스타인, 제이크 루빈, 태린 슈월링, 사브리나 세란티노, 니나 시걸, 메리 시먼스, 아리아 슬로스, 메그 스워틀로, 수전 슈미트, 로빈 와서먼, 줄리아 휘커, 애비 와일드, 제니 장. 특히 이분들께 감사드립니다.

마지막으로 데이브에게 고맙다는 말을 전합니다. 당신이 없었다면, 이 책은 없었을 거예요.

복잡하지만 멋진 우리 가족 모두에게 감사드리며 특히 용감하고 마음 따뜻한 나의 어머니, 조앤에게 존경과 사랑을 담아 이 책을 바칩니다.

고백과 공동체

레슬리 제이미슨이 쓴 이 에세이는 원래 『가디언』지에 발표되었던 것으로 허락을 구해 여기 다시 싣는다.

고백적인 글쓰기는 심한 비난을 받곤 한다. 사람들은 그런 글에 대해 자신에게만 빠져 있다느니 유아론적이라느니 자기 탐닉이라느니 하는 말을 붙인다. 또 한 명의 서른 살 여자가 자기 상처에 관해 주절주절 늘어놓는 이야기를 듣고 싶어 할 사람이 있을까? 하지만 내가 개인적인 소재(낙태, 심장 수술, 낯선 사람에게 얼굴을 맞은 사건)로 가득한 "고백적인" 에세이 『공감 연습』을 올봄에 출간했을 때, 나는 고백이 유아론의 반대가 될 수 있다는 느낌이 들기 시작했다. 나의 고백은 반응을 끌어냈다. 독자들은 들불처럼 일제히 목소리를 냈다.

　　내 책이 나온 후, 나는 어느새 수많은 낯선 이들에게 고해 신부가 되어가는 나를 발견했다. 만성 두통이 있는 여성, 열여덟 살 때 받은 포경 수술의 후유증에 시달리는 남성, 애완용으로 키우던 닭이 죽은 여성, 절친한 친구의 섭식장애를 해결하려고

369

애쓰는 고등학교 졸업반 학생, 미니애폴리스에서 대리교사를 하는 어느 노숙자, 여러 번의 휴직 이후 경력을 인정받으려 애쓰는 신경과 의사 등으로부터 이야기를 들었다. 이 책을 의대생들에게 주었다는 의사들, 이 책을 교수님들에게 주었다는 의대생들로부터 이야기를 들었다. 이 책을 성 금요일 설교에 사용했다는 목사로부터 이야기를 들었다.

내 글이 책 페이지 밖으로 나가 내가 살아왔던 것, 내가 느껴왔던 것보다 훨씬 더 큰 무엇이 되는 과정을 보니 뿌듯했다. 나의 글쓰기는 갑자기 온갖 낯선 장소에서 살 집을 갖게 된 뒤 사진을 보내온 다 큰 아이 같았다.

고백에는 수많은 방식이 있고 고백이 그 이상의 것이 될 수 있는 방식도 많다. 유아론의 정의가 "자아가 자신의 여러 모습밖에 모르고 자아가 존재하는 유일한 것이라고 주장하는 이론"이라면, 고백을 공개하는 것보다 더 강력하게 유아론을 반격하는 것은 거의 없다. 이런 부류의 고백은 필연적으로 대화를 끌어낸다.

나 역시 한 명의 독자로서, 그 고백이 사적인 회랑이라기보다는 갈림길이라고 느껴지는 고백적 이야기들을 만나면서 그렇게 느끼곤 했다. 예컨대 율라 비스Eula Biss의 『황무지에서 온 편지Notes from No Man's Land』는 신체적 경험의 사적인 순간들을 공유한다. 충돌, 고된 피로, 감각적 경이로움의 순간들을 다루면서도, 인종과 계급과 죄책감의 문제를 짊어진 집단적이고 공적인 몸의 일부가 된다는 것이 무엇을 뜻하는지 깊이 탐색한다는 느낌을 준다. 리베카 솔닛Rebecca Solnit의 『멀고도 가까운The Faraway

Nearby』은 매우 사적인 서사—어머니의 치매, 그리고 그에 얽힌 그들의 격동적 관계가 그리는 더욱 커다란 호弧—를 이누이트 신화, 과학적 연구, 영웅과 괴물, 얼음 등에 관한 다양하고 많은 이야기 속에 위치시킨다.

　　　이처럼 매우 사적인 책들을 읽을 때, 그것이 자기 이외의 것에 관해서는 아무것도 모르는 자아의 산물이라는 느낌은 없었다. 오히려 그것이 기적처럼 어떻게든 나에 대해서도 알고 있는, 적어도 나를 포함한 것들에 대해 알고 있는 자아의 산물처럼 느껴졌다.

　

루시 그릴리의 『어느 얼굴의 자서전』—그녀가 어릴 때 앓은 병과 그 후의 얼굴 손상에 대한 회고록—을 처음 읽을 때 나는 턱 수술을 받고 회복 중이었는데, 거의 모든 페이지를 읽을 때마다 "아멘!"을 외치고 싶은 마음이었다. 기꺼이 트라우마 속에 머물려는 의지, 너무 오래 빠져 있다는 느낌을 주기보다 더 많은 의미를 찾아내려는 의지는 자기 몰두라기보다는 하나의 선물처럼 느껴졌다. 나는 혼자 배제된 느낌이 아니었다. 내 삶 전체가 그 이야기 속으로 불려 가는 것 같았다. 거꾸로 작가로서 나는 내 책을 읽었던 독자들의 삶 속으로 불려 갔다.

　　　고백은 단지 허용이 아니다. 그것은 부추긴다. 누군가 내 에세이에 관해 트윗을 올렸다. "이 책을 읽고 난 후, 손가락에서 피가 날 때까지 내 숨겨진 고통에 관해 쓰고 싶어졌다. 그런 다음에는 피가 나는 내 손가락에 관해 쓰고 싶다." 한 여성은 어머니가 자신을 대신하여 전 남자 친구의 집에서 자기 물건을 찾아오는 동안 본인은 이 글을 쓰고 있다며 편지를 보내왔다. "이 아픔을 어떻게 가슴속에 담아둘 수 있을지 모르겠어요. 하지만 그것에 관해 말하거나 글을 쓰거나 그림을 그린다는 생각만으로도 굴욕감을 느껴요. 왠지 술에 취해 그 남자에게 전화를 하거나, 바에서 앉아 있다 넘어져서 손목이 부러지거나, 또는 선택지처럼 보였던 그 어떤 것보다 더 창피한 것 같거든요."

또 한 여성은 나의 에세이 한 편을 읽고 자신을 사랑하지 않는 남자와의 성관계를 거절하게 되었다고 써 왔다. "시시하게 들리겠지만요." 그녀는 대수롭지 않다는 듯 그렇게 쓰고 있었다. 하지만 나에게는 중요했다. 그 말은 전혀 시시하지 않았다. 그것은—내 삶의 여러 시점에서—나에게 필요했을 중요한 말로서 다가왔다. 그녀는 술에 취해 편지를 쓰고 있다고 했다. 그녀는 뭐라도 쓸 용기를 내기 위해 취해야 했다.

낯선 이들로부터 점점 더 많은 글을 받게 되면서, 나는 어떤 욕구가 그들을 자극하는지 궁금해지기 시작했다. 독자들은 자신이 읽은 책 작가에게서 무엇을 원하는 걸까? 그들은 어떤 반응을 상상하는 걸까? 독자들이 자기 삶의 이야기를 들려줄 때도 있지만 그저 찬사만을 보내기도 한다. 그들이 주는 모든 것 자체가 선물과 요청의 혼합물이었다. 작가의 말이 어떤 의미가 있었는지 작가에게 보여주려는 욕구, 그리고 자신을 보이고 싶은 욕구였다. "제가 작가님을 볼 수 있듯이, 작가님도 저를 볼 수 있다는 것을 알려주세요."

단편소설을 출간했을 때도 낯선 사람들에게서 편지를 받았다. 하와이의 한 부동산 중개업자는 나의 단편을 읽고 나서 자기 여동생이 왜 그렇게 많은 남자와 자고 다니는지 더 잘 이해하게 되었다고 했다. 어느 거친 남학생은 내 글 덕택에 여성들을 더 잘 대해주게 되었다고 했다. 첫 소설이 출간되고 몇 년 후, 그 소설을 읽었는데 너무 싫어서 중고서점에 10센트를 쓴 걸 후회한다는 한 여성의 이메일을 받았다. (그녀는 정말로 10센트밖에 안 썼다고 장담했다.) 그녀는 내 책 때문에 술을 끊을 수 있다는 희망을 모두 잃어버렸다고 했다. 그녀는 나에게 그 많은 절망을 세상에 내보낸 것을 부끄러워해야 한다고 했다. 그날 아침 수많은 약을 자기 몸속에 털어 넣었다고 했다. 그날 하루가 끝날 때까지 자신이 살아 있지 않기를 바란다고 했다. 그녀의 원망과 실망은 열망의 신호를 매우 뚜렷하게 담고 있었다. 구원에 대한 갈증, 한 편의 소설이나 에세이, 단 한 문장이 제공해줄 희망에 대한 갈증을 담고 있었다. 나는 이런 접촉의 충동을 이해할 수 있었다. 만약 한 작가가 이미 당신 삶 속으로 들어와 있다고, 당신 경험의 한 측면을 이미 보았다고 느껴진다면, 이런 친밀감을 대화로까지 확장하고 싶은 욕구는 자연스러울 것이다.

고백적인 작가—글쓰기에서 이미 사적인 어떤 것을 드러낸—와 접촉하고 싶은 충동은 또 다른 무엇이다. 어쩌면 그것 역시 하나의 친밀감을 다른 친밀감으로 옮기고 싶은 욕구이겠지만, 그 조건은 다르다. 고백적인 글쓰기의 경우, 드러냄은 이미 일어난 일이다. 이제 독자는 무언가를 고백해, 상호 교환으로 만들고 싶어 한다. 따라서 사람들이 자기 응시 또는 자기 몰두로서 고백적인 글쓰기에 관해 말할 때마다, 나는 그들의 목소리, 그들의 이야기를 생각하게 된다.

독자들이 나에게 자기 일을 고백할 때, 이 낯선 사람들은 무언가를 들려주고 있었지만 한편으로는 무언가를 요구하고 있기도 했다. 그들은 책 자체의 주제인 공감에 관해 요구하고 있었다. 그들은 공감의 중심 원리, 공감의 최우선적 요구가 실행되기를 원했다. 관심을 기울인다는 것 말이다. 독자들이 그것을 원한다고 말하지 않았을 때조차 나는 그들에게 그것을 빚지고 있다고 느꼈다. 만성 두통에 시달리는 교수는 어떤 것도 요구하지 않았다. 그녀는 그저 응답을 하고 있었다. "내 생각에 당신을 가장 소진시키는 것은 고통입니다. 잠에서 깨어 의식이 돌아와 다시 그 고통을 느끼는 것, 일이 그렇게 되지 않기를 바라는 것, 그러나 여전히 그렇게 되는 것, 그리고 날마다 수백 가지 현실을, 저의 경우는 수천 가지 현실을 마주해야 하는 것. 그것이 당신을 변모시키고, 모든 사람과의 연결을 끊어버리죠. 심지어 이해하고 싶어 하는 사람들과도 관계를 끊게 만듭니다."

낯선 이들로부터의 편지는 선물인 동시에 짐이다. 그들은 내가 끝부분에 써 넣은 글을 생각하게 만들었다. "나는 공감의 유한 경제를 믿지 않는다." 누군가는 이 문장에 해시태그를 붙여 인스타그램에 올렸다. #나는공감의유한경제를믿지않는다. 하지만 나는 의문이 들기 시작했다, 정말 그런가?

로스앤젤레스의 한 화가는 편지를 보내는 것이 굉장히 이상하게 느껴진다고 썼다. "작가님의 수많은 독자들도 정확히 이렇게 느낄 겁니다. 그리고 이렇게 생각하겠죠. '와, 나도 똑같은 걸 느끼는데! 우리는 친구가 되어야 해, 진짜로!' [……] 그들은 어른의 세계를 잠시 접어둔 채, 그저 모니터에 어깨를 대고 팔을 컴퓨터 속에 집어넣으면, 어떻게든 작가님의 모니터 밖으로, 작가님의 삶 속으로 나올 수 있다고 상상합니다. 손을 뻗거나 붙잡는 게 아니라 확장하고 주는 방식으로, 기이하고 괴상한 방식이 아니라 놀랍고 근사한 방식으로 말이지요. 하지만 반갑게 활짝 벌린 팔이 작가님의 모니터에서 나와 손을 흔들거나, 또는 피스타치오나 책 한 권을 내민다고 해도, 여전히, 끽해야 이상한 일일 겁니다."

그의 말이 맞았다. 내 모니터에서는 팔들이 뻗어 나왔고, 그들은 요구하고 있지 않을 때에도 무언가를 요구하고 있었다. 그런 팔들은 너무도 많았다. 나는 그들 모두에게 응답할 수 없었다. 어느 시점에 이르자 나는 누구에게든 답하는 걸 중단했다. 취한 채로 글을 쓴 사람, 이별을 겪은 뒤 글을 쓴 사람, 노숙자 쉼터에 있는 남자나 은퇴 후 집에 있는 남자에게 나는 응답하지 않았다. 지속적인 죄책감과 위선의 감정이 괴롭히기 시작했다. 나는 모든 곳에 공감팔이를 하고 있었고—내가 쓴 글에 대한 감정 충만한 모든 반응의 긍정을 흡수하면서—그로부터 너무 많은 걸 얻고 있었다. 나는 모두가 느끼도록 만들었건만, 이제는 그 감정들을 무시하고 있었다. 나는 관념 속에서 공감하고 있었고 나머지 모든 곳에서는 인색했다.

북 투어를 하며 들렀던 모든 장소는 나의 한계로 나를 밀어댔고, 내가 한때 무한하다고 했던 경제의 유한성을 직면하지 않을 수 없게 만들었다. 모든 도시마다 보이지 않는 감정의 응어리로 가득한 것 같은 질문을 제시했다. 워싱턴 D.C.는 가짜 공감은 누구에게도, 어떤 도움도 되지 않는다는 관념 때문에 짜증을 내는 여성이었다. 뉴욕의 소호는 가슴에 심전도 진동계를 문신으로 새긴 소녀였다. 샌프란시스코는 목발에 의지해 계단을 오르는 친구, 자신이 종사하는 의학계 내에 자기 마음을 위한 공간이 더 많기를 바란다는 여자 의사였다. 캘러머주는 집에서 만든 초콜릿 프레첼이었고 만성 루푸스를 앓는 여성이었다. 앤아버 시는 검은색 아이라이너를 칠하고 목 높은 운동화를 신고서, 술에 취했던 그 모든 밤과 후회뿐인 자기 이야기는 말할 가치가 없다고 믿었지만, 지금 보니 그 삶도 어쨌거나 말할 가치가 있는 것 같다는 한 소녀였다.

이 모든 도시를 다니면서, 나는 투어에 가져간 책에 사람들의 사인과 메시지를 모으고 있었다. 그것은 상호 호혜의 시도였다. 누군가 자기 책에 사인해달라고 요청할 때마다 나는 내 책에 그 사람의 사인을 부탁했다. 그것은 잠깐 동안은 창조의 한 방식이었고, 내가 받는 편지에서는 느낄 수 없던 일종의 대칭이었다. 누군가는 이렇게 썼다. "작가님의 글이 나를 깨우치고 후려쳐 더 나은 사람이 되게 했습니다." 누군가는 이렇게 썼다. "또 한 명의 '부상 병동'을 만나게 되어 좋아요." 다른 누군가는 "내용 중에 십자가에 못 박힌 영혼 부분에서 웃어서 죄송합니다"라고 썼다. 한 여성은 "산부인과"라는 이름의 섹션 옆에 이렇게 썼다. "바로 어제 갔었어요! 폐경이라는 산을 오르면서." 그리고 나의 상심실성 빈맥 경험에 관한 섹션 옆에는 "상심실성 빈맥이야말로 최악이죠"라는 글이 쓰여 있었다. 그 밖에도 "우리는 동류의 영혼입니다"라든가 "이 책이 위안이 되었어요"라든가 "작가님 마음을 가져갑니다" 등의 글이 쓰여 있었다.

캘러머주에서 한 여성—몇 해 동안 만성 피로로 몸이 아팠던—의 눈을 들여다보았던 일이 떠오른다. 그녀는 자신의 병에 관해 말하고 있었지만 그녀가 말하는 내내 나는 내가 머물던 낡은 목조 B&B 숙소의 욕조를 생각하고 있었다. 나는 그 욕조를 떠올리면서, 혹시 아이오와시티의 강가에 있던 대학교 게스트하우스의 욕실과, 또는 미니애폴리스에서 묵었던 세련된 현대식 호텔의 유리벽 안 욕조와 혼동하고 있는 건 아닐까 생각하고 있었다. 그 여인은 나에게 자신의 아픔이 끝나지 않을 것 같다고 말하고 있었다. 그리고 나는 진실을 알고 있었다. 나에게는 그 끝이 있을 거라는 것을. 그 끝은 내 머릿속에서 욕조의 형태를 띠고 있었다는 것을.

독서는 또한 의심과 저항의 순간들을 담고 있었다. 아이다호 주 보이시에서의 어느 날 밤, 제임스 에이지에 관한 에세이를 다 읽은 후였다. 니카라과에서 얼굴을 가격당하고 난 어느 가을에 소작농 가족들을 다룬 제임스 에이지의 글을 나는 어떻게 읽었던가, 그리고 그의 죄책감은 내가 겪어본 적 없는 가난을 짊어진 나라를 방문하면서 느꼈던 나의 죄책감과 어떻게 공명했던가. 나는 루이스라는 이름의 어린 소년에 관해 글을 쓴 적이 있었다. 어느 날 밤 그가 내가 지내던 집 바깥에서 잠이 들었는데, 나는 그에게 안으로 들어오라고 하지 않았고 죄책감을 느꼈다는 내용이었다. 그리고 그 죄책감으로 인해 나는 에이지에게, 과도하게 표현된 그의 자기 회의와 번민에 더 가까워진 느낌을 받았다는 내용이었다. 나는 나의 죄책감의 물레를 돌려 무언가 아름다운 것을 만들어냈다고 제법 확신하고 있었다. 나는 그 에세이를 종종 소리 내어 읽곤 했는데 그 마지막 단락의 운율이 멋지다고 생각했기 때문이다. 낭독을 마쳤을 때 한 소년이 일어나서 물었다. "왜 그 소년을 집 안으로 들이지 않았어요?" 나는 말하고 싶었다. 그게 바로 이 전체 에세이가 다루는 내용이라고. 그러나 그의 질문은 내 자기인식은 그 질문에 대한 답이 아니라고 말하는 것 같았다. 당신의 자기인식은 어떤 문제도 해결하지 못했다고, 그저 문제들을 더욱 온전히 비춰주었을 뿐이라고.

우리가 읽는 작가들이 무언가 빚지고 있다는 이 느낌 뒤에 있는 건 무엇일까? 그것은 지침—희망이나 계획—을 요구받는 느낌이었고, 그것이 부담으로 다가오기 시작했다. 그 무익함은 더 이상 촉매작용(내 글이 무언가를 변화시킬 수 있다)을 하기보다는 의기소침하게 만들고 있었다(그러나 많이 변화시키지는 못한다). 날이 갈수록, 공감 자체가 어떤 모습일지 일종의 청사진을 제시하도록 불려 나온 것 같은 느낌을 받는 경우가 많아졌다. 한 라디오 쇼에 유명한 심리학자와 같이 출연했는데, 그가 수십 년간 해온 연구에 관해 말하는 동안 나는 샤워하면서 느낀 감정이나 생각을 이야기했다. 내게 붙은 공감 전문가라는 딱지가 거짓처럼 느껴졌다. 나는 차라리 영업사원 같은 기분이었다. 누가 봐도 무자격자처럼 느껴졌다.

내가 말하는 주제가 늘 공감이었다는 사실에는 어떤 위선 하나가 따라다녔다. 공감이란 타자에 관한 모든 것이지만, 공감에 대한 나의 관계는 대체로 나—나의 책, 나의 경력—에 관한 것이었다. 평소에 나는 지하철 정거장 근처에 서 있는 노숙자에게 아무것도 주지 않고 그냥 지나쳤다. 나는 항상 급했기 때문이다. 공항으로 가고 있거나, 사진 촬영이 있거나, 시내에 있는 라디오 방송국에 가고 있었다. 어딘가에 가서 모든 사람을 보살피는 것에 관해 말해야 했다. 뉴저지 주의 뉴어크 공항에서는 공항 서점에 놓인 내 책 사진을 찍으면서, 더 멋진 화면을 얻기 위해 계속 뒷걸음질 치다가 지팡이를 짚은 한 여인 위로 넘어질 뻔했다. 내가 무슨 말을 해야 했을까? 죄송합니다. 제 공감 책의 허영 가득한 사진을 더 멋지게 찍으려다 그만 댁을 다치게 하네요.

내 받은편지함에 쌓인 답장 못 한 편지들은 더 이상 긍정이 아니라 어떤 지속적인 위선의 증거처럼 느껴지기 시작했다. 내가 관계에 대한 찬가를 부르며 돌아다니는 동안 내가 관계하지 않았던 모든 사람이 증거처럼 남아 있었다.

밀란 쿤데라는 이렇게 쓴다. "키치는 감동의 눈물 두 방울을 잇달아 흐르게 한다. 첫번째 눈물은 이렇게 말한다. 잔디밭을 뛰어가는 어린아이들은 얼마나 아름다운가! 두번째 눈물은 이렇게 말한다. 잔디밭을 뛰어가는 어린아이를 보고 모든 인류와 더불어 감동하는 것은 얼마나 아름다운가!" 우리는 우리가 낯선 이들을 사랑한다고 느끼기를 좋아한다. 아니 적어도 그들을 더욱 사랑할 방법을 고려하고 있는 우리 자신의 모습을 느끼기를 좋아한다. 그러나 결국 그것은 받은편지함 속에서 답장하라고 상기시키는 별들에 관한 것은 아니다. 또는 그 별들에 대한 내 죄책감, 내가 주지 않았던 돈에 관한 죄책감, 내가 해줄 수 없었던 충고에 관한 것이 아니다. 그것은—앤아버에서, 샌프란시스코에서, 캘러머주에서—내 눈을 똑바로 바라보며 이 책이 아픔에 관해 말

379

하도록 허락해주었다고 말했던 사람들에 관한 것이다. 그들에게
나는 말하고 싶다. 나의 고백을 고백 이상의 것으로 만들어줘서
고맙다고.

고통과 공감의 젊은 작가

이 책은 젊은 작가 레슬리 제이미슨의 에세이집으로 소설 『진 벽장 The Gin Closet』(2010)에 이은 그녀의 두번째 책이다. 그녀의 짧은 글 한 편이 다른 작가들의 글과 나란히 묶여 국내에 소개된 적은 있지만, 단행본은 이번이 처음이다.

　　　워싱턴 D.C.에서 태어나 로스앤젤레스에서 자란 제이미슨은 어릴 때부터 글쓰기를 좋아했고, 소설가가 되고 싶었다. 대학 때에는 학교 문예지 편집자로 있었고, 아이오와 작가 워크숍에서 예술학 석사학위를, 예일 대학교에서 박사학위를 받았다. 그러나 이런 학업적 성취의 길 도중에는 글쓰기로 밥벌이를 하지 못해 다른 일을 전전해야 했던 시기도 있었다. 그녀는 뉴욕에서 생활하며 글을 쓰려고 했지만 집세를 감당하느라 정작 글을 쓸 시간이 없다는 걸 깨닫고는 로스앤젤레스로 돌아가 여관 관리인으로 일하면서 첫번째 소설을 쓰기 시작했다. 작가로서 어느 정도 자리를 잡기까지 그녀는 여관 관리인을 비롯해 제빵사, 임시 사무직, 가정교사, 의료 배우 등을 전전했다. 2014년에 선을 보인 『공감 연습』은 8년 동안 여러 지면에 발표했던 에세이를 묶은 책인데, 이 책이 성공을 거두면서 제이미슨은 크게 주목을 받았고 대학에서 안정된 일자리를 얻었다. 세번째로 발표한 회고록『리커버링The Recovering』(2018)도 성공을 거두었다. (『공감 연습』에 술 이야기가 자주 나오는데 과거 그녀는 알코올 중독이었다. 『리커버링』은 그녀가 알코올 중독에서 회복하기까지의 과정을 담은 이야기다.) 지금은 대학원에서 활발하게 글쓰기를 가르치고 있다.

『공감 연습』에 실린 에세이 대부분은 2010년 첫 소설을 발표하고 나서 두번째 소설(아직 나오지 않았다)을 준비하다가 쓴 것들이다. 허구적 삶을 다룬 소설을 쓰면서 스스로 한계를 느끼고 절망에 빠졌을 때 일종의 탈출구로서 쓰게 된 글들이라고 한다. 스스로를 소설가로 규정해온 제이미슨에게 에세이 쓰기는 자신의 관점을 펼치고, 타인의 삶을 바라보고 질문하면서 자기 위치를 검토할 기회가 되었다.

그렇게 나온 제이미슨의 에세이들은 매우 독특한 색깔을 띤다. 일단 소재부터 굉장히 폭넓고 다양한데 의료 배우라는 직업 경험과 낙태 경험, 이상한 모겔론스 병(이 병명을 꼭 밝혀야 할 것 같다) 취재, 니카라과 거주, 멕시코와 볼리비아 여행, LA 갱 투어, 울트라마라톤 취재, 교도소에 갇힌 수감자 면회, 국가에 착취당하고 버려진 지역 답사, 잘못된 재판과 억울하게 옥살이한 소년들 등등 그녀 자신이 직간접적으로 겪었거나 보고 접했던 일들이다. 소재가 다양해서 서로 다른 관심을 가진 독자들도 저마나 흥미를 느끼고 공감하는 지점이 있다는 건 큰 장점이다. 그러나 제이미슨은 르포, 체험기, 여행기, 문학비평, TV 및 영화 비평

등으로 분류되었을 글에 개인적인 시선을 덧붙여 훨씬 풍부한 결과물을 만들어낸다.

　제이미슨이 고통과 공감에 관심을 가지게 된 것은 그녀 자신이 많은 신체적 외상과 고통을 겪었기 때문이다. 마치 세상 모든 사건사고가 한 몸에 쏠리기라도 한 듯, 보통 사람이 웬만해서는 당하지 않는 일들이 그녀에게 많이 닥쳤던 것 같다. 여러 사고를 겪으면서 많은 고통을 체험하게 된 제이미슨은 자연스레 우리가 겪는 신체적 고통이 어떻게 우리로 하여금 타인의 고통에 민감하게 만들 수 있는지, 또는 고통이 어떻게 자기 자신에게 몰두하게 만드는지, 고통이 어떻게 우리의 존재를 형성하는지 의문을 품었다. 따라서 그녀의 에세이는 고백적인 글쓰기가 되는데, 글을 풀어내는 방식이 매우 기발하다. 그녀는 다양한 인간과 지역을 차근차근 소개하기보다는 곧장 대상의 고통 한가운데로 들어가 그 심부를 헤집고 끄집어내며 고통을 말하고 공감을 고민한다. 여기에는 젊은 여성 작가가 아니면 불가능한 감성이 작용한다. 또한 그 과정에서 공감이 폭력이나 침해가 되지 않을까 늘 경계하는 감수성은 그녀의 고민과 공감을 더욱 소중하게 만들고 돋보이게 한다. 이런 내용을 가지고 이렇게 글을 쓸 수도 있구나, 하는 감탄을 여러 번 했던 것 같다. 누구나 한 번은 느꼈을 고통의 감정들은 얼핏 친숙하게 보이지만 고집스레, 그러나 조심스레 응시하는 그녀의 시선 아래 낯설게도 느껴지고, 가끔은 충격적이기까지 하다. 놀라울 만큼의 솔직함과 내밀함, 문학적인 젊은 감각, 어디에서도 보지 못한 색다른 형식, 무엇보다 얻는 답보다 더 많은 질문을 하게 만드는 문장 사이의 여백과 생략은 긴 여운을 남긴다. 그녀의 글이 비평적 에세이라기보다 울림이 큰 고백적인 에세이가 된 데에는 제이미슨이 저널리즘적 글을 쓰던 사람이 아니라 소설을 쓰는 작가였다는 이유도 있을 것이다.

　　　이 책의 에세이들은 발표된 연대순으로 실려 있지 않다. 「사카린(문학)을 위한 변론」 「라 플라타 페르디다」 「타격의 형태론」 등은 제이미슨이 첫 소설을 집필하기 전과 도중에 쓴 이른 시기의 것이다. 나머지는 2011년과 2014년 사이에 발표되었다. 제이미슨은 8년 동안 쓴 이 글들이 서로 유기적으로 조합되도록 배열했다. 우리가 어떻게 고통에서 의미를 찾으려 애쓰고 공감하는지에 중점을 두고, 이 책이 가이드를 따라가는 공감 여행이 되도록 독자들의 경험을 상상하며 최상의 순서를 선택했다고 한다. 그 시도는 충분히 성공을 거두었다고 보이는데, 각각의 에세이는 서로 다른 시기에 쓰였을지라도 독립된 하나의 점들이라기보다는 고통과 공감을 매개로 서로 응집력 있게 연결된 덩어리처럼 느껴진다. 순서대로 제이미슨을 따라가다 보면 고통을 바라보는 관점이 점점 확장되는 느낌이다. 아울러 점점 커지는 울림은 읽기의 즐거움을 깨우치기도 하지만, 그것이 가슴 어딘가에 있던 무언가를 건드리고 끄집어낸 듯 싱숭생숭해지기도 하고 더불어 고통스러워지기도 한다. 그러나 여행을 마치고 돌아보면, 첫번째 에세이에 등장하는 스테파니 필립스의 슬픔과 고통, 꽁꽁 감춰두어 본인도 알지 못하는 수면 아래 빙산 같은 어둠의 고통은 마침내, 문화적으로 구조화되어온 여성의 고통에 관해 이야기하는 마지막 에세이에 와서 조금씩 눈에 보일 듯하고 머지않아 은빛으로 표현될 거라는 기대마저 든다.

'인간적인 것 치고 나에게 낯선 것은 없다.' Nothing human is alien to me. 제이미슨은 이 책의 제사題詞로 쓰인 테렌티우스의 명언을 왼쪽 팔에 문신으로 새겼다. 그녀는 책을 거의 다 마무리하고 편집 과정 중에 이 말을 처음 들었지만, 정확히 이 책이 이야기하는 내용과 일치한다고 생각했다. 그 제사가 암시하듯 그녀는 공감에 대해서 낙관적이지만 공감의 한계 또는 부작용이나 위험성 역시 늘 명심한다. 이 책의 제목이 된 첫번째 에세이의 원래 제목은 'The Empathy Exams'이다. '공감 시험'은 의과대학생들이 얼마나 환자를 잘 이해하고 공감하는지를 알아보기 위해 환자 역할을 하는 의료 배우가 학생들을 테스트하는 시험이지만, 제이미슨이 팔에 새겨진 문장을 곱씹으며 늘 자신을 비춰 보는 그녀만의 소통 능력, 공감력 시험이기도 하다. 한글판 제목은 '공감 연습'으로 옮겼는데, 공감이라는 주제가 비단 에세이 한 편의 주제가 아니라 책 전체를 관통하고 있음을 명확하게 알리고 싶었고, 무엇보다 공감은 선택이요 관심을 기울이려는 노력이라는 제이미슨의 말처럼, 끊임없이 관심을 기울이기를 선택하고 몸으로 노력해나가자는 의미를 전하고 싶었다.

'파르헤시아parrhesia'라는 말이 있다. 그리스어로 '모든'을 뜻하는 pan과 '말'을 뜻하는 rhesis가 결합된 말로 두려움 없이 모든 것을 말한다는 뜻이다. 한마디로 말해, 자신에게 돌아올 불이익을 무릅쓰고 진실을 말하는 정치적, 윤리적, 사회적 덕목이다. 권력과 부 앞에서 굴하지 않고 정의와 진실을 말하는 파르헤시아가 있다면, 우리의 내면에 대해서도 수치심이나 비난을 감수하고 가감 없이 말할 때 파르헤시아라는 말을 사용할 수 있지 않을까. 제이미슨의 고백적인 글쓰기는 개인의 슬픔, 아웃사이더나 여성의 고통을 주로 다루고 있기 때문에 남성 위주의 지배적 문화 아래서는 비주류라고, 지나치게 사변적이거나 감상적이라고 여겨질 수 있지만, 그럼에도 그녀는 두려워하지 않고서 수없이 묵살되어왔던 이야기들, 아니 어쩌면 제대로 말해진 적 없던 이야기를 담대하게 풀어나간다. 그리고 그럼으로써 여성의 고통을 다루었던 글을 바라보는 기존 문단의 시선에, 사회적 분위기에 문제를 제기한다. 아무것도 감춘 것 없는 손을 내밀며 악수로써 상대방과 관계 맺기를 시작하듯, 흔히들 남들 앞에서 감추고 싶어 하거나 반대로 과장하고 싶어 하는 아픔의 이야기를 제이미슨이 솔직하게 털어놓자 남녀 독자들이 손을 내밀었고 응답했다. 부록으로 실린 「고백과 공동체」는 이 책이 2014년 4월에 첫 출간되고 불과 몇 달 사이 쏟아진 독자들의 열띤 응답에 보내는 감사의 말이자 재응답이다(이 글은 7월에 『가디언』지에 실렸다). 우리를 인간답게 만드는 생각과 감정들, 제이미슨은 자신의 이야기를 하면서 수많은 이들에게 그런 감정과 공감에 대해 생각하게 했고 커다란 반향을 끌어내는 데 성공한 것이다. 저마다 어떤 아픔을 간직하고 있든, 공감력이 뛰어나든 아니든, 제이미슨의 공감 여행에 함께 하시기를. 그러나 서두르지 말고 천천히 음미하면서 나아가시기를.

386